普通高等教育"十一五"国家级规划教材
上海理工大学一流本科系列教材

工程光学

（第三版）

李湘宁　贾宏志
张荣福　郭汉明　编著

科学出版社
北　京

内 容 简 介

本书系统地介绍了几何光学和波动光学的基础理论。全书共13章，第1～9章以几何光学为基础，介绍几何光学的基本定律和物像概念、共轴球面光学系统和平面系统的成像规律、高斯光学的基本理论及像差的基本概念，并介绍典型和实用光学系统及部分特殊结构光学透镜的原理和特性；第10～13章以波动光学为基础，介绍光的电磁理论，光的干涉、衍射、偏振等波动性质及应用。这两部分内容构成了经典光学的完整体系。本书精心编排了有代表性的例题和习题，侧重对关键知识的理解和应用能力的训练，便于读者掌握。

本书可作为高等院校光电信息工程、测控技术与仪器、电子信息工程等相关专业的本科生和研究生的专业基础课教材，也可作为考研及有关工程技术人员的参考书。

图书在版编目(CIP)数据

工程光学/李湘宁等编著．—3版．—北京：科学出版社，2022.6
普通高等教育“十一五”国家级规划教材·上海理工大学一流本科系列教材
ISBN 978-7-03-072598-1

Ⅰ．①工…　Ⅱ．①李…　Ⅲ．①工程光学-高等学校-教材　Ⅳ．①TB133

中国版本图书馆CIP数据核字(2022)第103063号

责任编辑：潘斯斯／责任校对：王　瑞
责任印制：张　伟／封面设计：迷底书装

科学出版社出版
北京东黄城根北街16号
邮政编码：100717
http://www.sciencep.com
北京天宇星印刷厂印刷
科学出版社发行　各地新华书店经销
*
2005年8月第一版　开本：787×1092　1/16
2010年10月第二版　印张：19 1/2
2022年6月第三版　字数：460 000
2025年7月第十六次印刷
定价：69.80元
(如有印装质量问题，我社负责调换)

第三版前言

本书第二版自 2010 年出版至今已使用了十余年。其间被多所院校选为教材，也作为报考光学工程学科研究生的学生以及光学工程技术人员的参考书，受到众多好评。本书的内容是光学工程技术基础，其中主要的知识点是已经相对成熟的基础理论。针对光学基础理论抽象难懂的特点，本书的编写始终注重提高工科学生对基础概念的正确理解和掌握，强调理论知识与实际应用的结合，以及与新技术的关联。在叙述方式和图例表示中尽量做到通俗易懂，从大众所见的生活实例到新技术的引入，都以基础理论为指导。因此，本书既适合初学学生对基本理论的正确理解，也适合考研学生对基础知识的深入、加强和提高，还可以作为技术人员在工程应用中可翻阅的理论参考。编者结合兄弟院校的教材使用反馈、教学内容的更新以及光学技术的发展，开展修订工作。

第三版教材主要涉及以下修订内容：

为了增强本书的阅读性，增加了抽象概念的图片解析与文字说明，增加了部分知识点的叙述和讨论，增加了在章节上下衔接中的过渡段落，完善了部分公式和结论的推导过程，增加了部分生活实例中的应用。这些在各章节中都有或多或少的体现。它们将有利于学生理解抽象概念，便于推导演绎，提高学生应用知识的能力。

为了让相关知识更加完整和实用，补充了与先修课程的衔接描述，增加了部分知识点。如第 10 章增加关于电场和磁场特性的叙述，增加了关于标量波的理论；第 12 章增加了关于惠更斯原理的描述，增加了凹面光栅的概念和关于光栅色分辨本领的概念；第 13 章删除了不常用的"全波片"。

结合新技术的发展，增添了与基础理论相关的新技术或新应用，如可以自身变焦的液体透镜，近年来比较热的太赫兹波、柱矢量偏振光等。

由于第二版中的激光部分和红外光学部分在市面现有的教材中已经很多，且不是本书的重点，第三版中将其删除。

本次再版，在原编者的基础上又增加了多名教师参与书稿的修订和撰写工作。几何光学部分有彭润玲和梁斌明参加，波动光学部分有梁青青、常敏和李敏参加。作为一线教师，他们不仅把教学体会融入教材中，还把开展的科研工作也引入进来(如液体透镜是彭润玲老师的科研实践)。期望修订的部分能提高教学的效果，更能体现实用性和先进性，在此感谢他们为本书再版作出的贡献。

由于编者水平有限，在编写和内容取舍方面可能存在不妥之处，恳请读者继续给予指正，帮助本书进一步完善。

李湘宁

2021 年 12 月于上海理工大学

第二版前言

自从20世纪60年代初期激光出现以来，现代光学得到迅速发展，出现了许多新的学科分支。现代光学工程在认识世界、改造世界的实践中已取得了一系列变革性的进展，并对国防建设、国民经济、日常生活等诸多方面产生巨大的影响。随着现代光学成为21世纪的重要学科，人们也愈加重视光学工程的普及教育。

现代光学离不开作为基础理论的几何光学和波动光学。本书是光学工程的技术基础课教材，全书分为几何光学和波动光学两大部分。第1～9章为几何光学篇，系统地介绍几何光学的基本定律、光学系统基本成像元件的成像规律和高斯光学理论，介绍光学系统的光束限制及其应用、像差的基本概念，在这些基本理论的基础上介绍典型光学系统的工作原理、主要性能和特点，还适当介绍部分实用光学系统及新型结构光学透镜的原理与应用。第10～13章为波动光学篇，介绍光的电磁理论，光的干涉、衍射、偏振等波动性质与应用。这两大部分内容构成了经典光学的完整体系。

本书在着重介绍基础光学理论的同时增加了部分新型结构光学透镜的介绍，目的是希望读者在掌握工程光学基本理论的同时，也对随着现代科技进步以及工艺精进出现的特殊结构光学透镜的原理及应用有一定的了解，以拓宽知识面，更好地理解和认识日新月异的新成果和新技术，为今后的创新工作打下良好的基础。

本书从面向应用的角度，在几何光学和波动光学两大部分的内容比例安排上选择了侧重前者，两者比例为2∶1。这样的安排与目前很多学校的相关专业(如测控技术与仪器、电子信息工程、机电工程、医疗器械等)实际对“工程光学”课程的教学计划需求相一致，也照顾到了偏重应用光学的学习和参考需求。本书的参考学时为：几何光学48学时(3学分)，波动光学32学时(2学分)。根据编者多年从事本科生、研究生教学及相关科研工作的实践经验，我们认为，对于工科学生，基本理论的掌握和实际应用应该是并重的。因此，对这本针对工科学生的教材，在编写中尽量避免繁难的数学推导，强调物理概念的阐述，理论联系实际，注重实用性和先进性。在写作方法上力求深入浅出、循序渐进，尽可能地将抽象的概念形象化和通俗化，便于读者阅读和自学。

本书第一版自2005年出版以来受到了读者的认可，现在本书作为普通高等教育“十一五”国家级规划教材再版，我们将尽最大的努力使本书在相关教学和参考阅读中发挥更好的作用。这次再版除保留原来的工程光学基础内容外，增加了现代光学中应用较多的部分实用型光学系统的原理介绍，如变焦系统、变形系统、照明系统和菲涅耳透镜等，鉴于像差理论的复杂与抽象，在第6章像差概论中删减了部分抽象空洞的像差理论表述，增加了光学像差的图像以及像差曲线的描述，将像差这一抽象的概念形象化，使读者更容易理解。对第7章和第13章的内容进行了全面的改写，相对于第一版而言，补充了大量的偏振光学中的基本概念和分析方法，增加了光源的介绍，旨在增加教材的实用性和先进性，在理论结合实际方面进行了加强。同时，通过对教学过程的总结，新教材在阐述方法上进行了较广泛的修改，更加突出通俗易懂、循序渐进的阐述方式，注重知识点之间的关联，帮助读者更系统性地深入理解和掌握工程光学的基本理论。

本书的主要章节都选编了例题，每章后面都有习题，并在最后给出了部分习题的参考答案。新版教材在此方面更作了加强，侧重对关键知识的理解和应用能力的训练，在分析题意及解题方法上，力求做到简单准确，期望能更好地帮助读者理解相关知识、解决实际问题。

本书由李湘宁、贾宏志、张荣福、郭汉明等合作撰写。其中，李湘宁、彭润玲和梁斌明负责第 1～6 章、第 8 章、第 9 章的撰写，贾宏志、梁青青、李敏和常敏负责第 10～12 章的撰写，张荣福负责第 7 章的撰写，郭汉明负责第 13 章的撰写，全书由李湘宁统稿。贺莉清教授和滕家炽教授为本书审稿，并提出了许多建设性的意见。薛登攀、吴宇昊、于孟诚、王瑜、樊露青、俞诚等为教材的附图、例题及校对等做了大量的工作，本书的再版还借鉴了朱维涛和曹俊卿同志在第一版中所做的基础性工作，在此向他们一并表示感谢。在本书编写过程中，参阅了大量的参考文献，在此也向这些文献作者表示谢意。

最后，还要感谢科学出版社的编辑，感谢他们为本书的出版所做的具体指导和付出的辛勤劳动。

由于作者水平有限，时间仓促，书中难免存在疏漏之处，恳请读者批评指正。

编　者

2010 年 8 月于上海理工大学

目 录

第1章 几何光学的基本定律和物像概念

光学是研究光的本性、光的传播、光与物质的相互作用以及光的实际应用的科学。近代物理学的观点认为，光具有波粒二象性。然而，除了在研究光的发射和吸收等与物质相互作用的情况下需要考虑光的粒子性并运用量子理论之外，光主要以波动的形式存在。光的本质是电磁波，波谱范围通常从远红外到真空紫外，而其中的可见光波段仅处在0.4～0.76μm。当光的外观表现为波动性时，光以波的方式传播，遵循波动理论。

研究光的传播离不开光学系统，光学系统的主要作用是传输光能和对研究的目标成像，用波动光学理论能够很精确地讨论光经过光学系统的传播规律和成像问题，但具有相当的复杂性。通常在解释光学成像和设计光学系统时，采用几何光学的研究方法。所谓几何光学，就是把光的概念和几何学中的点、线、面有机联系起来，利用简便和实用的几何学方法来研究光的传播以及目标经过光学系统后的成像规律。几何光学撇开了光的波动本性，以某种近似来研究光的传播，这种方法对于所研究对象的尺寸远大于光的波长的场合是成立的。在工程应用中，大多数光学系统的结构尺寸都远大于波长，用几何光学得出的结果与宏观现象非常吻合，因此，在这些情况下应用几何光学来研究光学系统足够精确。尽管用几何光学对光的研究只是真实情况的某种近似，但由于研究和解决问题的方法较波动光学简单得多，这一理论才得以广泛应用和不断发展。本书的前8章内容就是以几何光学为基础来讨论光的传播规律和光学系统的成像特性的。

1.1 几何光学的基本定律

1.1.1 几何光学的点、线、面

几何光学把光源和物体看成几何发光点，经过光学系统所成的像也为几何点。当光源或物体有一定大小时，可以看成几何发光点的集合，物体表面或像表面上的每一点都代表着该点附近的小面元，这些点的集合就代表了整个物面或像面。

在波动光学中，光波沿着波面的法线方向传播。几何光学将光波的传播抽象成几何线一样的光线，这些光线相当于波面的法线，它代表了光的传播方向。一个点光源发出的光波由一束光线（法线束）表示，根据光波的特点，平面波对应于平行光束，球面波对应于同心光束，像散波对应于像散光束，各类光束及对应的波面如图1-1所示。

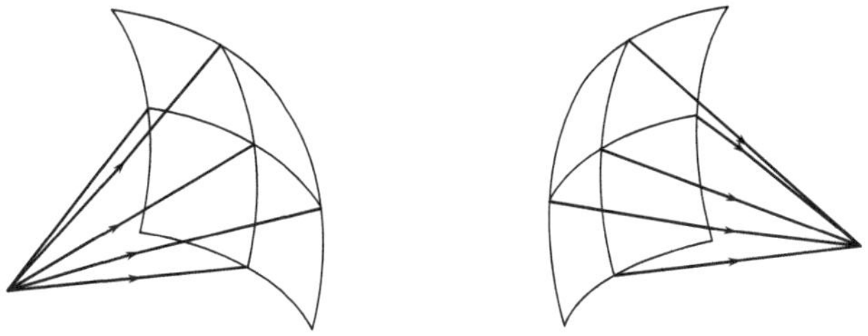

(a) 球面波对应的同心光束

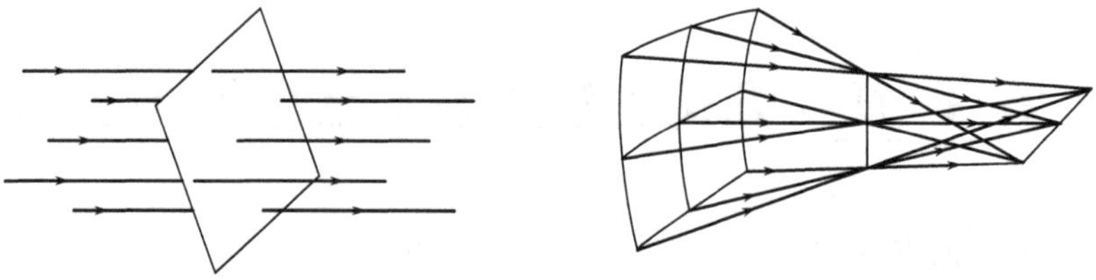

(b) 平面波对应的平行光束　　(c) 像散波对应的像散光束

图 1-1　光束的分类

1.1.2　几何光学的三大定律

几何光学的三大定律决定了光线在通常情况下的传播方式，它是研究光学系统成像规律以及进行光学系统设计的理论依据。

1. 光的直线传播定律

在各向同性的均匀介质中，光沿着直线传播，这就是光的直线传播定律。根据这一定律，光在均匀介质和空气中走的都是直线。这一定律忽略了光作为电磁波的衍射特性。用光的直线传播定律可以解释日食、月食等自然现象，也可以解释光照射物体时为什么会出现影子等类似问题，小孔成像正是利用了光的直线传播定律。

2. 光的独立传播定律

当两束或多束光在空间相遇时，各光线的传播不会受其他光线的影响，这就是光的独立传播定律。按照这一定律，光束相交处的光强是一种简单的叠加，这点忽略了光作为电磁波的相干特性。应用这一定律在分析光线的传播时，不必考虑光线之间的相互影响。

3. 光的反射定律和折射定律

当一束光线由折射率为 n 的介质射向折射率为 n' 的介质时，在两种透明介质的分界面上，一部分光线被反射，另一部分光线被折射，如图 1-2 所示。反射光线和折射光线的传播方向遵循反射定律和折射定律。

1）反射定律

反射定律指出，入射光线、光线在界面入射点处的界面法线以及反射光线三者共面，入射光线与反射光线分居于法线的两侧，且入射角 I 与反射角 I'' 的绝对值相等，即

$$I = -I'' \tag{1-1}$$

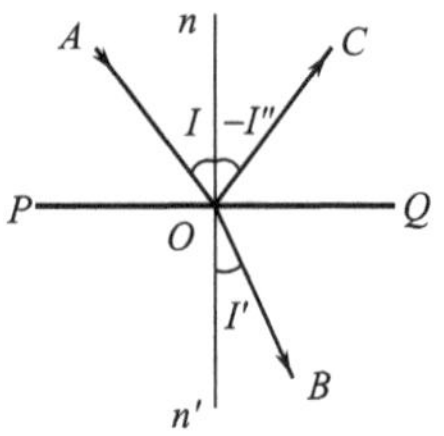

图 1-2　光线的折射与反射

入射角与反射角的符号是这样确定的：由光线以锐角转向法线，顺时针为正，逆时针为负。反射定律表明，入射光线与反射光线对称于法线。

2）折射定律

折射定律指出，入射光线、光线在界面入射点处的界面法线以及折射光线三者共面，入射角 I 与折射角 I' 之间满足下

列关系式

$$n\sin I = n'\sin I' \tag{1-2}$$

折射定律说明，光线折射后将发生偏转，当光线从低折射率介质射向高折射率介质(如从空气射向玻璃)时，光线向靠近法线的方向偏转(折射角小于入射角)，反之则偏离法线(折射角大于入射角)。

在折射定律式(1-2)中，若令 $n'=-n$，则得到反射定律式(1-1)，因此，可以将反射定律看作折射定律的一个特例。根据这一特点，在遇到光线反射时，只要令 $n'=-n$，则所有对折射光线传播的计算也适用于反射光线。

根据以上几何光学的基本定律，可以得出光线的传播具有可逆性。如图 1-3 所示，光线遵循几何光学的基本定律从 A 点沿一定路径(图中实线)传播到 A'点。若此时从 A'点沿到达光线的反方向射出一条光线(图中虚线)，那么按照光的直线传播定律和折射定律，很容易判断得出，光线将沿同一路径的反方向到达 A 点，光线的这种传播特性称为光路的可逆性。利用这一特性，不但可以正向计算光线的传播，也可以逆向计算光线的传播。在光学系统的计算和设计中，沿光线的正向传播可以确定物体经光学系统所成的像，沿光线的反向传播可以由像来确定物体。光路的可逆性可以让设计者从计算的方便性以及有利于提高计算精度来考虑选择计算的方向。

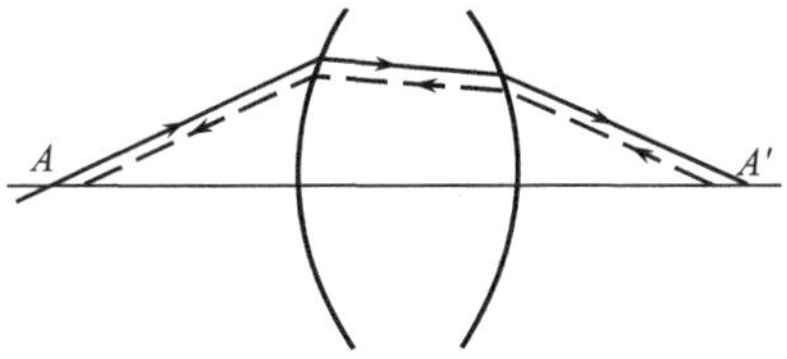

图 1-3　光路的可逆性

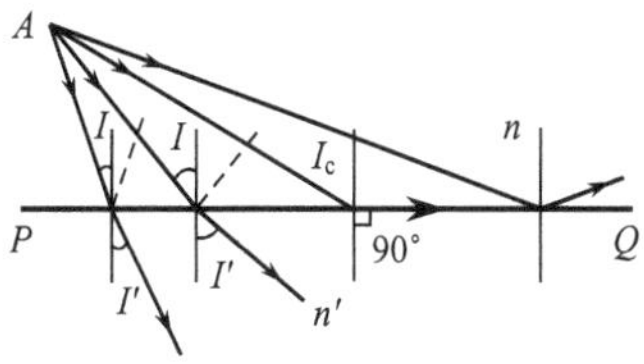

图 1-4　光线的全反射

3) 全反射

按照折射定律，当光线从光密介质射向光疏介质时，即 $n>n'$，折射角大于入射角，当入射角逐渐增大达到某一角度 I_c 时，光线的折射角首先达到 90°，这时光线经界面掠射出去。继续增大入射角，折射光线消失，所有的光线将反射回原介质中，这种现象称为全反射，如图 1-4 所示。I_c 称为全反射的临界角，由折射定律可得

$$I_c = \arcsin\left(\frac{n'}{n}\right) \tag{1-3}$$

光线发生全反射必须同时具备两个条件：①光线由光密介质射向光疏介质，即 $n>n'$；②光线的入射角大于临界角 I_c。

全反射具有很重要的应用，下面列举两种全反射的应用实例。

(1)全反射棱镜。图 1-5 所示为光学系统中的一直角棱镜，光线从棱镜的一个界面入射，折射后射向棱镜的斜面，在该斜面上满足全反射的两个条件而发生全反射，再经棱镜的另一个面出射，该直角棱镜使垂直入射的光线传播方向改变了 90°。利

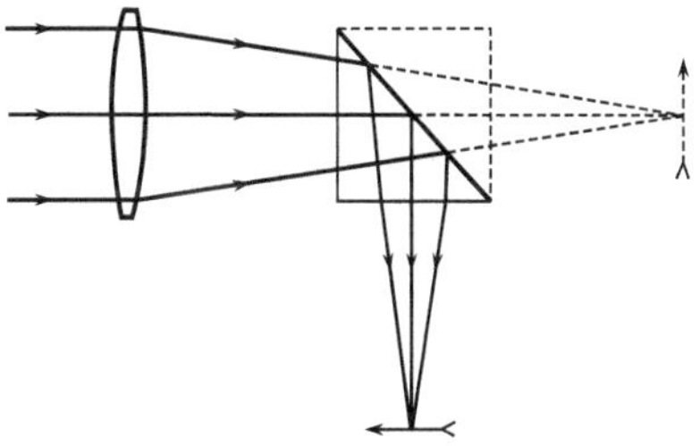

图 1-5　全反射棱镜

用全反射棱镜来反射光线较之用普通平面反射镜有更高的反射率(一般认为全反射的反射率为1),并且反射面在玻璃内部受到保护不易被空气中的化学成分腐蚀。

(2)全反射光纤。图1-6所示为一光纤的截面,在一个折射率较高的玻璃纤维外包裹着一层折射率较低的介质,光线经光纤的一端射入,在玻璃纤维的边界处受到全反射,连续不断的全反射使光线从纤维的一端传播到另一端。光纤细且柔软,许许多多的光纤组成的光纤束能做成内窥镜探入人体内部,用于传播照明光、图像和光信号。在通信系统中,光纤也替代了传统的电缆广泛应用于现代通信。

图1-6 全反射光纤

1.1.3 费马原理

费马原理与几何光学的基本定律一样,也是描述光线传播规律的基本理论。它以光程的观点描述了光传播的规律,涵盖了光的直线传播和光的折射、反射规律,具有更普遍的意义。

根据物理学,光在介质中走过的几何路程与该介质折射率的乘积定义为光程。设介质的折射率为 n,光在介质中走过的几何路程为 l,则光程 s 表示为

$$s = nl$$

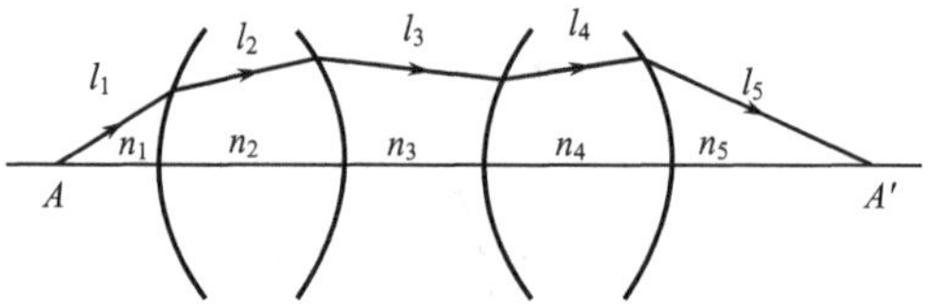

图1-7 光线路径与光程

在图1-7中,如果光线从 A 点传播到 A' 点,经过了 k 个介质,走过的路径各为 $l_1, l_2, \cdots, l_k$,则光线经历的光程为

$$s = \sum_{i=1}^{k} n_i l_i$$

若光线经历的介质变化是连续的,则光程可用积分表示

$$s = \int_A^B n \cdot \mathrm{d}l$$

费马原理指出,光从一点传播到另一点将沿极值光程路径传播。极值路径包括光程为极大值、极小值或常量值,其数学形式表示为光程的一阶变分为0,即

$$\delta s = \delta \int_A^B n \cdot \mathrm{d}l = 0 \tag{1-4}$$

至于光程走的是极大值还是极小值,这要取决于折射表面的曲率及两点之间的位置,大多数情况下是极小值。费马原理可以用来证明光的直线传播定律和光的折射、反射定律。例如,在均匀介质中,两点间以直线距离为最短,故按照费马原理,光线应当走直线,光的直线传播定律即可得到证明。费马原理同时也能说明光在非均匀的介质中走的是曲线,如图1-8所示。

【例1-1】 用费马原理证明光的折射定律。

证明 光线在两透明介质表面的折射情况如图1-9所示,从 A 点和 B 点分别作界面的垂线 AP、BQ,并令其长度分别为 y 和 y',则 A 点到 B 点的光程为

$$AOB = n \cdot AO + n' \cdot OB = n\sqrt{x^2 + y^2} + n'\sqrt{(L-x)^2 + y'^2}$$

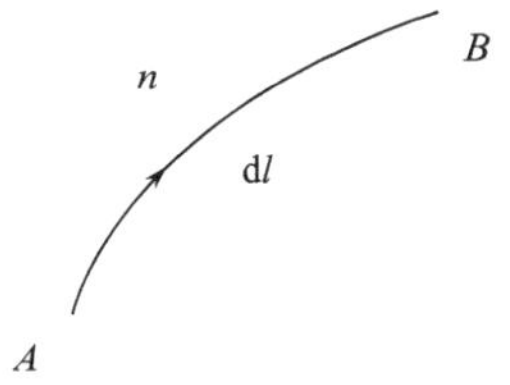

图 1-8　光在非均匀介质中的曲线传播路径

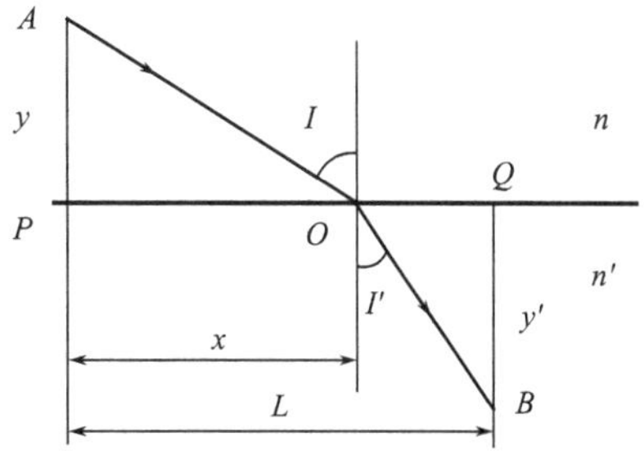

图 1-9　用费马原理证明折射定律

光程为极值的条件为

$$\frac{\mathrm{d}(AOB)}{\mathrm{d}x}=\frac{n\cdot x}{\sqrt{x^2+y^2}}+\frac{-n'\cdot(L-x)}{\sqrt{(L-x)^2+y'^2}}=0$$

将上式化简，并注意到 $\sin I=\dfrac{x}{\sqrt{x^2+y^2}}$，$\sin I'=\dfrac{L-x}{\sqrt{(L-x)^2+y'^2}}$，代入上式并整理得

$$n\sin I=n'\sin I'$$

即得到证明。读者可以自己证明光的反射定律。

1.2　光学系统的物像概念

光学系统是由光学元件按照某种方式组合并能够对光进行传播和控制的系统。光学系统的主要功能之一是对目标物体成像。要掌握光学系统的成像规律就必须首先理解物和像的概念。

光学系统对目标物体成像，目标发出的光线在射入光学系统之前都称为物方光线，物方光线的会聚点（不管是实际会聚还是虚线延长后的会聚）称为物，经过光学系统作用之后的光线则称为像方光线，像方光线的会聚点（不管是实际会聚还是延长后的会聚）称为像。物体有实物和虚物之分，像也有实像和虚像之分。对于作用于该光线的光学系统而言，光线能够实际相交的点为实点，光线延长后才能相交的点为虚点。因此，物方光线实际相交的点为实物点，物方光线延长后相交的点为虚物点。同样，像方光线实际相交的点为实像点，延长后相交的点为虚像点。客观存在的物体由于能实际发光（可以自身发光，也可以是受照后发光），都被看作物方光线的会聚点，因此都是实物；而虚物一般不会独立存在，往往产生于前一光学系统所成的实像，这一实像相对于下一成像系统成为虚物，见例 1-2。实像因为有实际光线相交，故可以用接收屏得到其图像，如照相底片、电影银幕等。而虚像得不到实际光线相交则无法用屏接收，但虚像可以用眼睛观察，例如，人眼可以看见反射镜所成的虚像，也可以看见望远镜所成的虚像。图 1-10 所示分别为物体成像的四种不同情况。

光学系统在对物体成像过程中划分了物空间和像空间。它们可以是相同的介质，也可以是不同的介质。在光学系统作用于光线之前，物方光线不会发生折射或反射，其任意

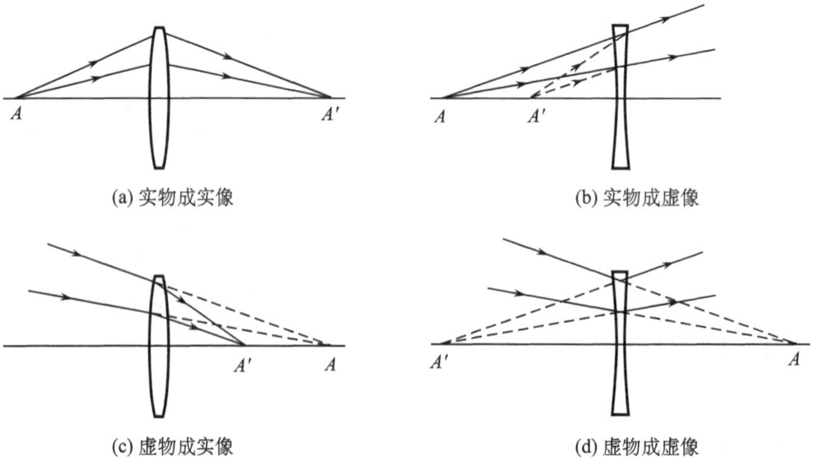

(a) 实物成实像 (b) 实物成虚像

(c) 虚物成实像 (d) 虚物成虚像

图 1-10 光学系统的几种物像关系

延长线都认为是在物方空间，对应的是物方介质。当光学系统作用于光线之后，光线发生了折射或反射，作用后的光线的任意延长线都认为是在像方空间，对应的是像方介质。虽然每个空间的介质在形式上是以界面分隔的，但光线的延长也相当于延伸了空间。因此，如图 1-10(c)所示，虚物虽然延伸到了系统的右方，但所处的介质依然是系统物方（系统左侧）的介质；同样，如图 1-10(b)所示，虚像延长到了系统的左方，但所处的介质是系统像方（系统右侧）的介质，在进行光线计算时，使用的折射率应与其所处的介质对应。

光学系统的物和像具有相对性，它们都是相对于特定成像系统而言的。如果一个物体依次经过几个系统成像，则前一个系统所成的像便成为下一系统的物，如此不断成像后得到最终的像。因此，物和像的概念并不是绝对的。对于连续成像的系统，物与像的角色在具体情况下发生变化，计算时应取相应空间介质的折射率。下面通过例题说明光学系统的物像关系。

【例 1-2】 光学系统由图 1-11 中四个子系统Ⅰ、Ⅱ、Ⅲ和Ⅳ组成，对 A 物体成像。根据图中的成像光线，说明各子系统的物、像关系。

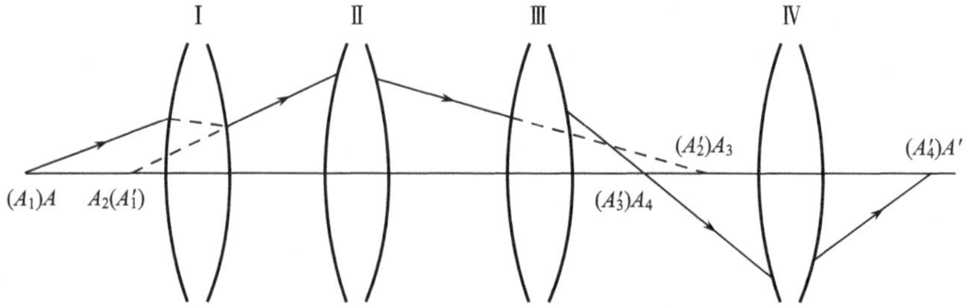

图 1-11 多光组系统的成像与物像关系

解 光学系统将物点 A 最终成像于 A'，因此，$(A、A')$分别是整个系统的物和像，而$(A_1、A'_1)$、$(A_2、A'_2)$、$(A_3、A'_3)$和$(A_4、A'_4)$分别是子系统Ⅰ、Ⅱ、Ⅲ和Ⅳ的物和像。其中，A_1 是系统Ⅰ的实物，也是整个系统的实物 A；A'_1 是子系统Ⅰ的虚像，又是系统Ⅱ的实物

A_2；系统Ⅱ的实像A'_2，又是系统Ⅲ的虚物A_3；系统Ⅲ的实像A'_3，又是系统Ⅳ的实物A_4；最后，A'_4是系统Ⅳ的实像，也是整个系统的实像A'。

习　题

1-1　举例说明在光传播中符合几何光学各基本定律的现象和应用。

1-2　一条光线入射在两个介质的分界面上，设入射角(入射光线与入射点法线的夹角)为30°，求下列情况下的折射角(折射光线与入射点法线的夹角)是多少？

(1)光线从空气射向玻璃($n_{玻璃}=1.5$)；

(2)光线从水($n_{水}=1.33$)中射向空气；

(3)光线从水中射向玻璃。

1-3　光线由水中射向空气，求在界面处发生全反射时的临界角。当光线由玻璃内部射向空气时，临界角又为多少？($n_{水}=1.333$，$n_{玻璃}=1.52$)

1-4　一根没有外包层的光纤的折射率为1.3，一束光线以入射角u_1从光纤的一端射入，利用全反射通过光纤，求光线能够通过光纤的最大入射角u_{1max}。在实际应用中，为了保护光纤，在光纤的外径处加一包层，设光纤的内芯折射率为1.7，外包层的折射率为1.52，那么此时光线的最大入射角u_{2max}为多少？

1-5　在习题1-4中，若光纤的长度为2m，直径为20μm，设光纤为直的，那么以最大入射角入射的光线从光纤的另一端射出时，经历了多少次反射？

1-6　利用费马原理验证反射定律。

1-7　证明光线通过两表面平行的玻璃平板，出射光线与入射光线的方向永远平行。

1-8　一个等边三角棱镜，假定入射光线和出射光线相对棱镜对称，出射光线对入射光线的偏转角为40°，求棱镜的折射率。

1-9　如图题1-9所示，一个四光组组合的成像系统，根据光线的传播方向分析各光组的物像情况。

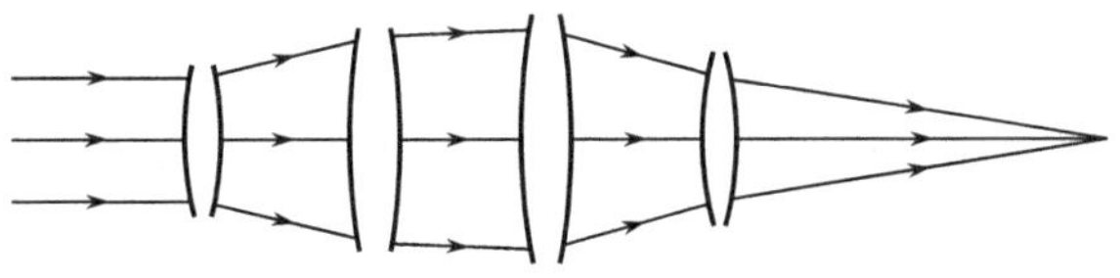

图题1-9

第2章 共轴球面光学系统

光学系统由一系列光学元件按照一定的方式组合而成，而光学元件由折射面或(和)反射面按照一定形状构成，它们对物体发出的光线进行折射和反射，按照需要传播光线和对物体成像。常用的光学元件有透镜、反射镜、棱镜和平行平板等，它们的界面绝大多数都采用球面形状(平面可看作半径为无穷大的球面)。如果光学系统中的所有界面均由球面构成，则该光学系统称为球面系统。在球面光学系统中，如果所有的球心都位于同一条直线上，这类光学系统则称为共轴球面系统，连接各球面球心的直线称为系统的光轴，它是整个系统的对称轴。大多数光学系统都采用这种结构。

共轴球面系统是理解光学系统成像规律的基础，系统对物体的成像过程是各个透镜对光线作用的过程。因此，对球面系统成像过程的讨论具有普遍意义，本章将对此详细介绍，首先讨论物体经单个折射球面的成像，再逐步过渡到整个共轴球面系统的成像。

2.1 符号规则

在描述光学系统成像过程中，为了说明物和像的虚、实、正、倒等状况，并能正确理解光路中光线的角度所代表的方向、反映折射球面或反射球面的凹凸以及球心的相对位置等，几何光学采用了代数参量的描述方式并进行相应的解析计算，通过正负号来区分各种不同状况。为此，需要在光路的解析计算中建立坐标及符号规则，如图 2-1 所示。

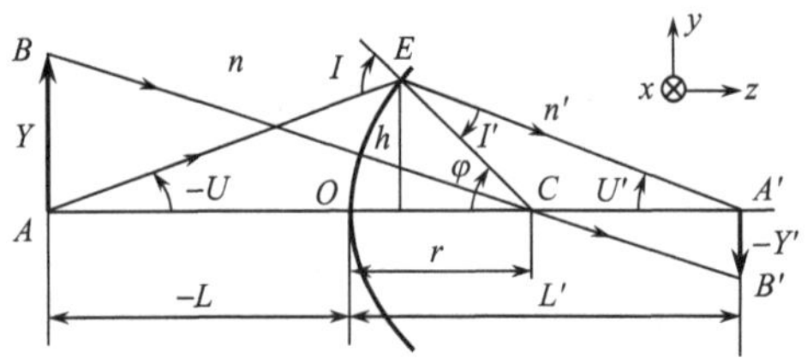

图 2-1　符号规则及其标注

2.1.1 光路方向

光路方向即为光线行走的方向，光线计算总是依照光路的正向设定符号规则。通常规定，光线从左到右传播定为光路正向，反之取负。因此，在一般情况下，总是将物体放在光学系统的左面，使物体从左到右传播光线或经过系统成像。如果在实际分析中需要对光线进行逆向计算，例如在投影系统中常需要由像计算物，即光线从右到左传播，这时，符号规则将随光线的方向而改变。但在实际中，对逆向光路计算常采用翻转 180°的做法，始终让光线从左到右传播。这时，将像放在光学系统的左面，光学系统的最后一面变为第一面，而第一面变为最后一面，从左到右由像计算到物，最后将计算结果再翻转 180°，得到最终的实际结果。

2.1.2 线量的正负号

图 2-1 所示为物体经单个折射球面成像的光路图。通过球心的一条直线称为光轴，光轴与折射球面的交点 O 称为顶点，图中垂直于光轴的物体 AB 经单个球面所成的像为 $A'B'$。

对于单个球面，坐标的原点就取为球面的顶点 O，光轴为 z 轴，指向光路的正向，x 轴垂直于纸面向里，y 轴向上，三个坐标轴构成了右手坐标系。y 轴和 z 轴构成的平面称为子午面。后面将讨论子午面内的光线传播及物体成像光路。

成像过程中涉及的线段参量如下。

物距 L：轴上物点 A 到球面顶点 O 的距离(轴向线量)；

像距 L'：轴上像点 A' 到球面顶点 O 的距离(轴向线量)；

物高 Y：有限大小的物体偏离光轴的垂直距离(垂轴线量)；

像高 Y'：有限大小的像偏离光轴的垂直距离(垂轴线量)；

光线的入射高度 h：光线与球面的交点到光轴的垂直距离(垂轴线量)；

球面半径 r：球心到球面顶点的距离(轴向线量)。

这些线量在坐标系里均规定了符号：所有轴向线量在原点右边取正，在原点左边取负；所有垂轴线量在光轴上方取正，在下方取负。如图 2-1 中所示，物点 A 位于球面顶点的左侧，物距 L 为负；像点 A' 位于顶点右侧，像距 L' 为正。同理，B 点的物高 Y 为正，B' 点像高 Y' 为负。光线的入射高度 h 为正，折射球面半径 r 为正。

2.1.3　角度的正负号

光线在子午面内的传播方向用角度及其正负号来描述。如图 2-1 所示，成像光路中所涉及的角度参量如下。

物方半孔径角 U：轴上物点发出的光线与光轴的夹角；

像方半孔径角 U'：聚焦到轴上像点的光线与光轴的夹角；

球心角 φ：光线在球面上交点的法线与光轴的夹角；

入射角 I：入射光线与入射点法线的夹角；

折射角 I'：折射光线与折射点法线的夹角。

对于以上角度，符号规则规定，角度的正负与该角度正切值的正负一致，即角度正切值为正时该角度为正，反之为负。这样，按照前面对线段的正负规定，角度正切值的正负或角度的正负也随之确定。例如，在图 2-1 中，h 的代数值为正，L 的代数值为负，则 $\tan U \approx h/L$ 为负值，即物方孔径角 U 为负。同理，读者不难分析像方孔径角 U' 和球心角 φ 均为正值。

对于 I、I' 这些非光轴上的角度，如果对选取的坐标轴稍微作些变化，即取光线在球面投射点 E 作为原点，取球面的法线 EC 为坐标横轴，那么上述确定角度的正负规则依然成立。例如，由图 2-2 中的物点 A 向新的坐标横轴(EC)引垂线，得交点 D。按符号规则，线段 AD 在横轴的下方，代数值为负，线段 DE 在原点 E 的左侧，代数值也为负，则 $\tan I = \dfrac{AD}{DE}$ 为正值，所以入射角 I 的代数值为正值。同理，也可判断得出折射角 I' 为正值。

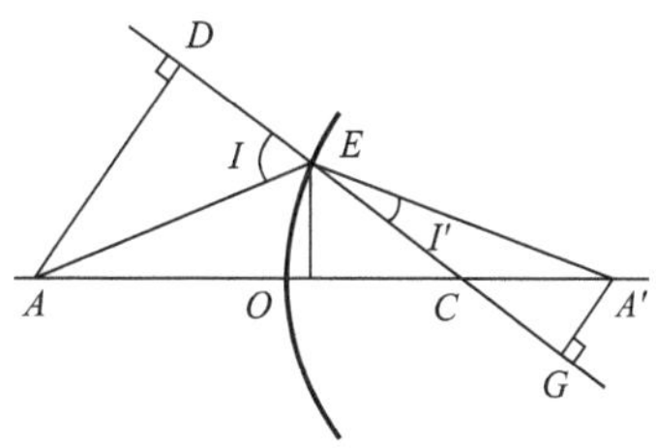

图 2-2　入射角 I 和折射角 I' 的符号规则

对于光线与光轴夹角的正负规则还有一种简单的理解方法，即光线“爬山”时为负角，光线“下山”时为正角。

2.1.4 符号规则的意义

当进行光路计算时，正确地使用符号规则，可以方便人们直接根据计算结果了解光线的传播状况和物像的虚实、正倒状况。

按第1章所述的物像关系以及前述符号规则可知，当物体位于折射球面的左侧时，物点为实物点，由此得出，负物距对应于实物，如图2-1中的A点为实物。当物体位于折射球面的右侧时，物点为虚物点，即正物距对应于虚物。

同理，当像位于折射球面的右侧时，像点为实像点，即正像距对应于实像，如图2-1中的A'点为实像。当像位于折射球面的左侧时，像距L'为负值，像点为虚像点。

当物高Y与像高Y'的代数值符号相反时，表示光学系统成倒像，如图2-1所示，符号一致时成正立像。

符号规则对于光路计算很重要，初学者必须注意仔细运用。

2.1.5 光路图中的符号标注

几何光学中的解析计算公式大多建立在成像光路图的几何关系上，但几何量均以绝对值度量，没有正负号之分。为了使几何方法导出的解析计算公式能够正确描述物像的相对关系，规定在光路图的标注中，一律标注几何量，即在标注时，在代数值为负数的参数前再增加一个负号来表示其几何量，以确保几何量永远取正的原则。例如，在图2-1中，对于位于折射面左侧的实物点A，其物距L的代数值为负，将其标注为“$-L$”，其结果负负得正，表示线段AO的长度是一个几何量。这种标注方式不仅符合了几何量不会为负数的特点，也能利用代数值L本身的负数说明A点是位于折射面左侧的实物。

2.2 物体经单个折射球面的成像

光学系统成像是光线经过各折射(反射)面逐次传播成像的最终结果，单个折射球面成像是其中的基本过程，本节将用解析方法从物和像的位置、物和像的大小，以及物方和像方光线的角度等物像关系来讨论单个球面的成像特点。

2.2.1 单球面成像的光路计算

光路计算是指计算光线经过一个给定光学系统的传播情况。下面分两种情况进行光路计算。

1. 实际光路计算

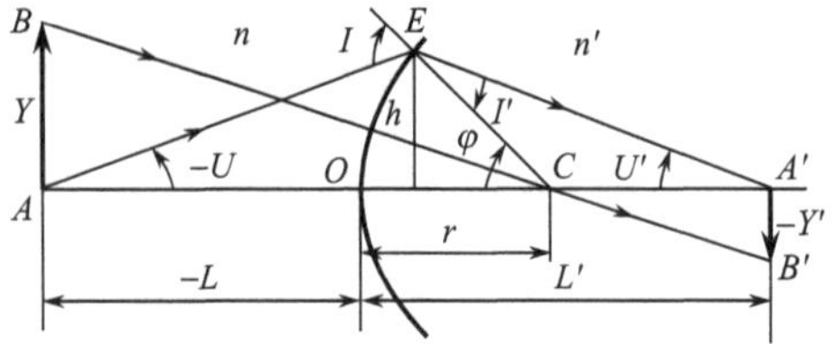

图2-3 单个折射球面的成像光路

图2-3所示为物体经单个折射球面成像的子午光路截面图。这里的单球面就是一个给定的光学系统，已知球面曲率半径为r，物方和像方的折射率分别为n和n'，现有轴上物点A，其物距为L，发出一条孔径角为U的入射光线，下面计算该光线经过折射面后的

像方出射光线的孔径角 U'和像方截距 L'。

在△AEC 中,应用正弦定理,有

$$\frac{\sin I}{-L+r}=\frac{\sin(-U)}{r}$$

于是

$$\sin I=\frac{L-r}{r}\sin U \tag{2-1}$$

在光线的入射点 E 处应用折射定律,有

$$\sin I'=\frac{n}{n'}\sin I \tag{2-2}$$

由图 2-3 的几何关系可知,$\varphi=U+I=U'+I'$,由此得到像方孔径角

$$U'=U+I-I' \tag{2-3}$$

在△CEA'中再次应用正弦定理,有

$$\frac{\sin I'}{L'-r}=\frac{\sin U'}{r}$$

于是得到像方截距为

$$L'=r\left(1+\frac{\sin I'}{\sin U'}\right) \tag{2-4}$$

如果物点 A 位于物方轴上无限远处,这时可以认为轴上物点射向光学系统的是平行于光轴的平行光束,即 $L=-\infty$,$U=0$(图 2-4)。式(2-1)不适合这一情况的计算。事实上,此时光线与球面相交的位置由光线的入射高度 h 决定,式(2-1)将采用如下形式计算入射角

$$\sin I=\frac{h}{r} \tag{2-5}$$

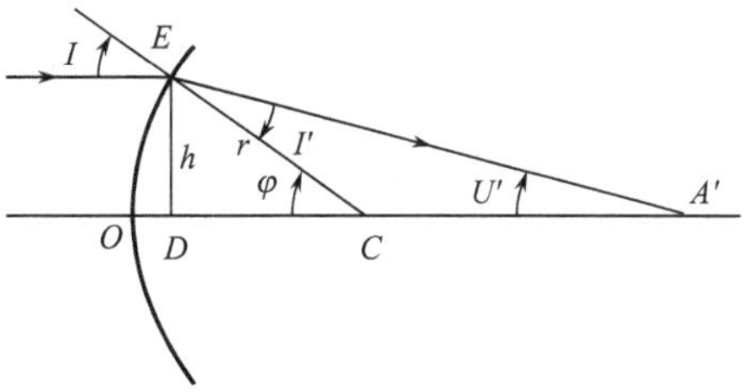

图 2-4　无限远的轴上点经球面成像

其余计算依旧,便得到无限远物点成像的光路计算。

式(2-1)～式(2-5)就是子午面内物点以实际光线经单个球面的成像光路计算。它完全根据几何光学的基本定律推导得出,被称为实际光路计算。

由共轴球面系统的对称性可知,物点以孔径角 U 入射的整个圆锥面光束,都将以同样的方式传播,交光轴于同一像方截距 L'。

【例 2-1】　如图 2-3 所示,设折射球面半径为 $r=20\text{mm}$,两边的折射率为 $n=1$,$n'=1.5163$,物体 A 位于距球面顶点 $L=-60\text{mm}$ 处。

(1)入射光线的孔径角 $U=10°$,求像方截距 L'和像方孔径角 U'。

(2)如果该物点 A 又发出一条孔径角 $U=5°$的入射光线,求其像方截距 L'和像方孔径角 U'。

解　(1)对已知条件,依次应用式(2-1)～式(2-4)。

由式(2-1)有　$\sin I=\dfrac{-60-20}{20}\sin(-10°)$

得 $$I=43.99°$$

由式(2-2)有 $$\sin I'=\frac{1}{1.5163}\sin 43.99°$$

得 $$I'=27.26°$$

由式(2-3)得 $$U'=-10°+43.99°-27.26°=6.73°$$

由式(2-4)得 $$L'=20\times\left(1+\frac{\sin 27.26°}{\sin 6.73°}\right)=98.17(\text{mm})$$

(2)若 $U=-5°$,同上,应用式(2-1)～式(2-4)。

由式(2-1)有 $$\sin I=\frac{-60-20}{20}\sin(-5°)$$

得 $$I=20.40°$$

由式(2-2)有 $$\sin I'=\frac{1}{1.5163}\sin 20.40°$$

得 $$I'=13.29°$$

由式(2-3)得 $$U'=-5°+20.40°-13.29°=2.11°$$

由式(2-4)得 $$L'=20\times\left(1+\frac{\sin 13.29°}{\sin 2.11°}\right)=144.87(\text{mm})$$

根据上述计算发现,如果物距 L 不变,而光线以不同的孔径角 U 入射,那么由计算公式将得到不同的像方截距 L'。由此得知,对于确定的物体位置,像方截距 L' 并非唯一确定,而与入射光线的孔径角 U 有关。图 2-5 所示为一个物点以不同孔径角入射到达像方的聚焦情况。当物体位于无限远时,一物点以不同高度 h 的光线入射到球面,也有类似的情况。这说明一个物点发出的同心光束(平行光束可以看作无限远物点发出的同心光束)经过球面成像后,不再是同心光束,不可能再会聚于一点,这种成像称为不完善成像,光学系统的这种不完善成像的缺陷称为像差。造成像差的因素很多,从上面例题看到,一般情况下球面光学系统对轴上物点成像都会产生像差,详情将在第 6 章介绍。

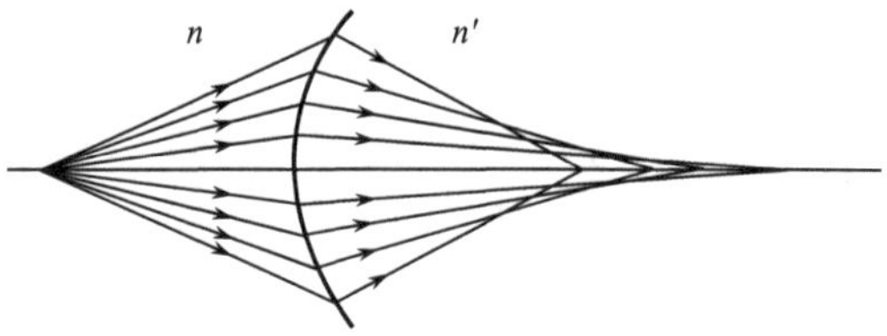

图 2-5 球面对轴上点的不完善成像

2. 近轴光路计算

在式(2-1)～式(2-5)中,应用了较多的正弦函数。如果将物点入射光线的孔径角(或高度)限制在一个很小的范围内,使得与光线有关的所有角度近似满足

$$\sin\alpha\approx\alpha,\quad \cos\alpha\approx 1,\quad \tan\alpha\approx\alpha$$

再将上述近似关系用于式(2-1)～式(2-4)中,则得到

$$i=\frac{l-r}{r}u \tag{2-6}$$

$$i'=\frac{n}{n'}i \tag{2-7}$$

$$u'=u+i-i' \tag{2-8}$$

$$l'=r\left(1+\frac{i'}{u'}\right) \tag{2-9}$$

当轴上物点位于无限远时，式(2-5)将变为

$$i=\frac{h}{r} \tag{2-10}$$

符合上述近似关系的光路计算称为近轴计算。把用近轴光路计算的区域称为光学系统的近轴区域，近轴区域内的光线称为近轴光线，物像高度称为近轴高度，式(2-6)～式(2-10)称为近轴光线的光路计算式。为了区别，在近轴区域内描述物和像的所有参量都用与实际光路相对应的小写字母表示。

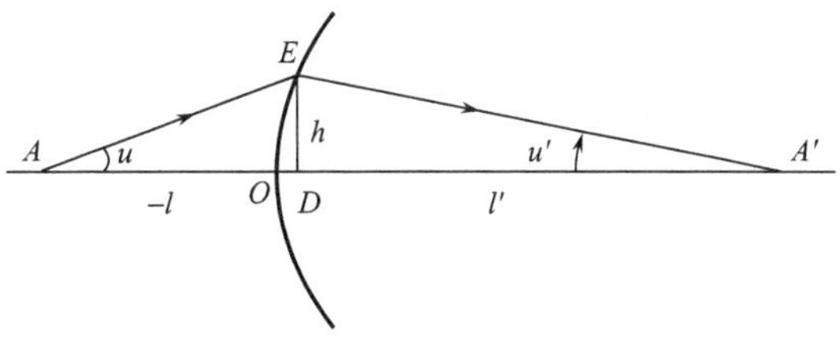

图 2-6　近轴光成像

从图 2-6 中还看到，在近轴区域内有

$$l\cdot u=l'\cdot u'=h \tag{2-11}$$

式(2-11)常用来对近轴光线的光路计算进行校对。

可以证明，对于一个确定位置的物体(l 已定)，采用近轴光路计算能获得唯一的像。因此，光学系统在近轴区域能够对物体完善成像而不产生像差，其物像关系具有一一对应的关系。然而，近轴光路计算只是一种近似，以 $\sin\alpha$ 为例，只有在 $\alpha=0$(或 $h=0$)时，才严格有 $\sin\alpha=\alpha$。若允许误差 $\delta=\sin\alpha-\alpha$ 为 10^{-7}，则 α 约为 1°；若允许误差为 10^{-4}，则 α 约为 5°。近轴计算的近似程度取决于允许误差的大小，近轴区域的范围也因此有所不同。应当注意，当进行近轴光路计算时，不管采用多大的角度进行计算，其计算结果的正确性只能在近轴区域内是有效的。

由于光学系统在近轴区域里具有较为简单的物像关系，这为讨论光学系统的成像规律带来极大的便利，所以后面将此作为重点讨论。

2.2.2　近轴区域的物像关系

在光学系统的近轴区域中物和像一一对应，这种对应关系也称为物像共轭关系，下面对此进行讨论。

在近轴成像式(2-6)～式(2-9)中消去 i 和 i'，并利用式(2-11)，还可以进一步推导出

$$n'\left(\frac{1}{r}-\frac{1}{l'}\right)=n\left(\frac{1}{r}-\frac{1}{l}\right)=Q \tag{2-12}$$

$$n'u'-nu=(n'-n)\frac{h}{r} \tag{2-13}$$

$$\frac{n'}{l'}-\frac{n}{l}=\frac{n'-n}{r} \tag{2-14}$$

以上三个公式是近轴共轭计算的三种不同表示形式，适合于不同场合下的应用。

式(2-12)表示物像方参数计算的一种不变形式，用 Q 表示，Q 称为阿贝不变量；

式(2-13)表示共轭光线的角度关系;式(2-14)表示共轭的物像距关系。它们都是很重要的公式,在折射面参数已知的情况下,可以直接利用这些简单公式进行相应的共轭物像计算:可以由物求像,也可以由像求物。

在近轴光学中,对单个折射球面特别定义了以下两对特殊的共轭物像距:

(1) 无限远的物距($l=\infty$)所对应的像距称为像方焦距,用 f' 表示;

(2) 无限远的像距($l'=\infty$)所对应的物距称为物方焦距,用 f 表示。

焦距是表示光学系统折光能力的一个参量。焦距长,说明系统的折光能力弱,反之则折光能力强。在光学系统中反映折光能力的另一个参量是光焦度 φ,φ 与 f' 和 f 的关系为

$$\varphi=\frac{n'}{f'}=-\frac{n}{f} \tag{2-15}$$

式(2-15)说明,系统物方焦距和像方焦距之间有如下关系

$$\frac{f'}{f}=-\frac{n'}{n} \tag{2-16}$$

单个折射面可以看作一个最简单的光学成像系统,令 $l=\infty$,则 $l'=f'$,代入式(2-14)及式(2-15)得

$$\frac{n'}{l'}-\frac{n}{\infty}=\varphi$$

或

$$\varphi=\frac{n'-n}{r} \tag{2-17}$$

式(2-17)称为折射面的面光焦度,式(2-17)说明,折射球面的曲率半径越小,或界面两侧的折射率差越大,折光能力就越强。

【例 2-2】 如图 2-7 所示,半径为 $r=20\text{mm}$ 的一折射球面,折射率为 $n=1$,$n'=1.5163$,当物体位于距球面顶点 $l=-60\text{mm}$ 时,求:

(1) 轴上物点 A 的成像位置。

(2) 垂轴物面上距轴高 10mm 处物点 B 的成像位置。

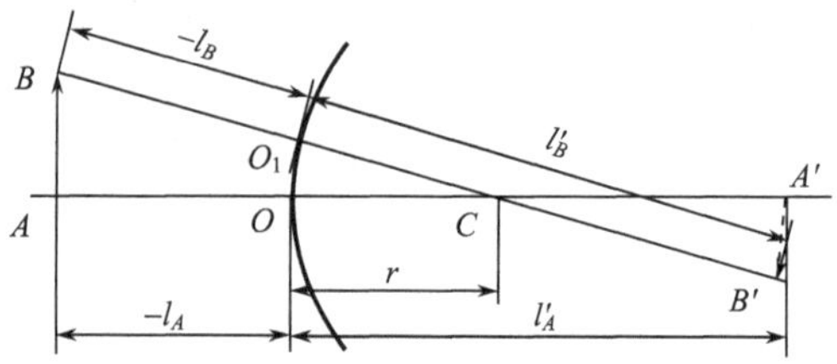

图 2-7 折射球面对 AB 物体成像

解 (1)将给定条件代入式(2-14)得

$$\frac{1.5163}{l'}-\frac{1}{-60}=\frac{1.5163-1}{20}$$

解上式得 $l'=165.75\text{mm}$。即轴上物点 A 成像在距顶点 165.75mm 处,该点距球心 $165.75-20=145.75\text{mm}$。

(2)过轴外物点 B 作连接球心的直线,该直线也可以看作一条(辅助)光轴,B 点是该辅助光轴 O_1C 上的一个轴上点,其物距为

$$l_B=-[10^2+(60+20)^2]^{\frac{1}{2}}+20=-60.62(\text{mm})$$

利用式(2-14)得

$$\frac{1.5163}{l'}-\frac{1}{-60.62}=\frac{1.5163-1}{20}$$

解上式得 $l'_B=162.71\text{mm}$。即轴外物点 B 成像在距球心 $162.71-20=142.71(\text{mm})$的 B'处。

从以上例题可以看出，即使物体以细光束成像，垂轴物面也不可能得到垂轴的像面，当物点沿垂轴方向逐渐偏离光轴，对应的像距越来越小，像面越来越向内弯曲。这是球面系统成像的一种缺陷，称为像面弯曲（在第 6 章介绍）。但是，在无限接近光轴的附近区域，弯曲的像面近似垂直于光轴，被认为是完善成像的近轴区。因此，通常所说的近轴概念包含了两种情况，一是物体以很细的光束成像，二是成像的物体很靠近光轴。在上述确定的近轴区域里，球面光学系统能成完善像。

2.2.3　近轴区域的物像放大率

光学系统对物体成像具有放大（或缩小）的作用，共轭物像的比例统称为放大率。一般情况下，一个光学系统的放大率与物体的轴向位置有关。在近轴区域里，当物体相对于光学系统的轴向距离确定后，其放大率也随之确定。每一对共轭物像关系有三种放大率：垂轴放大率 β、轴向放大率 α 和角放大率 γ。

1. 垂轴放大率

如图 2-8 所示，设物体的垂轴高度为 y，像的垂轴高度为 y'，则 y'和 y 之比定义为垂轴放大率，用 β 表示，即

$$\beta=\frac{y'}{y} \tag{2-18}$$

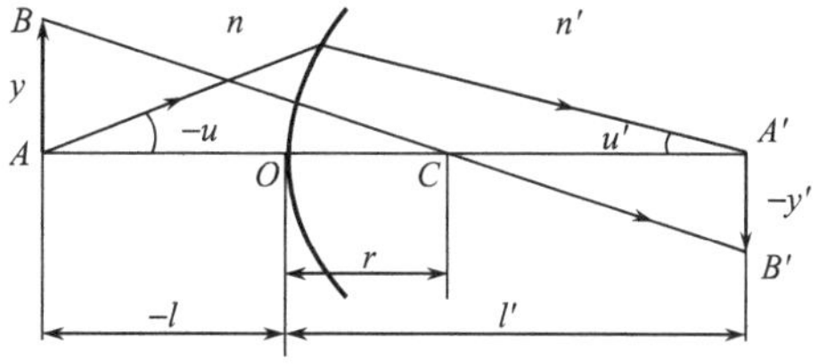

图 2-8　物像的垂轴放大率和角放大率

在图 2-8 中，$\triangle ABC\backsim\triangle A'B'C$，故

$$-\frac{y'}{y}=\frac{l'-r}{-l+r}$$

利用式(2-11)和式(2-12)，得到

$$\beta=\frac{y'}{y}=\frac{nl'}{n'l}=\frac{nu}{n'u'} \tag{2-19}$$

式(2-19)就是近轴区域物像垂轴放大率的计算式。式(2-19)表明，在光学系统参数确定后，近轴区域的垂轴放大率仅取决于物体位置，而与物体的垂轴高度无关，当物体的位置发生改变，像的位置和垂轴放大率均随之改变。式(2-19)还表明，由于折射球面的 n 和 n'均大于 0，所以当物、像分居于折射面的两侧（此时 l 和 l'符号相反）时，有 $\beta<0$，表明物与像的方向互为倒置，即系统成倒像；而当物和像同居于一侧（此时 l 和 l'符号相同）时，有$\beta>0$，即系统成正立像。垂轴放大率的绝对值表明了系统对物体的放大能力，$|\beta|>1$ 表明系统放大成像，$|\beta|<1$ 表明系统缩小成像。

【例 2-3】　以图 2-6 为例，已知 $l=-100\text{mm}$，$h=10\text{mm}$，$r=20\text{mm}$，$n=1.0$，$n'=2.0$，求 u，u'，l'，β。

解　将条件代入式(2-11)得

$$u=\frac{h}{l}=\frac{10}{-100}=-0.1$$

根据式(2-13)得

$$n'u'=nu+(n'-n)\frac{h}{r}=-0.1\times1+(2.0-1.0)\times\frac{10}{20}=0.4$$

$$u'=\frac{0.4}{2.0}=0.2$$

再代入式(2-11)得

$$l'=\frac{h}{u'}=\frac{10}{0.2}=50(\mathrm{mm})$$

最后根据式(2-19)计算垂轴放大率，得

$$\beta=\frac{nu}{n'u'}=\frac{1.0\times(-0.1)}{2.0\times0.2}=-0.25(\text{成倒立缩小的像})$$

2. 轴向放大率

当物体在给定位置有一微量位移 $\mathrm{d}l$ 时，其像在其共轭位置处也随之有一微量位移 $\mathrm{d}l'$，定义 $\mathrm{d}l'$ 与 $\mathrm{d}l$ 之比为系统的轴向放大率(图 2-9)，用 α 表示，即

$$\alpha=\frac{\mathrm{d}l'}{\mathrm{d}l} \tag{2-20}$$

对式(2-14)两边微分，得

$$-\frac{n'\mathrm{d}l'}{l'^2}+\frac{n\mathrm{d}l}{l^2}=0$$

于是

$$\alpha=\frac{\mathrm{d}l'}{\mathrm{d}l}=\frac{nl'^2}{n'l^2} \tag{2-21}$$

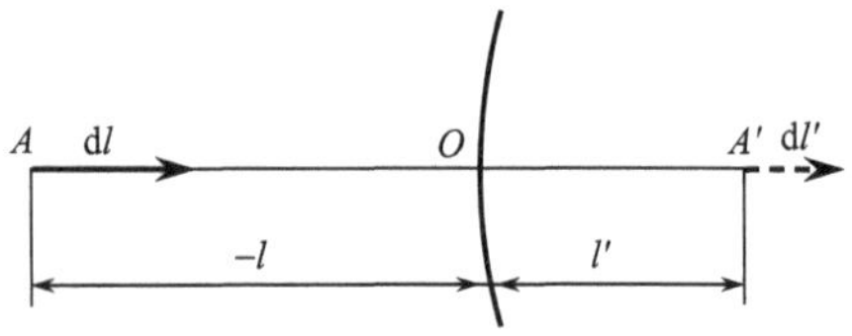

图 2-9 物像的轴向放大率

由于折射球面的 n 和 n' 均大于 0，所以式(2-21)表明，折射光学系统的轴向放大率永远取正值，即当物体沿轴的某方向移动时，其共轭像也随之同向移动。光学系统的这一成像特性，非常便于正确判断像点位置的变化。例如，当物体位置发生移动时，可以据此跟踪共轭像点的移动。

将上式两边同乘以 n/n'，并比较式(2-19)，得

$$\alpha=\frac{n'}{n}\beta^2 \tag{2-22}$$

式(2-22)表明了垂轴放大率与轴向放大率的关系。一般情况下，光学系统对物体在垂轴与轴向方向上有不同的放大率，如果有一个正方体物体经光学系统成像，那么其像将不再是正方体。因此，用于立体成像的光学系统(如体视显微镜)一般不宜设计成较大的放大率，以免两个垂直方向的放大率差异过大而造成图像严重失真。

3. 角放大率

轴上物点以某一孔径角 u 射向球面，经折射后以孔径角 u' 出射成像，定义 u 与 u' 之比为角放大率(图 2-8)，用 γ 表示，即

$$\gamma=\frac{u'}{u} \tag{2-23}$$

由式(2-11)可得

$$\gamma=\frac{u'}{u}=\frac{l}{l'} \tag{2-24}$$

式(2-24)表明，角放大率等于物、像距之比。共轭距离较长的一方，光束的角度较小。例如，若像距较物距远，则像方光束的角度变小。

将式(2-24)两边同乘以 n'/n 并化简，得

$$\gamma=\frac{n}{n'}\cdot\frac{1}{\beta} \tag{2-25}$$

式(2-25)表明，在 n、n' 确定的条件下，折射球面的垂轴放大率与角放大率互为倒数。它的物理意义是，物体放大成像则像方光束变细，反之，像方光束变粗并将得到缩小成像。

由式(2-19)、式(2-22)、式(2-25)可得三个放大率之间的关系为

$$\alpha\cdot\gamma=\beta \tag{2-26}$$

变换式(2-19)，可得

$$nuy=n'u'y'=J \tag{2-27}$$

式(2-27)称为拉赫公式或拉赫不变量，是光学系统在近轴区域成像时物方和像方参数乘积的一个不变式。拉赫不变量是反映光学系统性能的一个重要参量，在光学设计中也具有很重要的作用。它表明，在物方参数乘积 nuy 一定的条件下，像高 y' 的增大，必然伴随着像方孔径角 u' 的减小。任何一种系统结构，对拉赫不变量都有一定限制，超过这一限制，不完善成像的程度将加剧且难以校正。因此，式(2-27)也表明，在拉赫不变量的限制范围内，增大视场(y)将以牺牲孔径(u)为代价。

近轴区的放大率计算适合于物体的尺寸(或角度)趋于 0 时的成像情况。当物体较大时，实际放大率将随物点偏离光轴的程度而变化。

2.3　单个反射球面的成像

以上讨论的是单个折射球面的成像，我们已经知道，在折射定律中，若令 $n'=-n$，就可以得到反射定律，因此在单个折射球面的所有物像计算中，只要令 $n'=-n$，就可以得到反射球面镜的成像计算。据此，得到反射球面镜成像的位置及放大率计算公式为

$$\frac{1}{l'}+\frac{1}{l}=\frac{2}{r} \tag{2-28}$$

$$\beta=\frac{y'}{y}=-\frac{l'}{l} \tag{2-29}$$

$$\alpha = \frac{dl'}{dl} = -\frac{l'^2}{l^2} \tag{2-30}$$

$$\gamma = \frac{u'}{u} = -\frac{1}{\beta} \tag{2-31}$$

反射球镜的拉赫不变量为

$$J = uy = -u'y' \tag{2-32}$$

反射球面镜成像时,物和像的虚实可根据参数的符号进行判断:当物或像位于球面镜的左侧,即物距或像距为负时,均为实;当物或像位于球面镜的右侧,即物距或像距为正时,均为虚。

由焦距的定义,反射球面镜的焦距可以由式(2-28)及式(2-17)得到

$$f' = f = \frac{r}{2} \tag{2-33}$$

即反射球面镜的焦距等于球面半径的二分之一,焦点位于顶点和球心的中点处。

【例 2-4】 在马路的十字路口处有一个凸球面反射镜 $r=1\text{m}$,有一人身高 1.6m,在凸球面反射镜前 11m 处,试求这个人经过此凸球面反射镜后所成像的大小和正倒。

解 由题意已知,$r=1\text{m}$,$l=-11\text{m}$,代入式(2-28)得

$$\frac{1}{l'} + \frac{1}{-11} = \frac{2}{1}$$

解得

$$l' = \frac{11}{23}\text{m}$$

由式(2-29)可得

$$\beta = \frac{y'}{y} = -\frac{l'}{l} = \frac{-\frac{11}{23}}{-11} = \frac{1}{23}$$

解得

$$y' = \beta y = \frac{1}{23} \times 1.6 = 0.06956(\text{m})$$

因此,此人经过这个凸球面反射镜后所成像的大小为 0.06956m。因为 β 为正值,所以成正像。

2.4 共轴球面系统的成像

光学系统通常由多个透镜、透镜组或反射镜组成,每个单透镜又由两个球面构成,因此,物体被光学系统成像就是被多个折(反)射球面逐次成像的过程。

前面已经建立了单个球面的成像公式,这个公式可以重复应用于系统的每一面,只要解决了相邻面的过渡问题,整个系统的成像计算就可以实现。从物体的成像过程得知,物体经第一面所成的像是第二面的物,再经第二面所成的像又是第三面的物……这样,相邻面的过渡就是将前一面的像过渡到下一面的物。

单个球面的成像公式建立在以球面顶点为原点的直角坐标系下，因此，所谓过渡就是坐标系不断地移动，将前一个坐标系下的（像）点过渡到下一个坐标系下的（物）点，即在坐标原点平移至下一面的顶点的同时，将前一面的像参数转变成下一面的物参数。用下标表示折射面的先后顺序，参照图 2-10 可以得到以下的过渡公式：

$$\left.\begin{aligned} &n_2=n'_1,\quad n_3=n'_2,\quad \cdots \\ &y_2=y'_1,\quad y_3=y'_2,\quad \cdots \\ &u_2=u'_1,\quad u_3=u'_2,\quad \cdots \\ &l_2=l'_1-d_1,\quad l_3=l'_2-d_2,\quad \cdots \\ &h_2=h_1-d_1u'_1,\quad h_3=h_2-d_2u'_2,\quad \cdots \end{aligned}\right\} \tag{2-34}$$

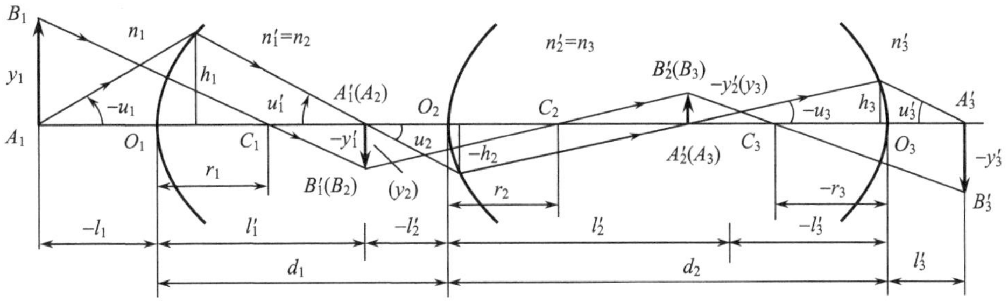

图 2-10　共轴球面成像示意图

如果光学系统有 k 个折（反）射面，并且已知系统参数 $r_1,r_2,\cdots,r_{k+1},n_1,n_2,\cdots,n_{k+1},d_1,d_2,\cdots,d_{k+1}$，那么对给定的物点 (l_1,u_1,y_1)，可以按下面步骤求得系统的像 (l'_k,u'_k,y'_k)：

(1) 对第一面作单个球面成像计算求得 (l'_1,u'_1,y'_1)；

(2) 用过渡公式由 (l'_1,u'_1,y'_1) 求得 (l_2,u_2,y_2)；

(3) 对第二面作单个球面成像计算求得 (l'_2,u'_2,y'_2)；

(4) 用过渡公式由 (l'_2,u'_2,y'_2) 求得 (l_3,u_3,y_3)；

⋮

(5) 对第 k 面作单个球面成像计算求得 (l'_k,u'_k,y'_k)。

共轴球面系统的放大率是各个球面依次放大的最终结果，所以很容易得出共轴球面系统的放大率就是各面放大率的乘积，即

$$\beta=\beta_1\cdot\beta_2\cdot\beta_3\cdots \tag{2-35}$$

$$\alpha=\alpha_1\cdot\alpha_2\cdot\alpha_3\cdots \tag{2-36}$$

$$\gamma=\gamma_1\cdot\gamma_2\cdot\gamma_3\cdots \tag{2-37}$$

三个放大率之间的以下关系依然成立

$$\alpha\cdot\gamma=\beta \tag{2-38}$$

【例 2-5】 有一个玻璃球，直径为 $2R$，折射率为 1.5。一束近轴平行光入射，将会聚于何处？若后半球镀银成反射面，光束又将会聚于何处？

解　第一种情况如图 2-11(a) 所示，光束经过两次成像后会聚。依题意，已知系统 $r_1=R,r_2=-R,n_1=1,n_2=1.5,n_3=1$。

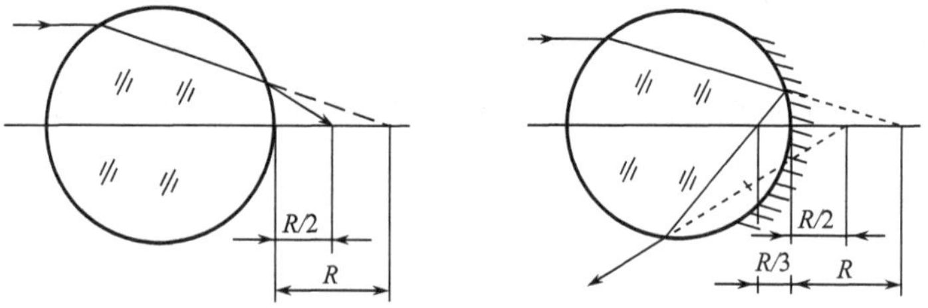

(a) 透明玻璃球成像　　(b) 玻璃球反面镀银

图 2-11　例 2-5 示意图

第一次成像，$l_1=-\infty$，$r=R$，$n_1=1$，$n'_1=n_2=1.5$。由 $\frac{1.5}{l'_1}-\frac{1}{-\infty}=\frac{1.5-1}{R}$，得 $l'_1=3R$。即无穷远物体经第一面后成实像，是一个实物成实像的过程，其像位于距玻璃球前表面右侧的 $3R$ 处，且位于第二面右侧 R 处。由于第一面的像是第二面的物，又因为其位于第二面的右侧，所以对于第二面而言它是个虚物。

第二次成像，由过渡公式求得

$$l_2=l'_1-d=3R-2R=R,\quad n_2=n'_1=1.5,\quad n'_2=1$$

代入公式得

$$\frac{1}{l'_2}-\frac{1.5}{R}=\frac{1-1.5}{-R}$$

得 $l'_2=R/2$，即两次成像最终会聚于第二面右侧的 $R/2$ 处。对第二面而言，这是一个虚物成实像的过程。

第二种情况如图 2-11(b)所示，光束经三次成像后会聚。第一次光束经玻璃球的前表面折射(同前一种情况)，第二次光束经后表面的镀银面反射，第三次光束再经前表面折射后出射。由图可以看出，第三次成像时光束从右到左传播。

第一次成像同前，得 $l'_1=3R$。

第二次被反射面成像，由 $l_2=R$，$r_2=-R$，代入反射镜成像公式

$$\frac{1}{l'_2}+\frac{1}{R}=\frac{2}{-R}$$

得

$$l'_2=-\frac{R}{3}$$

即经第二面反射后成像于反射面左侧 $R/3$ 处，虚物成实像。

第三次成像时，实际光线从右到左，为了利用符号规则，可假设将系统翻转 180°，仍然使光线从左到右传播，此时有 $l_3=-\frac{5R}{3}$，$r_3=-R$，$n_3=1.5$，$n'_3=1$，代入公式得

$$\frac{1}{l'_3}-\frac{1.5}{-\frac{5R}{3}}=\frac{1-1.5}{-R}$$

得 $l'_3=-\frac{5R}{2}=-2.5R$。负号表示像点位于距折射表面沿光路方向的相反方向。计算结

果再假设翻转 180°，使最终的像点如图 2-11(b)所示。

【例 2-6】 有一共轴球面系统为一双胶合透镜组，如图 2-12 所示，其结构参数如下：

序号	球面半径 r/mm	球面间距 d/mm	折射率 n
0	—	—	1 （空气）
1	36.48	6.5	1.5163 （K9 玻璃）
2	−17.539	2.0	1.6475 （ZF1 玻璃）
3	−44.64	—	1 （空气）

已知物体距透镜组 240mm，物高 20mm，求像的位置和大小？

解 根据所给条件，应用式(2-14)、式(2-17)及式(2-31)，逐面计算如下。

经第一面成像

$$\frac{1.5163}{l'_1}-\frac{1}{-240}=\frac{1.5163-1}{36.48}$$

得 $l'_1=151.838\text{mm}$。

第一面的成像放大率

$$\beta_1=\frac{n_1 l'_1}{n'_1 l_1}=\frac{151.838}{1.5163\times(-240)}=-0.4172$$

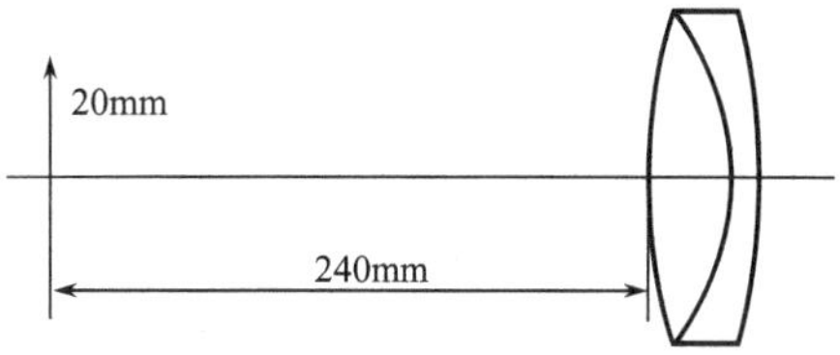

图 2-12　双胶合透镜

对第二面成像，经过渡计算得

$$l_2=l'_1-d_1=151.838-6.5=145.338(\text{mm})$$

代入式(2-14)，有

$$\frac{1.6475}{l'_2}-\frac{1.5163}{145.338}=\frac{1.6475-1.5163}{-17.539}$$

得 $l'_2=558.015\text{mm}$，第二面的成像放大率为

$$\beta_2=\frac{1.5163\times 558.015}{1.6475\times 145.338}=3.5337$$

经第三面成像，且 $l_3=l'_2-d_2=558.015-2.0=556.015(\text{mm})$，代入公式

$$\frac{1}{l'_3}-\frac{1.6475}{556.015}=\frac{1-1.6475}{-44.64}$$

得 $l'_3=57.2476\text{mm}$，第三面的放大率为

$$\beta_3=\frac{1.6475\times 57.2476}{556.015}=0.1696$$

总放大率为

$$\beta=\beta_1\cdot\beta_2\cdot\beta_3=-0.4172\times 3.5337\times 0.1696=-0.25$$

计算结果：最终的像点位置为距透镜组后表面右方 57.2476mm 处，像的大小为 $y'=\beta y=-0.25\times 20=-5.00(\text{mm})$，物体成缩小的倒像。

在本例中，若物体以物方孔径角 $\sin U_1=-0.025$ 发出光线，请读者自己计算实际光线的像方截距 L'_3，并与本例比较。

本章主要介绍了在描述光学系统成像过程中的符号规则以及光路图中的符号标注，在此基础上讨论了物体经单个折射球面成像的光路计算，包括实际光路计算和近轴光路计算，给出了近轴光路计算时单个折射球面、单个反射球面以及共轴球面光学系统的物像关系和物像放大率的计算方法。

习　题

2-1　一个18mm高的物体位于折射球面前180mm处，球面半径$r=30$mm，$n=1$，$n'=1.52$，求像的位置、大小、正倒及虚实状况。

2-2　一个球面半径$r=30$mm，物像方的折射率$n=1$，$n'=1.5$，平行光的入射高度为10mm。试求：

(1) 实际出射光线的像方截距；

(2) 近轴光线的像距，并进行比较。

2-3　一个实物与被球面反射镜所成的实像相距1.2m，如物高为像高的4倍，求球面镜的曲率半径。

2-4　一个玻璃球半径为R，若以平行光入射，当玻璃的折射率为何值时，会聚点恰好落在球面的后表面上。

2-5　大小为5mm的物体放在球面反射镜前10mm处，成1mm高的虚像。试求球面反射镜的曲率半径，并说明反射镜的凹凸状况。

2-6　一个实物放在曲率半径为R的凹面镜前的什么位置才能得到：

(1) 垂轴放大率为4倍的实像；

(2) 垂轴放大率为4倍的虚像。

2-7　一物体在球面镜前150mm处，成实像于镜前100mm处。如果有一虚物位于镜后150mm处，求成像的位置？球面镜是凸还是凹？

2-8　在汽车驾驶员的侧面有一个凸面反射镜，有一个人身高1.75m，在凸面镜前的1.75m处，被球面镜成像在镜后0.1m处。求此人的像高和凸面镜的半径。

2-9　有一个光学胶合透镜，其结构参数如下表，当$l_1=\infty$时，像在何处？

r/mm	d/mm	n
50	6	1.5
−50	3	1.6
∞	—	—

2-10　已知一个透镜的第一面和第二面的半径分别为r_1和r_2，透镜的厚度为d，折射率为n。当一个物体置于第一面的球心时，证明该物体的垂轴放大率为

$$\beta=\frac{r_2}{(1-n)(r_1-d)+nr_2}$$

2-11　汽车后视镜和马路拐弯处的反光镜为什么做成凸面而不是平面？

第3章 理想光学系统

我们已经看到，实际光学系统（简称实际系统）在近轴区域能够成完善像。如果假设这一完善成像特性扩大到任意大的空间和任意宽的光束，那么这种光学系统便称为理想光学系统。理想光学系统其实是对实际系统建立的理想模型，可以用它描述实际系统在理想情况下的光学特性，并用来衡量实际系统成像的不完善程度。理想光学系统理论又称为“高斯光学”，是1841年德国科学家C. F. 高斯首先建立起来的。由于这一理论适合于实际系统的近轴区域，所以又称为“近轴光学”。利用它可以更简单地讨论光学系统的光学性能和物像特性，分析物、像与系统之间的内在联系，建立光学系统的光路结构。它是理解和认识光学系统的重要理论。

3.1 理想光学系统的基本理论

高斯光学理论的基本核心就是光学系统（也称为理想光组）中物和像的一一对应关系，这些对应关系包括：

（1）物空间的每一物点，在像空间都有一个和它唯一对应的像点；

（2）物空间的每一条直线，在像空间都有一条和它唯一对应的直线；

（3）物空间的每一平面，在像空间都有一个和它唯一对应的平面。

这种物和像一一对应的关系称为共轭关系。可以证明，按照这一基本理论，还可以得到如下推论：

（1）如果一条物方光线经过物点 P，则对应的像方光线必经过其共轭点 P'；

（2）如果物方的平面垂直于光轴，则像方对应的共轭平面也垂直于光轴；

（3）在任何一对物像共轭的垂轴平面内，垂轴放大率为一常数，即理想光学系统对垂轴的平面物体所成的像具有物像相似的性质。

显然，根据上述理论，光学系统的成像必定是理想的、完善的。

按照上述理论，如果已知一个光学系统任意一对共轭面的位置及其放大率，同时又已知另外任意两对共轭点的位置，就可以确定其余任意点的物像关系。这可从例3-1得到证明。

【例3-1】 如图3-1所示，已知 Q、Q' 为某光学系统的一对共轭面，并且已知该对共轭面的垂轴放大率为 β，同时已知该系统的另外两对共轭物像点 C、C' 和 D、D'，试求图中任一物点 P 的像点 P'。

解 由 P 点过 C 点和 D 点分别作两条入射光线①和②，交 Q 面于 A 点和 B 点，由于共轭面的垂轴放大率已知，根据推论(3)，在 Q' 面上，按放大率可以很容易地得到 A 点、B 点的共轭像点 A' 和 B'。再根据推论(1)，光线①的共轭光线①′必经过 A' 点和 C' 点，光线②的共轭光线②′必经过 B' 点和 D' 点，由此得到像方光线①′和②′，延长这两条像方光线使之相交，得到 P' 点，即为所求 P 点的像。

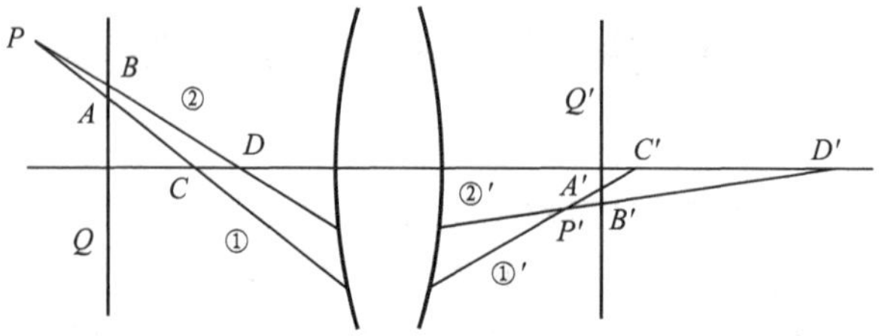

图 3-1 理想光组求像

由以上例题可知，用高斯光学分析光学系统可以不涉及光学系统的具体结构（半径、间隔、折射率等），只要知道其中一些物像关系就可以计算出其他未知的物像关系。

3.2 理想光学系统的基点与基面

从例 3-1 可知，对于一个光学系统，已知一些物像共轭关系就能够确定其他任意点的物像关系，因此可以用这些已知的共轭关系来定义一个光学系统（而不需要半径、间隔、折射率等具体结构参数）。已知的共轭关系包括任意一对已知放大率的共轭面和任意两对已知位置的共轭点。然而，从方便分析问题出发，人们规定了定义一个光学系统通常采用的特殊物像共轭面和共轭点，这些点和面被称为光学系统的基点和基面。它们是这样一些特殊的物像共轭关系：

(1) 无限远的轴上物点和它对应的共轭像点；

(2) 无限远的轴上像点和它对应的共轭物点；

(3) 一对垂轴放大率等于+1 的物像共轭平面；

(4) 一对角放大率等于+1 的物像共轭点。

原则上讲，(1)、(2)和(3)给出的基点和基面就足以定义一个光学系统，而再利用(4)给出的这对特殊的物像共轭点，就可以在分析和解决问题时带来极大的方便。

3.2.1 无限远的轴上物点与像方焦点

如图 3-2 所示，一个轴上物点 A 经一个理想光学系统后成像于 A'。当物体 A 向左移动远离光学系统，其共轭像点像 A' 也随之向左同向移动（物与像应同向移动）。当物体左移至无穷远时，此时所对应的像点称为系统的像方焦点，记作 F'。显然，F' 与无穷远轴上物点为一对物像共轭点。过像方焦点 F' 点作垂直于光轴的平面，此平面称为系统的像方焦平面。根据 3.1 节的推论(2)，像方焦平面与物方无限远处垂直于光轴的物平面为一对物像共轭面。

像方焦点和像方焦平面具有以下性质：

(1) 任意一条平行于光轴的物方入射光线，在像方一定通过像方焦点 F'。这是因为平行于光轴的光线可以看作无限远轴上物点发出的光束，经光学系统后将会聚于其共轭像点 F'。

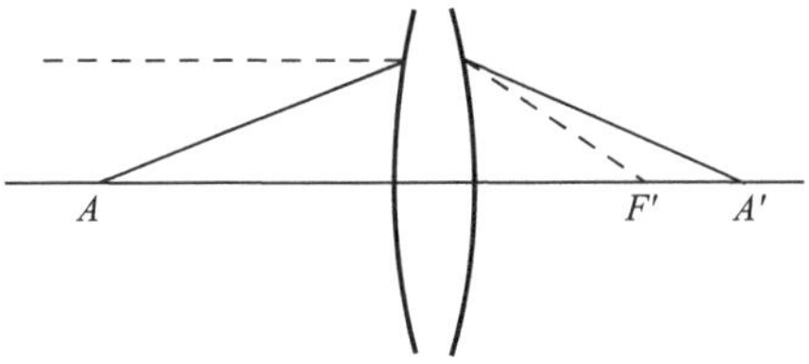

图 3-2　无限远轴上物点的共轭像点

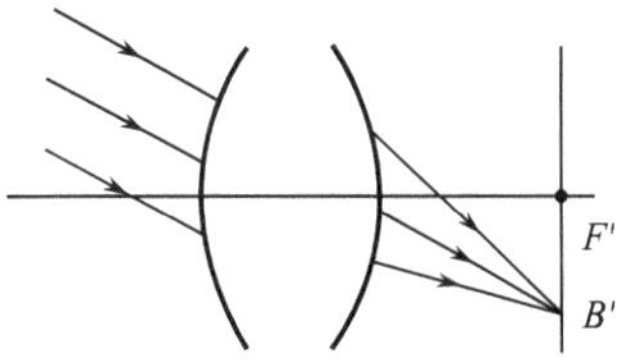

图 3-3　无限远轴外物点的共轭像点

(2) 与光轴成一定夹角的斜入射平行光束，在像方会聚于像方焦平面上的一个轴外点 B'，B' 点的位置与斜入射平行光的角度有关，如图 3-3 所示。这是因为斜入射平行光束可以看作出自物方无限远的轴外物点，不同的点发出的平行光束方向不同，每一轴外物点在像方焦平面上都有对应的共轭像点，因此，在像方焦平面上，焦点是水平入射平行光的会聚点，除焦点以外的每一点都是物方的某一特定角度的斜入射平行光束的会聚点。

3.2.2　无限远的轴上像点与物方焦点

与上述情况相类似，如果轴上有一物点所对应的共轭像点位于像方无限远，则该物点称为物方焦点，用 F 表示。过 F 点垂直于光轴的平面称为物方焦平面，物方焦平面与像方无限远处垂直于光轴的像平面为一对物像共轭面。

物方焦点和物方焦平面具有以下性质：

(1) 从 F 点发出的光线经过光学系统后将平行于光轴出射，交于无限远的轴上点，即 F 与像方无限远的轴上点共轭。

(2) 物方焦平面上的轴外一点 A 发出的光束经过光学系统后将以与光轴成某一夹角的斜平行光束出射，交于无限远的轴外点，如图 3-4 所示。物方焦平面上点的位置与出射斜平行光束的角度一一对应。

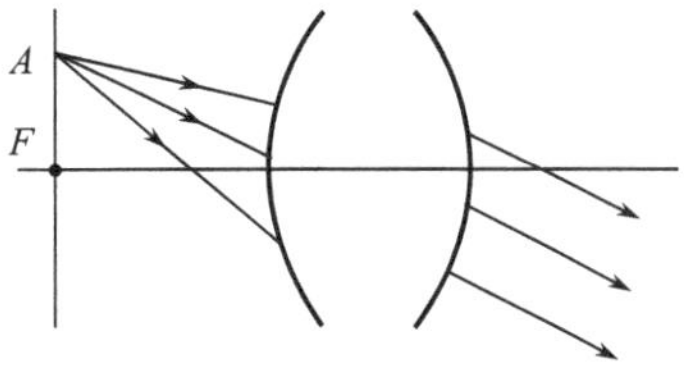

图 3-4　无限远轴外像点的共轭物点

3.2.3　主平面

在光学系统中，放大率随物体位置而变化。不同位置的共轭面对应着不同的放大率，但是总存在有这样一对垂轴共轭面，其垂轴放大率 $\beta=+1$，这对共轭平面称为主平面(简称为主面)，主面与光轴的交点称为主点。在物方的称为物方主面和物方主点，物方主点用 H 表示；在像方的称为像方主面和像方主点，像方主点用 H' 表示。根据高斯光学理论，在这对共轭面上的每一对共轭点都满足 $\beta=+1$。因此，在这对共轭主面上，如果知道了其中一方的某点，就可以方便地找到其共轭点(物像等高)。在作光线图时，一般都将物方光线延长交于物方主面，根据共轭关系得到像方主面上的对应点，然后再确定光线经像方主面后的出射方向。

可以用下述方法来确定光学系统的物方主面和像方主面。

如图 3-5(a)所示，如果已知理想光学系统的一条平行于光轴的入射光线和它的共轭光线，则将入射光线与出射光线延长，使它们相交得到 Q' 点，过 Q' 点作垂直于光轴的平面，则该平面就是系统的像方主面。

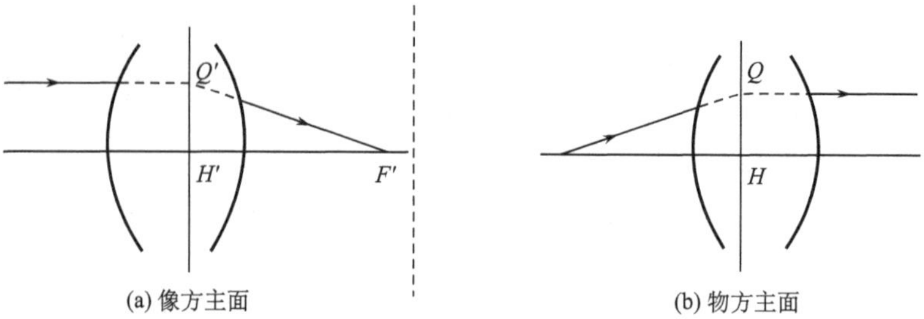

(a) 像方主面　　　　(b) 物方主面

图 3-5　用作图法确定主面

同理，如果已知光学系统的一条出射的平行于光轴的像方光线以及它在物方的共轭光线(图 3-5(b))，则延长入射光线和出射光线，使之相交得到 Q 点，过 Q 点作垂直于光轴的平面，该平面就是物方主面。

现在来证明上述方法确定的平面是一对满足 $\beta=+1$ 的共轭面。

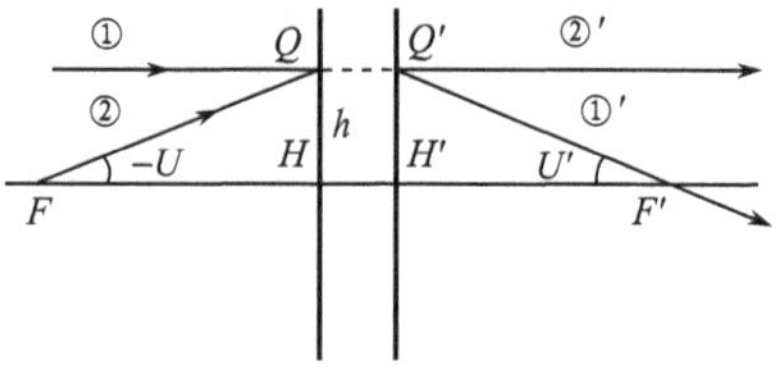

图 3-6　理想光学系统的主面

将图 3-5(a)和图 3-5(b)绘于同一幅图中，如图 3-6所示，并将图 3-5 两幅图中的水平光线的高度取为相等，光线的共轭关系用对应的数字表示。由图 3-6 可知，光线①和②为物方的两条入射光线，它们相交于物方的 Q 点，而它们的共轭光线①′和②′在像方相交于 Q' 点。由理想光学系统的性质可知，Q 与 Q' 是一对共轭物像点。由于这对共轭点距光轴等高，故其垂轴放大率为$+1$。再根据理想光学系统的性质，一对共轭面上的所有共轭点都具有相同的放大率，因此可以得出，过 Q 点垂直于光轴的物方平面与过 Q' 点垂直于光轴的像方平面为一对垂轴放大率等于$+1$ 的共轭面，由此证明它们为系统的物方主面和像方主面。

3.2.4　光学系统的焦距

定义焦点到主点的距离为光学系统的焦距。其中，像方主点 H' 到像方焦点 F' 的距离称为像方焦距，用 f' 表示，物方主点 H 到物方焦点 F 的距离称为物方焦距，用 f 表示。如图 3-7 所示，显然有

$$f'=\frac{h}{\tan U'} \tag{3-1a}$$

$$f=\frac{h}{\tan U} \tag{3-1b}$$

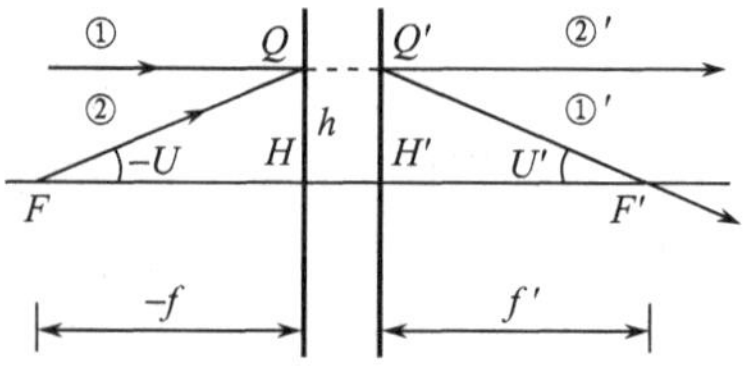

图 3-7　光学系统的焦距

式中，h 为平行于光轴的光线高度，U' 为光线①′的像方孔径角，U 为光线②的物方孔径角。由图 3-7 可以看出，物像方焦距均以各方主点为起始点，向右取正，向左取负。把像方焦距 f' 为正值的光学系统称为正光组，f' 为负值的称为负光组，例如，图 3-7 所示的光组为正光组。

根据第 2 章引入的光焦度定义

$$\varphi=\frac{n'}{f'}$$

式中，n'为系统像方介质的折射率，当理想系统像方介质为空气时，折射率 n'为 1，焦距和光焦度互为倒数，即

$$\varphi=\frac{1}{f'} \tag{3-2}$$

焦距和光焦度都是描述光学系统聚焦特性的参数，许多场合使用光焦度 φ 比使用焦距 f' 更为方便。

对于一个理想光学系统，如果已知它的主面位置和焦点位置，或者说只要知道它的焦距，那么系统的成像性质就完全确定了。利用这些基点可以分析该系统任意其他的物像共轭关系。

3.2.5　理像光学系统的节点

上述主点和焦点能完全决定一个系统，但实际应用中还有一对共轭点极其有用，即角放大率为＋1 的一对共轭点，称为节点，用 J、J' 表示。根据节点的性质，如果一条光线通过物方节点 J 入射，则其共轭光线必通过像方节点 J'，且与入射光线平行，如图 3-8 所示。利用节点的性质，可以方便地确定物像方的光线方向。以后将证明，当系统物方和像方位于同一介质中时，节点与主点重合。

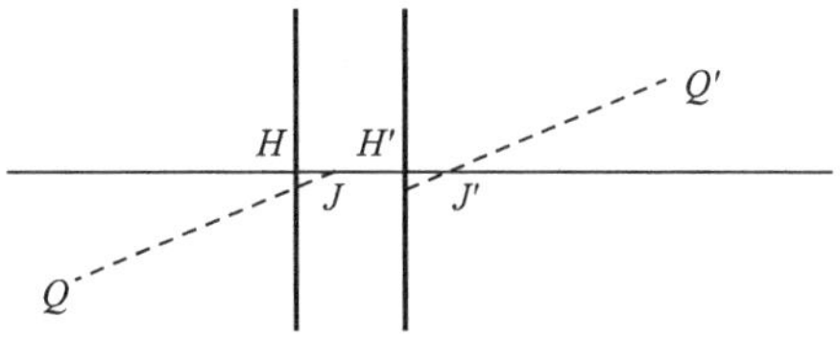

图 3-8　理想光组的节点

3.3　理想光学系统的物像关系

给定一个理想光学系统的主面和焦点，可以求出任意共轭物像的位置及大小，其方法可采用作图法或解析法。

3.3.1　作图法求像

作图法求像就是通过图解的方法来确定光学系统的物像关系。光线从物点发出(或经过物点)，经光学系统后相交成像，作图法能直观地建立系统的物像关系。由于理想光学系统成完善像，从同一物点发出的所有光线在像方必相交于同一像点，所以作图只需要选择其中的两条光线就可以确定该唯一像点。

物体发出的光线是任意的，但为了方便确定共轭光线，通常利用基点、基面的性质来选择作图光线，常选取的典型光线为：

(1) 平行于光轴的入射光线，该光线经系统后的共轭光线通过像方焦点 F'；

(2) 过物方焦点 F 的入射光线，该光线经系统后的共轭光线平行于光轴；

(3) 过物方节点 J 的入射光线，该光线经系统后的共轭光线将通过像方节点 J'，且与物方的入射光线平行；

(4) 物方的斜射平行光束，该光束经系统后的共轭光束会聚于像方焦平面上的轴外一点；

(5) 选取物方焦平面上轴外某点发出的光束，该光束经系统后成为像方的斜射平行光束。

下面通过一些具体的实例说明作图求像的过程。

【例 3-2】 对轴外物点 B 作图求像。

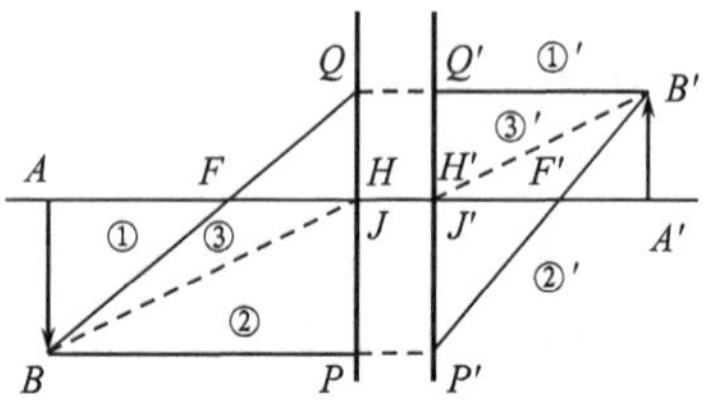

图 3-9 轴外点作图求像

解 图 3-9 所示为一个理想光学系统，其主点 H、H'和焦点 F、F'位置确定。B 为轴外的一个物点，经过 B 选取两条典型的光线来作图。

一条由 B 点发出并经过物方焦点 F 的入射光线①，交物方主面于 Q 点，根据主平面的垂轴放大率为 $+1$ 的性质，由 Q 得到共轭点 Q'，即 Q'点与 Q 点距离光轴等高。经过 Q 点的光线必经过 Q'点，共轭光线①′经过 Q'点后以平行于光轴的方向出射。

另一条由 B 发出且平行于光轴入射光线②，交物方主面于 P 点，同理，由 P 点得到与光轴等高的共轭点 P'，共轭光线②′经 P'点后通过像方焦点 F'出射。

两条出射光线①′和②′相交于 B'点，即为物点 B 的共轭像。

如果光学系统的节点也确定(本例题中已假定光组的物像方在同一介质中，即节点与主点重合)，则还可以选取另一条典型光线，即由 B 点发出经过物方节点 J 的入射光线③，该光线的共轭光线③′经过像方节点 J'，并以平行于入射光线③的方向出射，该出射光线也将相交于点 B'，如图 3-9 中的虚线。

【例 3-3】 对轴上物点 A 作图求像。

解 根据高斯光学理论的推论，位于轴上的物点其共轭像仍位于光轴。因此，确定轴上点的物像关系只需要由轴上物点发出任一条光线，求其共轭光线与光轴的交点即可得到像。以下介绍两种作图方法。

方法一：如图 3-10(a)所示，由轴上物点 A 发出任一条光线①交于物方焦平面的 P 点和物方主平面的 M 点，因此光线①也可以看作自 P 点发出。因为 P 点位于物方焦平面上，所以自 P 点发出的光束自系统出射后，应为像方的斜平行光束。为了确定光线①经 M'后的出射方向，自 P 点作一条平行于光轴的参考光线②，其出射光线②′应经过像方焦点 F'，光线②′的方向代表了物方焦平面上 P 点发出光束所对应的像方斜平行光束的方向。光线①经 M'点的出射光线①′应平行于光线②′，交光轴于 A'，即为所求像。

方法二：如图 3-10(b)所示，由 A 发出任一条光线①交于物方主平面的 M 点，可将此光线看作由无限远轴外点发出的斜平行光束中的一条，设斜平行光束中的另一条光线②经过物方焦点 F 并交物方主面于 N，该光线的共轭光线②′将经 N'点以平行于光轴的方向出射，交像方焦平面于 P'点。如前所述，物方斜平行光束应相交于像方焦平面上的同一轴外点，因此，光线①′自 M'出射也将通过 P'点，并交光轴于 A'点，即得所求像。

另外，轴上 A 点求像也可以利用例 3-2 的方法，由过 A 点垂轴面上的轴外 B 点求像来间接求得。另外，当理想光学系统的节点确定后，以上两种方法中的参考光线也可以选择通过节点的光线。

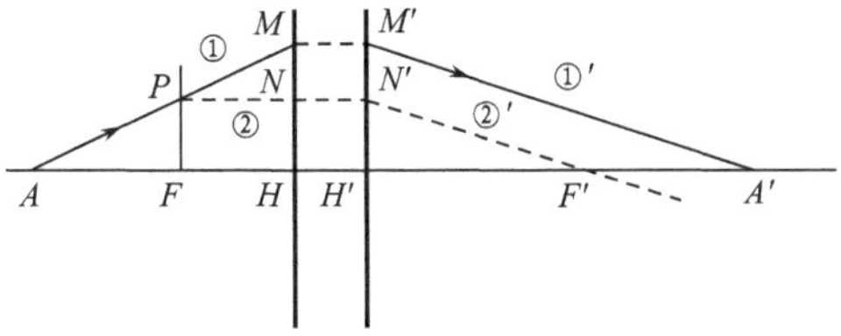

(a) 方法一

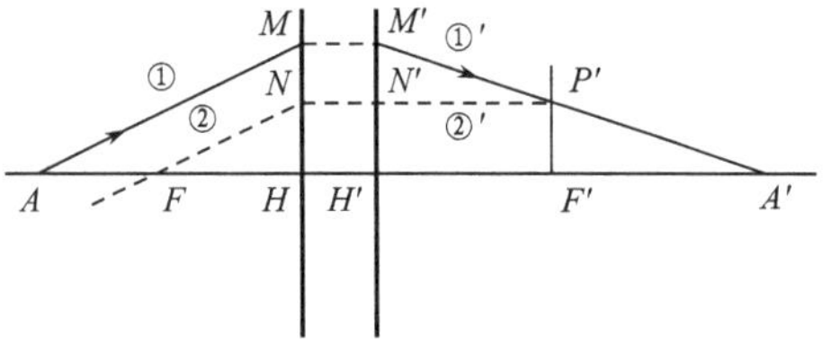

(b) 方法二

图 3-10 轴上点作图求像

【例 3-4】 作图求物体 AB 经负光组所成的像。

解 图 3-11 描述了物体 AB 经过一个负光组的作图求像过程。注意到负光组的物方焦点 F 和像方焦点 F' 均为虚点，实际光线无法与之相交，但作图思路是一样的，仍可用例 3-2 的作图方法来求像。

一条经过 B 点且平行于光轴的入射光线①，其共轭光线①′出射后相交于系统的像方焦点。因为像方焦点 F' 为虚像点，所以出射光线以虚线延长相交的方式通过 F' 点。

另一条经过 B 点并通过物方焦点的入射光线②，由于物方焦点 F 为一虚物点，所以光线②以虚线延长指向物方焦点 F 的方向入射，其共轭光线②′平行于光轴出射。

两条出射光线①′和②′延长相交于 B' 点即为所求的像。由图看出，B' 点为一虚像，该成像过程为实物成虚像。

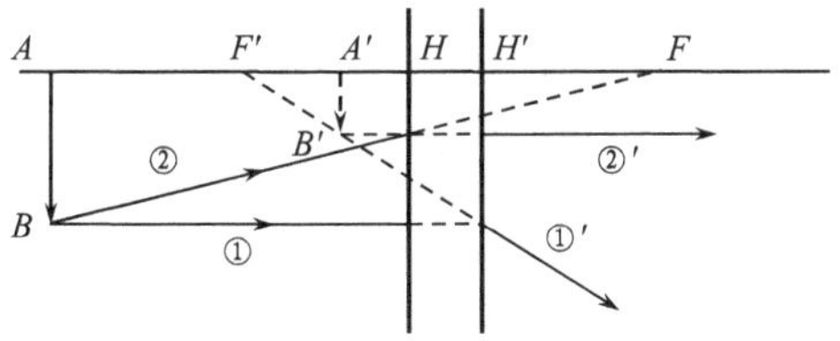

图 3-11 负光组作图求像

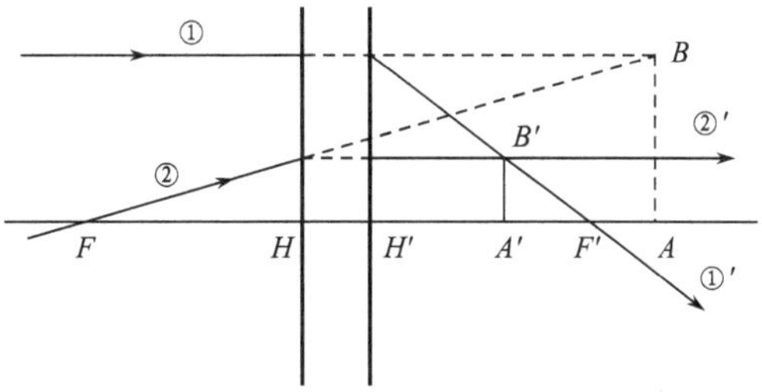

图 3-12 虚物作图求像

【例 3-5】 对虚物 AB 作图求像。

解 图 3-12 描述了一个轴外虚物点 B 的成像光路。物点 B 虽然在系统的右方，但选择的光线依然要经过它。由于是虚物，所以所谓“经过”是指延长“经过”，如图 3-12 中入射光线①和②的延长虚线。同例 3-2 的方法类似，选取两条经过虚物点 B 的入射光线，一条为水平光线①，另一条为过焦点 F 的光线②，根据例 3-2，这两条光线的共轭光线分别为①′和②′，它们的交点 B' 即为所求的像。注意，这里需要强调的是，不管实物还是虚物，物方光线一定要经过(或延长经过)给定的物点，只有这样，它们共轭光线的相交点才是所求的像(高斯光学理论推论(1))。

读者还可以根据例 3-3 的方法，自行完成一个轴上虚物点的作图求像过程。

【例 3-6】 已知一理想光组的主点和焦点，用作图法确定系统的节点。

解 如图 3-13 所示，由物方经物方焦点 F 作一条光线①，得到与其共轭的一条水平光线②′，该出射的光线交像方焦面于 P' 点。根据像方焦面的性质，所有与光线①平行的物方光线都将在像方会聚于 P' 点，包括其中经过物方节点的光线。利用过节点的共轭光线必然相互平行的性质，过 P' 点作一条光线②′使之平行于光线①，则光线②′与光轴的交点必为像方节点 J'。再利用光线②′与像方主面的交点 E'，得到共轭点 E，过 E 点作平行于②′的光线②，相交于光轴即得物方节点 J。

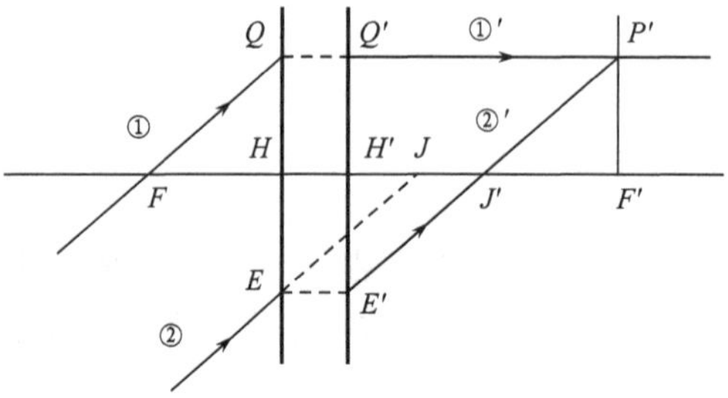

图 3-13　作图求节点

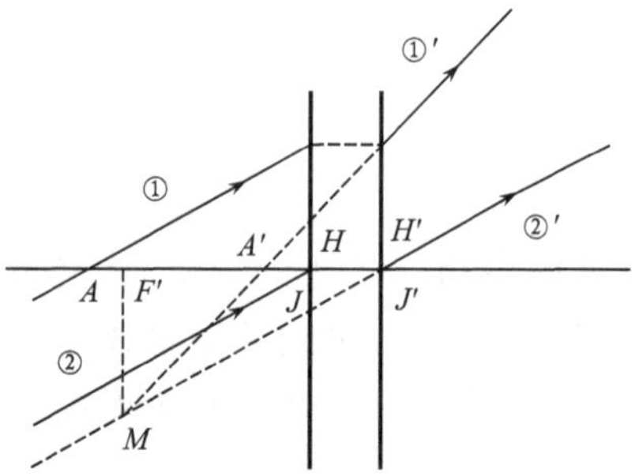

图 3-14　作图求焦点

【例 3-7】 已知理想光组的主(节)点和一对共轭点 A 和 A'，作图求系统焦点。

解 如图 3-14 所示，由物点 A 任意作一条入射光线①，其共轭光线①′必通过 A'。再过物方节点 J 作一条平行于光线①的物方光线②，其共轭光线②′必经过像方节点 J' 并与②平行。光线②′与光线①′的相交点 M 即为像方焦面上的一点，由此得到像方焦点 F'。

同理也可求得物方焦点 F，由读者自己完成。

作图求像是几何光学的基本方法，它简单、直观，是实际中经常应用的一种方法。掌握好这一方法对于理解光学系统的成像特点、描绘光学系统的成像光路、建立光学系统物像的解析方法都是不可缺少的。但是作图法精度较低，对成像规律的探讨也不够深入，若要获得光学系统物像的精确关系及成像规律仍然需要解析计算。

3.3.2 解析法求像

根据理想光学系统图解求像光路图中的几何关系建立起一套物像关系计算公式，这便是解析法。

计算公式包括物像位置公式和放大率公式。解析式中物像的虚实和正倒都用参数的正负号表示，因此，解析法中的所有参数都采用代数量，其符号规则在第 2 章中已经介绍过。由于理想光学系统不涉及实际系统的结构参数，所以坐标原点的定位与球面系统有所不同，后面将适时地说明坐标原点的选择。

图 3-15 所示为按作图法描述的一个物体成像的几何光路。图中，理想光学系统的 F、F'、H、H' 位置均已确定，因此系统焦距 f' 确定。物高为 y 的垂轴物体 AB，被系统成像于 $A'B'$，像高为 $-y'$。根据这一成像光路的几何关系建立通用的解析计算式。

1. 物像位置计算

在解析法中，有两种不同的坐标原点选取方法，相应地，也有两种计算物像的方法：一种是以系统的焦点为原点的物像关系，称为牛顿法；另一种是以系统的主点为原点的物像关系,称为高斯法。

1) 牛顿公式

在这里,物方和像方的坐标原点分别为系统的物方焦点 F 和像方焦点 F'。如图 3-15 所示,物点 A 的位置用焦物距 x 表示,像点 A' 的位置用焦像距 x' 表示,取值的正负号符合前述符号规则,图中,$x<0,x'>0$。

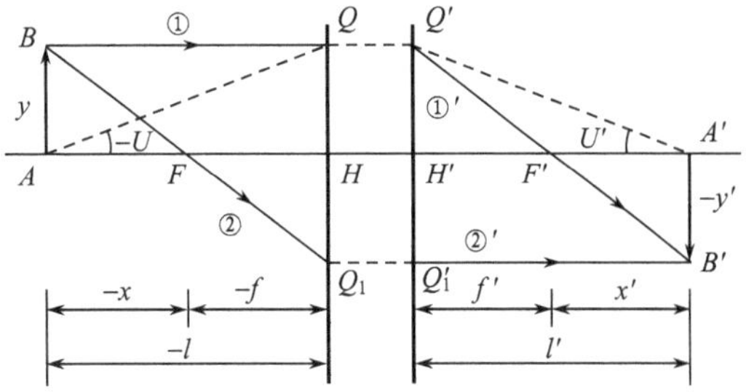

图 3-15 解析法求像

由图 3-15 中相似三角形 ABF 和 HQ_1F、$A'B'F'$ 和 $H'Q'F'$ 的简单几何关系,可得

$$\frac{-y'}{y}=\frac{-f}{-x},\quad \frac{-y'}{y}=\frac{x'}{f'}$$

由此可得

$$x\cdot x'=f\cdot f' \tag{3-3}$$

式(3-3)描述的物像位置公式称为牛顿公式。如果已知系统焦距 f' 和 f 以及物体的焦物距 x,就可以按照式(3-3)求得像点的焦像距 x'。

【例 3-8】 有一理想光组,其焦距 $f'=-f=200\text{mm}$,已知物体的焦像距 $x'=100\text{mm}$,问物体位于何处?

解 将已知数据代入式(3-3),得

$$x=\frac{ff'}{x'}=\frac{-200\times200}{100}=-400(\text{mm})$$

即物体位于光组物方焦点 F 的左方 400mm 处,为实物。

光学系统一般都有 $ff'<0$,由式(3-3)可知,必有 $xx'<0$,即 x 与 x' 符号相反。它表明物和像分别位于各自焦点的异侧,即当物出现在物方焦点 F 的左侧时,其像必位于像方焦点 F' 的右侧。

2) 高斯公式

在这里,物方和像方的坐标原点分别为系统的物方主点 H 和像方主点 H'。如图 3-15 所示,物点 A 的物距为 l,像点 A' 的像距为 l',正负号同样符合前述符号规则,图中,$l<0,l'>0$。由图中几何关系可得

$$x=l-f,\quad x'=l'-f'$$

将其代入牛顿公式(3-3)并化简得

$$lf'+l'f=ll'$$

将上式两边同除以 l 和 l' 得

$$\frac{f'}{l'}+\frac{f}{l}=1 \tag{3-4}$$

式(3-4)称为高斯公式。

【例 3-9】 有一理想光组,其焦距 $f'=-f=200\text{mm}$,已知物体的物距 $l=-600\text{mm}$,求其像的位置。

解 将已知数据代入式(3-4)，得

$$l'=\frac{f'l}{l-f}=\frac{200\times(-600)}{-600-(-200)}=300(\mathrm{mm})$$

即像位于像方主点的右方 300mm 处。

例 3-8 和例 3-9 为同一理想光组，物像的位置也相同，它们分别应用牛顿公式和高斯公式计算，最终结果也相同，只是采用了不同的坐标原点表示。由此可见，牛顿公式与高斯公式对于计算物像关系的一致性。

2. 理想光学系统的放大率

理想系统的放大率不受近轴区域的限制，适合于任意大小的空间和任意大小的光束。在近轴区域内也将适合于前面介绍的球面系统的近轴放大率。

1) 垂轴放大率 β

同近轴光学系统一样，理想光学系统的垂轴放大率定义为像高 y' 与物高 y 之比，即

$$\beta=\frac{y'}{y} \tag{3-5}$$

由图 3-15 的几何关系可以直接得到

$$\beta=\frac{y'}{y}=-\frac{x'}{f'}=-\frac{f}{x} \tag{3-6}$$

式(3-6)是用牛顿法参数计算的垂轴放大率。

根据式(3-6)和图 3-15 的几何关系，得

$$\beta=-\frac{x'}{f'}=-\frac{l'-f'}{f'}=-\frac{l'}{f'}\left(1-\frac{f'}{l'}\right)$$

利用高斯公式(3-4)，上式表示为

$$\beta=-\frac{f}{f'}\frac{l'}{l} \tag{3-7}$$

式(3-7)是用高斯法参数计算的垂轴放大率。式(3-6)和式(3-7)都表明，在系统的焦距确定以后，放大率只与物体的位置有关。

2) 轴向放大率 α

理想光学系统的轴向放大率是像移动量 $\mathrm{d}x'$(或 $\mathrm{d}l'$)与物移动量 $\mathrm{d}x$(或 $\mathrm{d}l$)(图 3-16)的比值，即

$$\alpha=\frac{\mathrm{d}x'}{\mathrm{d}x}=\frac{\mathrm{d}l'}{\mathrm{d}l} \tag{3-8}$$

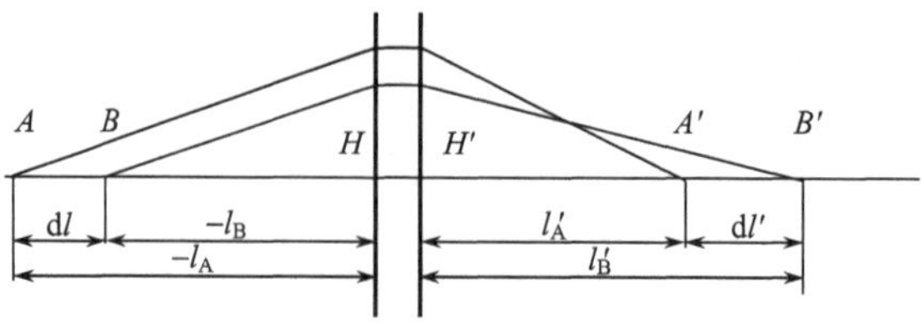

图 3-16 轴向放大率

对牛顿公式微分，可得牛顿公式的轴向放大率

$$x\,\mathrm{d}x' + x'\,\mathrm{d}x = 0$$

$$\alpha = \frac{\mathrm{d}x'}{\mathrm{d}x} = -\frac{x}{x'} \tag{3-9}$$

对高斯公式微分，可得高斯公式的轴向放大率

$$-\frac{f'}{l'^2}\mathrm{d}l' - \frac{f}{l^2}\mathrm{d}l = 0$$

$$\alpha = \frac{\mathrm{d}l'}{\mathrm{d}l} = -\frac{l'^2 f}{l^2 f'} \tag{3-10}$$

由式(3-10)与式(3-7)比较，可得

$$\alpha = -\frac{f'}{f}\beta^2 \tag{3-11}$$

由式(3-11)可知，一般情况下，轴向放大率与垂轴放大率不等，物体经系统成像后的立体形状将发生改变，必须引起注意。

根据轴向放大率的特性，当物体沿轴向移动时，像向同方向移动。例如，当物体在无穷远时，像位于像方焦点，当物体从左向右移动至物方焦点时，其像也从左向右移动至无穷远。

3）角放大率

一对共轭光线相对于光轴的夹角的正切之比定义为理想光学系统的角放大率，即

$$\gamma = \frac{\tan U'}{\tan U} \tag{3-12}$$

由图 3-15 的几何关系可得

$$\gamma = \frac{\tan U'}{\tan U} = \frac{\dfrac{h}{l'}}{\dfrac{h}{l}} = \frac{l}{l'} \tag{3-13}$$

代入式(3-7)得

$$\gamma = -\frac{f}{f'}\frac{1}{\beta} \tag{3-14}$$

式(3-11)与式(3-14)相乘可得三种放大率之间的关系式

$$\alpha \cdot \gamma = \beta \tag{3-15}$$

4）理想光学系统的拉赫公式

由图 3-15 显见

$$(x + f)\tan U = (x' + f')\tan U$$

将 $x = -f\left(\dfrac{y}{y'}\right)$ 和 $x' = -f'\left(\dfrac{y'}{y}\right)$ 代入上式并简化后得

$$fy\tan U = -f'y'\tan U' = J \tag{3-16}$$

这就是理想光学系统的拉赫公式。

本章一开始就指出，理想光学系统反映的是实际光学系统在近轴区域内的成像特性并把它扩大到任意大的空间。由于理想光组不涉及实际系统的具体参数，所以它的放大率计算公式及拉赫公式与实际系统的近轴计算式相比有不同的表示方式，由于不受近轴区域限制，角放大率的定义也有所差别，因此二者在近轴区域应是一致的。表 3-1 对两者进行了相应的比较，从中又一次得到光学系统物方焦距与像方焦距的关系（比较式(2-16)）为

$$\frac{f'}{f}=-\frac{n'}{n} \tag{3-17}$$

式(3-17)表明，光学系统的物方和像方焦距之比等于所在相应空间介质的折射率之比的负值。在大多数情况下，光学系统的物像方都处在同一介质（一般为空气）中，故此时总有物像方焦距的绝对值相等，符号相反，即 $f'=-f$。此时，高斯公式(3-4)有更简单的表示形式，即

$$\frac{1}{l'}-\frac{1}{l}=\frac{1}{f'} \tag{3-18}$$

表 3-1 比较了单个球面与理想光组的放大率计算，同时还列举了当 $f'=-f$ 时的理想系统放大率的简化计算。

表 3-1 单个球面的近轴计算与理想光学系统计算比较

参数 \ 系统	近轴球面计算	理想光学系统计算	
		物像方处于不同介质	物像方处于相同介质
物像距 l,l'	$\frac{n'}{l'}-\frac{n}{l}=\frac{n'-n}{r}$	$xx'=ff'$ $\frac{f'}{l'}+\frac{f}{l}=1$	$xx'=-f'^2$ $\frac{1}{l'}-\frac{1}{l}=\frac{1}{f'}$
垂轴放大率 β	$\beta=\frac{nl'}{n'l}$	$\beta=-\frac{fl'}{f'l}=-\frac{f}{x}=-\frac{x'}{f'}$	$\beta=\frac{l'}{l}$
轴向放大率 α	$\alpha=\frac{nl'^2}{n'l^2}$	$\alpha=-\frac{l'^2f}{l^2f'}=-\frac{x'}{x}$	$\alpha=\frac{l'^2}{l^2}$
角放大率 γ	$\gamma=\frac{l}{l'}$	$\gamma=\frac{l}{l'}$	$\gamma=\frac{l}{l'}$
拉赫不变量 J	$J=nuy=n'u'y'$	$J=fy\tan U=-f'y'\tan U'$	$J=y\tan U=y'\tan U'$

【例 3-10】 证明当物与像在同一介质中时，光学系统的节点与主点位置重合。

解 根据定义，节点是角放大率为+1 的一对共轭点，由式(3-14)和式(3-6)得

$$\gamma=\frac{n}{n'}\frac{1}{\beta}=\left(\frac{n}{n'}\right)\left(-\frac{f'}{x_J'}\right)=\left(\frac{n}{n'}\right)\left(-\frac{x_J}{f}\right)=+1$$

即

$$x_J=-\frac{n'}{n}f \quad 和 \quad x_J'=-\frac{n}{n'}f'$$

当物和像处在同一介质中时，有 $n'=n$，因此得到节点的位置为

$$x_J=-f=f' \quad 和 \quad x_J'=-f'=f$$

上式表明，物方节点的焦物距 x_J 距离物方焦点为 f'，即证明物方节点与物方主点重合，

同理，此时像方节点也与像方主点重合。

【例 3-11】 一理想光组将一物距为 60mm、大小为 40mm 的实物成一像距为 60mm、大小为 20mm 的实像。若另有一物距为 40mm、大小为 20mm 的实物，则其成像情况如何？

解 首先要求出理想光组的焦距。依题意，给定物体为一实物，因此物距应取负值，即 $l=-60\text{mm}$，实像表明像距为正，即 $l'=60\text{mm}$，实物成实像应为倒像，物高与像高的符号应相反，取 $y=40\text{mm}$，$y'=-20\text{mm}$，代入式(3-7)，有

$$\frac{-20}{40}=-\frac{f}{f'}\times\frac{60}{-60}$$

得 $f=-f'/2$。系统物像方焦距不相等，表明物像方不在同一介质，代入高斯公式(3-4)，有

$$\frac{f'}{60}-\frac{f'}{2\times(-60)}=1$$

得 $f'=40\text{mm}$，$f=-20\text{mm}$。

将计算得到的焦距再代入高斯公式，求另一物体的像

$$\frac{40}{l'}+\frac{-20}{-40}=1$$

得 $l'=80\text{mm}$，为实像，位于系统像方主面右方 80mm 处。放大率为

$$\beta=-\frac{fl'}{f'l}=-\frac{-20\times 80}{40\times(-40)}=-1$$

表明像与物等高且倒立。

3.4 理想光学系统的多光组成像

前面讨论的是单个理想光组的成像特性，如果系统有多个理想光组，各光组的基点及相对位置确定，即成为多光组的组合系统。事实上，实际光学系统常由多个透镜（或透镜组）组合而成，每个透镜（或透镜组）都可以看作一个光组，整个系统其实就是一个多光组的组合系统。因此，讨论理想光学系统的多光组成像具有普遍意义。

3.4.1 多光组成像的一般过程

多光组成像是以光的行进方向从左到右依次经各光组逐次成像的过程，即物体经第一光组所成之像是第二光组的物，又经第二光组成像后成为第三光组的物，依此类推。因此，只要掌握了单个光组的物像计算，再经过正确的光组间过渡，就可以完成整个计算过程。单个光组的计算已在前面作了详细讨论，以下主要讨论光组之间的过渡。这一步骤同共轴球面系统的成像很相似，光组的过渡主要是由于坐标原点的改变及对应光组的变化造成的。

给定一个多光组，表明以下参数已经确定：各光组的焦距 f'_1、f'_2、…；相邻光组主点之间的间距 d_1、d_2、…（或相邻光组焦点之间的间距 Δ_1、Δ_2、…）。其中，参数 d 为前一光组像方主点到后一光组的物方主点的距离，称为高斯间距，在透射系统中高斯间距通常取

正值;参数 Δ 为前一光组的像方焦点到后一光组的物方焦点之间的距离,称为光学间隔,取前一光组的像方焦点作为原点,当后一光组的物方焦点在其右侧时,光学间隔为正,反之为负。

图 3-17 所示为一个三光组系统的成像光路。物体的位置以第一光组的高斯物距(高斯公式)或牛顿物距(牛顿公式)给出,用解析法可以求得物体经第一光组所成的像。第二光组成像时,第一光组所成的像变成了第二光组的物,原点应移到第二光组的主点或焦点上,相对于第一光组的像坐标将过渡到相对于第二光组的物坐标。

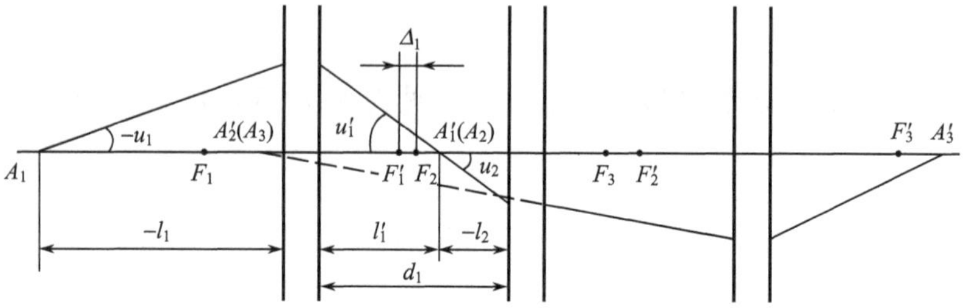

图 3-17 理想光组的三光组成像

由于坐标原点的移动是沿着光轴的,所以第一光组的像(或称第二光组的物)的大小与光线的角度不会因为原点变化而改变。据此,得到过渡公式为

$$\left.\begin{aligned} &l_2=l'_1-d_1, \quad l_3=l'_2-d_2, \quad l_4=l'_3-d_3, \quad \cdots \\ &x_2=x'_1-\Delta_1, \quad x_3=x'_2-\Delta_2, \quad x_4=x'_3-\Delta_3, \quad \cdots \\ &y_2=y'_1, \quad y_3=y'_2, \quad y_4=y'_3, \quad \cdots \\ &u_2=u'_1, \quad u_3=u'_2, \quad u_4=u'_3, \quad \cdots \end{aligned}\right\} \tag{3-19}$$

经过连续应用物像计算公式和过渡公式,就可以由最初给定的物体位置 l_1 与大小 y_1,得到最终的像的位置 l'_k 与大小 y'_k。

多光组系统的放大率显然是各光组放大率的乘积,即

$$\beta=\frac{y'_k}{y_1}=\frac{y'_1}{y_1}\frac{y'_2}{y_2}\frac{y'_3}{y_3}\cdots\frac{y'_k}{y_k}=\beta_1\beta_2\beta_3\cdots\beta_k \tag{3-20a}$$

类似有

$$\alpha=\alpha_1\alpha_2\alpha_3\cdots\alpha_k \tag{3-20b}$$

$$\gamma=\gamma_1\gamma_2\gamma_3\cdots\gamma_k \tag{3-20c}$$

【例 3-12】 一个光学系统由三个光组构成,$f'_1=-f_1=100\text{mm}$,$f'_2=-f_2=-50\text{mm}$,$f'_3=-f_3=50\text{mm}$,$d_1=10\text{mm}$,$d_2=20\text{mm}$,一个大小为 15mm 的实物位于距第一光组 120mm 处,求像的位置及大小(图 3-18)。

解 本题中物体有三次成像过程,逐一应用单光组的成像公式(3-18)和过渡公式(3-19)进行求解。

第一次成像,$l_1=-120\text{mm}$,为实物,有

$$\frac{1}{l'_1}-\frac{1}{-120}=\frac{1}{100}$$

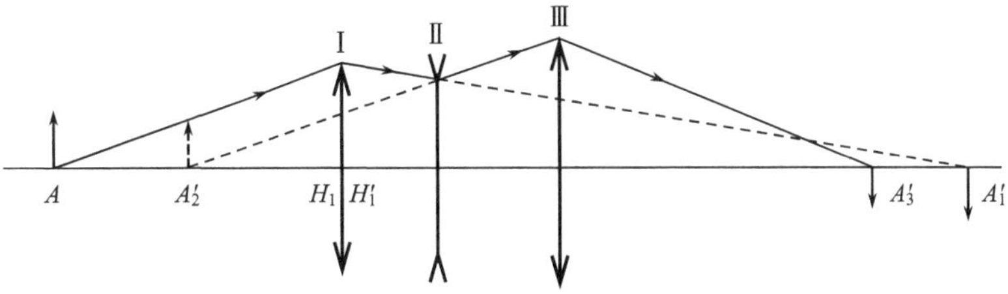

图 3-18　例 3-12 示意图

得 $l'_1=600\text{mm}$,为实像。

第二次成像,$l_2=l'_1-d_1=600-10=590(\text{mm})$,为虚物,有

$$\frac{1}{l'_2}-\frac{1}{590}=\frac{1}{-50}$$

得 $l'_2=-54.63\text{mm}$,为虚像。

第三次成像,$l_3=l'_2-d_2=-54.63-20=-74.63(\text{mm})$,为实物,有

$$\frac{1}{l_3{}'}-\frac{1}{-74.63}=\frac{1}{50}$$

得 $l'_3=151.50\text{mm}$,为实像。

系统放大率为

$$\beta=\beta_1\beta_2\beta_3=\frac{l'_1}{l_1}\frac{l'_2}{l_2}\frac{l'_3}{l_3}=\frac{600}{-120}\times\frac{-54.63}{590}\times\frac{151.5}{-74.63}\approx-0.94$$

像高 $y'=\beta y=(-0.94)\times 15\approx-14.1(\text{mm})$,为倒立实像。

3.4.2　多光组系统的等效系统

单光组在确定基点和焦距以后,光组的成像性质也随之确定。同样,多光组的相应参数确定以后,整个系统的成像性质也随之确定。由于理想光组物像共轭关系具有唯一性,所以可以将多光组的成像性质用一个等效的单光组来实现,即把多个光组组成的系统等效成一个单光组系统,物体经多光组的成像看作经等效单光组所成的像,这样可以使许多物像关系的求解变得简单,对系统成像性质的分析和讨论也将带来方便。

为了求出等效的单光组,把确定单光组焦点和主点的方法运用到多光组的场合。

如图 3-19 所示,由物方入射一条高度为 h_1 的平行于光轴的光线①,经多个光组传输后得到出射光线①',最终的出射光线①'与光轴的交点就是等效光组的焦点 F'。延长出射光线①',使之与入射光线①的延长线相交于 Q',即为等效的主面位置。主面与光轴的交点为主点 H',等效焦距 f'为等效焦点 F'到等效主点 H'的距离。根据图 3-19 所示光路,有

$$f'=\frac{h_1}{\tan U'_k} \tag{3-21}$$

式中,h_1 为初始光线的入射高度,对于理想光组可以任意设定,U'_k 为出射光线的像方孔径角,为了确定 U'_k,需要对入射光线进行逐个光组的计算。

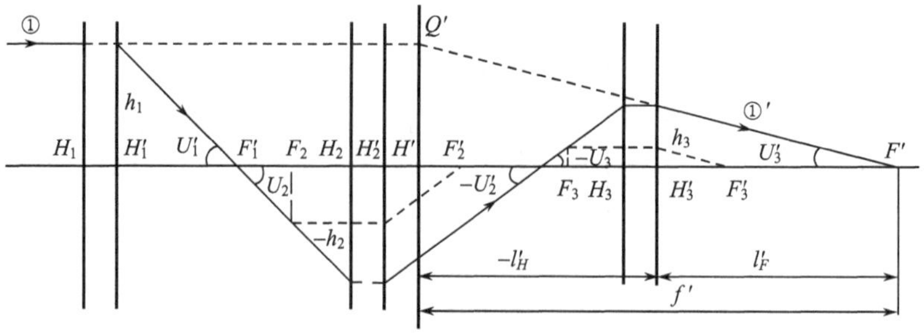

图 3-19　多光组组合的等效光组

将高斯公式(3-18)两边同乘以 h,则有

$$\frac{h}{l'}-\frac{h}{l}=\frac{h}{f'}$$

因为有$\frac{h}{l}=\tan U$ 和$\frac{h}{l'}=\tan U'$,所以高斯公式又可写成

$$\tan U'=\tan U+\frac{h}{f'} \tag{3-22}$$

式(3-22)为单个光组的物像角度计算式。由图中的几何关系,可以写出角度 U 和高度 h 的过渡公式为

$$\left.\begin{aligned}&U_2=U'_1,\quad U_3=U'_2,\quad \cdots,\quad U_k=U'_{k-1}\\&h_2=h_1-d_1\tan U'_1,\quad h_3=h_2-d_2\tan U'_2,\quad \cdots,\quad h_k=h_{k-1}-d_{k-1}\tan U'_{k-1}\end{aligned}\right\} \tag{3-23}$$

光线平行于光轴入射时,有 $U_1=0$,再取任意入射高度 h_1,连续应用式(3-22)和过渡公式(3-23),就可以算出最后的出射光线角度 U'_k。等效光组的像方焦点 F'和像方主点 H'的位置分别为

$$l'_F=\frac{h_k}{\tan U'_k},\quad l'_H=l'_F-f' \tag{3-24}$$

它们的位置都是以最后一个光组的像方主点 H'_k 为原点来定义的,并遵循符号规则。

同理,按照光路可逆原理,从像方用一条平行于光轴的光线追迹到物方,也可以得到等效的物方焦点 F 和物方主点 H,它们的位置则以第一光组的物方主点 H_1 为原点来定义(具体算法见例 3-13(2))。公式组(3-21)、(3-22)、(3-23)、(3-24)又称为正切计算法。

【例 3-13】 根据例 3-12 给出的多光组组合,求出等效单光组的基点和焦距,并用等效单光组求出上例所给物体的成像位置及大小。

解　利用公式组(3-21)、(3-22)、(3-23)、(3-24),计算如下。

(1) 等效光组像方焦点、主点的确定。

设 $h_1=100\text{mm}, u_1=0$,则

$$\tan u'_1=\frac{h_1}{f'_1}=\frac{100}{100}=1=\tan u_2$$

$$h_2=h_1-d_1\tan u'_1=100-10\times 1=90(\text{mm})$$

$$\tan u'_2=\tan u_2+\frac{h_2}{f'_2}=1+\frac{90}{-50}=-0.8=\tan u_3$$

$$h_3=h_2-d_2\tan u'_2=90-20\times(-0.8)=106(\text{mm})$$

$$\tan u'_3=\tan u_3+\frac{h_3}{f'_3}=-0.8+\frac{106}{50}=1.32$$

$$f'=\frac{h_1}{\tan u'_3}=\frac{100}{1.32}=75.76(\text{mm})$$

$$l'_F=\frac{h_3}{\tan u'_3}=\frac{106}{1.32}=80.3(\text{mm})$$

$$l'_H=l'_F-f'=80.3-75.76=4.54(\text{mm})$$

(2) 等效光组物方焦点、主点的确定。

为了方便利用符号规则进行计算，需要将整个光组转 180°，此时最后一个光组成为第一个光组，有 $f'_1=-f_1=50\text{mm}$，$f'_2=-f_2=-50\text{mm}$，$f_3'=-f_3=100\text{mm}$，$d_1=20\text{mm}$，$d_2=10\text{mm}$。设 $h_1=50\text{mm}$，$u_1=0$，则

$$\tan u'_1=\frac{h_1}{f'_1}=\frac{50}{50}=1=\tan u_2$$

$$h_2=h_1-d_1\tan u'_1=50-20\times 1=30(\text{mm})$$

$$\tan u'_2=\tan u_2+\frac{h_2}{f'_2}=1+\frac{30}{-50}=0.4=\tan u_3$$

$$h_3=h_2-d_2\tan u'_2=30-10\times 0.4=26(\text{mm})$$

$$\tan u'_3=\tan u_3+\frac{h_3}{f'_3}=0.4+\frac{26}{100}=0.66$$

$$f'=\frac{h_1}{\tan u'_3}=\frac{50}{0.66}=75.76(\text{mm})$$

$$l'_F=\frac{h_3}{\tan u'_3}=\frac{26}{0.66}=39.39(\text{mm})$$

$$l'_H=l'_F-f'=39.39-75.76=-36.37(\text{mm})$$

计算完成后，仍应将整个光组转回去，注意计算的物方焦距和基点位置应同时改变符号，即

$$f=-75.76\text{mm},\quad l_F=-39.39\text{mm},\quad l_H=36.37\text{mm}$$

(3) 用等效单光组对物体成像。

图 3-20 所示为按上述基点等效的单光组，并按等效光组进行成像计算。上例给定的物点距第一光组 $l_1=-120\text{mm}$，而距等效单光组的物距为

$$l=l_1-l_H=-120-36.37=-156.37(\text{mm})$$

代入高斯公式，得

$$\frac{1}{l'}-\frac{1}{-156.37}=\frac{1}{75.76}$$

得 $l'=146.96\text{mm}$。

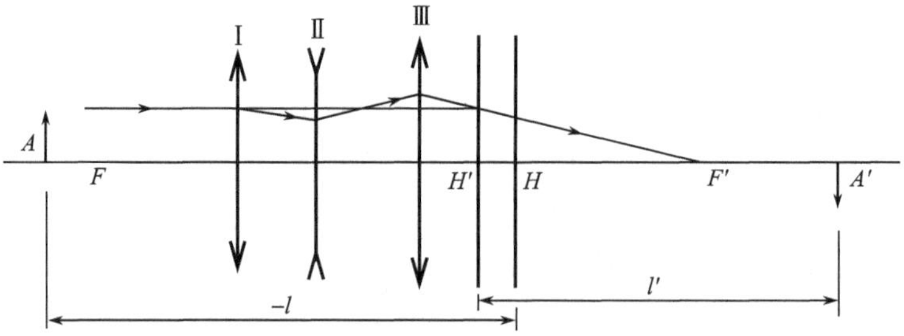

图 3-20 例 3-13 示意图

像点到等效光组的距离为

$$l' = 146.96(\text{mm})$$

像到最后的光组的距离为

$$l'_3 = l' + l'_H = 146.96 + 4.54 = 151.50(\text{mm})$$

垂轴放大率为

$$\beta = \frac{l'}{l} = \frac{146.96}{-156.37} \approx -0.94$$

像高为

$$y' = \beta y = -0.94 \times 15 = -14.1(\text{mm})$$

该计算结果与前例吻合，两种方法得到了同样的结果，读者可以自己分析各种方法的优劣。

3.4.3 双光组组合

双光组组合是多光组组合中最简单、最常用的一种结构。在求双光组组合的等效光组时，除采用上述对多光组组合求等效基点的基本方法外，还可以建立等效双光组的计算公式，这不仅方便了计算，更主要的是公式所表达的物理意义能用来分析组合的效果，以期通过合理的组合来获得所需的光学系统。

1. 双光组组合的计算

图 3-21 所示为一双光组系统，其中 f'_1 和 f'_2 分别为光组 1 和光组 2 的焦距，两光组

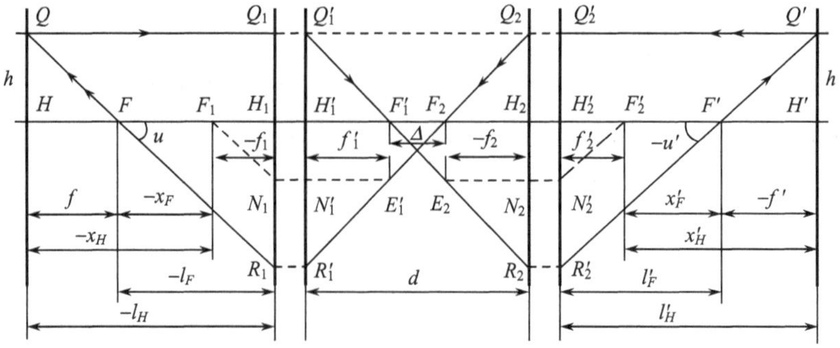

图 3-21 双光组组合

的高斯间距为 d，光学间隔为 Δ，由几何关系得知

$$\Delta = d - f'_1 + f_2 \tag{3-25}$$

一无限远轴上物点发出的平行于光轴的光线经第一光组后相交光轴于 F'_1 点，再经第二光组后与光轴相交于 F'。显然，F' 就是等效光组的像方焦点。延长入射光线 QQ_1 使之与出射光线 R'_2F' 相交于 Q' 点，便得到了等效光组的主面和主点 H'。下面根据图 3-21所示的光路图来建立等效光组焦点和主点位置的计算公式。

由图 3-21 可以看到，第一光组的焦点 F'_1 与等效光组的焦点 F' 相对于第二光组是一对共轭点，它们对第二光组满足物像关系式，对第二光组应用牛顿公式(3-6)有

$$xx' = f_2 f'_2, \quad x' = \frac{f_2 f'_2}{x}$$

将 $x = -\Delta$，$x' = x'_F$ 代入，得

$$x'_F = -\frac{f_2 f'_2}{\Delta} \tag{3-26a}$$

由图 3-21 中的几何关系，还可以得到

$$\begin{aligned} x'_H &= x'_F - f' \\ l'_F &= f'_2 + x'_F \\ l'_H &= l'_F - f' \end{aligned} \tag{3-26b}$$

式(3-26)就是等效光组的像方基点位置，其中所有 x' 参量以第二光组的像方焦点 F'_2 为参考原点，而所有 l' 参量以第二光组的像方主点 H'_2 为参考原点。

同理，作一条从像方到物方入射的平行于光轴的光线，将得到等效光组的物方焦点 F 和物方主点 H。按上面同样的分析方法可以得到

$$\begin{aligned} x_F &= \frac{f_1 f'_1}{\Delta} \\ x_H &= x_F - f \\ l_F &= f_1 + x_F \\ l_H &= f_1 + x_H \end{aligned} \tag{3-27}$$

式(3-27)就是等效光组的物方基点位置，类似地，所有 x 参量和 l 参量分别以第一光组的物方焦点 F_1 和物方主点 H_1 为参考原点。

2. 双光组的组合焦距

由图 3-21 中的几何关系，有

$$\frac{-f'}{f'_2 + x'_F} = \frac{f'_1}{\Delta - f_2}$$

将式(3-26a)代入上式并化简，得

$$f' = -\frac{f'_1 f'_2}{\Delta} \tag{3-28a}$$

由物像方焦距的关系式(3-17)，有

$$f=\frac{f_1 f_2}{\Delta} \tag{3-28b}$$

由式(3-28)可以很方便地计算出等效光组的焦距，双光组的组合焦距取决于双光组各自光组的焦距以及它们的光学间隔 Δ。

如果用高斯间距 d 来替换光学间隔 Δ，将式(3-25)代入式(3-28a)，并使用光焦度公式(3-2)，则组合光组的光焦度为

$$\varphi=\varphi_1+\varphi_2-d\varphi_1\varphi_2 \tag{3-29}$$

式(3-29)很直观地说明，对于两个确定焦距的光组，可以通过高斯距离的变化来组合成一个任意焦距的系统。在实际应用中，常利用这一性质来组合光组，以获得满足需要的系统。

当双光组紧密接触($d=0$)时，式(3-29)有

$$\varphi=\varphi_1+\varphi_2 \tag{3-30}$$

式(3-30)表明组合光焦度是各光焦度的代数和，该结论对紧密接触的多光组也适合。最典型的应用实例：验光师为佩戴眼镜的人验光就是利用这一原理，将多个镜片叠加组合，当达到最佳视力时，这些镜片的光焦度代数和就是最合适的组合光焦度，最后用单个镜片替代。

【例 3-14】 空气中的两理想光组相距为 $d=60\text{mm}$，它们的焦距分别为 $f'_1=100\text{mm}$，$f'_2=-50\text{mm}$，求双光组的组合焦距和主点位置。

解 双光组的组合焦距可直接应用式(3-29)得

$$\varphi=\varphi_1+\varphi_2-d\varphi_1\varphi_2=\frac{1}{100}+\frac{1}{-50}-\frac{60}{100\times(-50)}=0.002$$

$$f'=\frac{1}{\varphi}=\frac{1}{0.002}=500(\text{mm})=-f$$

为计算焦点和主点的位置，先计算光学间隔 Δ，由式(3-25)得

$$\Delta=d-f'_1+f_2=60-100+50=10(\text{mm})$$

再应用式(3-26)得到像方基点

$$l'_F=f'_2+x'_F=f'_2\left(1-\frac{f_2}{\Delta}\right)=-50\times\left(1-\frac{50}{10}\right)=200(\text{mm})$$

$$l'_H=l'_F-f'=200-500=-300(\text{mm})$$

应用式(3-27)得到物方基点

$$l_F=f_1+x_F=f_1\left(1+\frac{f'_1}{\Delta}\right)=-100\times\left(1+\frac{100}{10}\right)=-1100(\text{mm})$$

$$l_H=l_F-f=-1100+500=-600(\text{mm})$$

等效光组就可以用求得的基点 H、H'、F、F' 表示，如图 3-22 所示。

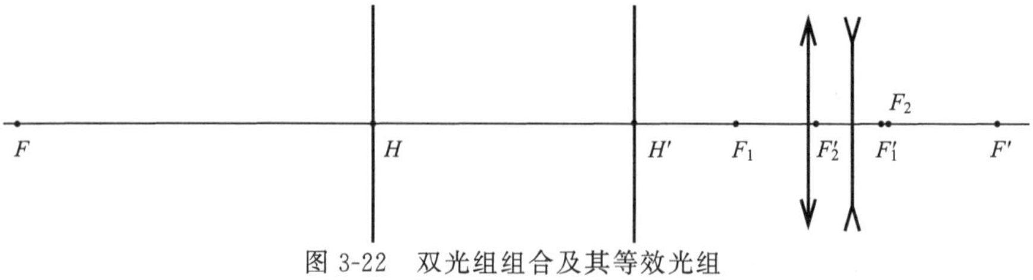

图 3-22 双光组组合及其等效光组

3.4.4　双光组组合的应用实例

合理地对双光组进行组合可以实现满足多种需要的应用，下面列举几种典型的组合方式。

1. 远摄系统

为了对远距离物体成像时能获取较大的放大率，需要使用长焦距光学系统。但是单个长焦距光组必然得到较长的结构，为了在获得长焦距的同时减小结构的长度，可以采用远摄型系统。远摄系统由正负双光组组成，在共轭距离较长的一方设正光组，在共轭距离较短的一方设负光组，图 3-23 所示为这类组合的光路图。由图看出，这样的组合使得等效系统的像方主面位于正光组的左方，组合焦距 f' 大于系统的筒长 L（指第一光组到最终像面的距离）。这种组合可以满足长焦距、短结构的使用场合，长焦距照相镜头一般都采用这种组合方式，例 3-14 也是这种组合方式。

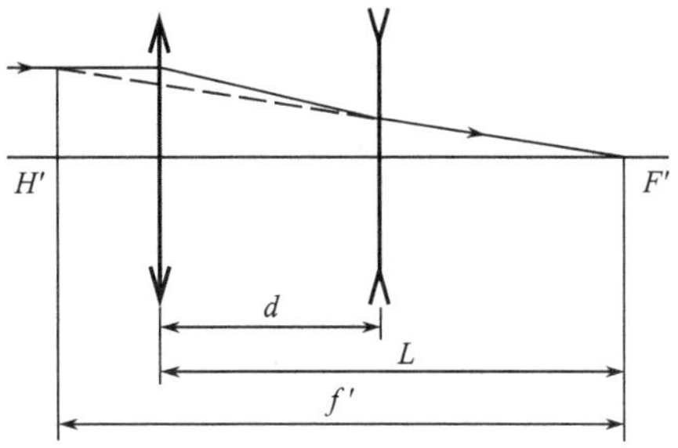

图 3-23　远摄系统

对于这种组合，可以列出组合光组的三个方程式，即

$$f' = -\frac{f'_1 f'_2}{\Delta} = \frac{f'_1 f'_2}{f'_1 + f'_2 - d}$$

$$l'_k = l'_F = f'_2\left(1 - \frac{f_2}{\Delta}\right) = f'_2\left(1 - \frac{f'_2}{f'_1 + f'_2 - d}\right) \tag{3-31}$$

$$L = d + l_k'$$

通过求解以上方程组，可以求出满足总焦距及系统筒长要求的各分组焦距 f'_1、f'_2 和高斯间距 d，这通常是进行远摄系统设计的第一步工作。

2. 反远距系统

在有些情况下，要求光学系统的焦距较短，但需要较长的工作距（物体或像到镜头的距离），而单光组的焦距很短时，其工作距也很短，这时就需要用到反远距型光学系统。反远距型成像系统也是由正负双光组组成的。与摄远系统不同，它在共轭距离较长的一方设负光组、在共轭距离较短的一方设正光组，如图 3-24 所示。这种组合将等效像方主面位于正光组的右方，使工作距离（光组到像面的距离为工作距 l'_F）大于组合焦距。

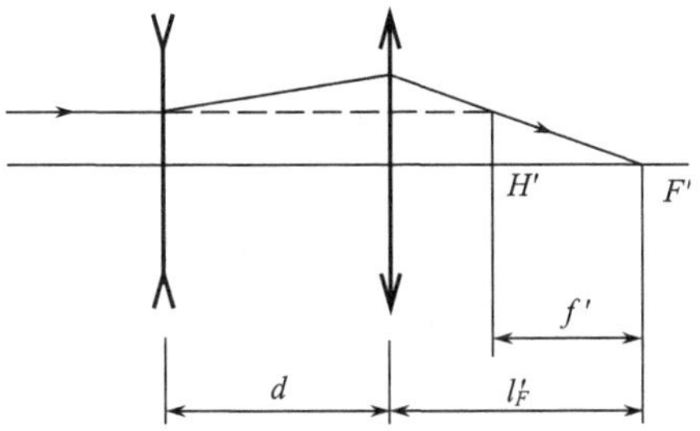

图 3-24　反远距系统

由双光组的计算式(3-25)、式(3-26)和式(3-28)可得

$$l'_F = f'\left(1 - \frac{d}{f'_1}\right) \tag{3-32}$$

由于 $d>0$，所以在等效系统焦距为正的情况下，若 $f'_1<0$，则组合后便有 $l'_F>f'$，即这种组合的工作距大于系统的焦距，这从图 3-24 也可看出。这能使得短焦距系统获得大的工作距，这是超短焦距摄像镜头必须要采用的结构，否则，过短的工作距无法提供结构设计的需要。另外，在如工具显微镜、投影仪等一些光学仪器中，为了扩大仪器的使用范围，需要在结构较紧凑的情况下获得大的工作距，也常采用这种形式的结构。

3. 望远系统

在双光组中，当前一光组的像方焦点 F'_1 与后一光组的物方焦点 F_2 重合在一起时，这种组合系统称为望远系统。在望远系统中，无论是正光组与正光组组合，还是正光组与负光组组合，当平行光入射时，最终仍将以平行光出射，如图 3-25 所示。平行光与光轴无交点，故组合系统的像方焦点在无限远，主面也在无限远，按组合焦距的计算公式有

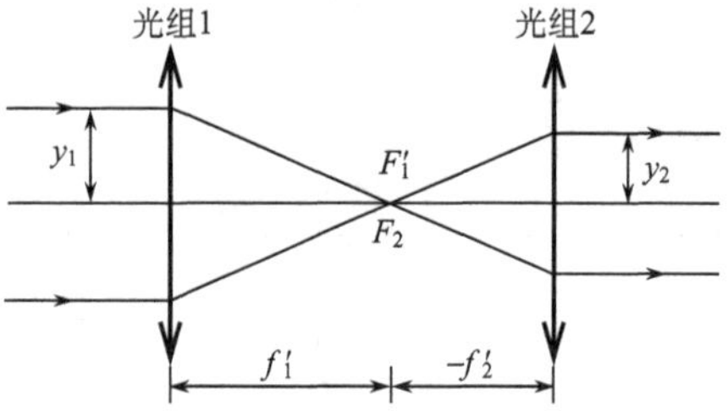

图 3-25 望远系统

$$f'=\frac{f'_1f'_2}{f'_1+f'_2-f'_1-f'_2}=\infty,\quad \varphi=0$$

所以，该系统又称为无焦系统。这种组合的特点是，不管物体位于何处，其放大率均为常数，其值只取决于组成该系统的光组 1 和光组 2 的焦距，而与物体的位置无关，这一点可以从图 3-25 的光路中看出。如果有一个高度为 y_1 的物体置于某一位置，物体顶端点发出一条平行于光轴的光线，光线的高度也一定为 y_1；当这条光线出射后，将以 y_2 的高度水平出射，不管像的位置将位于何处，这条出射光线将一定通过该像的顶端，因此物像之间的垂轴放大率为

$$\beta=\frac{y'}{y}=\frac{y_2}{y_1}=-\frac{f'_2}{f'_1} \tag{3-33}$$

根据三个放大率之间的关系，容易得到该系统的角放大率为

$$\gamma=\frac{1}{\beta}=-\frac{f'_1}{f'_2} \tag{3-34}$$

有关望远系统的更多内容将在第 8 章详细介绍。

4. 焦距测量系统

这里介绍的焦距测量系统是利用对物像放大率的测量来达到对焦距的测量，称为放大率法测量焦距。该系统也是利用了双光组的一种组合形式，图 3-26 所示为它的测量原理光路。前光组称为平行光管物镜，其作用是产生平行光。带有标尺的目标置于前光组的物方焦面处，经前光组成像在像方无限远，形成平行光。焦距待测的光组置于平行光路中，在被测光组的像方焦面得到目标的最终像。根据图 3-26 光路的几何关系有

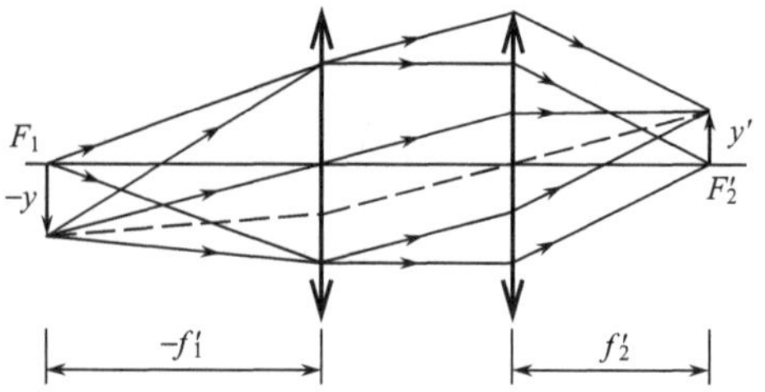

图 3-26 放大率法测量焦距原理

$$\frac{y}{f'_1}=\frac{y'}{f'_2} \quad 或 \quad f'_2=\frac{y'}{y}f'_1 \tag{3-35}$$

因为目标高度 y 和平行光管物镜的焦距 f'_1 均已知，所以只要测得像高 y'，就可由式(3-35)计算得到被测光组的焦距 f'_2。该测量系统的特点是，无论两光组之间的距离如何变化，物像之间的放大率为常数，因此待测焦距的光组在光路中的前后位置不受限制。为了测量像的大小，通常用测量显微镜目视测量。现代测量技术则用 CCD 接收图像，并用计算机图像处理的方法自动计算像的大小。

3.5　实际光学系统的基点和基面

前面已经指出，理想光学系统是实际光学系统的理想化和抽象化，它的成像特性与对应的实际系统在近轴区域是相同的。因此，对于一个给定结构参数(r,d,n)的实际光学系统，可以用一个对应的理想系统来描述其近轴区域的情况，或者说来描述实际系统的理想情况。下面将介绍如何计算一个实际系统的基点和基面来建立对应的理想系统，这种计算又称为实际系统的高斯光学计算。

3.5.1　实际系统的基点和基面

根据焦点和主点的定义，用以下方法计算实际系统的基点和基面。

由系统物方入射一条平行于光轴的光线，经过实际系统的各个折(反)射球面成像，求出该光线在像方的交点，该点就是光学系统的像方焦点 F'，延长入射光线，使之与出射光线相交于 Q'，就可得到像方主面与主点 H'，如图 3-27 所示。以上过程可采用共轴球面系统的近轴光路计算方法逐面追迹光线。

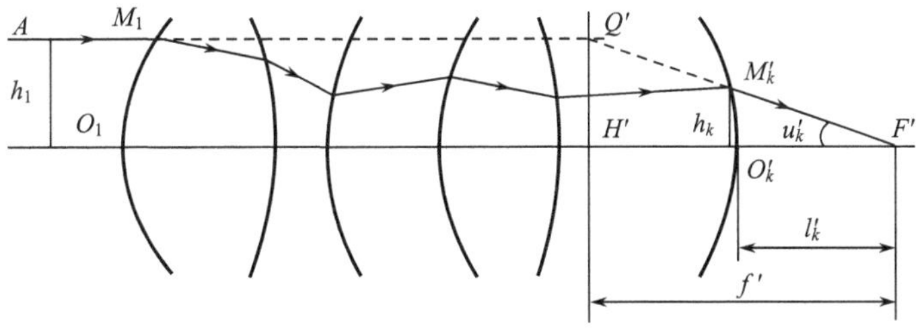

图 3-27　实际光学系统的基点和基面

为求物方的焦点、主点及焦距，原则上要作反向光路计算。而通常是把光学系统倒转，依然利用光线从左到右来计算。倒转后的系统即把最后一面作为第一面，第一面作为最后一面，并将所有的曲率半径改变符号。倒转后，再按上述方法计算，计算完成后再将系统转回，并将计算得到的焦点、主点位置及焦距改变符号即可。

这里，计算得到的所有基点位置都参考实际系统来定位。具体地说，所有物方的基点以第一面的顶点来定位，所有像方的基点以最后一面的顶点来定位。例如，图 3-27 中的 F' 和 H' 为系统的像方焦点与像方主点的位置，它们将以 O'_k 为原点定位，并服从符号规则，向右取正，向左取负。

下面通过一个实例，说明上述计算过程。

【例 3-15】 根据例 2-6 给出的双胶合透镜组结构参数，确定该透镜组的基点位置和焦距。

解 对物方一条平行于光轴的入射光线，应用球面物像公式(2-13)及过渡公式(2-34)，逐面计算到系统的像方。

第一面成像，设光线的入射高度 $h_1=10\text{mm}$，$u_1=0$，则有

$$1.5163u_1'-0=\frac{10\times(1.5163-1)}{36.48},\quad 得\ u_1'=0.093339$$

第二面成像，$h_2=h_1-d_1u_1'=10-6.5\times0.093339=9.393298$，$u_2=u_1'=0.093339$，有

$$1.6475u_2'-1.5163\times0.093339=\frac{9.393298\times(1.6475-1.5163)}{-17.539},\quad 得\ u_2'=0.043256$$

第三面成像，$h_3=h_2-d_2u_2'=9.393298-2\times0.043256=9.306786$，$u_3=u_2'=0.043256$

$$u_3'-1.6475\times0.043256=\frac{9.306786\times(1-1.6475)}{-44.64},\quad 得\ u_3'=0.206258$$

系统的像方焦距和基点位置为

$$f'=\frac{h_1}{u_3'}=\frac{10}{0.206258}=48.48(\text{mm})$$

$$l_F'=\frac{h_3}{u_3'}=\frac{9.306786}{0.206258}=45.12(\text{mm})$$

$$l_H'=l_F'-f'=45.12-48.48=-3.36(\text{mm})$$

以上计算结果得出，双胶合透镜组的焦距为 48.48mm，像方焦点到后表面的距离(这一距离也称为后焦距)为 45.12mm，主面在后表面内侧，距后表面 3.36mm。

读者可以用上述方法自行计算透镜组的物方焦距和基点。注意应将整个系统翻转 180°，第三面变为第一面，按相反顺序计算，并改变半径的符号；计算完后，再转回 180°，计算的物方焦距和基点位置均改变符号即可。

3.5.2 透镜的基点和基面

透镜是一种最简单的光学系统，是组成其他复杂光学系统的基本元件。为了进行正确的透镜组合，透镜的焦距和基点位置是进行系统设计时首先要计算的。

透镜有两个折射面，若进一步分解，将每一折射面看作一个光组，则透镜又可看作双光组的组合。设两个折射面的半径为 r_1 和 r_2，折射率为 n，厚度为 d，用双光组组合的方法来建立透镜焦距及基点位置的计算方法。

1. 单个折射面的基点、焦距

根据定义，焦点与无穷远的轴上点共轭，在球面成像公式(2-14)中，分别令 $l=\infty$ 和 $l'=\infty$，就可以得到像方焦点和物方焦点的位置，它们分别是

$$l'_F = \frac{n'r}{n'-n} \quad \text{和} \quad l_F = -\frac{nr}{n'-n} \tag{3-36}$$

比较式(3-36)和单个折射面的焦距式(2-15)、式(2-16)有

$$f' = l'_F = \frac{n'r}{n'-n}, \quad f = l_F = -\frac{nr}{n'-n} \tag{3-37}$$

表明单个球面的物方主面与像方主面位置都重合在球面的顶点。即

$$l'_H = l'_F - f' = 0, \quad l_H = l_F - f = 0 \tag{3-38}$$

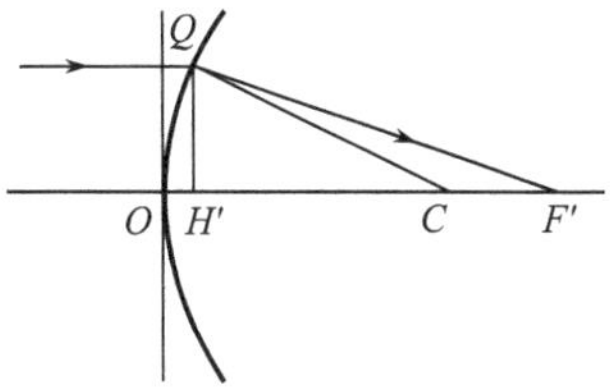

图 3-28　单个折射面的基点

这一结论也可从图 3-28 中得出。像方主面位置按照平行入射光线与出射光线的交点 Q 来确定。但需要注意的是，由于该球面成像公式适用于近轴区，即平行光轴的入射光线的高度接近于 0，所以此时 Q 点无限趋近于 O 点，像方主面趋于与球面顶点相切的切平面，而像方主点就是球面的顶点 O。类似的分析也适用于确定物方主面。所以单个折射面的近轴区域可以看作这样一个理想光组：物方主面与像方主面在顶点重合，焦距用式(3-37)计算。

2. 透镜的基点、焦距

透镜由两个面组成，每个面各代表一个光组，因此，可用双光组组合的方法求整个透镜的焦距。

先根据式(3-37)分别计算每一面的焦距。设透镜所处的环境为空气，透镜材料的折射率为 n，透镜两表面的曲率半径分别为 r_1 和 r_2。对于透镜的前表面，有

$$f'_1 = \frac{nr_1}{n-1}, \quad f_1 = -\frac{r_1}{n-1} \tag{3-39a}$$

对于透镜后表面，有

$$f'_2 = \frac{r_2}{1-n}, \quad f_2 = -\frac{nr_2}{1-n} \tag{3-39b}$$

可以看出，透镜的每一面均有 $f' \neq -f$，因为就单个折射面光组而言，物像方处在不同的介质(n、n')中，因此，物方焦距与像方焦距绝对值不相等。但是作为两个折射面组合而成的透镜而言，物像方位于同一介质(空气)中。

将式(3-39)代入双光组组合公式(3-28)和式(3-25)进行组合，得

$$f' = -\frac{f'_1 f'_2}{d - f'_1 + f_2} = \frac{nr_1r_2}{(n-1)[n(r_2-r_1)+(n-1)d]} \tag{3-40}$$

这就是透镜的焦距计算公式，位于空气中的透镜两边的介质都是 1，有 $f' = -f$。透镜的光焦度为

$$\varphi = \frac{1}{f'} = (n-1)(\rho_1 - \rho_2) + \frac{(n-1)^2}{n} d\rho_1\rho_2 \tag{3-41a}$$

式中，ρ 为球面半径的倒数。将折射球面的光焦度式(2-17)代入，得到

$$\varphi_1 = (n-1)\rho_1, \quad \varphi_2 = (1-n)\rho_2$$

于是，透镜光焦度可得到更简单的表达形式，即

$$\varphi=\varphi_1+\varphi_2-\frac{d}{n}\varphi_1\varphi_2 \tag{3-41b}$$

透镜的主点可由双光组组合的主点位置计算得到，表示为

$$\left.\begin{aligned} l_H&=\frac{-dr_1}{n(r_2-r_1)+(n-1)d}\\ l'_H&=\frac{-dr_2}{n(r_2-r_1)+(n-1)d}\end{aligned}\right\} \tag{3-42}$$

根据组合光组基点位置的定位方法，主面的位置可以直接从透镜的前后表面顶点度量，非常直观。当式(3-42)的计算结果不等于0时，表明透镜的主面并不与透镜的表面重合，因此透镜表面到焦点的距离并不等于焦距。

图3-29中列举了几种常用单透镜的形式以及它们的主面位置情况，从中可以大体了解各种透镜的实际表面与理想光组基面位置的差异。图中，(a)、(b)、(c)为正透镜，(d)、(e)、(f)为负透镜。

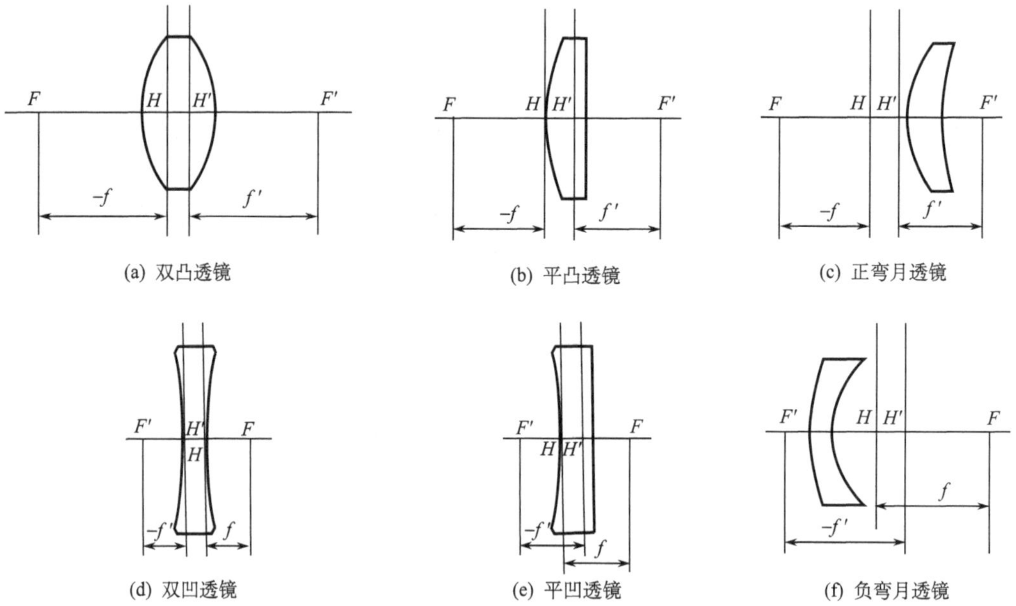

图3-29 常用透镜的基点、基面

实际光学系统常常由多个透镜及透镜组组合而成，在进行多透镜组合时，需要进行高斯光学计算，一方面要用高斯间距来满足组合要求，另一方面在保证高斯间距的同时，还需要考虑透镜表面之间的实际间距，因为过于小的高斯间距可能会造成透镜的实际间距不足，引起表面相碰。

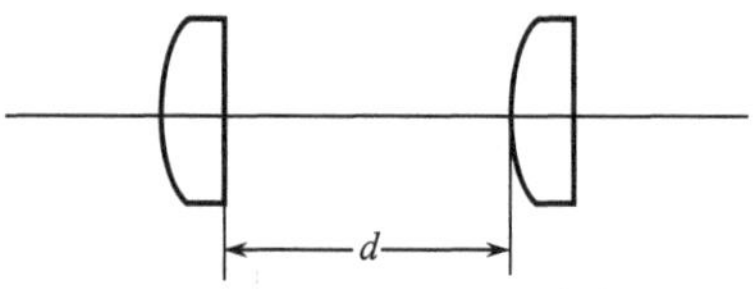

图3-30 例3-16用图

【例3-16】 有两个相同的平凸透镜，凸面的半径为25mm，厚度为3mm，折射率为1.5，要求组成

一个焦距为 100mm 的透镜组，问透镜之间的间距为多少？

解　如图 3-30 所示，假设组合时以凸面朝前的方式放置透镜。首先计算单透镜的焦距。利用式(3-39)，并以 $\rho_1=\frac{1}{25}$，$\rho_2=0$，$n=1.5$，$d=3$ 代入，得

$$\varphi_1=(n-1)(\rho_1-\rho_2)+\frac{(n-1)^2}{n}d\rho_1\rho_2=(1.5-1)\times\frac{1}{25}=0.02$$

$$f'_1=\frac{1}{\varphi_1}=50(\text{mm})$$

利用式(3-42)求得主面位置为

$$l_H=0,\quad l'_H=-\frac{d}{n}=-\frac{3}{1.5}=-2(\text{mm})$$

若要将两个透镜组合成一个焦距为 100mm 的正光组，应使两透镜的高斯间隔满足

$$d_0=\frac{\varphi_1+\varphi_2-\varphi}{\varphi_1\varphi_2}=\frac{0.02+0.02-0.01}{0.02\times 0.02}=75(\text{mm})$$

而透镜实际表面间的距离为

$$d=d_0+l'_{H1}-l_{H2}=75-2+0=73(\text{mm})$$

由此可见，光学系统的组合计算必须满足所需的高斯间隔，透镜表面之间的实际距离就是以满足高斯间隔来决定的，它是直接可测得的距离，但它不等于高斯距离。

3. 薄透镜

当一个单透镜(无论正与负)的厚度与其口径相比很小时，称为薄透镜。此时，透镜的厚度视为 0，透镜的物方主面与像方主面重合且与透镜表面重合，高斯间隔就是透镜间的距离，计算十分简单。

薄透镜的光焦度由式(3-41)并令 $d=0$，可得

$$\varphi=(n-1)(\rho_1-\rho_2)\quad\text{或}\quad\varphi=\varphi_1+\varphi_2\tag{3-43}$$

由于薄透镜计算简单，所以在进行光学设计时，总是先将透镜取作薄透镜，进行高斯光学分析计算，在涉及像差或具体结构时再进行加厚。

【例 3-17】　有一物镜由两组薄透镜组成。前组焦距 $f'_1=500$mm，后组焦距 $f'_2=-400$mm，两组间距为 300mm。求其组合焦距及对无限远物体成像的像面位置。当用此物镜来观察前方 200m 距离的物体时，如果保持像面不变，后组相对前组应如何移动，此时的组合焦距又是多少？

解　首先看第一种情况，系统的组合焦距由式(3-28)决定

$$f'=\frac{f'_1f'_2}{f'_1+f'_2-d}=\frac{500\times(-400)}{500-400-300}=1000(\text{mm})$$

无限远物体成像的像面位置即组合焦点的位置，表示为

$$l'_F=f'_2\left(1-\frac{f_2}{\Delta}\right)=-400\left(1-\frac{400}{200}\right)=400(\text{mm})=l'_2$$

第一透镜到像面的位置称为系统总长，其值为

$$L_d = d + l'_2 = 300 + 400 = 700(\text{mm})$$

第二种情况，当物镜观察前方 200m 处的物体时，由于物体位置变化，所以如果物镜组不变，则像的位置将变化。为了使像面仍然与第一种情况重合就必须移动透镜，此过程称为调焦。本题的调焦方案是前组透镜不动，移动后组透镜。设后组移动后与前组的间距为 d_1，像面到后组的距离为 $l_2^{*\prime}$，由此，可以列出如下方程。

前组到像面的距离不变，即系统的总长度不变，有

$$d_1 + l_2^{*\prime} = L_d = 700(\text{mm}) \tag{3-44a}$$

对前组，$l_1^* = -200000\text{mm}$，$f'_1 = 500\text{mm}$，有

$$\frac{1}{l_1^{*\prime}} - \frac{1}{-200000} = \frac{1}{500} \tag{3-44b}$$

对后组，$l_2^* = l_1^{*\prime} - d_1$，$f'_2 = -400\text{mm}$，有

$$\frac{1}{l_2^{*\prime}} - \frac{1}{l_1^{*\prime} - d_1} = \frac{1}{-400} \tag{3-44c}$$

解上述联立方程组(3-44)得

$$d_1 = 301.672(\text{mm}), \quad l_2^* = 398.328(\text{mm})$$

此时的组合焦距为

$$f' = \frac{500 \times (-400)}{500 - 400 - 301.672} = 991.71(\text{mm})$$

第二种情况的结果是，后组相对前组向右移动了 1.672mm，移动后，组合焦距 f' 为 991.71mm。

这种保持镜筒总长度不变，而实现对远近距离物体调焦的方式称为内调焦。这种结构密封性较好，常用在大地测量仪器中。

本章首先介绍了什么是理想光学系统，通常可以用一对主平面和两个焦点来描述一个理想光学系统。求解理想光学系统的物像关系有两种方法：作图法和解析法。解析法又包含牛顿法和高斯法两大类。在此基础上介绍了理想光学系统的多光组成像以及最常用的双光组成像，并且把第 2 章的实际共轴球面光学系统与第 3 章理想光学系统相结合，介绍了如何去找实际光学系统和透镜的基点和基面。

习　题

3-1 分别对正光组和负光组(可看作薄透镜)用作图法求下列物体位置的像。

(1) 实物：$l = -\infty$、$-2|f'|$、$-|f'|$、$-\frac{|f'|}{2}$、0；

(2) 虚物：$l = \frac{|f'|}{2}$、$|f'|$、$2|f'|$、∞。

由作图结果分析，当物距从 $-\infty$ 逐渐减小到 0，再由 0 增大到 $+\infty$ 时，正光组和负光组所成的像如何变化。

3-2 如图题 3-2 所示，作图法求：(1) 图中光线 g 的共轭光线；(2) 光组的节点。

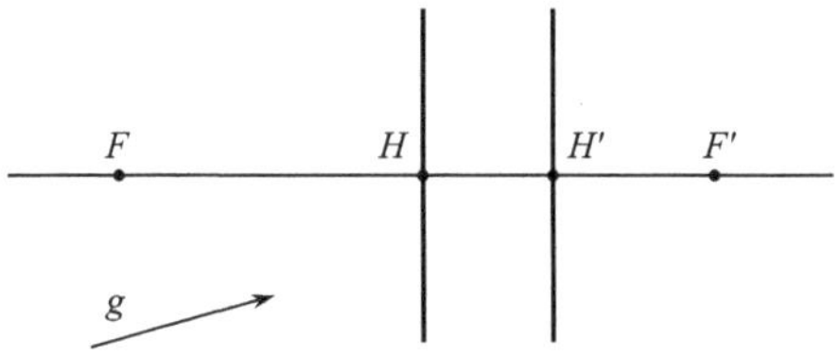

图题 3-2

3-3　作图法求组合双光组(可看作薄透镜)的基点(面)的位置,已知 $f'_1=f'_2=2d$。

3-4　如图题 3-4 所示,作图确定下列组合光组的基点、基面。

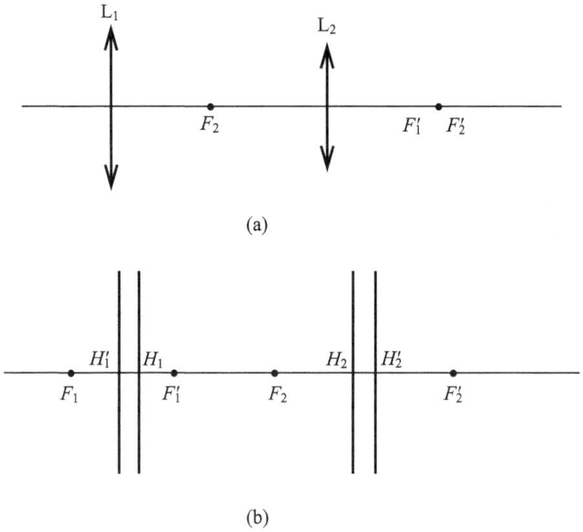

图题 3-4

3-5　图题 3-5 中,已知一对共轭点 A 和 A',作图求物点 B 的共轭像 B'。

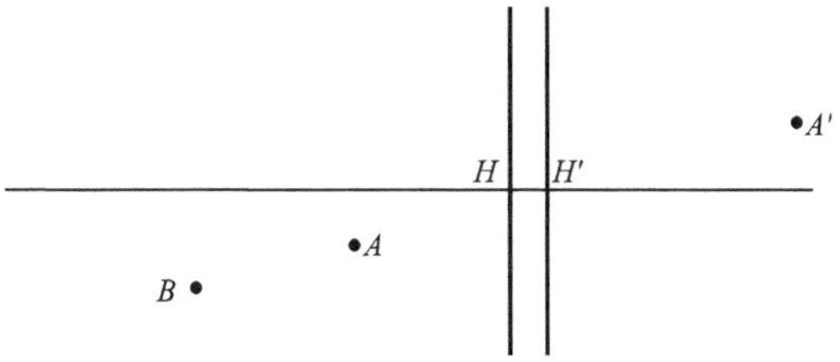

图题 3-5

3-6　试用作图法求位于凹面反射镜前物体的像,物体分别位于(1)球心之外;(2)球心与焦点之间;(3)焦距到顶点之间的三个不同位置。

3-7　一个焦距为 f'_1 的正光组对一个实物成放大率为 β 的实像。试证明物到透镜的距离为

$$l=\frac{1-\beta}{\beta}f'$$

3-8 一光学系统的焦距为 f'，物像方主面间的距离为 d，试证明横向放大率 $\beta=-1$ 时的物像共轭距为 $d+4f'$。

3-9 有一理想光组对一实物所成的像为放大 3 倍的倒像，当透镜向物体靠近 18mm 时，物体所成的像为放大 4 倍的倒像。问系统的焦距为多少？

3-10 有一垂直于光轴的立方物体边长为 1mm，被一个焦距为 $f'=-5$mm 的负光组成像，已知物体中心距光组的物方主面 20mm 远。求像中心位于何处？像的各边长尺寸为多少？

3-11 双光组的组合焦距为 f'，各组元焦距分别为 f'_a 和 f'_b，间距为 d。试证明物方焦点位置 l_F 与像方焦点位置 l'_F 分别为

$$l_F=-\frac{f'(f'_b-d)}{f'_b},\quad l'_F=-\frac{f'(f'_a-d)}{f'_a}$$

3-12 有一薄透镜组，由焦距为 -300mm 的负透镜和焦距为 200mm 的正透镜组成，两透镜相距 100mm，置于空气中，求该透镜的组合焦距和组合基点的位置。

3-13 有两个薄透镜，焦距分别为 $f'_1=120$mm，$f'_2=-100$mm，两者相距 70mm，当一个光源置于第一个透镜的左侧 40mm 远时，问像成在何处？请分别用逐次成像和等效光组成像的方法求解，并比较结果。

3-14 一个三光组组合系统其结构如下表，一个距第一光组 500mm 的实物，其高度为 15mm，求像的位置和大小。

序号	光焦度 φ	间隔 d/mm
1	0.01	15
2	−0.022	15
3	0.022	—

3-15 一个由两个薄透镜组成的系统，已知 $f'_1=50$mm，$f'_2=-150$mm，它对实物成放大 4 倍的实像，并且 $\beta_1=-2$，试求两透镜之间的距离和物像共轭距。

3-16 在上题中，若物像共轭距保持不变，移动第一透镜，当第一透镜置于何处时又能在像面上得到物体的像，此时系统的放大率为多少？

3-17 已知两光组，$f'_1=500$mm，$f'_2=-400$mm，两透镜间距 $d=300$mm，求对无限远物体成像的像点位置，并求组合透镜的焦距。

3-18 在上题中，若用透镜组观察 200m 处的物体，负透镜应如何移动调焦才能使得像面位置不变的情况下观察到像，此时透镜组的焦距又为多少？

3-19 图题 3-19 所示为一牛顿望远物镜，由两个反射镜组成。已知组合焦距为 100mm，反射镜间距为 25mm，像距为 30mm。求两个反射面的半径。

3-20 图题 3-20 所示为一个 Gregorian 望远物镜，由一个半径为 200mm 的主凹面镜和一个半径为 50mm 的次凹面镜组合而成。两镜之间的距离为 130mm，求整个物镜的等效焦距和焦点位置。

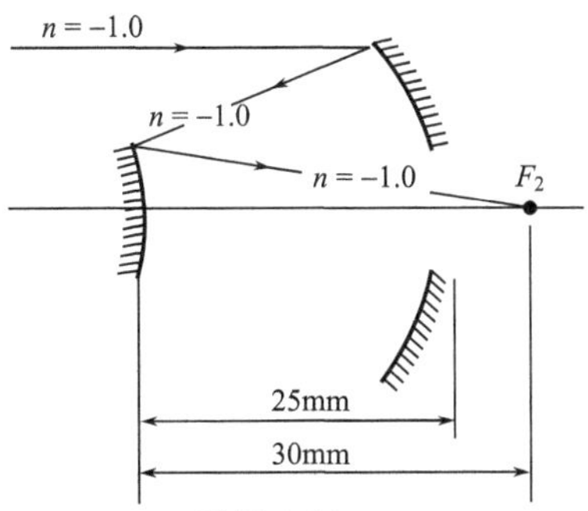

图题 3-19

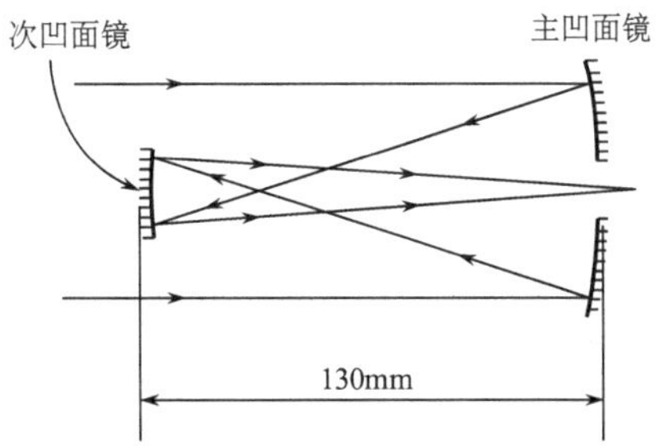

图题 3-20

3-21　有正常眼、近视眼、远视眼三个人用同一架伽利略型望远镜观察，为了获得相应的平行光、发散光、会聚光，他们各自将如何调整目镜位置？

3-22　双凸透镜的曲率半径分别为 100mm 和 200mm，中心厚度为 10mm，玻璃的折射率为 1.5，试求该透镜的基点位置，并计算透镜的焦距。

3-23　用上题中的两个相同的透镜组合成一个焦距为 $f'=100\text{mm}$ 的透镜组，求两透镜的间隔？

3-24　一厚透镜位于空气中，$r_1=100\text{mm}$，$d=8\text{mm}$，$n=1.5$，若有一物体的物距 $l_1=-200\text{mm}$，经该透镜成像后的像距 $l'=50\text{mm}$，求第二面的曲率半径 r_2。若物高 $y_1=20\text{mm}$，求像高。

3-25　一个双凸透镜的两个半径为 r_1 和 r_2，折射率为 n，问当厚度 d 取何值时，该透镜相当于望远系统？

3-26　三个薄透镜组成的理想系统，焦距分别为 $f'_1=84\text{mm}$，$f'_2=-46\text{mm}$，$f'_3=62\text{mm}$，间隔 $d_1=d_2=20\text{mm}$，求组合光组的基点、基面的位置及焦距，并用作图法校核。

3-27　已知双光组的组合焦距为 f'，间隔为 d，后焦距为 B，计算构成双光组的各组元的焦距。

3-28　已知双胶合透镜的结构参数如习题 2-9，计算该透镜组的等效焦距。

第4章 平面系统

球面系统可以对物体按所要求的放大倍率成像，光学系统除大量使用球面光学元件外，还经常使用平面光学元件，如平面反射镜、反射棱镜、平行平板、折射棱镜和光楔等，以满足特殊的成像、结构及功能需求。平面光学元件对物体没有放大和缩小作用，但它们在光学系统中的作用却是球面系统做不到的。图 4-1～图 4-4 列举了一些平面光学元件的典型应用，图 4-1 中的平面镜用于转折光路，以减小系统结构的体积或适应特定位置的观察及使用需要；图 4-2 中的棱镜系统用于转像，将倒立的像转成正立的像以便于观察；图 4-3 为潜望镜系统，利用平面系统不仅可以改变潜望高度，同时利用反射平面的转动还能扩大仪器的观察范围；图 4-4 为分光和分色棱镜，利用在棱镜界面上所镀的光学膜，或将光束分解成透射和反射两束分支，或将复色光分解成不同分支的单色光。平面系统的这些作用使得光学仪器的功能增强，本章将逐一讨论各类平面系统的光学特性。

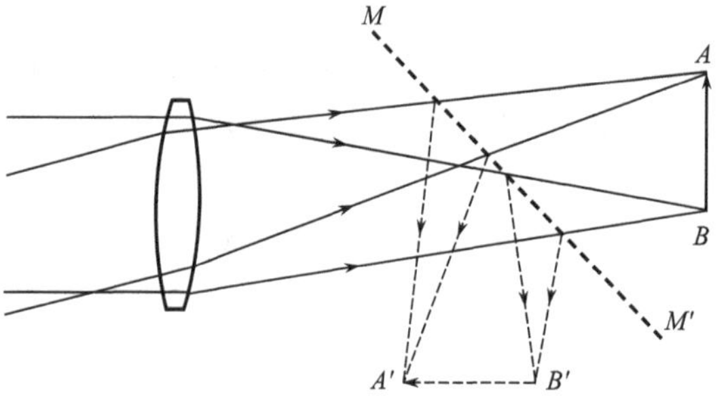

图 4-1　平面镜用于转折光路

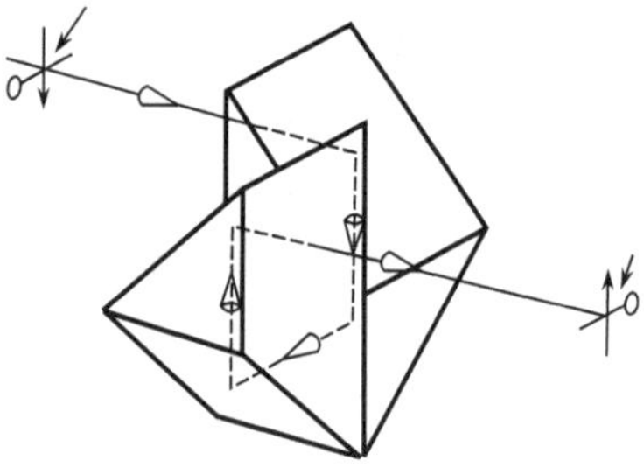

图 4-2　棱镜系统用于转像

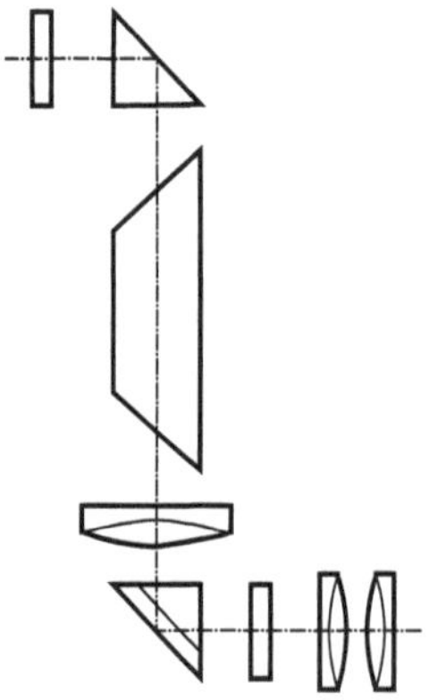

图 4-3　潜望镜中的反射棱镜

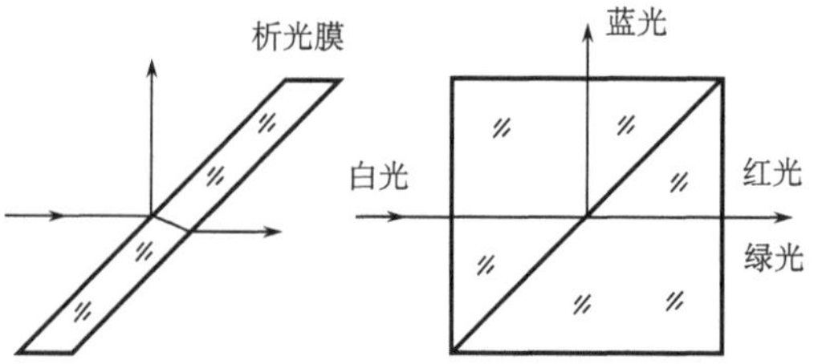

图 4-4　分光和分色棱镜

4.1　平面镜

平面镜即平面反射镜，是一种最简单的平面成像元件，在日常生活中也经常使用，本节讨论单平面镜及双平面镜的成像特性。

4.1.1　单平面镜的成像特性

平面镜的成像特性可以用反射定律来说明。如图 4-5 所示，MM′为一平面镜，由任一物点 P 发出任意两条光线被平面镜反射，按照反射定律，有 $I''=-I$，两条反射光线的延长线交于 P'点，即物点 P 被平面镜所成之像。由几何关系容易证明，P 点和 P'点关于平面镜 MM′对称。因光线是任意的，所以自 P 点发出的任一光线都会得到同一像点，表明平面镜对物点 P 为完善成像。由此得出，平面镜是一个能成完善像的光学元件。事实上，平面镜是所有成像光学元件中唯一能成完善像的理想器件。

平面镜成像的物像关系还可以利用球面镜的物像公式(2-28)来计算，令 $r=\infty$，对任意给定的物点，可得

$$l'=-l,\quad \beta=1 \tag{4-1}$$

式(4-1)说明平面镜成像的物像位置关于平面镜对称，虚实相反，像正立且放大率绝对值为 1(不放大也不缩小)。基于这种对称性，平面镜能将一个左手系坐标的物体，成像后变为右手系坐标，如图 4-6 所示。这种改变坐标系关系的成像称为成“镜像”。当物体以顺时针方向转动时，所成的镜像以逆时针方向转动，会造成观察者的错觉。显然，物体被平面镜反射一次后成镜像，若被两次反射则得到与物体坐标系相同的一致像。由此推论，物体被平面镜的奇数次反射后成镜像，被偶数次反射后成一致像。光学仪器在使用平面镜元件时，必须要考虑坐标方向的变化问题，尽量避免最终结果成镜像。

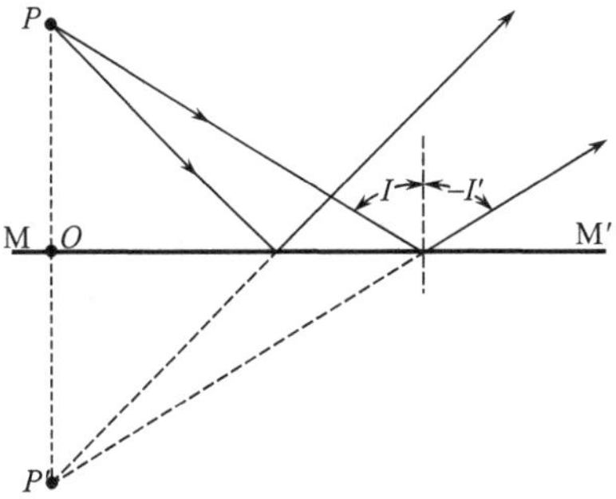

图 4-5　单平面镜的物像对称性

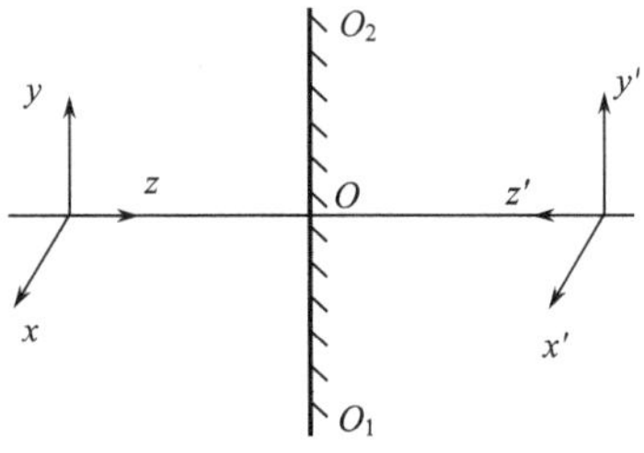

图 4-6　单平面镜成镜像

平面镜的另一个重要性质是，当入射光线的方向不变，将平面镜旋转 α 角时，其反射光线将以同一旋转方向改变 2α 角的方向出射，如图 4-7 所示。这一点很容易用反射定律得到证明：当平面镜绕经 O 点垂直于纸面的轴线旋转 α 角时，光线 A 的入射角也改变 α 角，根据反射定律，反射角相对于法线也改变 α 角，因此旋转后的反射光线 OA''相对于旋转前的反射光线 OA'改变了 2α 角。

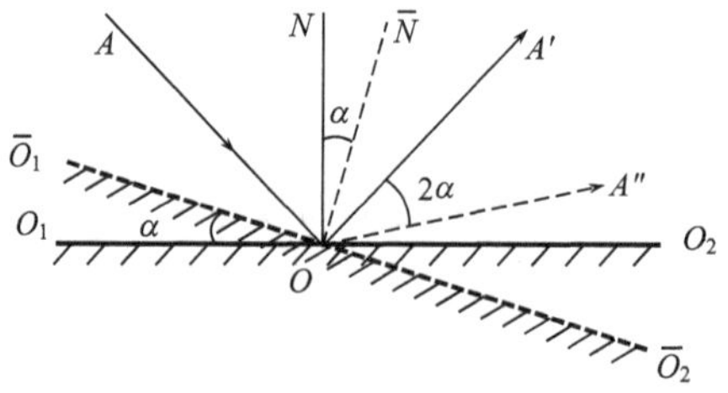

图 4-7 单平面镜的旋转特性

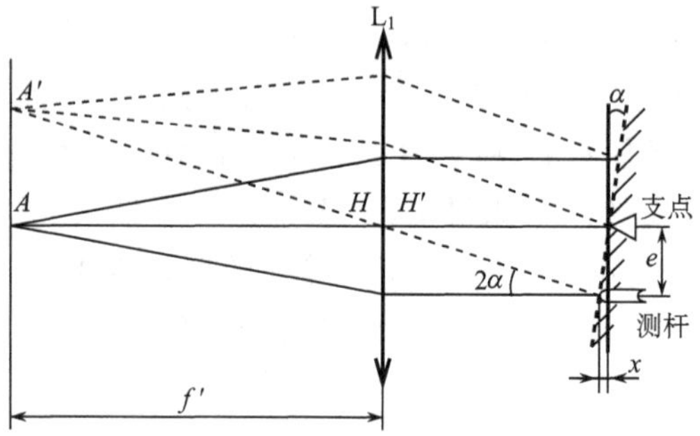

图 4-8 利用单面镜测量小位移的光学原理

利用平面镜的这一旋转性质，可以扩大仪器的传动比来进行小角度或小位移的测量，图 4-8 所示为测量的原理图。A 点位于透镜 L_1 的物方焦点处，其发出的光线经透镜 L_1 后以水平方向的平行光出射，被垂直于光轴置放的平面镜反射，再以原路返回，成像于 A 点，与物点重合，这是光学测量中常使用的自准直方法。当测杆向前推动一个小量 x，带动平面镜旋转一个小角 $\alpha=x/e$，使原来垂直于平面镜入射的光线变成以 α 角入射到平面镜，反射光线则以改变 2α 角的方向出射，反射后的斜平行光被透镜成像于焦面上的 A' 点。AA'即为测杆移动 x 所引起的像点移动量，根据近轴光学计算可得

$$AA'=f'\tan(2\alpha) \tag{4-2}$$

选取长焦距的透镜，就可使小角度 α（或小位移 x）的变化放大成为大距离的像点移动，从而实现小角度、小位移的测量。光学自准直测角仪就是利用这一原理工作的。

反射镜的这一旋转特性也使得对反射镜的制作与安装提出了很高的精度要求，任何安装角度的不准确，以及任何表面的局部凹凸不平，都会给光线带来加倍的误差。

4.1.2 双面镜的成像特性

双面镜是指相互之间有一夹角的两个平面镜组成的系统。图 4-9 所示为由两个平面镜 NO 与 MO 组成的双面镜系统的截面图，该截面垂直于两个平面镜的交线，称为主截面。光线在主截面内被两个平面镜相继来回地反射，这里只讨论光线相继在每一反射面上各取一次反射后得到的反射像，以此来分析双面镜成像特性。

1. 像点的位置

先考察物点 A 被双面镜成像后的像点位置。如图 4-9 所示，设物点 A 首先被 MO 面

反射，按单面镜的成像性质，取 A 点关于 MO 面的镜像 A'_1。A'_1 再被 NO 面反射，取 A'_1 关于 NO 面的镜像 A'_2，这个 A'_2 即为两次反射后的最终像。物点经双面镜反射的顺序为：先经 MO 面，后经 NO 面。如果取另一反射顺序，设物点先经 NO 面反射，则得 A 点关于 NO 面的镜像 A''_1，再经 MO 面反射得镜像 A''_2，点 A''_2 则是按另一反射顺序 NO-MO 所得的像。可以看出，物体按照不同反射顺序会得到不同位置的像。

由平面镜成像的对称性可得

$$OA = OA'_1 = OA'_2 = OA''_1 = OA''_2 \tag{4-3}$$

而

$$\begin{aligned}\angle AOA'_2 &= \angle A'_1OA'_2 - \angle A'_1OA = 2\angle A'_1ON - 2\angle A'_1OM \\ &= 2\angle MON = 2\alpha\end{aligned} \tag{4-4a}$$

同理，也可推得

$$\angle AOA''_2 = 2\alpha \tag{4-4b}$$

式(4-3)表明，不管物体以什么样的顺序反射，物点、像点以及所有中间反射像到 O 点的距离都相同，若以 O 点为圆心、以 OA 为半径作一圆周，物点及所有的反射像均位于该圆周上。式(4-4)则表明，物体按任意顺序经双面镜反射两次后的像点位置，可以按反射顺序的方向旋转 2α 后得到。

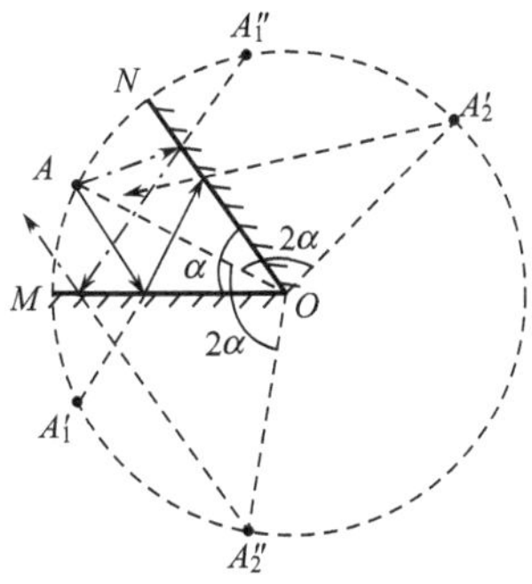

图 4-9　双面镜成像

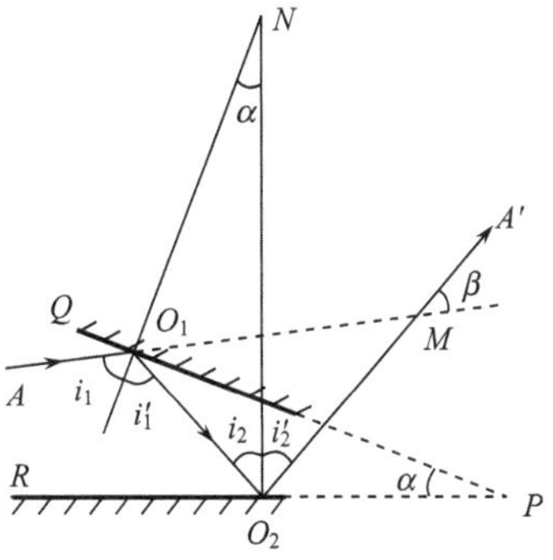

图 4-10　双面镜的光线出射方向

2. 光线经双面镜反射后的出射方向

如图 4-10 所示，设光线以 AO_1 方向入射，两次反射后以 O_2A' 方向出射，现在来计算出射光线对入射光线的改变角 β。

由图 4-10 的几何关系，在 $\triangle O_1O_2M$ 中

$$2i_1 = 2i_2 + \beta \quad 或 \quad \beta = 2(i_1 - i_2)$$

在 $\triangle O_1O_2N$ 中

$$i_1 = \alpha + i_2 \quad 或 \quad \alpha = i_1 - i_2$$

所以有

$$\beta = 2\alpha \tag{4-5}$$

由此可知，出射光线对入射光线的角度改变与入射角无关，只取决于双面镜之间的夹角 α。对于确定夹角的双面镜，只要入射光线的方向保持不变，其出射光线的方向不受双面镜位置的影响。这一特点使得对双面镜的安装精度要求相对宽松，不会因为安装角度的少许偏差带来出射光线的方向偏差。

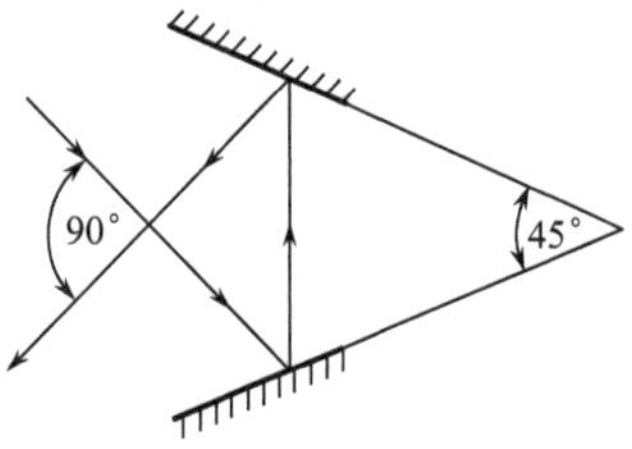

图 4-11　夹角为 45°的双面镜使光线方向改变 90°

如图 4-11 所示，两面镜的夹角为 45°，而使光线方向改变 90°。

另外，由于双面镜通常只考虑两次反射，所以它所成的像具有与物体相同的坐标系，即成一致像，不会造成镜像的错觉。

4.2 反射棱镜

反射棱镜一般是将多个反射平面做在同一块玻璃上的光学元件。如图 4-12 所示，光线从棱镜的一个入射面进入棱镜，在其内表面反射，最后从出射面射出。有一些棱镜是在反射面上镀以金属膜使光线发生反射，而大多数棱镜则是利用了全反射使光线反射。

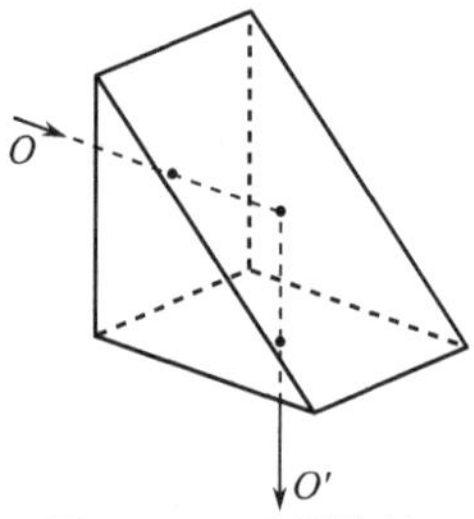

图 4-12　反射棱镜

反射棱镜中作用于光线的面(包括透射面与反射面)称为棱镜的工作面，工作面之间的交线称为棱，垂直于棱的平面称为主截面，其中包含光轴的主截面又称为光轴截面。一般以光轴截面来分析光线的传播，所以通常所说的主截面就是指光轴截面。棱镜的光轴是指系统的光轴在棱镜内部所成的折线 OO'。

4.2.1 反射棱镜的类型

反射棱镜的种类繁多，这里介绍常用的几种。

1. 简单棱镜

只含有一个光轴截面(简称主截面)的棱镜称为简单棱镜，棱镜所有的工作面都与该主截面垂直。图 4-13 所示为几种常用的简单棱镜。

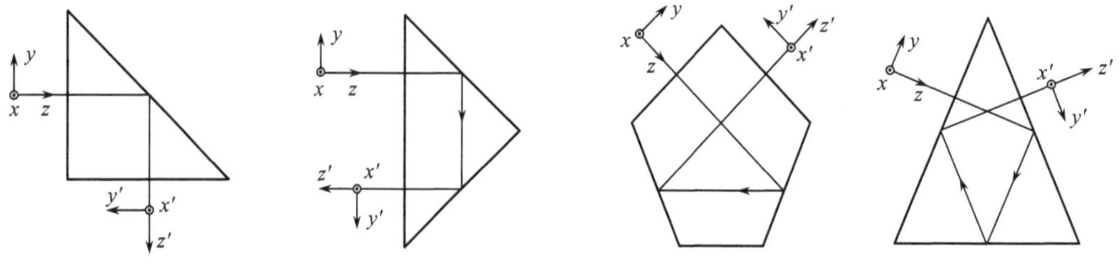

(a) 一次反射直角棱镜　(b) 二次反射直角棱镜　(c) 五角棱镜　(d) 等腰棱镜

图 4-13　简单棱镜

2. 屋脊棱镜

如果棱镜中的一个(或多个)反射面由被称为屋脊的两个互相垂直的反射面所取代，且屋脊的顶位于主截面内(图 4-14(b))，那么这种棱镜称为屋脊棱镜。用平面图表示屋脊棱镜时，屋脊面用两条平行线表示(图 4-15(b))。屋脊面的作用是增加一次反射，以改变物像的坐标系关系，读者可以比较图 4-14(a)和图 4-14(b)中坐标的不同变化。

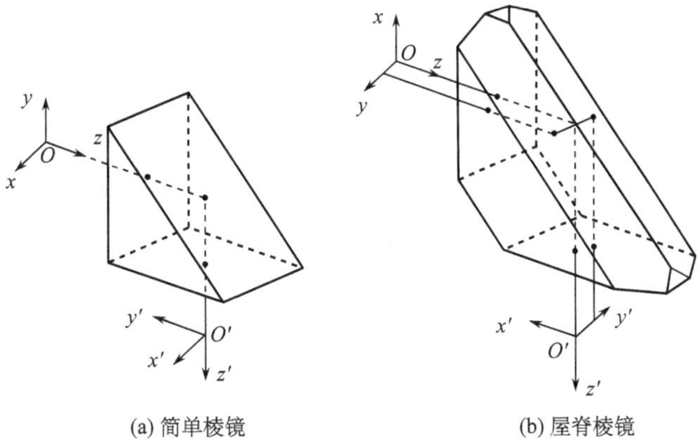

图 4-14　棱镜的坐标变换

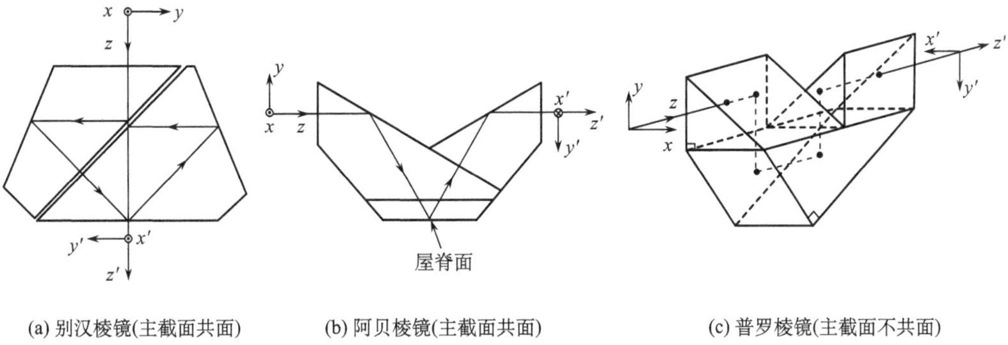

图 4-15　复合棱镜

3. 复合棱镜

复合棱镜是将多个简单棱镜(或屋脊棱镜)组合在一起使用的棱镜组，组合方式可以使各棱镜的主截面互相重合(图 4-15(a)、(b))或主截面互相垂直(图 4-15(c))。它们被用来实现一些特定的转像和特殊的要求。

4.2.2　棱镜系统成像的物像坐标变化

反射棱镜相当于一个或多个平面镜在玻璃内部的组合，由于平面镜具有成镜像的特点，因此，有必要讨论棱镜系统对物体坐标的改变，以便正确判别和使用棱镜系统。

图 4-13～图 4-15 中分别画出了三类典型棱镜的物像坐标变化。为分析简便，物体的三个坐标方向分别取为：①沿着光轴（如 z 轴）；②位于主截面内（如 y 轴）；③垂直于主截面（如 x 轴）。按照平面镜成像的物像对称性，可以用几何方法判断出棱镜系统对各坐标轴的变换，现将判断方法归纳如下：

(1) 沿着光轴的坐标轴（如图中的 z 轴）在整个成像过程中始终保持沿着光轴，并指向光的传播方向。

(2) 垂直于主截面的坐标轴（如图中的 x 轴）在一般情况下保持垂直于主截面，并与物坐标同向。但当遇有屋脊面时，每经过一个屋脊面反向一次，如图 4-15(b)所示。

(3) 在主截面内的坐标轴（如图中的 y 轴）由平面镜的成像性质来判断。根据反射镜具有奇次反射成镜像，偶次反射成一致像的特点，首先确定光在棱镜中的反射次数，再按系统成镜像还是一致像来决定该坐标轴的方向：若成镜像则反射坐标系左右手系改变，若成一致像则反射坐标系不变。注意，在统计反射次数时，每一屋脊面被认为是两次反射，按两次反射计数。

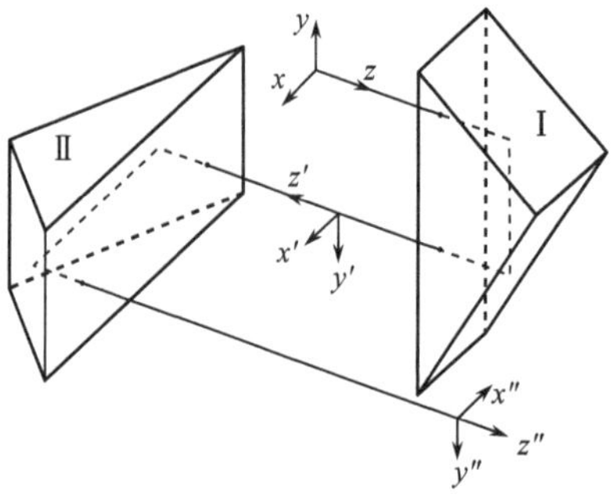

图 4-16　复合棱镜的坐标变换

读者不妨按照上述判断原则，对图 4-13～图 4-16中的坐标进行判断，作一验证。

在对复合棱镜进行坐标判断时，应考虑复合棱镜中的主截面状况。一般来说，主截面重合的复合棱镜可以不用分解，直接按照简单棱镜来判断坐标变换。主截面垂直的复合棱镜需分解成简单棱镜后分别判断，分析时注意判断坐标轴相对于主截面的变化，如图 4-16 所示。

需要指出的是，当分析整个光学系统的坐标变换时，还必须考虑其中透镜系统的作用。透镜系统不改变坐标系的旋向，即无论成像的虚、实、正、倒，坐标的右（左）手系始终保持不变。由此得出，在任何情况下，沿光轴的坐标轴（如 z 轴）方向维持不变，但透镜对物体成倒像时，像面上的两个垂直于光轴的坐标轴（如 x 轴和 y 轴）同时反向。

【例 4-1】 判断图 4-17 中物体经光学系统后的坐标方向。

解 这是单反照相机镜头中的取景器光路。首先确定经透镜成像后的坐标。透镜对物体成实像，表明透镜对物体成倒像，因此，经透镜成像后，x、y 坐标均反向。

其后，经过平面镜-棱镜系统，共反射 4 次（其中的一个屋脊面被计为 2 次）。z 坐标始终按沿光轴确定其方向；x 坐标垂直于主截面，因遇到一个屋脊面而反向；y 坐标在主截面内，按偶次反射成一致像确定其坐标方向，如图 4-17 中的标注。最终的像方坐标与原物一致，便于观察取景。

4.2.3　反射棱镜的等效作用与展开

观察光轴在棱镜内所走的折线，设想将它“拉直”，那么不难发现光轴相当于穿过了一个平行平板。因此，棱镜在光学系统中除了对光路的转折作用外，还相当于引入了一个平行平板。在对含有棱镜的光学系统进行光路计算时，通常都是将棱镜简化成一个平行平板，然后将光轴拉直，这样可以方便计算。

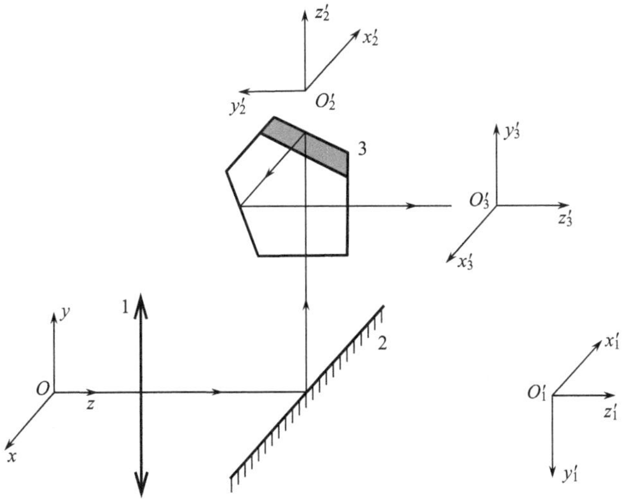

图 4-17　照相机取景器光路

将棱镜简化为一个平行平板时，需要计算该平行平板的厚度，它与光轴在棱镜中穿过的长度有关，通常将棱镜展开计算。在展开过程中，光轴被逐步“拉直”。如图 4-18 所示，实线表示实际光路，虚线为“拉直”的光路。

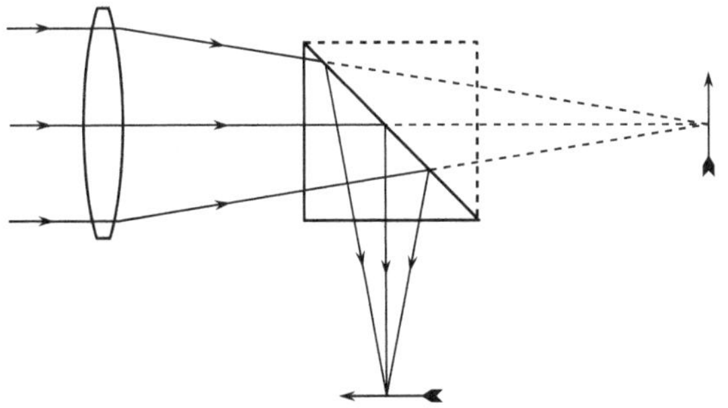

图 4-18　反射棱镜展开相当于“拉直”了光轴

棱镜展开的过程就是将棱镜对反射面逐次成镜像的过程。按照光轴在棱镜内部的反射顺序，在主截面内，依次作棱镜关于反射面的对称图（镜像），光轴在实际棱镜中走的折线就变成了在镜像中走的直线，这样就可以直观地计算光轴的长度。图 4-19 列举了几种典型棱镜的展开。

在大多数情况下，光轴垂直于棱镜入射与出射，光轴的长度直接就等于棱镜展开成平板的厚度，即 $d=L$，而对于光轴与入射面不垂直的情况，展开的平板厚度为棱镜光轴长度的函数。如图 4-19(b)所示的道威棱镜，平板厚度 d 与光轴长度 L 之间的函数关系为 $d=L\cos i'$（注：i' 为光轴在平板前表面的折射角）。

光轴在反射棱镜中被“拉直”后，与整个光学系统的光轴仍在同一直线上，因此，含有这种反射棱镜的系统仍属共轴系统。在对这类光学系统计算时，先将棱镜作为平行平板与球面系统一起进行光路计算，然后再考虑棱镜对物体坐标的变换。

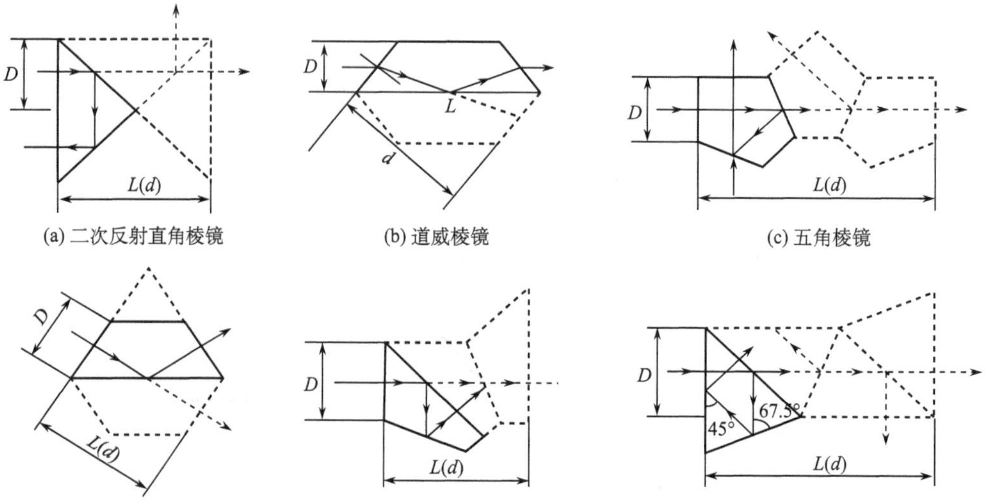

(a) 二次反射直角棱镜　(b) 道威棱镜　(c) 五角棱镜

(d) 等边棱镜　(e) 半五角棱镜　(f) 斯密特棱镜

图 4-19　几种典型棱镜的展开

由图 4-19 可以看出，各种棱镜的展开长度不仅取决于棱镜的结构形式，还与棱镜的通光口径 D 有关。对于每一种结构形式的棱镜，当通光口径 D 由光学系统的要求确定以后，L 也就随之确定，L 与 D 的比值称为棱镜的结构常数，用 K 表示，即

$$K=\frac{L}{D} \tag{4-6}$$

结构常数是对棱镜结构形式的一种描述，每一种棱镜结构形式对应于一特定的 K 值，表 4-1 列举了图 4-19 中各反射棱镜的结构常数。

表 4-1　常用棱镜的结构常数

名称	结构常数 $K=L/D$	名称	结构常数 $K=L/D$
二次反射直角棱镜	2.0	等边棱镜	1.732
道威棱镜	$\frac{2n}{\sqrt{2n^2-1}-1}$	半五角棱镜	1.707
五角棱镜	3.414	斯密特棱镜	2.414

4.3　平行平板

前面已经指出，棱镜展开后相当于一个平行平板。除此以外，光学系统也经常会使用诸如保护玻璃、分划板、滤色片之类的平行平板。平行平板的引入对成像位置和成像质量都有影响，下面讨论平行平板的成像特性。

4.3.1　平行平板的成像特性

如图 4-20 所示，轴上物点 A 发出一条孔径角为 U_1 的光线①，分别被平行平板前后两个面折射，最终以光线②的方向出射，延长出射光线交于光轴，得到交点 A'_2，出射孔径角为 U'_2。因此，A'_2 即为物点 A 经平行平板所成之像。

对平行平板的两个折射面分别应用折射定律，得

$$\sin I_1 = n\sin I'_1,\quad n\sin I_2 = \sin I'_2$$

式中，n 为平板材料的折射率，因两折射面平行，有 $I'_1 = I_2$，所以

$$I_1 = I'_2 = -U_1 = -U'_2 \tag{4-7}$$

出射光线与入射光线平行，即光线经平行平板后方向不变。这时

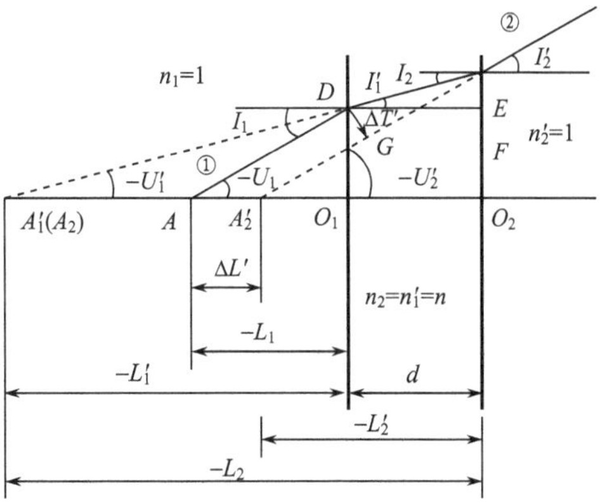

图 4-20　平行平板成像

$$\left.\begin{aligned} \gamma &= \frac{\tan U'_2}{\tan U_1} = 1 \\ \beta &= \frac{1}{\gamma} = 1 \\ \alpha &= \beta^2 = 1 \end{aligned}\right\} \tag{4-8}$$

式(4-8)表明，平行平板不会使物体放大或缩小，对光束既不发散也不会聚，这表明平行平板是一个无焦元件，在光学系统中对光焦度无贡献。同时还表明，物体经平板成正立像，物和像始终位于平板的同一侧，且虚实相反。

4.3.2　平行平板对光线位移的计算

虽然平行平板不改变光线的方向，但可以看出，平行平板使入射光线与出射光线之间产生了平移，其结果：①使像点相对于物点产生轴向位移 $\Delta L'$，即由 A 移到了 A'_2；②使光线产生侧向位移 $\Delta T' = DG$，如图 4-20 所示。

首先计算平行平板的物和像的位置之差 $\Delta L'$，$\Delta L'$ 称为平行平板对物体(或像)所产生的轴向位移。由图 4-20 可得

$$\Delta L' = -L_1 + d + L'_2$$

式中，$-L_1 = \dfrac{h_1}{\tan(-U_1)}$，$L'_2 = \dfrac{h_2}{\tan U'_2}$，$h_2 = h_1 + d\tan(-U'_1)$，代入上式并利用式(4-7)化简得

$$\Delta L' = d\left(1 - \frac{\tan U'_1}{\tan U_1}\right) = d\left(1 - \frac{\tan I'_1}{\tan I_1}\right) \tag{4-9}$$

式(4-9)是平行平板对像点产生的轴向位移计算公式。该式表明，轴向位移 $\Delta L'$ 与物体位置无关，但随孔径角 U_1 的改变而改变，即轴上物点发出的一束光经平行平板后，由于孔径角不同而产生不同的轴向位移 $\Delta L'$，交于光轴的不同处，同心光束经平板后不再是同心光束。因此，平行平板不能成完善像，它对成像质量的影响应纳入整个系统来考虑。

再来看平行平板对光线产生的侧向位移 $\Delta T'$。由图 4-20 中的几何关系可以直接得

到光线侧向位移的计算公式为

$$\Delta T' = \Delta L'\sin(-U_1) = d(\sin I_1 - \cos I_1 \tan I'_1)$$

利用折射定律及三角函数，上式可简化为

$$\Delta T' = d\sin I_1\left(1 - \frac{\cos I_1}{\sqrt{n^2 - \sin^2 I_1}}\right) \tag{4-10}$$

显然，侧向位移量也随孔径角的变化而变化，这与平行平板不能成完善像是一致的。

但是，如果平行平板在近轴区以细光束成像，角度的正切值和正弦值近似，且都可用弧度值近似代替，应用折射定律，有

$$\frac{\tan i'_1}{\tan i_1} = \frac{\sin i'_1}{\sin i_1} = \frac{1}{n}$$

代入式(4-9)，得

$$\Delta l' = d\left(1 - \frac{1}{n}\right) \tag{4-11}$$

式(4-11)表明，在近轴区，平行平板对物点的轴向位移 $\Delta l'$ 只与平板的厚度和折射率有关，而与物体的位置以及孔径角无关。对确定的平行平板，$\Delta l'$ 是个常数，即平板对细光束成完善像，近轴光线的轴向位移称为平行平板的高斯位移。

同样，在近轴区域，由式(4-10)可简化得到近轴区域的光线侧向位移为

$$\Delta t' = d\left(1 - \frac{1}{n}\right)i_1 \tag{4-12}$$

式中，i_1 为光线入射角。

近轴区域的物点轴向位移公式(4-11)也可以利用球面系统的成像公式计算得到。平行平板可看作由两个半径为无限大的球面构成的共轴球面系统，所以有 $r_1 = r_2 = \infty$，逐面应用式(2-14)及过渡公式(2-34)，得

$$\left.\begin{aligned} l'_1 &= nl_1 \\ l_2 &= l'_1 - d = nl_1 - d \\ l'_2 &= l_1 - \frac{d}{n} \end{aligned}\right\} \tag{4-13}$$

由式(4-13)可以计算出像点到平行平板后表面的距离，根据图 4-20 中的几何关系，有 $\Delta l' = -l_1 + d + l'_2$，将式(4-13)代入其中并化简即可得到式(4-11)。

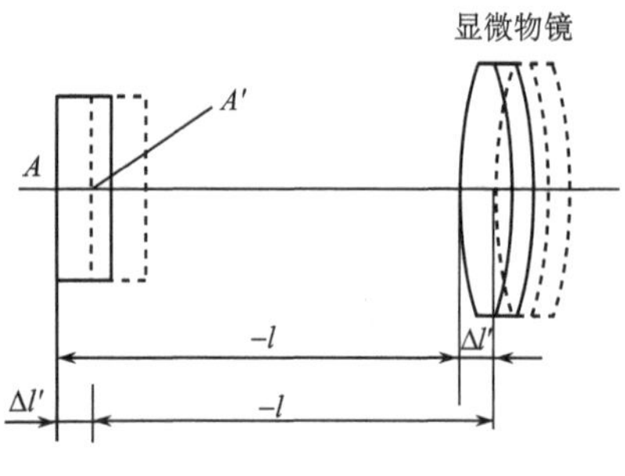

图 4-21 例 4-2 示意图

【例 4-2】 一架显微镜已对一个目标物调整好物距进行观察。现将一块厚 7.5mm，折射率为 1.5 的平板玻璃压在目标物上，问此时通过显微镜能否清楚地观察到目标物，该如何重新调整？

解 目标物经平板玻璃成像后将产生轴向位移，如图 4-21 所示。显微镜此时是对位移后的目标物进行成像，由于目标物已偏离了原有的物距，所以显微镜必须重新调整才能清楚地观察到目标。由图 4-21 可知，若要保持显微镜原有的物距，

显微镜必须右移 $\Delta l'$

$$\Delta l' = d\left(1-\frac{1}{n}\right) = 7.5\times\left(1-\frac{1}{1.5}\right) = 2.5(\text{mm})$$

从上述例题可以得知，当光学系统中加入平板玻璃或反射棱镜(反射棱镜展开后相当于平板玻璃)后，由于平板玻璃使像点产生 $\Delta l'$ 的移动量，其后的成像元件必须要随之做出相应的调整，以确保原有的物像关系。

4.3.3　平行平板的等效空气层

光线在空气中以直线传播时，可以方便地计算光线所经之处的相交位置。但如果光线在传播路径中遇到平行平板，尽管之后的传播方向不变，但要确定光线所经任意处的相交点高度，将变得复杂。为此引入可以进行简化计算的等效空气层概念。

如果光线经平行平板后的传播状态与经过一段空气层后的传播状态相同，则该空气层称为平行平板的等效空气层，如图 4-22 所示。

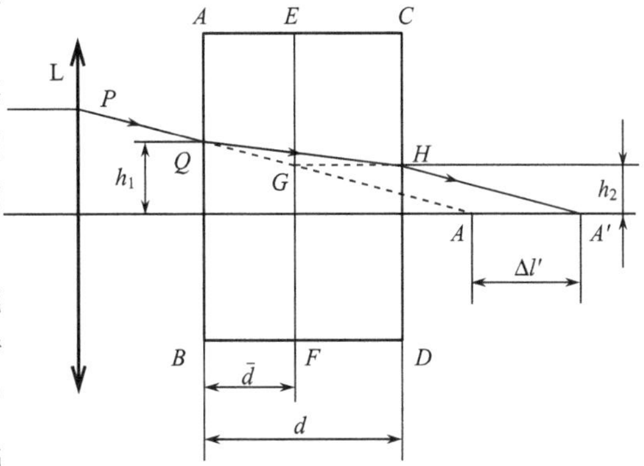

图 4-22　平行平板的等效空气层

在图 4-22 中，从透镜 L 出射的光线 P，在传播路径中经过玻璃平板 $ABCD$，传播路径为折线 P-Q-H-A'。如果光线 P 不经过玻璃平板，而是持续在空气中直线传播，经过空气层 $ABEF$，其路径应为直线 P-Q-G-A。两种情况下路径 H-A' 与路径 G-A 完全相同，因此，空气层 $ABEF$ 称为平行平板 $ABCD$ 的等效空气层。等效空气层还可以理解为，从平板的两侧看，光线在厚度为 $\bar{d}$ 的空气层 $ABEF$ 中的路径 Q-G 与光线在厚度为 d 的玻璃平板 $ABCD$ 内部所走的路径 Q-H 传播效果是等同的，因此，光线经玻璃平板的 H 点与光线经空气层的 G 点出射后的状态(注：所谓状态是指出射点高度、出射方向及出射面到焦点的距离等)完全相同。

根据图中的几何关系并利用式(4-11)，可以得到等效空气层的厚度为

$$\bar{d} = d - \Delta l' = \frac{d}{n} \tag{4-14}$$

式中，n 是玻璃平板的折射率。

利用等效空气层的概念，在光路计算遇有平行平板时可以方便地计算光线。如图 4-23 所示，已知光线从透镜出射时高度为 h_1，角度为 u_1，为了计算光线经过平板后与下一面交点的高度 h_2，可以采用以下方法来计算。

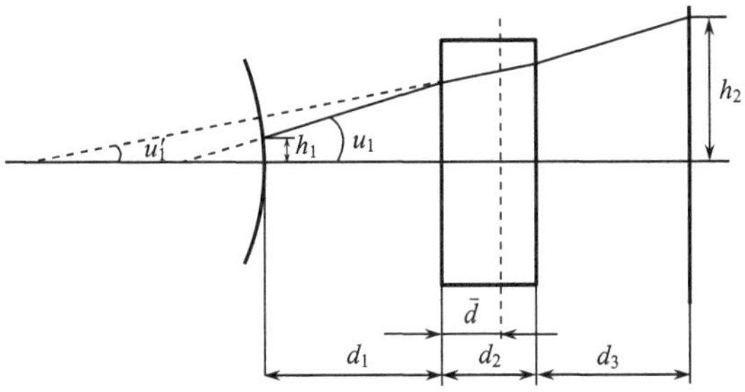

图 4-23　利用等效空气层计算光线高度

根据光线在各介质中的传播路径，逐段计算并累加，有

$$h_2=h_1+d_1\tan u_1+d_2\tan u'_1+d_3\tan u'_2$$

以上计算需要用折射定律先计算 u'_1、u'_2。

若利用等效空气层，以上计算就可以简化为

$$h_2=h_1+(d_1+\bar{d}+d_3)\tan u_1$$

$$=h_1+\left(d_1+\frac{d}{n}+d_3\right)\tan u_1$$

以上计算只需要计算等效空气层的厚度 d/n。由此可见，利用等效空气层在计算棱镜或平行平板的外形尺寸时非常方便，请看下面例题。

【例 4-3】 一个双目望远镜有一个直径为 $D=50\text{mm}$ 的物镜，其焦距为 $f'=180\text{mm}$，像面直径为 $2y'=16\text{mm}$，现在物镜后方加入一个折射率 $n=1.5$ 的普罗棱镜用于光路转折，并要求像面位于棱镜后方 $d=12\text{mm}$，如图 4-24所示，求棱镜的最小尺寸。

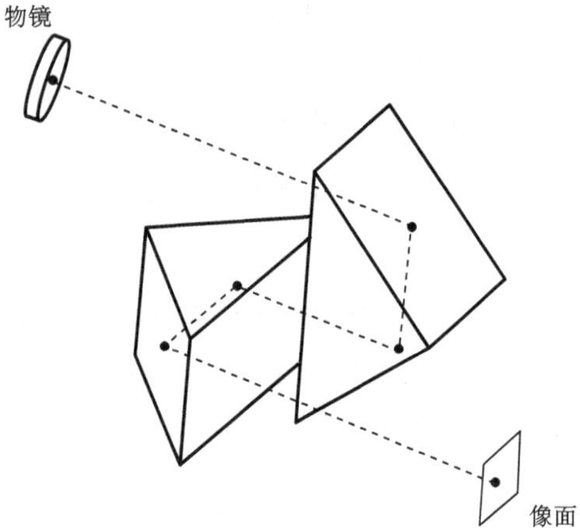

图 4-24 例 4-3 示意图

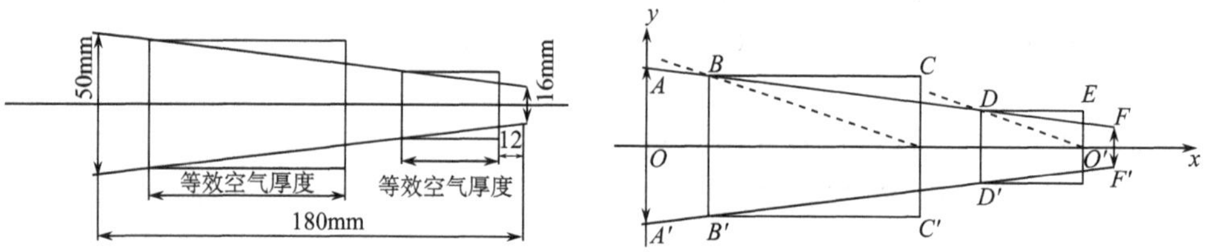

(a) 将棱镜展开并用等效空气层替代 (b) 引虚线确定棱镜口径

图 4-25 例 4-3 解析

解 由题意作图 4-25(a)，其中棱镜被展开成平行平板，选第二个棱镜计算，并取其等效空气厚度。如图 4-25(b)所示，实线 AF 与 $A'F'$ 为成像光束中的最大边缘光线。棱镜的最小尺寸应该保证边缘光线能够通过。因此，需要计算口径 DD' 的大小。

已知普罗棱镜的结构常数

$$K=\frac{L}{D}=2$$

式中，L 为单个棱镜展开的厚度，D 为其口径大小。如果用等效空气层代替，则对应等效空气层的结构常数为

$$K_{空气}=\frac{L/n}{D}=\frac{2}{n}$$

其倒数为

$$\frac{1}{K_{空气}}=\frac{n}{2}$$

根据题意 $n=1.5$，所以 $\frac{1}{K_{空气}}=\frac{3}{4}$。图 4-25(b)中从出射面中点 O' 引出一条虚线，其斜率

为上述比值的二分之一，即$\frac{3}{8}$(半口径与等效空气厚度的比值)，即虚线由等效空气层棱镜的结构参数所决定。根据结构常数的定义，虚线与通过口径边缘光线的交点就可以决定棱镜的最小口径。

望远镜对无穷远物体成像，物镜的焦距是180mm，那么像距$l'=180$mm。现在可以根据图形建立一个直角坐标系，如图4-25(b)所示，A点的坐标为(0,25)，F点的坐标为(180,8)，那么直线AF的方程为

$$y=-\frac{17}{180}x+25 \tag{4-15a}$$

同理，O'点的坐标为(168,0)，那么直线DO'的方程为

$$y=-\frac{3}{8}(x-168) \tag{4-15b}$$

由式(4-15a)和式(4-15b)联立得

$$y=12.2(\text{mm})$$

那么$DD'=24.4$mm，即后一个棱镜的最小口径为24.4mm。

这里只解出后一个棱镜的最小口径，读者可以仿照例题的方法求解出前一棱镜的最小尺寸。前一个棱镜的口径计算还与两个棱镜之间的缝隙大小有关(CC'与DD'之间的距离)，假定该间隙由于装配需要为2mm。题中算出的是棱镜的净口径，实际制作的棱镜其口径比净尺寸要稍大一些，以满足装配要求。

值得注意的是，式(4-14)只是对于近轴光线计算的等效空气平板。当入射光线以一个较大的角度射向玻璃平板时，近轴公式与实际光线计算有一定的误差，实际的等效空气层厚度应按照实际光线来计算，即玻璃平板的厚度减去由式(4-9)计算的实际像点位移量。此时，平板或棱镜的实际通光口径也应按照相应的实际等效空气平板来计算。

4.3.4 共轴球面系统和平面棱镜系统的组合

目前实际使用的光学仪器，大都是平面棱镜和共轴球面系统的组合。前面已经分别讨论了共轴球面系统和平面镜棱镜系统的成像性质，下面讨论二者组合的注意事项和方法。

首先讨论共轴球面系统和平面镜系统进行组合应注意的问题。

(1) 当共轴球面系统和平面镜系统组合时，共轴球面系统中的各个透镜组和平面反射镜的配合次序不受限制，这是因为平面镜是成完善像的理想光学元件，并且对物体不放大也不缩小，物像方位于同一个物质空间。例如，将图4-26中的共轴球面系统(a)和平面镜系统(b)组合时，可以任意地组合成图4-27所示的各种形式。

(2) 为了保证系统的共轴性，共轴球面系统中各个透镜的光轴，必须和平面镜系统中的光轴重合，即平面镜展开后的光轴应与球面系统的光轴共线。

(3) 为了保证共轴球面系统的成像性质，必须使各透镜沿光轴之间的距离不变，即透镜之间光轴折线展开后的长度保持不变。

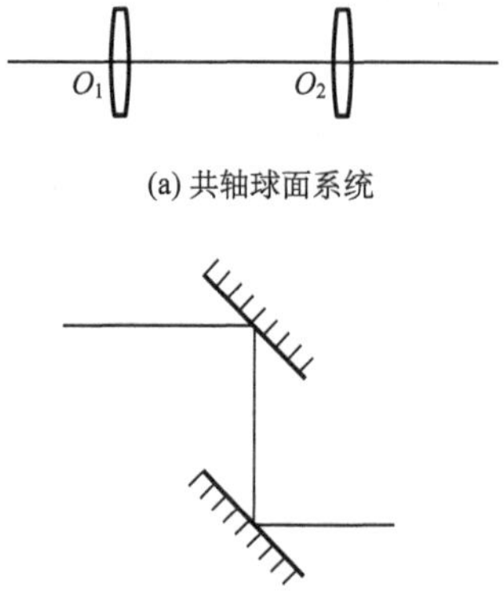

(a) 共轴球面系统

(b) 平面镜系统

图 4-26　两组系统

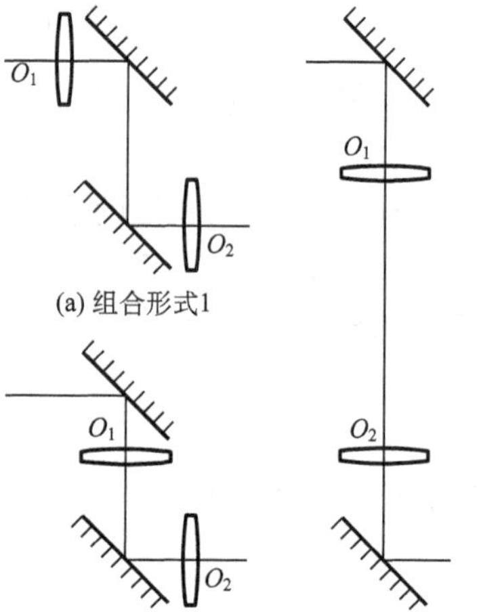

(a) 组合形式1

(b) 组合形式2

(c) 组合形式3

图 4-27　共轴球面系统和平面镜系统的组合系统

再讨论共轴球面系统和反射棱镜系统的组合。反射棱镜除了具有平面镜的反射作用外，还相当于另外加入了平行平板，因此还必须注意以下几点。

（1）如果球面系统的光轴与棱镜入射面不垂直，则应将该棱镜置于平行光路中，否则将破坏系统的共轴性。

（2）必须考虑平行平板产生的像面位移。为了使平板后的透镜成像性质不变，必须使经过平板后的像面到后一个透镜的距离保持不变，因此，当平板产生像点的位移后，其后的系统也要向后位移同样的距离。即在有棱镜存在的系统中，棱镜两端与透镜之间的距离应等于原有的间隔再加上平行平板对像点的位移量。

（3）由于平行平板不是理想元件，所以在设计共轴球面系统时，应把平板作为系统的一部分来考虑，制订共同的像差平衡方案。

在共轴球面系统和平面棱镜系统的组合系统中确定成像方向时，可先确定平面棱镜系统的成像方向，再确定透镜系统的成像方向。如果透镜系统成倒像，则整个系统成像方向与平面棱镜系统的成像方向相反；如果透镜系统成正像，则整个系统成像方向与平面棱镜系统的成像方向相同。

4.4　折射棱镜和光楔

4.4.1　折射棱镜

如果棱镜工作面对光线的主要作用为折射，则此类棱镜称为折射棱镜。如图 4-28 所示，折射棱镜是将两个成一定夹角的平面折射面做在同一块玻璃上的器件，它们之间的夹角 α 称为棱镜顶角。

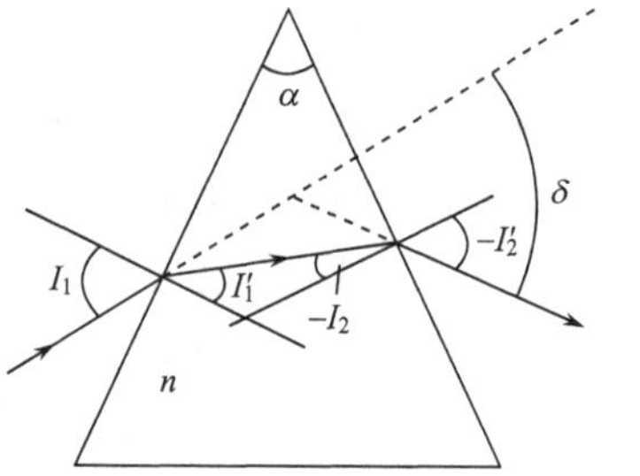

图 4-28　折射棱镜

1. 折射棱镜对光线的偏折

按照光的折射定律，光线射向折射棱镜，在其前后两个工作面上依次发生折射，出射光线相对于原入射光线的方向将发生改变，其改变的角度称为棱镜的偏向角，用 δ 表示。下面来计算这一偏向角。

由图 4-28 可知

$$\alpha = I'_1 - I_2,\quad \delta = I_1 - I'_1 + I_2 - I'_2$$

两式相加，得

$$\alpha + \delta = I_1 - I'_2$$

由折射定律有

$$\sin I_1 = n\sin I'_1,\quad n\sin I_2 = \sin I'_2$$

将两式相减，并利用三角公式中的和差化积，得

$$\sin\left[\frac{1}{2}(I_1 - I'_2)\right]\cos\left[\frac{1}{2}(I_1 + I'_2)\right] = n\sin\left[\frac{1}{2}(I'_1 - I_2)\right]\cos\left[\frac{1}{2}(I'_1 + I_2)\right]$$

将前面关系代入，有

$$\sin\left[\frac{1}{2}(\alpha + \delta)\right] = \frac{n\sin\left(\frac{1}{2}\alpha\right)\cos\left[\frac{1}{2}(I'_1 + I_2)\right]}{\cos\left[\frac{1}{2}(I_1 + I'_2)\right]} \tag{4-16}$$

由式(4-16)可知，折射棱镜的偏向角 δ 与棱镜的顶角 α 及材料折射率 n 有关，也与光线的入射角 I_1 有关。在棱镜确定以后，偏向角 δ 是光线入射角 I_1 的函数。可以证明，偏向角随入射角的变化可以得到一个极小值，称为最小偏向角。通过式(4-16)中 δ 对 I_1 的求导，可以得出，当 $I_1 = -I'_2$(同时也是 $I'_1 = -I_2$)时，可得最小偏向角，其值 $\delta_{\min}$ 由下式决定

$$\sin\left(\frac{\alpha + \delta_{\min}}{2}\right) = n\sin\left(\frac{\alpha}{2}\right) \tag{4-17}$$

最小偏向角常被用来测量棱镜材料的折射率。先将被检玻璃制作成折射棱镜的形状，利用测角仪测出棱镜的顶角 α 及最小偏向角 $\delta_{\min}$，再由式(4-17)计算出折射率 n。

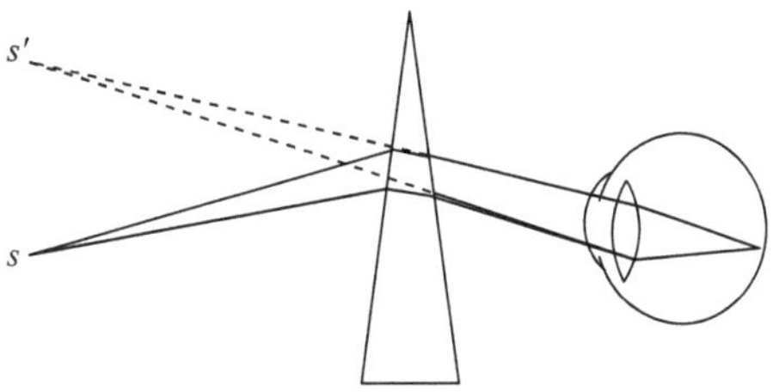

图 4-29 棱镜校正斜视眼

医学眼科中矫正人眼的斜视，就是利用折射棱镜对光线的偏转特性。斜视眼的特点是观察物体时，眼球偏离了正常眼的位置。如图 4-29所示，佩戴具有棱镜度的眼镜后，物体在 s 方位发出光线，人眼通过棱镜看上去是来自于 s'方位，这样就迫使眼球转到正常眼的位置去观察，从而校正斜视眼。

2. 折射棱镜的色散

由于光学材料随光谱波长有着不同的折射率，所以由式(4-16)可以看出，当包含多种波长的白光以某一角度入射时，折射棱镜对不同的谱线将会有不同的偏向角。因此，白光经过

折射棱镜后，各种谱线将以不同的偏向角分散开来，形成光谱的色散。图 4-30 所示为棱镜光谱仪的工作原理光路图。置于透镜 L_1 焦面处的狭缝光源发出的白光，经透镜 L_1 后以一相同方向的平行光射入棱镜，经棱镜色散后，各谱线以不同角度方向的斜平行光出射，透镜 L_2 将这些光线聚焦在像方焦面上，形成各种颜色的狭缝像，提供所需的分析谱线。

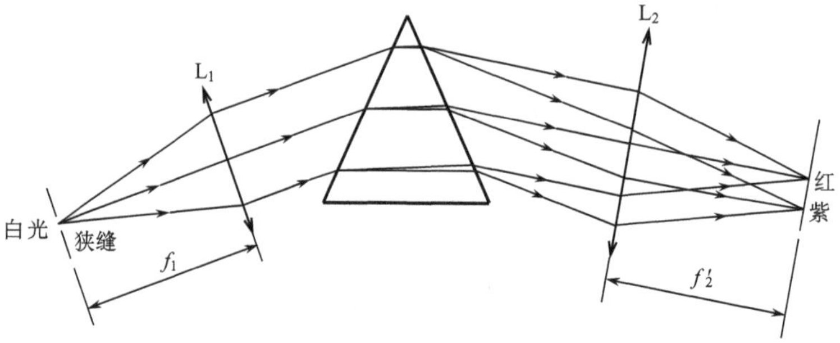

图 4-30　棱镜光谱仪的工作原理光路图

4.4.2　光楔

当折射棱镜的顶角 α 很小时，这种折射棱镜称为光楔，如图 4-31 所示。此时，入射光线在两个折射面上近乎垂直地入射和出射，即入射角和折射角都很小，因此，可以用角度的弧度值近似代替其正弦值，用数值 1 代替其余弦值，即式(4-16)成为

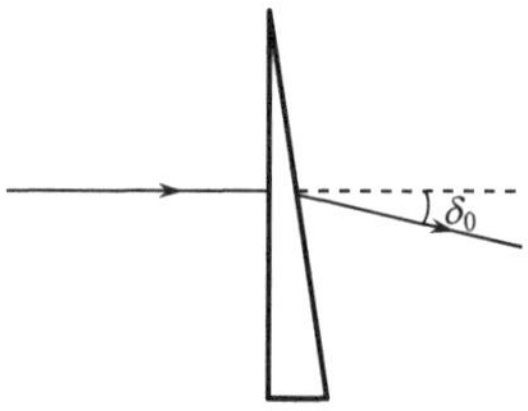

图 4-31　光楔

$$\frac{1}{2}(\alpha+\delta)=\frac{n\times\frac{1}{2}\alpha\times 1}{1}$$

这样，得到光楔的偏向角为

$$\delta=\alpha(n-1) \tag{4-18}$$

由此可知，光楔的偏向角仅取决于折射棱镜的折射率与顶角，与入射角无关。

光楔在小角度和小位移测量中有着广泛的应用。图 4-32 所示为将光楔用于角度测微的工作原理。两个光楔绕公共光轴作相对旋转，每旋转 360°，它们的总偏向角 δ 由 $-2\delta_0\to 0\to 2\delta_0$（$\delta_0$ 为单个光楔的偏向角）作连续变化。其变化规律为

$$\delta=2(n-1)\alpha\cos\phi \tag{4-19}$$

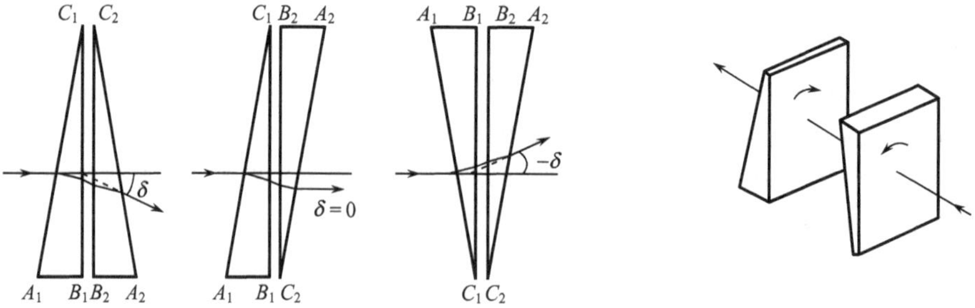

图 4-32　光楔的角度测微原理

用大的旋转角度(ϕ)获得了微小偏向角变化(δ)，从而实现了角度测微目的。

图 4-33 所示为光楔用于位移测微的工作原理。一个光楔相对另一个光楔做轴向移动，当移动的距离为 ΔL 时，出射光线将沿垂轴方向移动 Δy，其相互关系为

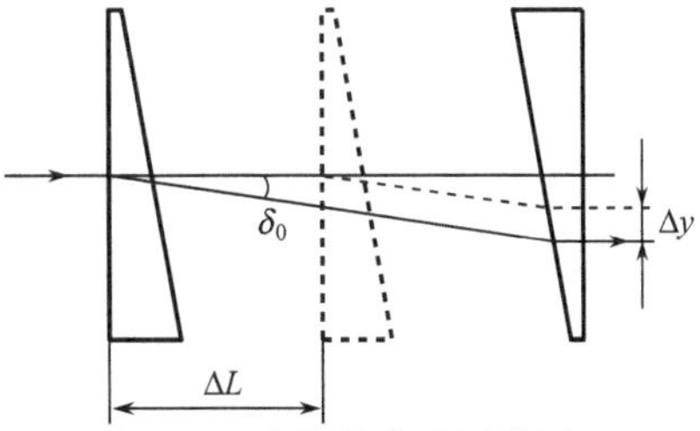

图 4-33　光楔的位移测微原理

$$\Delta y = \Delta L \delta_0 = \Delta L (n-1)\alpha \qquad (4\text{-}20)$$

以大的移动量(ΔL)获得了小的位移量(Δy)，从而实现了距离测微目的。

本章给读者介绍了平面镜、反射棱镜、平行平板以及折射棱镜等平面光学元器件的结构和成像特点，为后续在光学设计中更好地使用和分析平面光学元器件奠定相关的理论基础。

习　题

4-1　人通过平面镜看到自己的全身像，问平面镜的高度为多少？

4-2　一个系统由一透镜和一平面镜组成，如图题 4-2 所示。平面镜 MM′ 与透镜光轴垂直，透镜前方离平面镜 600mm 有一物体 AB，经透镜和平面镜后，所成虚像 $A''B''$ 距平面镜的距离为 150mm，且像高为物高的一半，试计算透镜的位置及焦距，并画出光路图。

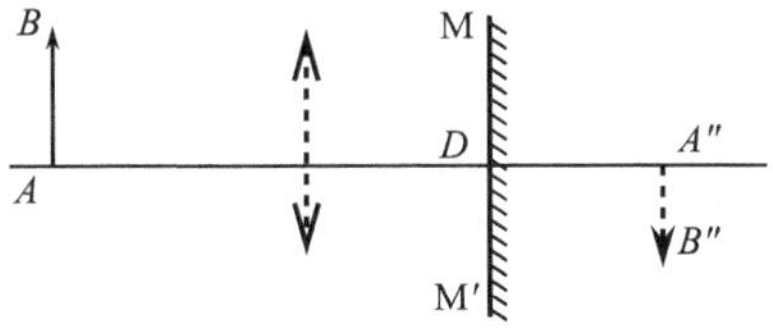

图题 4-2

4-3　在焦距为 1000mm 的透镜物方焦点处有一目标，透镜前方有一平面镜，将目标的光线反射回透镜。现在透镜焦面上距目标 2mm 的高度得到目标的像，问此时平面镜相对于垂直光轴方向的倾斜角是多少？

4-4　在图题 4-4 所示的棱镜中判断出射光的坐标。

4-5　如图题 4-5 所示，根据成像坐标的变化，选择虚框中使用的反射镜或棱镜。

4-6　如图题 4-6 所示，一物镜的像面与之相距 150mm，若在物镜后置一厚度 d=60mm、折射率 n=1.5 的平行平板，求：

(1) 像面位置变化的方向和大小；

(2) 若欲使光轴向上、向下各偏移 5mm，平板应正转、反转多大的角度？

4-7　对于图 4-19 所示的各种棱镜，已知通光口径为 D，求：

(1) 出射光线与入射光线的夹角；

(2) 等效平板的厚度。

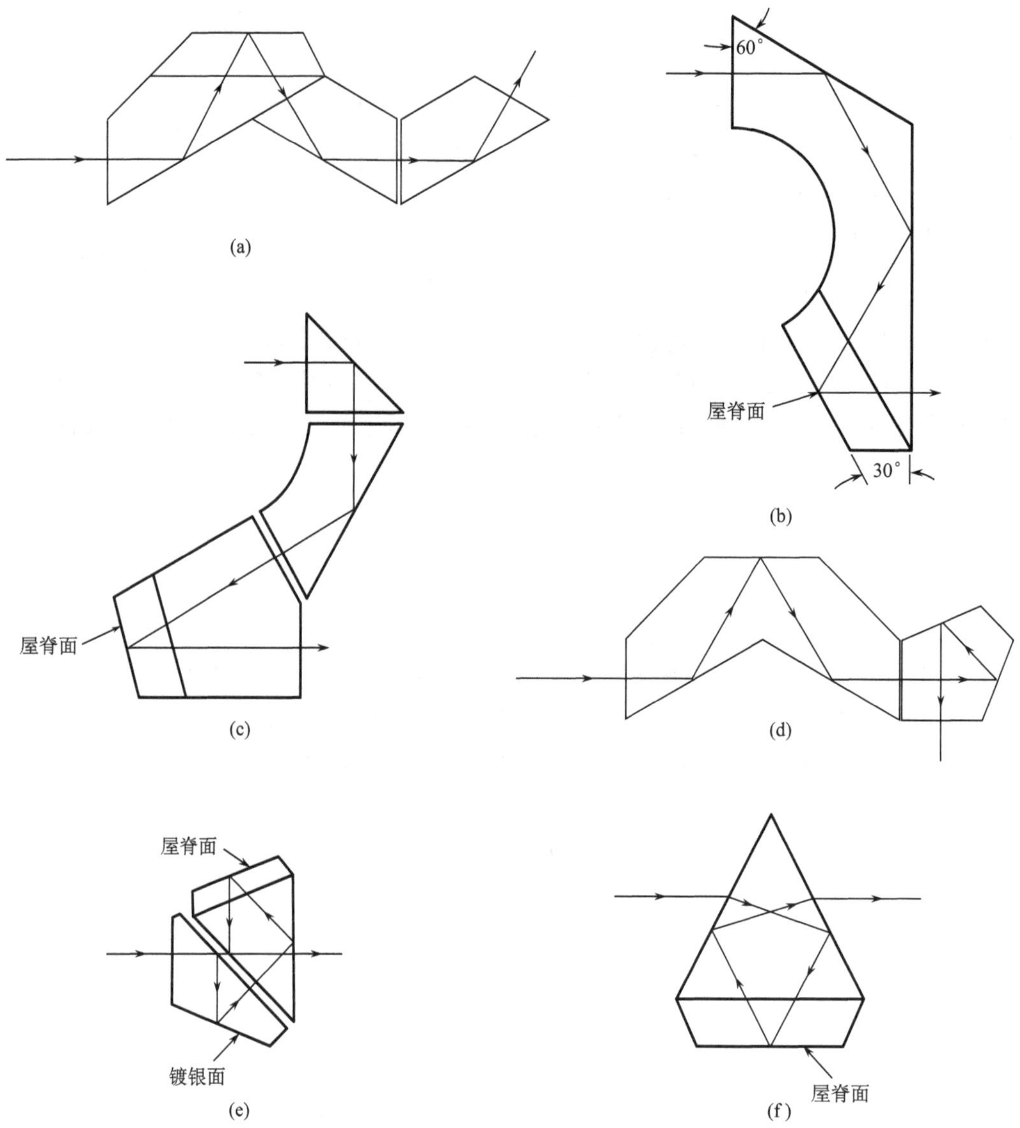

图题 4-4

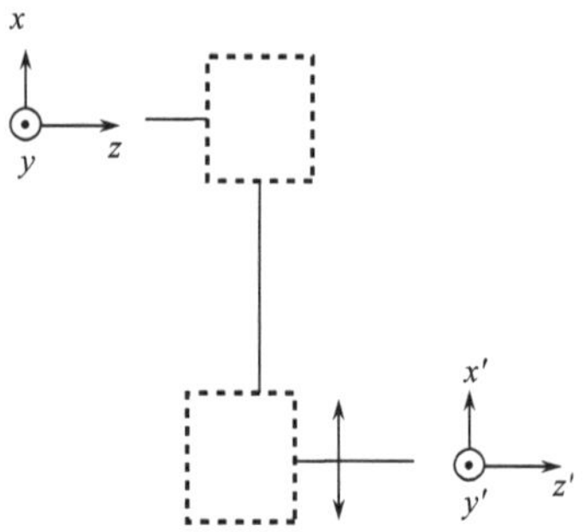

图题 4-5

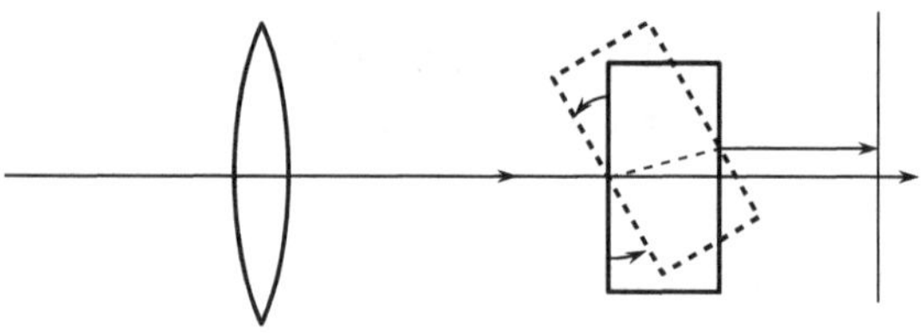

图题 4-6

4-8 为了观察像的需要，在物镜与像面之间加入反射棱镜，在计算时，常将反射棱镜作为平行平板处理。如图题 4-8 所示，已知物镜的像距为 $l'=240\text{mm}$，棱镜出射面到像面的距离 $d_3=40\text{mm}$，像面直径 $2y'=7\text{mm}$，物镜直径 $D_1=36\text{mm}$，反射棱镜的结构常数 $K=1$，折射率 $n=1.5$，试求反射棱镜入射面的通光口径 D_2 及该面到物镜之间的距离 d_1。

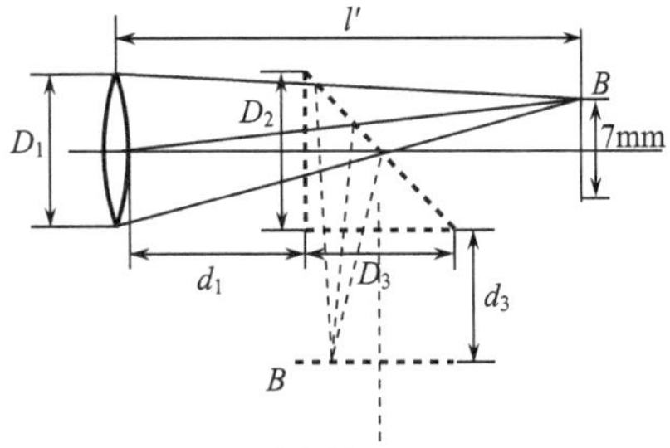

图题 4-8

4-9 在上题中，如果已知物镜的像距 $l'=100\text{mm}$，物镜到反射棱镜入射面的距离 $d_1=50\text{mm}$，像高 $y'=10\text{mm}$，物镜直径 $D_1=10\text{mm}$，反射棱镜的结构常数 $K=1$，折射率 $n=1.5$，试求反射棱镜出射面的通光口径 D_3，该面到像面之间的距离 d_3。

4-10 已知一光楔，$n_F=1.52196$，$n_C=1.5139$，要求出射光线 F 和 C 的夹角小于 $1'$，求光楔的顶角。

4-11 如图题 4-11 所示设有一顶角 1 为 14°的冕牌玻璃光楔(折射率为 $n_d=1.5230$，$n_F=1.52930$，$n_C=1.5204$)，用它与火石玻璃光楔(折射率为 $n_d=1.7200$，$n_F=1.7378$，$n_C=1.7130$)组合成消色差棱镜组，问火石玻璃光楔的顶角 2 为多少？

4-12 上题中，若两光楔组合使得 d 光不发生偏折，那么火石玻璃光楔的顶角为多少？

4-13 图题 4-13 所示为照相机的双光楔测距光路，当物体 A 点位于不同距离时，双光楔的旋转可以使出射光线方向始终保持不变。若已知棱镜的长度 $b=65\text{mm}$，照相机的近摄距离 $L=1\text{m}$，试求光楔的顶角 α。

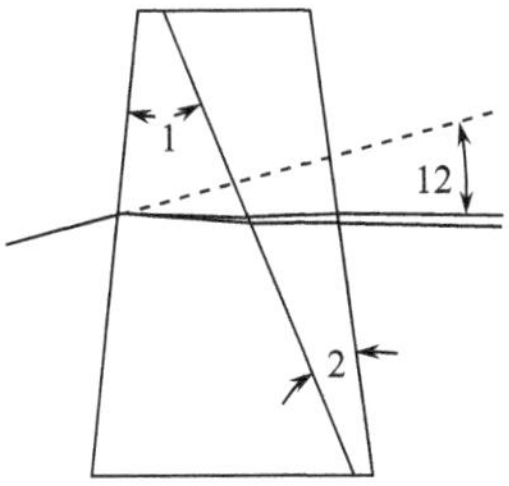

图题 4-11

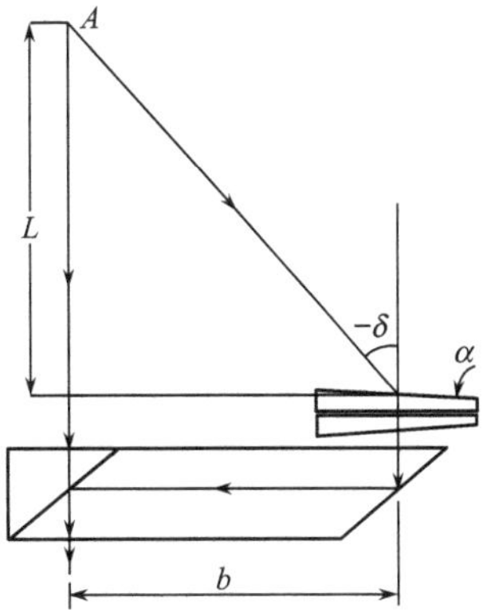

图题 4-13

第5章 光学系统的光束限制

5.1 概述

理想光学系统可以对任意大的物体范围以任意宽的光束进行完善成像，前面几章对透镜和平面系统成像特性的讨论都未涉及系统的横向尺寸。实际光学系统不可能无限大，进入系统的光线将受到光学元件有限通光口径的限制。任何一个光学系统对光束都包含两个基本限制，对入射光束大小的限制和对成像范围的限制，光学系统中的光束限制状况反映了光学系统的某些重要性能。例如，照相系统中常采用的光圈(F)，指的就是对光束的一种限制，改变光圈的大小可以控制进入系统的光能，配合速度来满足接收器所需的曝光量。又如，照相机中的接收器边框(如135胶片、1/3″CCD等)也是对光束的一种限制，聚焦在胶片框或CCD靶面外的像点将不能获得图像。光束的限制不仅决定了光学系统光束的宽度和像的大小这两个重要性能，而且还决定了光学系统对物体细节的分辨力和系统的景深。同时，光束限制对光学系统的像差也有很大的影响，这些在以后章节中会陆续介绍。总之，光学系统的许多性能都与光束限制的大小和方式有关，这就对光学系统如何限制光束提出了要求，需要对光学系统的光束限制认真地分析和计算。

在光学系统中，对光束起限制作用的光学元件称为光阑。它们可能出自某一透镜的边框，也可能是专门设计的任一形状的通光孔。光学系统中的光束限制多种多样，因此对应的也有各种名目的光阑。根据各种光阑限制光束的目的，它们大体分为以下几种。

1. 孔径光阑

光学系统中用于限制成像光束大小(也称为宽度)的光阑称为孔径光阑，如照相机中的可调光圈就是该系统的孔径光阑。在光学系统中，描述成像光束大小的参量称为孔径，系统对近距离物体成像时，其孔径大小用孔径角 U 表示，对无限远物体成像时，孔径大小用孔径高度 h 表示，如图5-1所示。

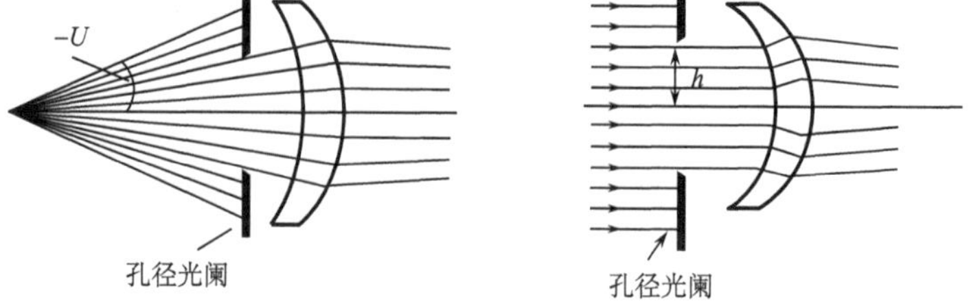

图5-1 孔径角与孔径高度

2. 视场光阑

在光学系统中，用于限制成像范围大小的光阑称为视场光阑，如照相机中的底片框就是该系统的视场光阑。光学系统中描述成像范围大小的参量称为视场，系统对近距离物体成像时，视场大小一般用物体的高度 y 表示(也称为线视场)，对远距离物体成像时，视场大小用视场角 ω 表示(也称为角视场)，如图 5-2 所示。

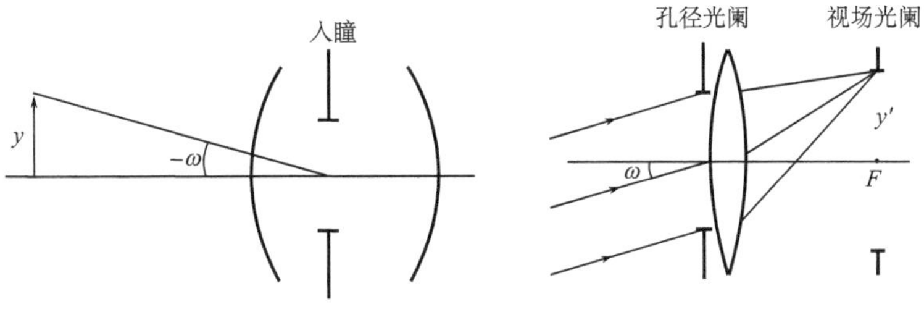

图 5-2　视场高度与视场角

3. 渐晕光阑

渐晕是指视场范围内某一部分区域物点的成像光束较之另一部分区域物点的光束出现减弱的现象。有的系统产生渐晕是客观的必然结果，而有的系统是出于某种需要而刻意产生的。渐晕光阑是用于后者情况下设置的一种光阑，它使轴外物点通过系统的光束宽度小于轴上物点，其主要目的是改善轴外点的成像质量或减小部分光学元件的横向尺寸。

4. 消杂光光阑

消杂光光阑用来限制一些非成像光线，这些光线常常是由于镜头表面、金属表面以及镜筒内壁反射或散射所产生的杂散光，它们通过系统后将在像面上产生杂光背景或噪声，破坏像的对比度和清晰度。

尽管有上述多种目的的光束限制，但对于任何一种光学系统，都必须具备两种最基本的光束限制，即对成像光束大小的限制和对成像范围大小的限制。因此，孔径光阑和视场光阑在光学系统中是不可缺少的。在光学系统的计算中，需要根据光学系统所要求的最大视场和最大孔径来设计孔径光阑、视场光阑以及光学系统中各个元件的横向尺寸，也可以反过来由光学系统各元件的大小来确定系统的孔径光阑和视场光阑，并计算光学系统所能获得的最大孔径和最大视场。

本章将讨论光束限制的一些基本概念和典型光阑的计算方法，还将讨论成像系统中与光束限制相关的一些光学特性，如景深、焦深等。

为了更好地理解光学系统中的光束限制，先介绍光束限制的共轭原则。对于一个光学系统，任一条光线在物方和像方都有对应的共轭光线。如果把构成光学系统的某个器件也看作一个“物”，那么这个“物”被系统的其他器件成像，也将在系统的物方和像方分别获得对应的共轭“像”。如果一条光线在传播过程中受到某器件的限制，那么根据共轭关系可知，在任意空间该光线也会被该器件的共轭“像”所限制，其效果在任意空间都是等价的。这就是光束限制的共轭原理。

如图 5-3 所示，系统由两个器件组成：透镜Ⅰ和透镜Ⅱ。图中Ⅰ′是透镜Ⅰ被透镜Ⅱ在系统像方所成的共轭“像”，即Ⅰ与Ⅰ′是透镜Ⅱ的一对共轭“物像”。透镜Ⅰ对物方光线的限制与其“像”Ⅰ′对像方光线的限制是等价的，因此，可以在任意空间来判断这一器件对光束的限制情况。

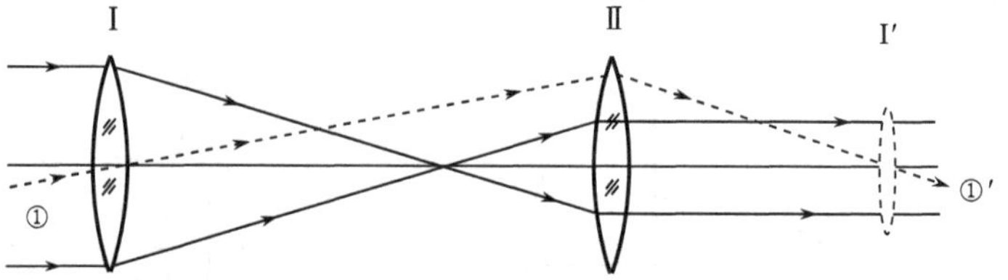

图 5-3　光束限制的共轭原则

5.2　孔径光阑

物体被光学系统成像，物体发出的最大光束会受到孔径光阑的限制，最大光束以轴上物点(或称视场中心)来定义。

我们经常会遇到这样的问题，光学系统的所有器件都有有限的通光口径，究竟哪个器件的口径(口径是指某一透镜框，或是专设的通光孔)限制了轴上物点进入系统的最大光束？问题的另一面是，如果希望通过光学系统的光束大小达到要求值，那么应该如何设定孔径光阑的尺寸？这些问题的解答都源自如何在光学系统众多的通光口径中计算和判别孔径光阑。

5.2.1　孔径光阑的判断

1. *从物方空间判断*

图 5-4 所示为一个由透镜 1 和光孔 2 组成的成像系统，分析一下该系统的光束限制情况。从图 5-4 中可以看到，对于轴上物点 A，能够通过透镜的最大光束孔径角为 $-2u_1$，而能够通过光孔的最大光束孔径角为 $2u'_2$，两者不在同一空间无法直接比较，所以需计算 u'_2 在物方的共轭角 $-u_2$，再将 $-2u_2$ 与 $-2u_1$ 比较才能得出结果。

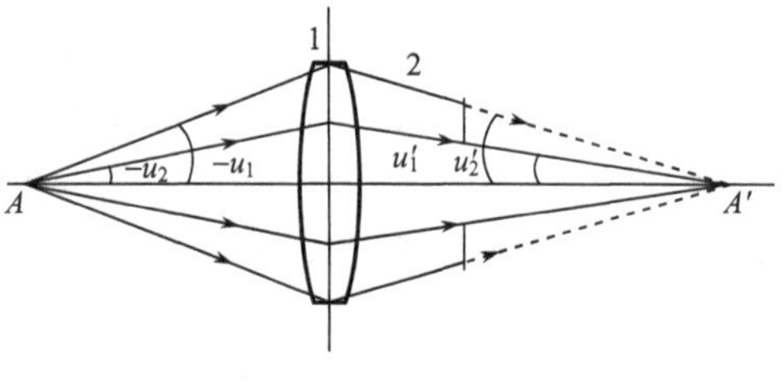

图 5-4　光学系统对轴上点的光束限制

根据光束限制的共轭原则，将系统的所有器件都成像在同一介质空间，这样方便直接比较各器件对光束的限制状况并判断系统的孔径光阑及孔径的大小。由于物方空间可以直接连接物点，所以经常取共同的空间为物空间，由此得到以下孔径光阑的判断方法。

(1) 首先求出所有的通光器件在系统物方的共轭“像”(位置及大小)。也就是说，把待求器件看作“物”，从右到左依次被其左方的光学透镜成“像”，得到该器件在系统物方的共轭“像”。

(2) 比较这些物方共轭“像”对轴上物点的张角，或者当物在无限远时，比较它们允许的光束最大高度。

(3) 找出其中张角最小(物在无限远时为高度最小)的器件，说明该器件对光束大小的限制最甚，那么该器件就是系统的孔径光阑。

下面通过例题来理解上述判断过程。

【例 5-1】 如图 5-5(a)所示，D_1 为一透镜，D_2 为一光孔，试用作图法判断哪个器件为孔径光阑。

解 将两个器件 D_1、D_2 在物方求“像”。由于 D_1 前面无透镜，所以它在物方的共轭像就是其本身，D_2 对 D_1 成像于 D'_2(其作图法可参照理想光学系统由像求物的作图方法)，如图 5-5(b)所示。

由物点 A 连接 D_1、D'_2 的边缘，得到张角分别为 U_1、U_2，比较得出 $U_2<U_1$，所以 D_2 为孔径光阑。因此，该系统的最大通光孔径角为 U_2。

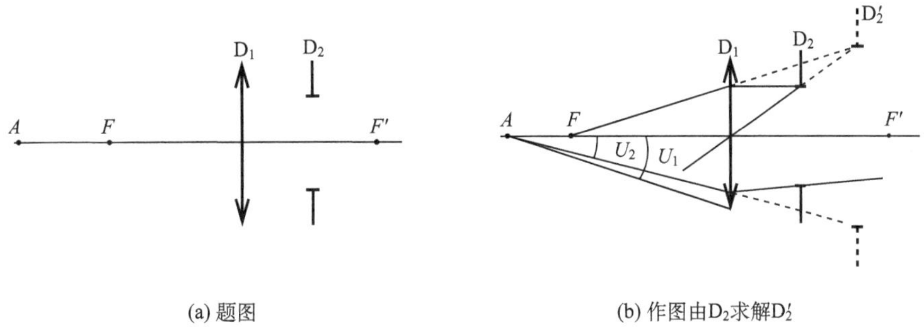

图 5-5　作图法判断孔径光阑

应当指出，光学系统的孔径光阑只是对确定的物体位置而言，如果物体位置发生变化，原来的孔径光阑有可能失去限制作用而被其他器件代替，孔径光阑的所属将发生变化。如例 5-1 中，当物体移至无限远，这时轴上物点发出的平行光束中，D_1 允许通过的最大孔径高度为最小，因此，此时 D_1 成为孔径光阑。

【例 5-2】 如图 5-6(a)所示，L_1、L_2 是两个直径相等的正薄透镜，A 为物点，P 是位于两透镜之间的光孔。已知透镜的焦距 $f'_1=20\text{mm}$，$f'_2=10\text{mm}$，物距 $l_1=-100\text{mm}$，间距 $d_1=40\text{mm}$，$d_2=20\text{mm}$，直径 $D_1=D_2=6\text{mm}$，$D_P=2\text{mm}$，求此系统的孔径光阑。

解 求出所有器件在物空间的共轭“像”，为此将整个系统翻转 180°。

首先，光孔 P 经透镜 L_1 成像，有

$$\frac{1}{l'_1}-\frac{1}{-40}=\frac{1}{20}$$

得 $l'_1=40\text{mm}$，

$$\beta_1=\frac{l'_1}{l_1}=\frac{40}{-40}=-1$$

得 $D'_P=\beta_1 D_P=2\text{mm}$(计算直径大小可不考虑符号)。

再将透镜 L_2 对透镜 L_1 成像，有

$$\frac{1}{l'_2}-\frac{1}{-60}=\frac{1}{20}$$

得 $l'_2=30\text{mm}$，

$$\beta_2=\frac{30}{-60}=-0.5$$

得 $D'_2=\beta_2 D_2=3\text{mm}$。

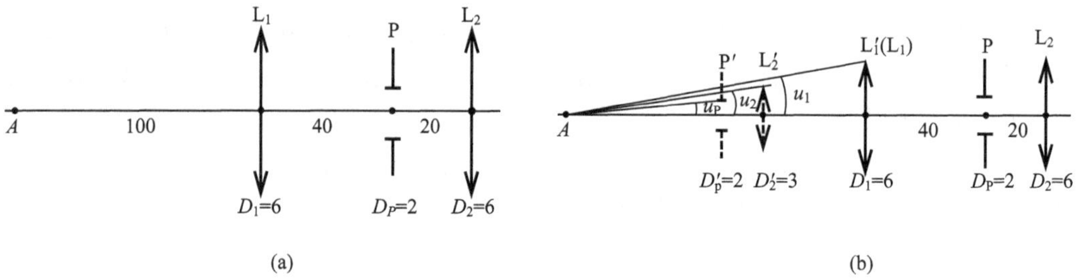

图 5-6　例 5-2 示意图

透镜 L_1 本身处在物空间，不必成像。将上述所有成像结果再转回 180°，得到图 5-6(b)。由物点 A 向所有物空间的器件像边缘连线，比较边缘光线的角度。

$$\tan u_1=\frac{D_1/2}{100}=\frac{6/2}{100}=0.03$$

$$\tan u_2=\frac{D'_2/2}{100-30}=\frac{3/2}{70}=0.021$$

$$\tan u_P=\frac{D'_P/2}{100-40}=\frac{2/2}{60}=0.0167$$

比较以上三个孔径角，有 $u_P<u_2<u_1$，所以光孔 P 为孔径光阑。

2. 从像方空间判断

前面提到需要将系统的所有器件都成像在同一介质空间才方便比较系统中各器件对光束的限制状况并判断系统的孔径光阑，前一种情况是选择在物方空间进行比较，那能否在像方空间进行比较呢？重新分析一下图 5-4 中由透镜 1 和光孔 2 组成的成像系统，现在将系统的物和所有光学器件从左到右被其右方的光学透镜都成像在像方空间，物体 A 的像为 A'，透镜 1 和光孔 2 在像方空间的像为它们自己，这时候系统的光束限制情况可以针对像 A' 在像方看每一个光学元器件对像方光束的限制情况。在图 5-4 中，透镜 1 限制的像方光束孔径角为 $2u'_2$，光孔 2 限制的像方光束孔径角为 $2u'_1$，同样可以通过比较像方空间的 $2u'_1$ 和 $2u'_2$ 找到系统的孔径光阑。从像方空间判断孔径光阑的方法总结如下。

(1)首先求出轴上物体的像(位置)以及所有的通光器件在系统像方的共轭像(位置和大小)。也就是说，把待求器件看作“物”，从左到右依次被其右方的光学透镜成像，得到该器件在系统像方的共轭像。

(2)比较这些像方共轭像对轴上像点的张角，或者当像在无穷远时，比较它们允许的像方光束最大高度。

(3)找出其中张角最小(像在无限远时为高度最小)的器件，说明该器件对光束大小的限制最甚，那么该器件就是系统的孔径光阑。

下面通过例题来理解上述判断过程。

【例5-3】 在一个直径为30mm的薄透镜像方焦平面上放一个直径为4mm的光孔，物体放在透镜的物方焦平面上，求此系统的孔径光阑。

解 如果按照第一种方法在物方空间去找光孔的“像”，由于光孔在透镜的像方焦点上，那光孔在物方空间的“像”在无限远，直径也为无限大，因此在物方空间没法找到光孔的像对物体的张角。

如果这个时候我们去考虑从像方空间去比较，由于物体在透镜的物方焦平面上，所以物体的像在像方无限远处，而系统的两个光学器件即透镜和光孔在系统的像方空间的像都是它们自己，因此只要比较透镜的高度和光孔的高度，因为光孔的高度为4mm，小于透镜的高度30mm，因此该系统的孔径光阑为光孔。

5.2.2 入射光瞳和出射光瞳

孔径光阑在物方空间的共轭“像”称为入射光瞳，简称入瞳，孔径光阑在像方空间的共轭“像”称为出射光瞳，简称出瞳。所以，孔径光阑、入瞳、出瞳三者互为共轭关系，它们对光束的限制是等价的。根据光束限制的共轭原则，入瞳相当于在整个系统的物方对光束进行限制，而出瞳相当于在整个系统的像方对光束进行限制，如图5-7所示。

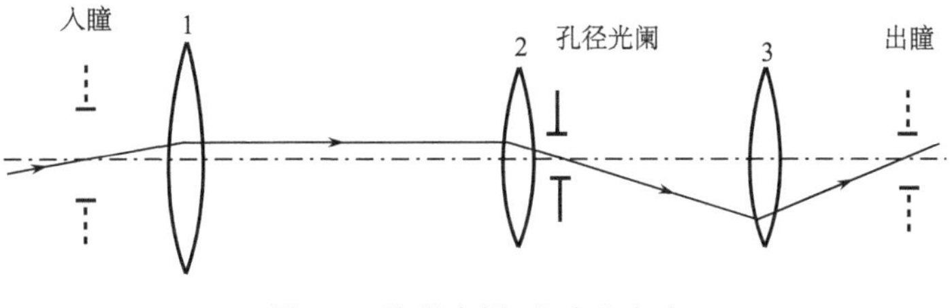

图5-7　孔径光阑、入瞳和出瞳

根据入瞳和出瞳的定义，在例5-2中，P为孔径光阑，P′即为入瞳，P被透镜L_2在像方所成的像P″(例中未计算)为出瞳。

孔径光阑(或入瞳、出瞳)的位置在有些光学系统中有特殊要求。例如，目视光学系统要求出瞳一定要位于光学系统外面的适当距离处，便于人眼能与之重合，达到良好的观察效果。又如，本章5.5节将介绍的远心光路要求孔径光阑必须设置在系统的焦点处，以减小测量误差。而对于无特殊要求的光学系统，可以根据光学系统像差校正的要求来确定孔径光阑的位置。例如，对于轴外物点发出的同心光束而言，不同的入瞳位置等于选择了其中不同的光束部分参与成像，这样就可以选择成像质量好的光束来确定入瞳位置。如图5-8所示，入瞳位于位置1时，轴外物点B以光束BM_1N_1成像，当入瞳位于位置2时，轴外物点以光束BM_2N_2成像，通过比较就可以设定光阑位置，把成像质量差的光线拦在外面。

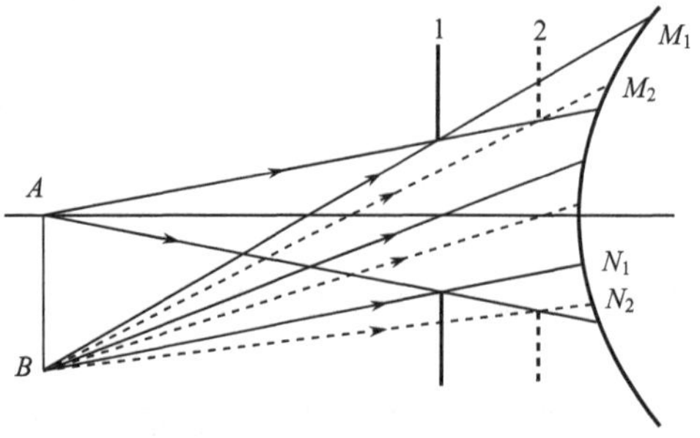

图 5-8 孔径光阑对轴外光的影响

另外，孔径光阑还可以由系统的横向尺寸来决定其位置，光阑越远离透镜则要求透镜的横向尺寸越大，如图 5-9(a)所示。当光学系统的光束孔径不变时，孔径光阑与透镜重合，透镜具有最小的横向尺寸，如图 5-9(b)所示。还必须指出，当系统的孔径确定以后，孔径光阑的位置移动，口径大小要随之适时的变化，以保证光学系统应有的通光孔径不变。

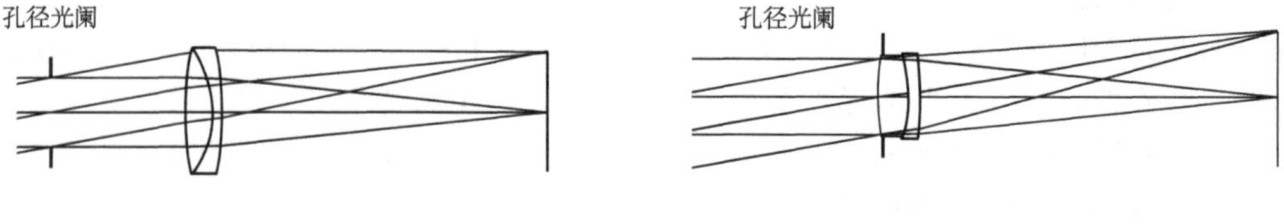

(a) 孔径光阑在透镜前　　(b) 孔径光阑在透镜第一面上

图 5-9 孔径光阑位置对透镜大小的影响

孔径光阑由轴上物点光束大小来定义，一旦确定后，入瞳就是物面上所有物点入射光束的总入口。在物面上任意点入射的光束中，通过入瞳中心的光线称为该物点的主光线，它代表该物点的光束中心。主光线与光轴的夹角为视场角 ω（图 5-10），如果设物距为 l，入瞳距为 l_Z，由图 5-10 可知，物高与视场角的关系为

$$y=(l_Z-l)\tan\omega \tag{5-1}$$

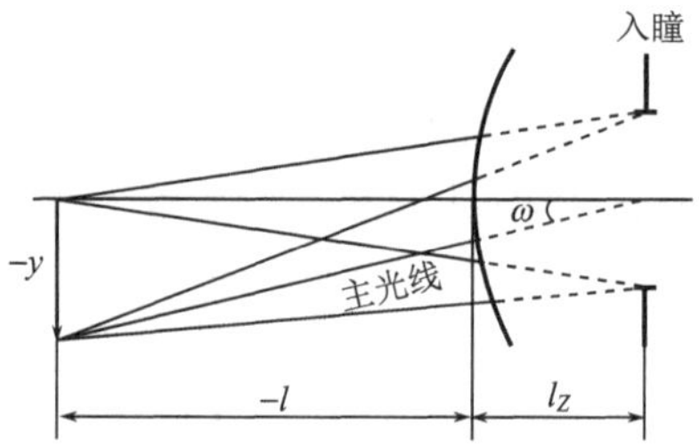

图 5-10 主光线与视场角

5.3 视场光阑

视场光阑在光学系统中起着限制成像范围（或称视场大小）的作用。一般情况下，视场光阑多设置在像面或物面上，有时也设置在系统成像过程中的某个中间实像面上，如图 5-11 所示。这样，物或像的大小直接被视场光阑的口径限制，口径以外部分将被阻挡而不能成像，系统成像的范围有着非常清晰的边界。视场光阑的大小通常由光学系统的设计要求决定。例如，在照相系统中，视场光阑就是接收器的边框，各种规格的接收器决定了照相机的拍摄范围，只有与边框区域相共轭的物面区域才能成像。又如，在书写投影仪中，被投影的图片框是视场光阑，只有在框内的图案或文字才能在投影屏上成像。前者是将视场光阑设在像面（接收器）上，后者是将视场光阑直接设在物面（图片）上。再如，在望远系统和显微镜系统中，视场光阑则设置在物镜和目镜之间的物镜实像面（称中间像面）上。根据光束限制的共轭原理，无论视场光阑设置在物面、像面或者是中间实像面上，它对视场范围的限制都是等价的。

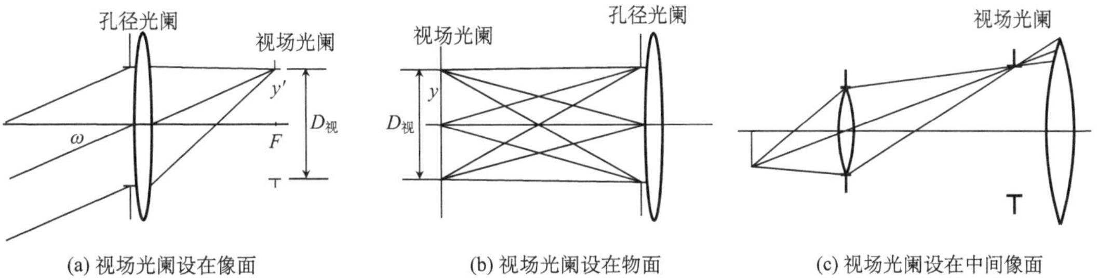

图 5-11　视场光阑

5.3.1　视场范围的计算

按照习惯,光学系统的视场多用物方的对应参数来描述,少数情况也可用像方参数。根据视场光阑的不同位置分以下几种情况来计算物方视场范围的大小。

1. 视场光阑与像面重合

如图 5-11(a)所示,当视场光阑与像面重合时,视场光阑的口径就是像的大小,即 $y'=D_{视}/2$,由此可得物方视场为

$$y=\frac{y'}{\beta}\quad（物为有限距离,\beta 为系统的放大率）\tag{5-2}$$

$$\tan\omega=\frac{y'}{f'}\quad（物在无限远,f' 为系统的焦距）\tag{5-3}$$

视场光阑与中间实像面重合时的计算方法与此类似,这时的 β 或 f' 取成中间像的前半部系统的参数。

2. 视场光阑与物面重合

如图 5-11(b)所示,当视场光阑与物面重合时(物体必须是有限距离),视场光阑的大小就是物的大小,直接可以由视场光阑得到物方视场,即

$$y=\frac{D_{视}}{2}\quad（用物高表示视场）\tag{5-4}$$

$$\tan\omega=\frac{y}{l-l_z}\quad（用物方视场角表示视场）\tag{5-5}$$

式中,l 为物距,l_z 为入瞳距。式(5-5)可以参看图 5-10 后很容易获取。

5.3.2　渐晕及其相关计算

1. 渐晕的概念与渐晕视场

如图 5-12 所示,第一透镜为孔径光阑和入瞳,轴上物点和轴外物点的光束都能通过该透镜,但是第二透镜却将轴外光束挡住了一部分,这种使轴外光束被限制的现象称为渐晕。

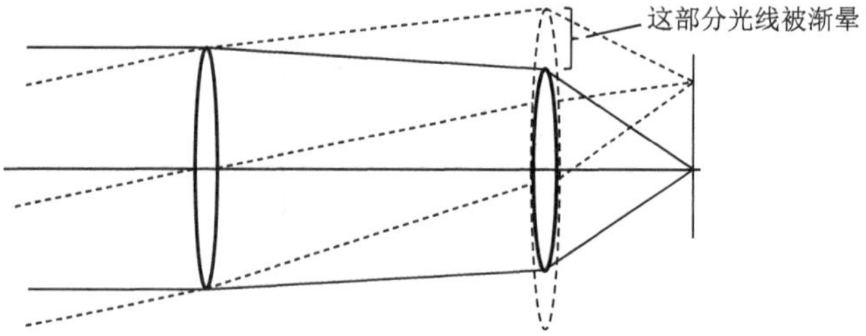

图 5-12 轴外光束产生渐晕

有些光学系统无法在像面或是物面的任一处设置视场光阑，系统也不存在中间实像面。例如，伽利略望远镜，物在无限远，像也在无限远，系统中间成虚像，这些位置都无法设置视场光阑，因此渐晕现象必然会产生。这种情况下视场范围如何确定？视场光阑如何确定？下面先来考察图 5-13 所示的视场以及不同的视场造成的渐晕情况。

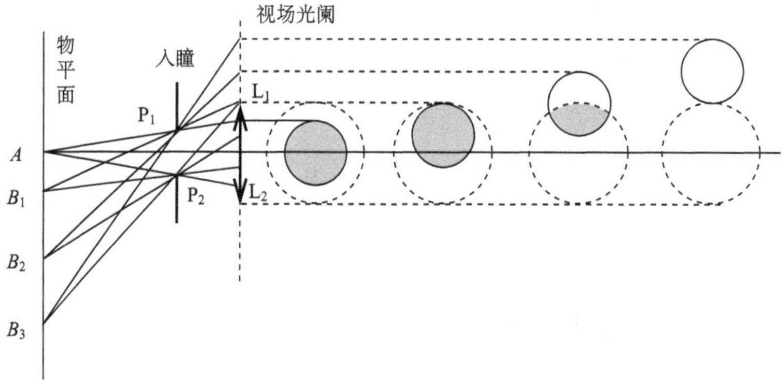

图 5-13 光学系统的渐晕现象

图 5-13 所示的系统由一个透镜 L_1L_2 和一个光孔 P_1P_2 组成，光孔为孔径光阑，也是系统的入瞳。物面上未设置视场光阑，物面从中心向外所有点都可以向入瞳射入光束。该图描绘了物面上的若干点射入系统的光束情况。图中的虚线圆为透镜的通光口径，实线圆为物点经入瞳射入的光束在透镜面上相交的截面。在垂轴物面上，当物点自中心 A 点向下分别移至 B_1、B_2、B_3 各点时，入射光束与透镜相交的截面在透镜上逐渐上移。由于受到透镜的口径限制，光线被逐渐拦截在透镜框以外，直至 B_3 点入射的光束全部上移至透镜框外。自 B_3 点再向外，物面上的点射进入瞳的光线全部不能进入透镜成像，因此，B_3 点成为系统的视场截止点(或称极限视场点)，此时系统的成像极限范围由 B_3 决定。由于透镜框的限制，视场由中心向外各点射入系统的光束从 B_1 点开始逐渐减弱至零，视场的范围将以光束下降到预定的阈值为界，此时透镜框对视场的限制作用是显而易见的，故图 5-13中的透镜就是视场光阑。该视场光阑与物面或像面都不重合，轴外物点的成像光束逐渐减弱直至全无，当变化缓慢时将显现出没有明显的视场边界，这样的视场称为渐晕视场。

由以上分析不难得知，当视场光阑与物面或像面都不重合时，视场必然产生渐晕。渐晕的大小可以定量计算。如图 5-14 所示，把入瞳面上轴外物点通过系统的光束直径 D_ω 与轴上物点通过系统的光束直径 D_0 之比称为线渐晕系数 K_D，即

$$K_D = \frac{D_\omega}{D_0} \tag{5-6}$$

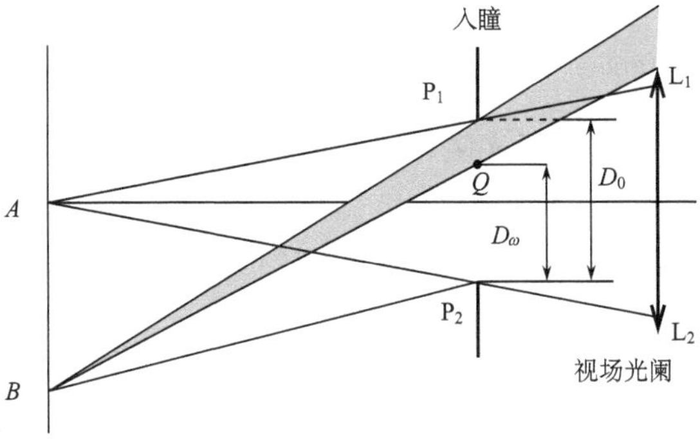

图 5-14　线渐晕系数

另有一种描述渐晕的方法是采用轴外物点通过系统的光束面积 S_ω 与轴上物点通过系统的光束面积 S_0 之比，称为面渐晕系数 K_S。为方便计，多采用线渐晕系数。

图 5-13 描述了物面上不同视场点的渐晕情况。由图可知，B_1、B_2 和 B_3 各点的线渐晕系数分别为 1、0.5 和 0。

2. 渐晕视场的计算

视场光阑与物(像)面不重合必然会产生渐晕，从视场中心向外，垂轴物面上的渐晕系数值逐点下降，此时所说的成像范围是指达到或超过某个渐晕系数阈值的视场范围，因此称为渐晕视场。例如，对图 5-13 而言，物面半径为 AB_1 的范围为渐晕系数达到 1.0 的最大视场，而渐晕系数恰好为 0 的视场(称为极限视场)半径为 AB_3。

计算渐晕视场的具体步骤是：

(1) 先求出所有通光器件在系统物方的共轭“像”，并按 5.2 节所述方法找到入瞳；

(2) 根据渐晕系数阈值按式(5-6)计算 D_ω，在入瞳口径内截取 D_ω 并取其边缘点 Q；

(3) 由 Q 点向各个器件在物方的共轭“像”边缘作连线，并延长连线至物面，其中距光轴最近的点就是允许的最大成像范围，起限制作用的光学器件就是系统的视场光阑。

显然，当渐晕系数阈值设为 0.5 时，D_ω 为入瞳直径的一半，在入瞳面上截取后的边缘点 Q 就是入瞳中心，由入瞳中心向各器件引张角，其中张角最小的对应的视场范围最小，相应的器件就是视场光阑。

【例 5-4】 对例 5-2 给出的系统，求渐晕系数 $K_D \geqslant 0.7$ 时的系统视场光阑和渐晕视场。

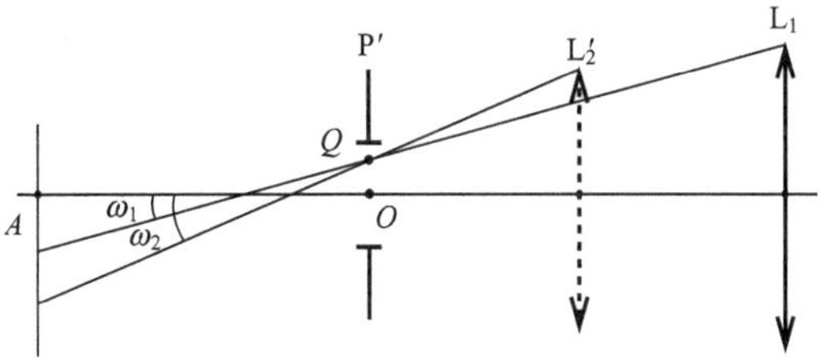

图 5-15　例 5-4 示意图

解　在例 5-2 求得的入瞳基础上，比较各器件的视场角。如图 5-15 所示，在入

瞳 P′的直径上根据渐晕系数阈值 0.7 截取 D_ω 得到边缘点 Q，使得

$$D_\omega = 0.7D'_P = 0.7 \times 2 = 1.4(\mathrm{mm})$$

由 Q 点连接 L_1 和 L'_2 的边缘，得到视场角

$$\tan\omega_1 = \frac{D_1/2 - QO}{40} = \frac{6/2 - 0.4}{40} = 0.065$$

$$\tan\omega_2 = \frac{D'_2/2 - QO}{40 - 30} = \frac{3/2 - 0.4}{10} = 0.11$$

由于 $\omega_1 < \omega_2$，得出透镜 L_1 为视场光阑。该系统满足渐晕系数大于或等于 0.7 的最大成像范围为

$$y = (l - l_Z)\tan\omega_1 - 0.2D = (100 - 40) \times 0.065 - 0.4 = 3.5(\mathrm{mm})$$

故达到渐晕要求的渐晕视场直径为 $2y = 7\mathrm{mm}$。

5.3.3 入射窗和出射窗

同孔径光阑一样，视场光阑在物方空间的共轭"像"称为入射窗，简称入窗，视场光阑在像方空间的共轭"像"称为出射窗，简称出窗。视场光阑、入窗、出窗三者之间的共轭关系类似于孔径光阑、入瞳、出瞳三者的共轭关系，它们在各自空间对视场（或光束）的限制是等价的。

5.4 渐晕光阑与场镜

5.4.1 渐晕光阑

由 5.3 节已经知道，视场光阑与像（物）面不重合，客观上必然会产生渐晕。因此，可以说视场光阑与物（像）面重合是系统不产生渐晕的必要条件。但当必要条件满足时，人们也会根据需要使光学系统产生一些渐晕，于是就有了渐晕光阑。设置渐晕光阑不是为了限制视场，其目的通常是减小系统的横向尺寸或改善轴外物点的成像质量。渐晕光阑不是光学系统必须具备的，而有的时候也可以不止一个。如图 5-16 所示的望远系统，视场光阑设置在中间实像面，用于限制视场范围，其位置满足不产生渐晕的必要条件，但出于结构需要，适当地减小其后面的目镜口径，允许边缘视场的部分光束被目镜拦截掉一部分，使得边缘视场产生渐晕而减弱光束。通常这种情况允许的线渐晕系数为 0.5，必要时也可达到 0.3。

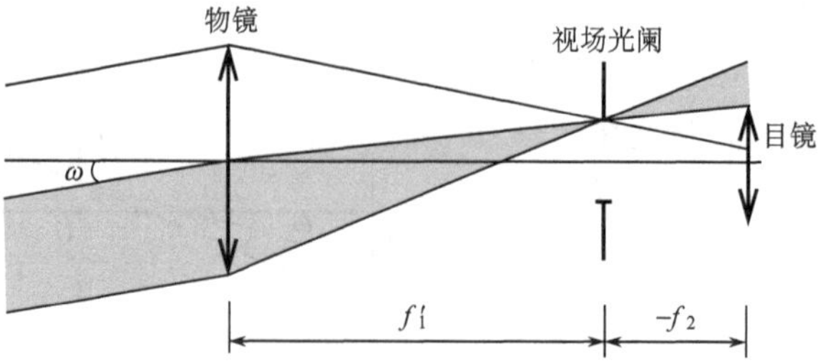

图 5-16 望远系统中目镜的渐晕作用

在光学系统中经常涉及外形尺寸的计算问题。外形尺寸计算的内容之一就是根据视场的大小以及渐晕的要求，计算各光学零件应满足的口径。

【例 5-5】 如图 5-17 所示，望远系统由两个正薄透镜组成，已知物镜的焦距 $f'_1=1000\text{mm}$，通光口径 $D_1=50\text{mm}$，目镜焦距 $f'_2=200\text{mm}$，目镜的通光口径 $D_2=20\text{mm}$，物镜与目镜相隔 1200mm，物镜与目镜的光学间隔 $\Delta=0$。在 $F'_1(F_2)$ 处设置一直径为 $D_3=16\text{mm}$ 的圆孔，求此光学系统的瞳、窗及物方视场角，并判断系统有无渐晕。如果有渐晕，那么需要如何增大目镜口径才能不产生渐晕？

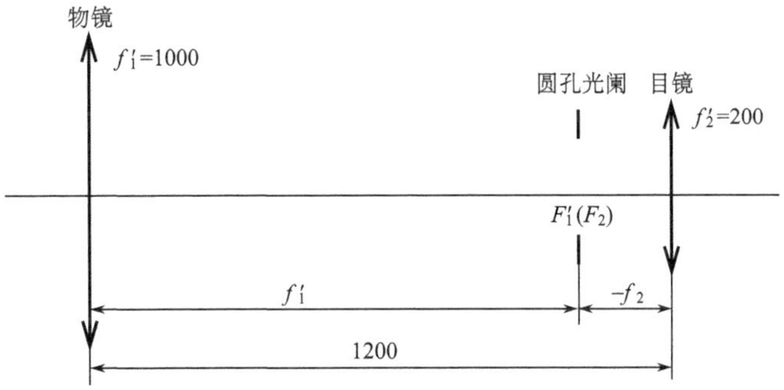

图 5-17　例 5-5 示意图

解　根据题意，计算步骤如下。

(1) 确定孔径光阑、入瞳、出瞳。

将各光孔对前面透镜成像。圆孔光阑位于物镜的像方焦面上，对物镜成像在物方无限远处，尺寸为无限大，与无限远的物面重合。

目镜对物镜成像的位置、大小为

$$l=\frac{l'f'_1}{f'_1-l'}=\frac{1200\times1000}{1000-1200}=-6000(\text{mm})$$

$$D'_2=D_2\frac{l}{l'}=20\times\frac{-6000}{1200}=-100(\text{mm})$$

式中的负号表示成倒像。

对无限远轴上物点的光束限制可直接比较物方三个光孔的直径，由于物镜的直径最小，所以物镜为入瞳，它也是孔径光阑。出瞳的位置和大小计算如下：

$$l'_z=\frac{f'_2l_z}{f'_2+l_z}=\frac{200\times(-1200)}{200-1200}=240(\text{mm})$$

$$D''_1=D_1\frac{l'_z}{l_z}=50\times\frac{240}{-1200}=-10(\text{mm})$$

式中负号表示成倒像。即出瞳位于目镜右方 240mm 处，大小为 10mm。

(2) 确定视场光阑、入窗、出窗及物方视场角。

光孔与物镜的像重合，所以直接得出光孔即为视场光阑。根据共轭关系，入窗和出窗分别与无限远的物面和无限远的像面重合。物方视场角为

$$\tan\omega=\frac{D_3/2}{f'_1}=\frac{16/2}{1000}=0.008,\quad 2\omega=0.916°$$

(3)确定渐晕及目镜的最大直径。

如图 5-18 所示，物方最大视场充满入瞳的光束经物镜后将会聚于光孔边缘的B'点，若最大视场 29.2mm 不产生渐晕，即渐晕系数为 1，则必须保证光线③能够通过系统被目镜接收到，因此目镜的最大口径 $D_{目max}$就是由光线③在目镜平面上的高度来决定。根据图中的几何关系可得

$$\frac{A'B'+D_1/2}{D_{目max}/2+D_1/2}=\frac{1000}{1200}$$

$$\frac{8+25}{D_{目max}/2+25}=\frac{5}{6}$$

$$D_{目max}=29.2$$

即目镜的口径要达到 29.2mm 能全部接收到最大视场发出的所有光线，从而不产生渐晕。

而给定的目镜口径为 20mm，光束中有一部分光线将被目镜的口径限制而不能最终到达像方，因此光学系统存在渐晕。计算系统的渐晕系数时，根据渐晕系数的定义 $K_D=D_\omega/D_0$，我们需要先找到系统在入瞳面上轴外物点通过系统的光束直径 D_ω。如图 5-18 所示，轴外物点通过系统的光束中阴影部分因为目镜的口径限制不能最终达到像方而被渐晕了，这部分光束对应的光束直径用 h 来表示，那系统在入瞳面上轴外物点通过系统的光束直径 $D_\omega=D_0-h$ 来表示。根据图 5-18 所示的几何关系

$$\frac{A'B'+D_1/2-h}{D_2/2+D_1/2-h}=\frac{1000}{1200}$$

$$\frac{8+25-h}{10+25-h}=\frac{5}{6}$$

$$h=23$$

$$D_\omega=D_0-h=50-23=27(\text{mm})$$

可得渐晕系数

$$K_D=D_\omega/D_0=27/50=54\%$$

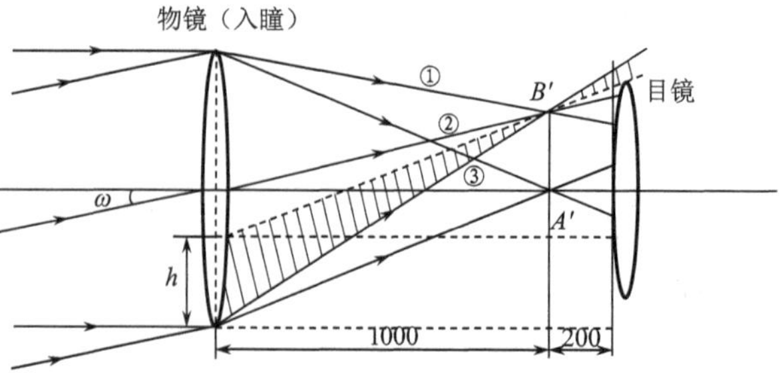

图 5-18 轴外光束的渐晕

5.4.2　场镜

当光学系统不允许有渐晕，而又不希望透镜有过大的口径时，通常采用场镜来实现这一目的。场镜就是在系统的中间像面或其附近加入的正透镜。场镜对轴外物点光束产生作用而对轴上物点的光束不产生影响，因此场镜不影响系统的光学特性。如图 5-19 所示的望远系统，物镜的像面 $F'_{物}$ 处放置了场镜，无限远物体经物镜所成的像恰好位于场镜上，轴上点光线不受场镜影响，所以场镜的加入不影响系统的光学特性；但场镜对轴外物点的光线产生作用，降低了它们射向目镜时的光线高度。由图 5-19 可以看出，目镜的口径可以因此而减小，场镜在改变轴外光线的同时也改变了出瞳位置。

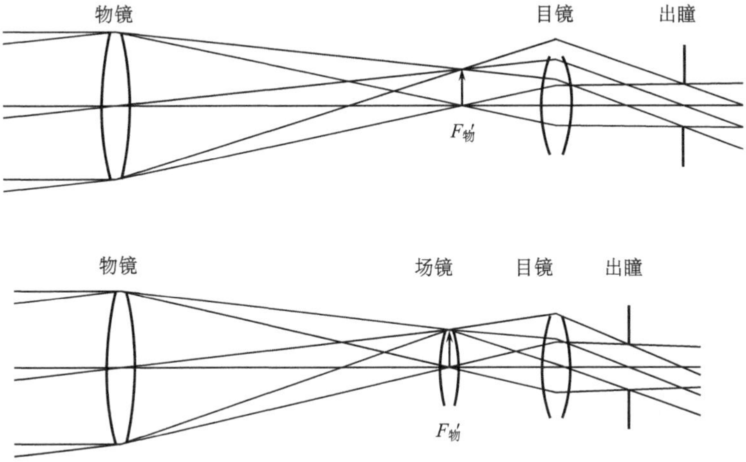

图 5-19　场镜对目镜大小和出瞳位置的影响

在一些连续成像的光学系统中采用场镜可以有效地减小后续透镜的口径。如图 5-20所示的组合成像系统，在前组像面上加入一个场镜，它将轴外像点的光束转向光轴，当主光线与后组的中心重合时，可以最大程度地减小后组的口径。

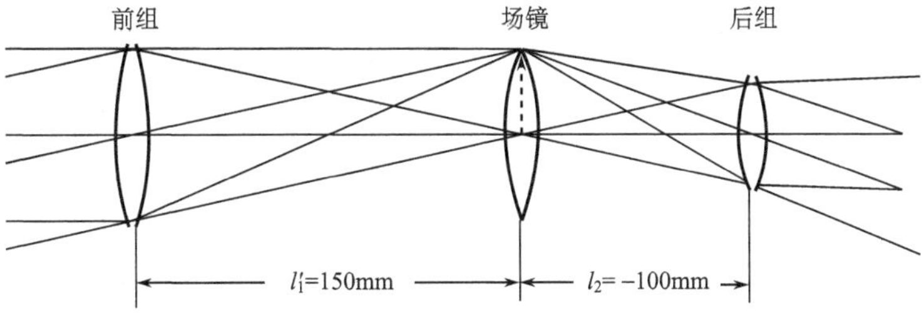

图 5-20　场镜在连续成像系统中的作用

场镜的焦距应根据轴外光线通过场镜前后的共轭关系来计算，见下面例题。

【例 5-6】　在图 5-20 中，若物体经前组成像的像距为 $l'_1=150\text{mm}$，像面离开后组透镜的距离为 $l_2=-100\text{mm}$，现要求加入的场镜能使系统主光线既通过前组透镜的中心，又通过后组透镜的中心，求该场镜的焦距。

解 根据图 5-20 中主光线的共轭关系可以看出，前组与后组透镜对于场镜恰为一对物像共轭关系，于是有 $l=-l'_1=-150\text{mm}$，$l'=-l_2=100\text{mm}$，利用高斯公式有

$$\frac{1}{100}-\frac{1}{-150}=\frac{1}{f'}$$

上式解得 $f'=60\text{mm}$，这就是场镜所需的焦距。

5.5 景深和焦深

5.5.1 景深

理想光学系统的物像关系是一一对应的，第 3 章的共线理论说明，像方的一个平面对应着物方唯一的一个平面。但在实际生活中发现，照相底片平面上得到的并不仅仅是一个平面物体的像，而是有一定空间深度（景深）的景物像。这种现象的产生与物体发出的光束受到限制有关。由于受到孔径光阑的限制，任意物点都将以有限孔径的光束成像。如图 5-21 所示，当像平面设在 A' 处时，与之共轭的物面 A 将在 A' 处成理想像，而位于 A 面之前和之后的空间物点 B_2 和 B_1 经系统成像时，其光束分别与像平面相交成一个有限大小的光斑 z'_2 和 z'_1。若光斑足够小，在实用意义上被认为是一个清晰点，则物点 B_1 和 B_2 在像面上也被认为成像。严格地说，空间有一定深度的物体所成的平面像只是某种实用程度上的清晰像，而不是理想像。在平面上能成清晰像的物方空间深度称为景深。

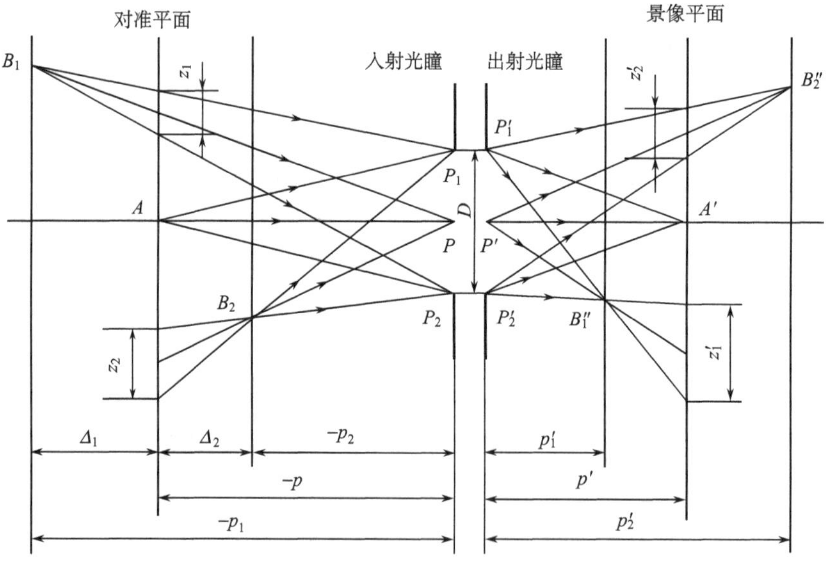

图 5-21 光学系统的景深

在图 5-21 中，A' 所在平面称为景像平面，与景像平面共轭的物平面（A 面）称为对准平面，能在景像平面上成清晰像的最远物面称为远景面，能成清晰像的最近物面称为近景面，远景面到近景面之间的距离即为景深 Δ。其中，远景面到对准平面的距离为远景深 Δ_1，近景面到对准平面的距离为近景深 Δ_2。设对准平面、远景面和近景面到入瞳的距离

分别为 p、p_1 和 p_2，相应的共轭面到出瞳的距离分别为 p'、p'_1 和 p'_2。显然，由图中相似三角形关系可得

$$\frac{z_1}{D}=\frac{p_1-p}{p_1},\quad \frac{z_2}{D}=\frac{p-p_2}{p_2}$$

于是有

$$p_1=\frac{Dp}{D-z_1},\quad p_2=\frac{Dp}{D+z_2}$$

设景像平面上被认为能成清晰像的极限光斑大小为 z'，则在对准平面上对应的共轭光斑为 z'/β（β 为 A 和 A' 间的垂轴放大率）。在对准平面上的光斑 z_1 和 z_2 均应满足清晰像的要求，即

$$z_1=z_2\leqslant\frac{z'}{|\beta|}$$

代入上式得

$$p_1=\frac{Dp|\beta|}{D|\beta|-z'},\quad p_2=\frac{Dp|\beta|}{D|\beta|+z'}$$

于是得到远景深、近景深、景深分别为

$$\Delta_1=p_1-p=\frac{z'p}{D|\beta|-z'} \tag{5-7a}$$

$$\Delta_2=p-p_2=\frac{z'p}{D|\beta|+z'} \tag{5-7b}$$

$$\Delta=\Delta_1+\Delta_2=\frac{2Dp|\beta|z'}{D^2\beta^2-z'^2} \tag{5-7c}$$

式中，z' 的数值由接收器的分辨力确定。由式(5-7c)可以看出，当 z' 确定后，景深的大小与入瞳的直径 D、对准平面的距离 p 以及系统的放大率 β（或焦距）有关。景深随入瞳的增大而减小，随对准平面距离的增大而增大，随放大率（或焦距）的增大而减小。同时，由式(5-7)还可以看出，远景深 Δ_1 大于近景深 Δ_2，它们并非对称于对准平面。

5.5.2 焦深

在光学系统的成像中，常遇到这类情况，若物体是垂直于光轴的一个平面，接收器不仅在它的理想共轭像面位置处可以接收到物体的像，而且在其前后都可以获得清晰的像。图 5-22 中的 A 与 A' 是一对理想的共轭点，由于接收器在 A' 前后的一定空间深度内接收到的成像光束都是一个足够小的光斑，因此被认为是清晰像，即接收面在理想像面附近前后都能获得清晰像。这就使得一个平面物体对应的是有着一定深度的清晰像空间，将一个物平面能够获得清晰像的像方空间深度称为焦深。由此可见，焦深也是由于光束受限所引出的概念，下面来计算焦深。

设出瞳到理想像面的距离为 p'，出瞳直径为 D'，被认为是清晰像点的光斑大小为 z'，由图 5-22 可得，$z'_1=z'_2=z'$，且

$$\frac{D'}{z'}=\frac{p'}{\Delta'_1}=\frac{p'}{\Delta'_2}$$

于是得到焦深

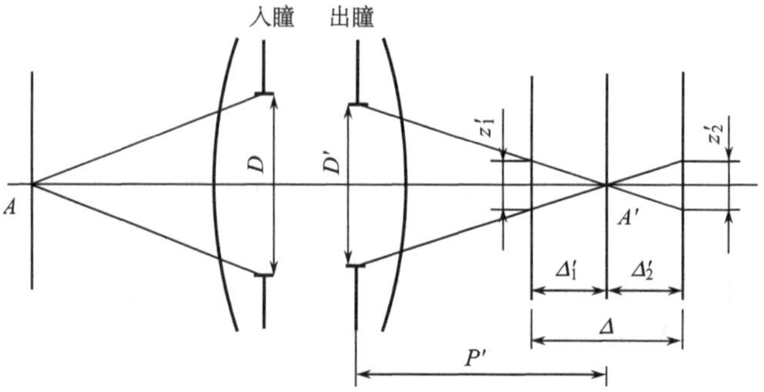

图 5-22　光学系统的焦深

$$\Delta' = \Delta'_1 + \Delta'_2 = 2\,\frac{p'z'}{D'} \tag{5-8}$$

显然，在接收器的分辨力 z'确定后，焦深的大小与系统的出瞳直径 D'及理想像面的位置 p'有关。

焦深的存在使得光学系统在调焦时很难将接收器的位置准确定位在理想像面上，因此，不可避免产生调焦误差，这往往是测量光学系统的重要误差源之一。

需要指出的是，这里讨论的焦深只是理想光学系统中的几何焦深，不考虑实际光学系统存在像差及光具有波动特性时的复杂情况。

应该看到，景深和焦深是两个不同的概念，前者是平面像对应的物空间深度，后者是平面物对应的像空间深度。它们的存在一是由于孔径光阑对光束的限制，二是由于接收器的分辨能力有限。

5.5.3　远心光路

由于焦深会导致像面调焦不准确，景深会导致物体不能置于所要求的正确位置，这对于测量光学系统往往会引入测量误差。但是，如果将孔径光阑设在特定的位置，构成特殊的光路，可以减小甚至消除这类误差。下面介绍两种远心光路。

1. 物方远心光路

将孔径光阑设置在光学系统的像方焦面处，其入瞳在物方无穷远，这种光路称为物方远心光路。测量物体大小的显微镜经常采用这种结构，可以提高测量精度。

图 5-23 所示为一个非物方远心光路测量系统，显微物镜的像面位置固定，孔径光阑设置在物镜框。像面上放置了一个带有标尺的分划板，由于像距已定，因此显微物镜的放大率($\beta = -x'/f'$)为定值。通过对物体成像并精确测出像的高度，就可获得精确的物高。

当物体以有限的光束成像时，主光线是光束的中心，主光线的像面高度就是实际像高。按照图 5-23 所定的光阑位置，主光线即通过透镜中心的光线，因此，主光线在像面上的高度为

$$y'_z = (f' + x')\tan\omega = (f' + x')\,\frac{y}{l}$$

式中，像距 x' 和焦距 f' 是测量系统中的固定参数。对于一个特定的待测物体 y，准确的像高取决于准确的物距 l。由于景深存在，测量时很难将物面与对准平面重合，这使得实际物距 l 在景深范围内是不确定的，由此测得的主光线的像高 y'_Z 产生误差。如图 5-23 所示，当物体偏离测量位置（对准平面）时，其像高由 y' 变为 y'_1，由此产生测量误差 $\Delta y'=y'_1-y'$。

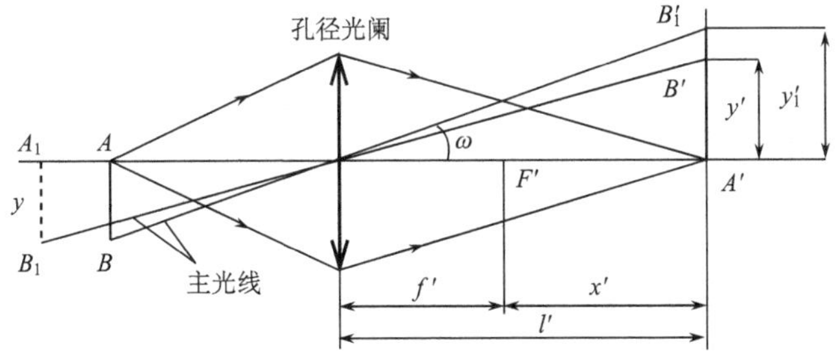

图 5-23　非物方远心光路测量系统

为避免这种测量误差，采用图 5-24 所示的物方远心光路，即将孔径光阑设置在物镜的像方焦面位置，这时，无限远的入瞳位置使得物方主光线始终平行于光轴，在像方必经过像方焦点，故主光线在像面上的高度为

$$y'_Z=x'\tan(-\omega')=x'\frac{y}{f'}$$

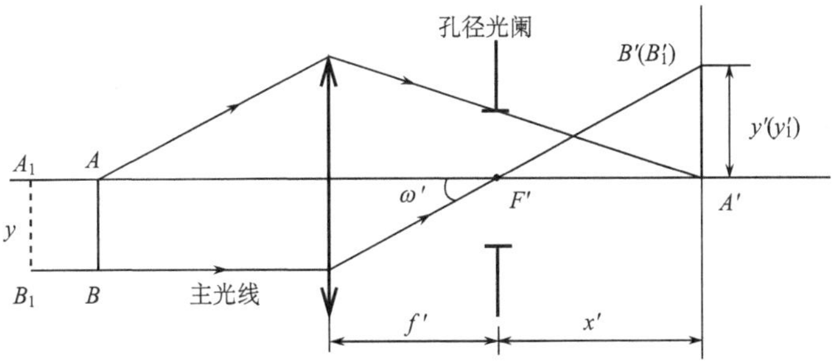

图 5-24　物方远心光路测量系统

对于固定的像距 x' 和特定大小的物体 y，不论物体的实际位置如何在景深范围内变化，主光线在系统前后的方向始终不变，保证了主光线在像面上的高度始终不变，测得的 y'_Z 为定值，从而消除了由于系统景深所引入的测量误差。

2. 像方远心光路

当孔径光阑置于光学系统的物方焦面上时，其出瞳位于像方无穷远，这种光路称为像方远心光路，测量物体距离的望远镜经常采用这种结构，可以提高测量精度。

图 5-25 所示为一个非像方远心光路测量系统，一个望远物镜和一个可前后调焦的像面，物镜框为孔径光阑。被测物体是一个已知刻度为 y 的标尺，经物镜成像后被调焦在像面分划板上，测得其像高 y'，计算出放大率 $\beta=y'/y$，再由放大率公式 $\beta=f'/x$ 计算出

物体的距离 x。

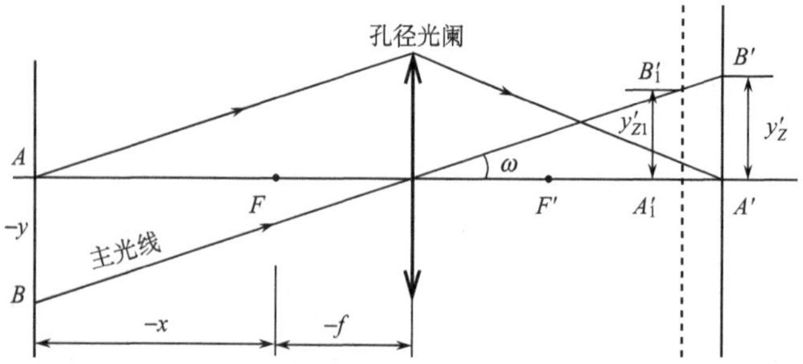

图 5-25　非像方远心光路测量系统

按照图 5-25 的孔径光阑位置，得到主光线在像面上的高度为

$$y'_Z = l'\tan\omega$$

式中，$\tan\omega = \dfrac{y}{x+f}$在测量过程中不变(因为物体的大小和位置在测量中固定)，但是由于系统存在焦深，实际像面位置 l' 因调焦状况的不同而在焦深范围内变化，所以测得的主光线像高 y'_Z 为不确定值，由此产生测量误差。

为避免这类测量误差，可以采用像方远心光路，即将孔径光阑设置在望远物镜的物方焦面，如图 5-26 所示。此时的主光线在物方经过系统的物方焦点 F，在像方始终以平行于光轴的方向出射，其高度为

$$y'_Z = h = \frac{y}{x}f'$$

此时，无论像面调焦的位置如何，主光线在像面上的高度始终不变。因此，消除了由于焦深带来的调焦不准所引入的测量误差。正因为如此，像方远心光路成为大地测量仪器的设计原则。

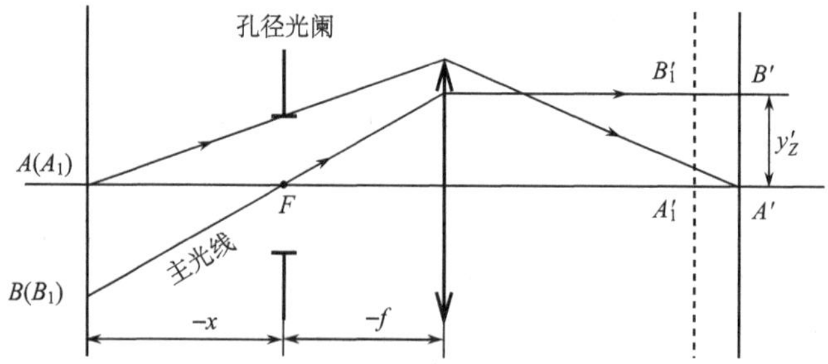

图 5-26　像方远心光路测量系统

实际光学系统中通过设置光阑对光束加以限制，它对光学系统的几何和物理性质将产生重大影响。本章分别介绍了孔径光阑、视场光阑、渐晕光阑在光学系统的光束限制中的具体作用，以及辨别系统中的孔径光阑、视场光阑和渐晕光阑的方法。在光束限制的基础上介绍了景深和焦深两个重要概念，以及基于这两个概念的高精度光学测量方法。

习　题

5-1　已知照相物镜焦距 $f'=50\text{mm}$，相对孔径 $\dfrac{D}{f'}=\dfrac{1}{2.8}$，底片面积为 24mm×36mm，求照相物镜的最大入瞳直径和最大视场角。

5-2　一个焦距为 100mm 的透镜与一个在其后方相隔 20mm 的光孔组成的系统对无限远物体成像。设透镜的口径为 15mm，光孔的口径为 10mm。

(1) 分别计算系统的入瞳和出瞳的位置和大小？

(2) 分别计算光线从左到右入射与从右到左入射时的系统相对孔径？

5-3　焦距 $f'=140\text{mm}$ 的薄透镜，通光口径为 40mm，在镜前 50mm 处有一直径为 30mm 的圆孔，问物体处于什么范围光孔为孔径光阑，处于什么范围透镜为孔径光阑？对于物体在∞时，系统无渐晕($K=1$)及系统有一半渐晕($K=0.5$)时的视场角各为多少？

5-4　如图题 5-4 所示，有两个薄透镜组成的双光组组合系统，透镜 1 的焦距为 $f'_1=100\text{mm}$，透镜 2 的焦距为 $f'_2=50\text{mm}$，两透镜间距 $d=50\text{mm}$，两透镜的通光口径均为 20mm。物体距前透镜 50mm。请分别用作图法和解析法求出光学系统的孔径光阑、入瞳和出瞳的位置与大小。

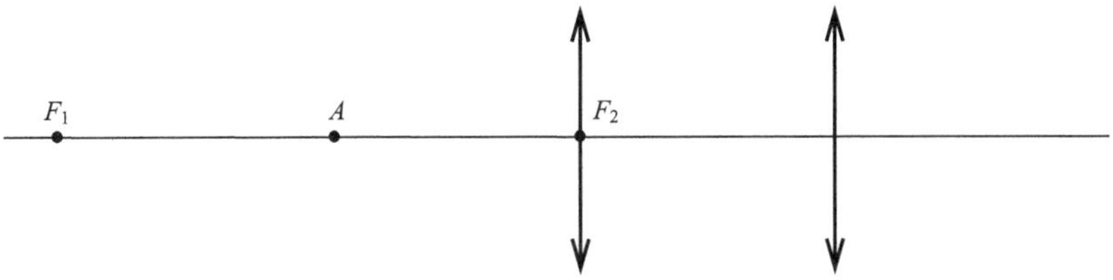

图题 5-4

5-5　已知放大镜的焦距 $f'=25\text{mm}$，通光口径 $D_1=25\text{mm}$，人眼的瞳孔 $D_2=2\text{mm}$，位于放大镜后 10mm 处，物体位于放大镜前 23mm 处，求：

(1) 该系统的孔径光阑、入瞳和出瞳；

(2) 人眼通过放大镜所看到的最大物面范围。

5-6　正薄透镜 L_1 和 L_2，焦距分别为 90mm 和 30mm，口径分别为 60mm 和 40mm，相距 50mm。在两透镜之间距 L_2 为 2mm 处放置一直径为 10mm 的圆光孔，实物点位于 L_1 前 120mm 处，求系统的孔径光阑、入瞳和出瞳的位置与大小。

5-7　如图题 5-7 所示，焦距为 50mm 的放大镜，通光口径为 20mm，距放大镜 10mm 处有一直角反射棱镜，其折射率为 1.5，通光面积为 $30\times30\text{mm}^2$，眼睛距放大镜 25mm，瞳孔直径 4mm，物面设在放大镜和棱镜合成的物方焦面上。试求：

(1) 系统的孔径光阑、入瞳、出瞳；

(2) 视场光阑、入窗；

(3) 物面距反射棱镜第一面的距离；

(4) 当渐晕系数 $K_D=0.5$ 时，线视场的大小。

5-8　制版用的照相物镜，为保证成像质量，物方视场角 2ω 和像方视场角 $2\omega'$ 都控制在

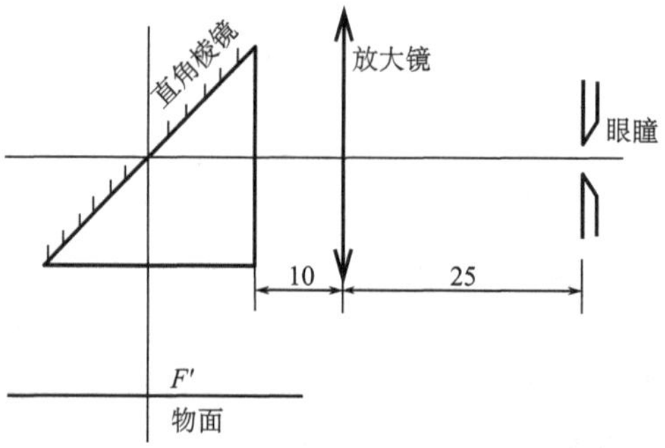

图题 5-7

15°以内，底片直径为 200mm。现要拍摄直径为 2000mm 的物面。试求该照相机的焦距为多少？假设物镜为薄透镜，物距和像距分别为多少？

5-9 现要求照相物镜的对准平面以后的整个空间都能在景像平面上成清晰像，即后景深为∞，求对准平面的位置及前景深。设物镜的焦距 $f'=75$mm，所用光圈数 $F=16$。假设照相镜头又调焦至∞，求此时的近景位置？并比较两种情况的景深，说明了什么？

第6章 像差概论

前面讨论了理想光学系统的成像及其特性，实际光学系统只有在近轴区才具有与理想光学系统相同的性质，即只有在孔径和视场非常小的情况下才能成完善像。实际系统的孔径和视场都有一定大小，并且光学系统的功能和使用价值恰恰又与相对孔径和视场这两个因素密切相关，因此，实际系统不可能对物体成完善像。实际成像的典型表现是，一个物点发出的光束经光学系统后不能聚焦成一点而形成弥散斑，垂轴平面的物体也不可能成理想的垂轴平面像而发生像面弯曲，同时物体成像还会产生变形，此外，还有不同波长光源之间的成像差异。实际成像与理想成像的差异称为像差。描述像差的方式有很多，本书只涉及几何光学中经常采用的几何像差。

在几何像差中，如果只讨论单色光成像，光学系统会产生 5 种性质不同的像差，它们分别是球差、彗差、像散、场曲和畸变，统称为单色像差。实际应用中，绝大多数光学系统以白光或复色光成像，即物体发出的光包含多个波长。光学介质对不同波长的光有不同的折射率，因而白光或复色光进入系统后，不同波长的光有不同的传播路径，并且形成各自的像点位置和大小，这种由不同波长的光引起的成像差异统称为色差。几何色差有两种，它们分别是位置色差和倍率色差。

讨论像差的目的是能动地校正像差，成像系统的光学设计在很大程度上讲就是像差的设计，通过像差设计来校正和平衡像差，使光学系统获得满意的成像质量。本书不涉及复杂的光学设计理论，仅就像差的概念作一介绍。本章就上述几何像差的定义、成因、计算方法和它们对系统的影响及危害等进行讨论，并简单分析影响几何像差的相关因素。

6.1 轴上点球差

6.1.1 球差的概念和形成

在共轴球面系统中，轴上点和轴外点有不同的像差，轴上点因处于轴对称位置，具有最简单的像差形式。在 2.2 节的球面成像计算中已得知，当轴上物点的物距 L 确定，并以宽光束孔径成像时，其像方截距 L' 随孔径角 U（或孔径高度 h）的变化而变化。因此，轴上物点发出的具有一定孔径的同心光束，经光学系统成像后不再为同心光束，如图 6-1 所示。

物点以很小的孔径角成像得到的是近轴区域的理想像点（像距 l'），而近轴区域以外任意孔径角 U 的成像光线将偏离理想像点，与光轴相交的截距为 L'。如图 6-2 所示，轴上物点以某一孔径角 U 成像时，其像方截距 L' 与理想像点的位置 l' 之差称为轴上点球差，用 $\delta L'$ 表示，其数学定义为

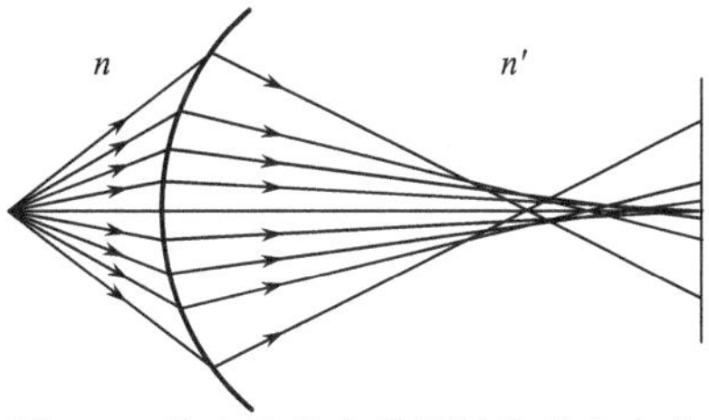

图 6-1　物点的像方截距随孔径角变化

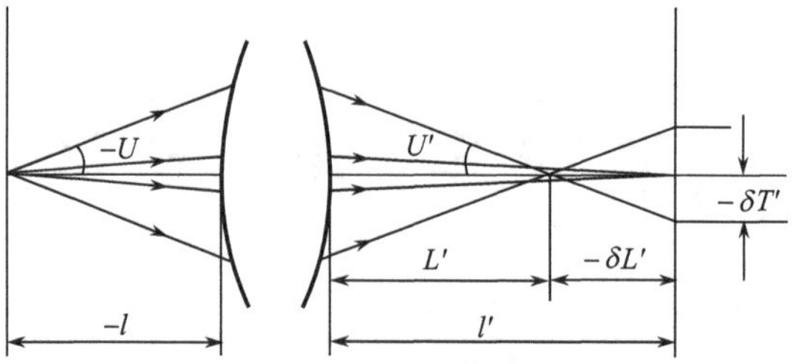

图 6-2　光学系统的球差

$$\delta L' = L' - l' \tag{6-1}$$

由于该球差沿轴向度量，故又称为轴向球差。显然，以不同孔径角 U（或孔径高度 h）入射的光线有不同的轴向球差值。如果轴上物点以最大孔径角 U_{m} 成像，则其球差称为边缘光球差，用 $\delta L'_{\mathrm{m}}$ 表示；如果以孔径角 $U=0.707U_{\mathrm{m}}$ 成像，则相应的球差称为 0.707 带球差，用 $\delta L'_{0.707}$ 表示，以此类推。轴上物点以充满入瞳的整个孔径光束成像时，根据不同孔径角（或孔径高度）得到的球差值可以作出系统的球差曲线，如图 6-3 和图 6-4 所示。在光学系统的球差曲线中，纵轴为相对孔径高度，横轴为对应的球差值。

大部分光学系统只能对某一孔径高度校正球差，一般是对边光校正球差，即 $\delta L'_{\mathrm{m}}=0$，这样的系统称为消球差系统，如图 6-3 所示。若 $\delta L'_{\mathrm{m}}<0$，则称为球差校正不足，若 $\delta L'_{\mathrm{m}}>0$，则称为球差过校正，如图 6-4 所示。

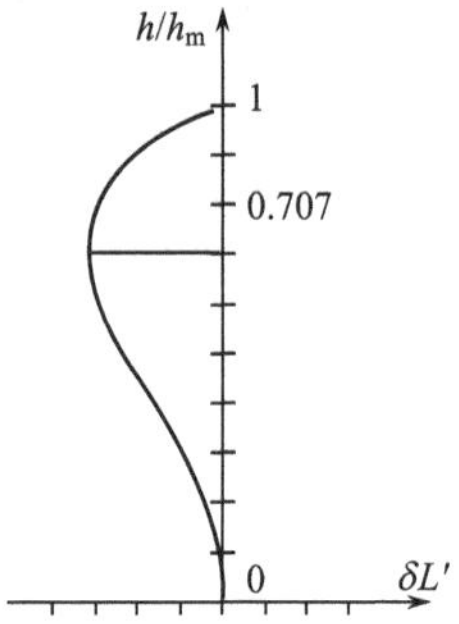

图 6-3　球差曲线

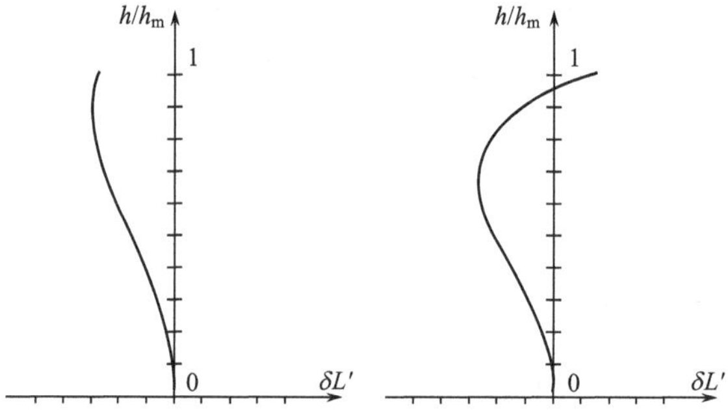

(a) 球差校正不足　　(b) 球差过校正

图 6-4　两种球差曲线

由于共轴球面系统具有对称性，孔径角为 U 的整个圆形光锥面上的光线都具有相同的球差而交于同一点，延伸至理想像面上，将形成一个圆，其半径 $\delta T'$ 称为垂轴球差，如图 6-2 所示。垂轴球差与轴向球差之间关系为

$$\delta T' = \delta L' \tan U' \tag{6-2}$$

同样，也可将垂轴球差随孔径的变化作出垂轴像差曲线。图 6-5(a)所示为某光学系统子午光线的垂轴像差曲线，坐标的原点为理想像点（位于光轴），横轴为相对孔径高度，纵轴为垂轴球差值。由于轴上物点对称于光轴，所以上下对称孔径的光线在像面上的交点也对称于理想像点，故轴上点垂轴像差曲线关于原点对称。整个孔径光束的垂轴球差

在像面上形成了一个对称于光轴的圆形弥散斑，如图 6-5(b)所示，严重时会使轴上点成像变得模糊不清。

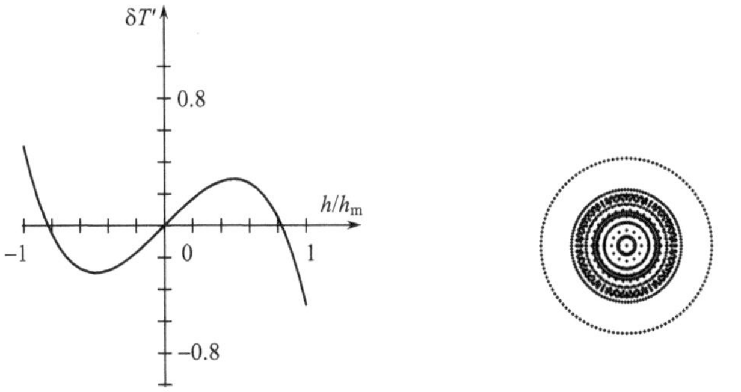

(a) 垂轴球差曲线　　(b) 垂轴球差的像斑

图 6-5　垂轴球差

产生球差的原因可以由图 6-1 看出，随着光线在球面上的高度增加，光线的入射角(与法线的夹角)增大的速率越来越高，根据折射定律其折射角也越来越大，从而导致光线越高折射得越厉害，因此产生球差。由于球面成像计算公式是严格按照几何光学的基本定律推导得出的，所以可以得出这样的结论，即球差的形成是折射球面系统成像的一种必然现象(个别特殊点除外)。设想如果采用非球面，使得光线的增高与入射角的增大匹配，则可以避免球差。需要指出的是，球差是轴上物点以单色光成像时的唯一像差。

6.1.2　单个折射球面的齐明点

对单个折射球面，可以证明，有三个物体位置可以不产生轴上点球差。这三个位置是：

(1) 物点位于球面的球心处，即 $L=r$。此时物点发出的所有光线将沿球面的法线方向入射，入射角 $I=0$。根据折射定律，折射角 I' 也为 0，光线无偏折地通过球面，像点也将位于球心处，即 $L'=r$，如图 6-6 所示。

(2) 物点位于球面顶点，即 $L=0$。此时不论 U 角如何，所有入射光线射向此点，经折射后也都将经此点离开，即像点也位于顶点，$L'=0$，如图 6-7 所示。

(3) 物点位于 $L=\dfrac{n+n'}{n}r$ 处。此时对于任意孔径角，有 $I'=U$ 或 $I=U'$，根据式(2-1)～式(2-4)计算得出，像点将位于 $L'=\dfrac{n+n'}{n'}r$ 处，与孔径角无关，如图 6-8 所示。

上述不产生球差的物点位置，称为齐明点，结合(1)和(3)的两个齐明点位置可以构成无球差的齐明透镜。图 6-9 所示分别为正齐明透镜和负齐明透镜。以正齐明透镜为例，物点位于第一面球心，满足上述第一种不产生球差的条件，经第一面所成的像相对于第二面又恰好满足上述第三种不产生球差的条件。物体经过齐明透镜成像不产生球差，而且由于透镜的折射作用使出射光束的孔径角变小，使后续系统的球差校正变得容易。在大孔径的显微物镜设计中常增加一块这样的齐明透镜，既可以满足整个物镜系统的大孔径需要，又有利于像差校正。

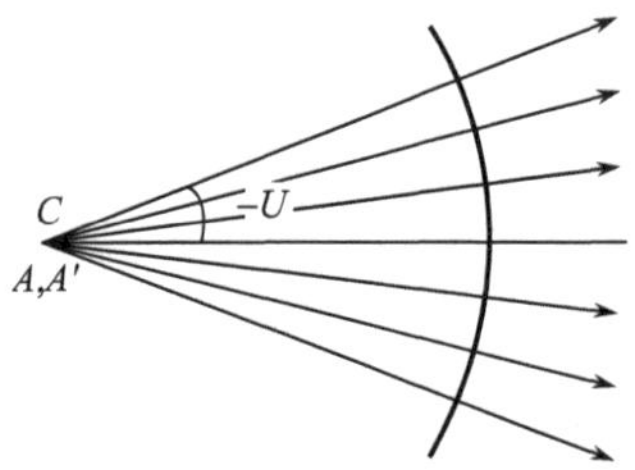

图 6-6 物点位于球心处

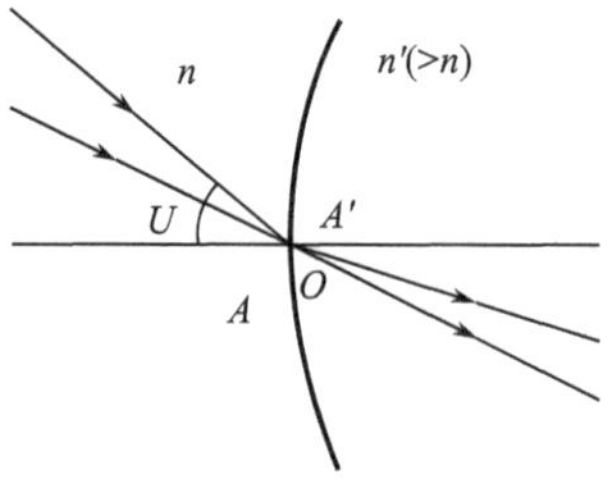

图 6-7 物点位于顶点处

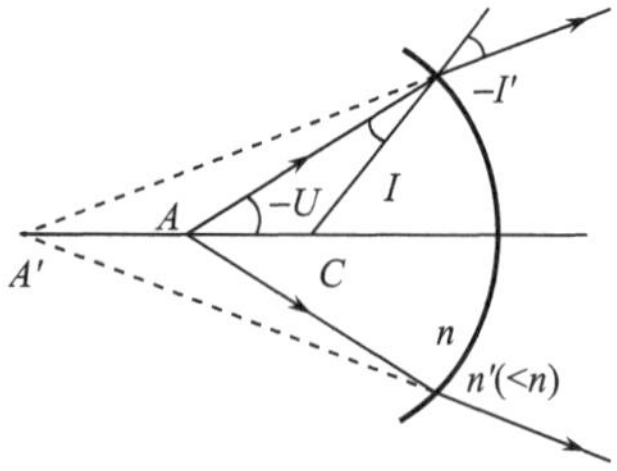

图 6-8 物点位于齐明点处

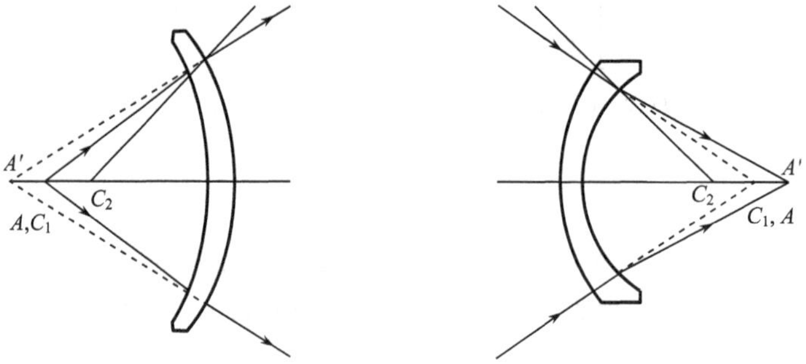

图 6-9 正、负齐明透镜

6.1.3 单透镜的球差

齐明透镜可以不产生球差，但对物体位置有特殊的要求，而且也不能使实物获得实像。所以对一般情况下的单透镜而言，球差是不可避免的。球差的大小除了与入射孔径有关外，还与透镜自身的状况有关。于是，这就提出了一个问题，如何选择透镜可以使球差较小。选择具有较小球差的透镜也是改善像质的一种手段，这里作一些简单的讨论。

根据第 3 章的介绍，对于单片薄透镜，其光焦度为

$$\varphi=(n-1)\left(\frac{1}{r_1}-\frac{1}{r_2}\right)=(n-1)(\rho_1-\rho_2)$$

透镜的光焦度与光学材料和透镜表面的曲率差有关。在保证透镜的焦距或光焦度不变的情况下，减小球差的作法通常有两种，一是选择高折射率材料来减小透镜表面的曲率差，二是在材料不变且曲率差不变的情况下作透镜的整体弯曲来改变透镜形状。

第一种情况，由球差的形成原因可以得知，当光线入射时，球面越弯曲，光线的入射角就越大，球差也就越大。例如，一个对无限远物体成像的凸平透镜，焦距为 100mm，孔径高度取 10mm，下表列出了三种不同折射率时的凸面半径及球差值。

表 6-1 单透镜折射率对球差的影响

单透镜焦距/mm	折射率	凸面半径/mm	球差值/mm
100	1.5	50	−1.175
100	1.6	60	−0.85
100	1.7	70	−0.68

表 6-1 中数据表明，在保证光焦度不变的情况下，提高透镜材料的折射率能增大球面的曲率半径，减小球差。因此，选择高折射率的材料有利于减小球差。

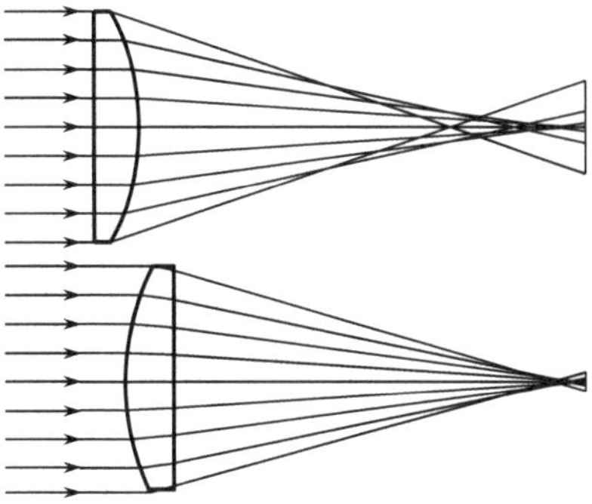
图 6-10　透镜形状对球差的影响

第二种情况，在材料选定后，要保证透镜的光焦度，$\rho_1-\rho_2$ 必须为定值。保持该定值，如果改变 ρ_1，ρ_2 也随之变化，使得透镜的形状发生改变。或者说，同一光焦度的透镜可以有不同的形状。这种保持焦距不变而改变透镜形状的做法，称为透镜弯曲。当物体位置确定后，球差的大小与透镜形状有关。图 6-10 描绘了具有同样光焦度的两种形状的透镜对物体成像的状况，可以看出透镜形状对球差的影响。

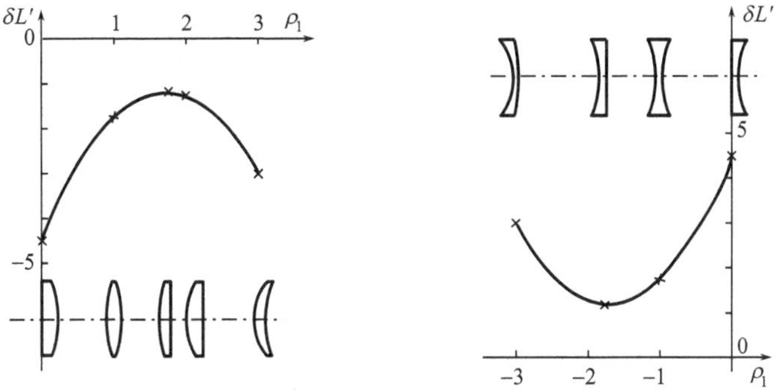

图 6-11　球差随透镜形状而变的曲线

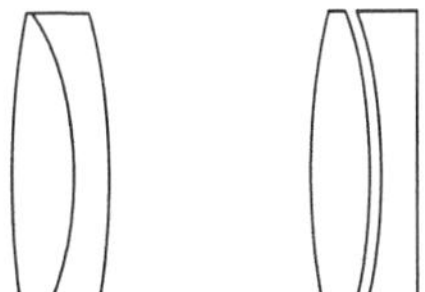
图 6-12　双胶合透镜和双分离透镜

以物体在无穷远为例，图 6-11 给出了正透镜和负透镜在不同形状下的球差变化曲线。可以看出，无论正透镜还是负透镜，都存在一个最小球差的形状，称为透镜最优形式。对于无限远的物体，最优形式的正透镜接近于凸平形状，负透镜接近于凹平形状。应该强调，透镜的最优形式是与物体位置有关的，因此，在使用单透镜成像时，尽可能采用给定物体位置的最优形状的透镜，以使球差尽可能小。

从图 6-11 中还看到，正透镜总是产生负球差，负透镜产生正球差。单透镜无法自身校正球差，为获得消球差系统，必须采用正负透镜的组合，最简单的形式有双胶合透镜和双分离透镜，如图 6-12 所示。

6.2　彗差

6.2.1　彗差的概念和形成

位于光轴以外的物点，由于偏离了共轴球面系统的对称轴位置，成像光束的聚焦情况

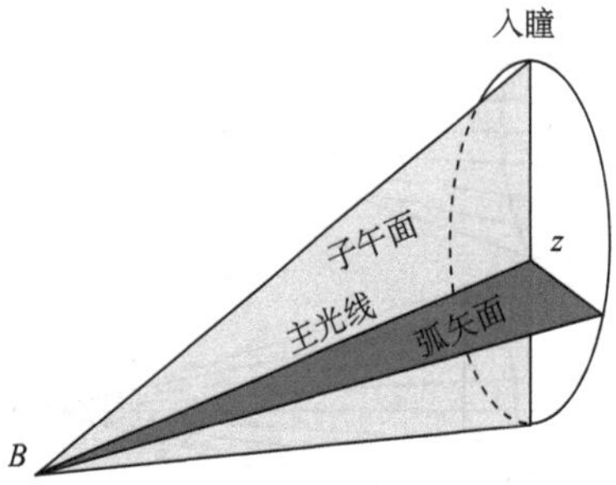

图 6-13　轴外点的宽光束截面

要比轴上点复杂得多。本节讨论由光束失对称所引起的像差——彗差。

为了清楚地了解彗差的概念和形成，从光束中选取两个互相垂直的平面来讨论，以此来近似说明整个光束的情况。其中之一是由光轴和主光线决定的面，称为子午面，另一个是过主光线并且与子午面垂直的面，称为弧矢面，如图 6-13 所示。

子午面是系统的对称面，也是光束的对称面，该平面内的光线经系统成像后仍位于该平面内。光学系统的光路图通常都用子午面的光束结构来表示。考察图 6-14 中轴外物点 B 发出的以主光线为对称中心的一束子午宽光束。先看主光线 z 和一对上下光线 a 和 b。折射前，a、b 光线关于 z 光线对称，而折射后，a'与 b'不再对称于 z'，上下光线的相交点 B'_t低于主光线的高度。为了分析这一原因，作一条连接轴外物点 B 和球心 C 的辅助光轴（图中虚线）。显然，物点 B 可看作辅助光轴上的一点，它入射的三条光线（光线 a、b 和主光线 z）对于辅助光轴具有不同的孔径角，由于系统球差的原因，三条光线在像方不能交于一点，这就使得入射前原本关于主光线对称的一对上下光线，出射后不再关于主光线对称。上下光线的交点到主光线的垂直距离称为子午彗差，记为 K'_T。它的大小反映了子午光束失对称的程度。

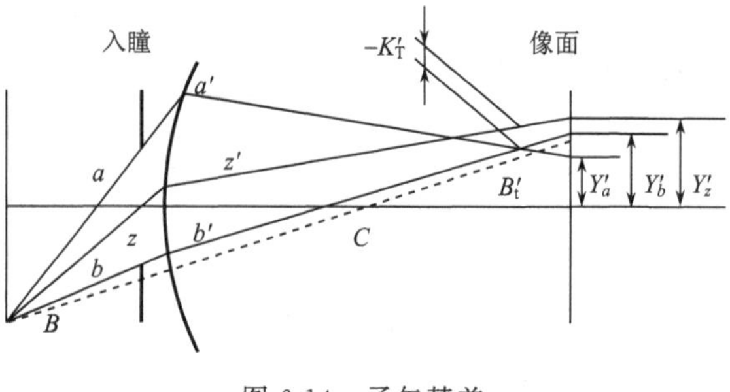

图 6-14　子午彗差

为了计算上的方便，把光线延伸至像面，上下光线对应的交点高度取为它们在像面上的各自交点的高度 Y'_a和 Y'_b的平均值，主光线在像面上的高度用 Y'_z表示，子午彗差数学定义为

$$K'_T=\frac{1}{2}(Y'_a+Y'_b)-Y'_z \tag{6-3}$$

再看弧矢面的情况，图 6-15 所示为物点 B 以弧矢光线成像的立体图。弧矢面内有一对前、后光线 c、d，入射前它们对称于主光线，同时也对称于子午面；出射后，它们依然对称于子午面，但不再对称于主光线。因此，交点虽然在子午面内，却不交于主光线上。这是因为弧矢光线与主光线的折射情况不同，主光线的入射点及其法线在子午面内，故在子午面内折射，而弧矢光线的入射点及其法线不在子午面内，光线和入射点法线所决定的平面与主光线不共面，所以它们虽相交在子午面内，但并没有交在主光线上。这就使得这对

光线出射后不再关于主光线对称，它们的交点到主光线的垂直距离称为弧矢彗差，记为 K'_S。同样也在像面上度量，弧矢彗差的数学定义为

$$K'_S = Y'_c - Y'_z = Y'_d - Y'_z \tag{6-4}$$

式中各符号的意义与式(6-3)类似。

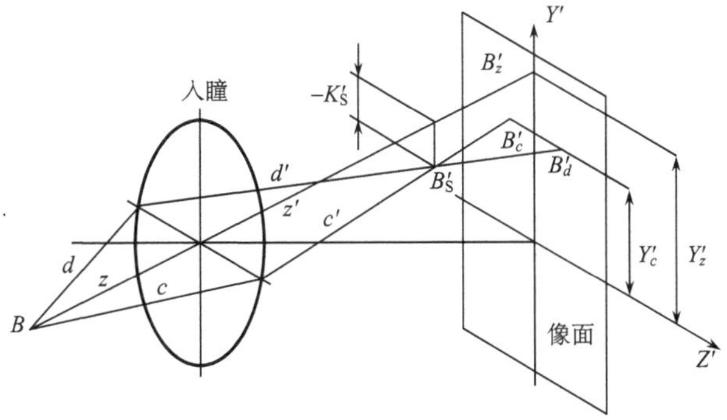

图 6-15　弧矢彗差

为了用像差曲线表示彗差，取主光线与像面的交点为坐标原点，横轴表示光线在入瞳上的相对孔径高度，纵轴为光线在像面上的交点偏离主光线的距离，图 6-16(a)和(b)分别为某轴外物点的子午和弧矢垂轴像差曲线，按照式(6-3)、式(6-4)彗差的数学定义，子午彗差和弧矢彗差分别在图 6-16(a)和(b)中得到表示。

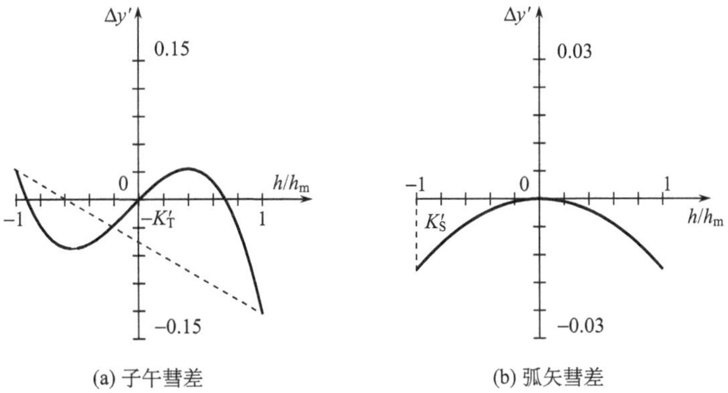

图 6-16　垂轴像差曲线

彗差是轴外物点以宽光束成像的一种失对称的像差。除了子午和弧矢两个截面外，其他截面也有不同形式的失对称。如果入瞳为圆形，所成的将不再是对称的圆形像斑，而是如图 6-17 所呈现的像斑。图 6-18 为轴外物点通过孔径上不同位置处的光线经系统偏折后形成的彗差图形上的对应关系，从图中可以看出，主光线偏到了弥散斑的一边，在主光线与像面的交点处，聚集的能量最多，因此也最亮，在主光线以外，能量逐渐散开，光斑

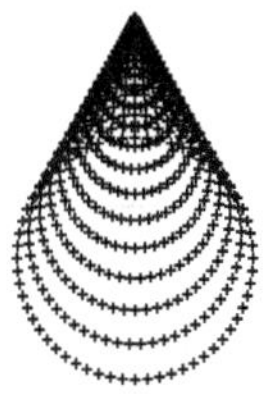

图 6-17　彗差像斑

变暗。所以，整个弥散斑形成了一个以主光线的交点为顶点的锥形弥散斑，其形状像拖着尾巴的彗星，故得名彗差。

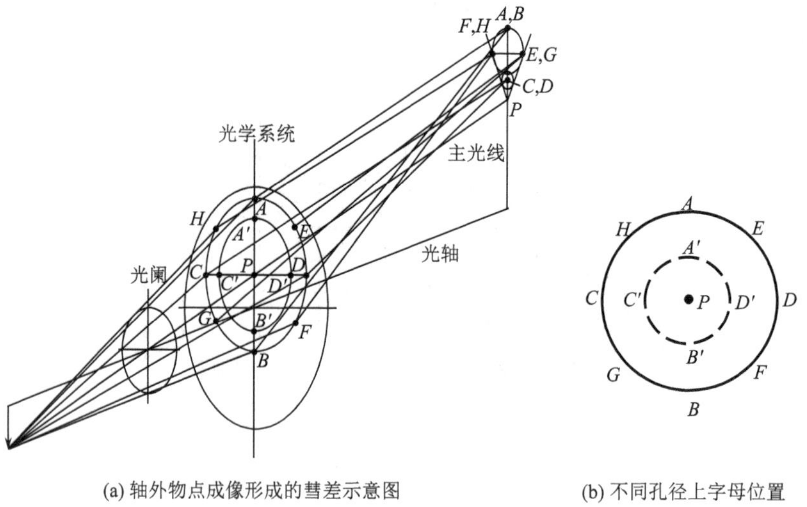

图 6-18　轴外物点通过孔径上不同位置处的光线经系统偏折后形成的彗差图形上对应关系

6.2.2　孔径光阑对彗差的影响

从对彗差形成的分析中知道，彗差是由于轴外点宽光束的主光线与球面对称轴不重合而由折射球面的球差引起的。如果将入瞳设置在球面的球心处，如图 6-19 所示，则通过入瞳中心的主光线与辅助光轴重合，此时轴外点同轴上点一样，入射的上下光线对必将对称于该辅助光轴，出射光线也一定对称于辅轴，此时球面不产生彗差。入瞳偏离球心越远，失对称的现象越严重，彗差也就越大。因此设计光学系统时，常通过移动光阑来减小彗差。光学设计经常采用同心原则，就是使透镜各面尽量弯向孔径光阑，使主光线偏离辅轴的程度尽可能减小，以减小彗差。

根据彗差的定义式(6-3)和式(6-4)，彗差是垂轴像差，当系统结构完全对称，孔径光阑置于系统的中央，且物像放大率 $\beta=-1$ 时，整个光束结构关于系统的中心点对称，如图 6-20 所示，系统前半部产生的彗差与后半部产生的彗差绝对值相同、符号相反，彗差完全自动消除。由于一般光学系统的放大率不等于 -1，因此，绝对的对称结构并不适合。根据实际系统的物像关系，设计接近对称结构的光学系统，将有利于自动校正彗差。

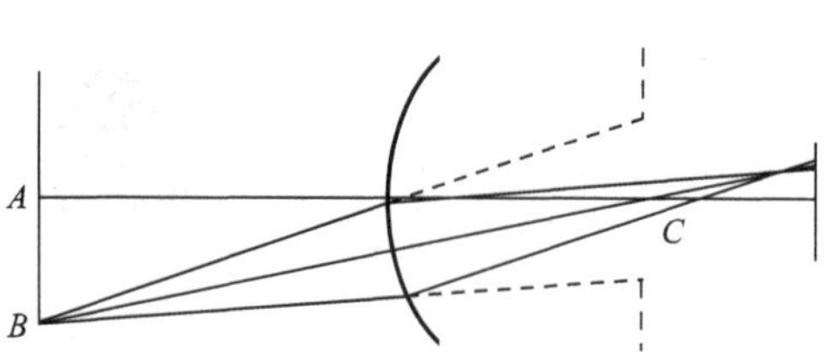

图 6-19　入瞳设在球心处不产生彗差

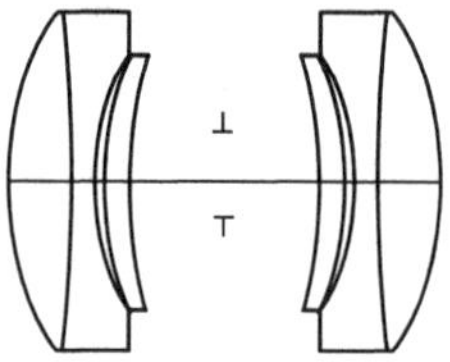

图 6-20　全对称结构彗差自动消除

6.3　细光束像散

当轴外物点发出的细光束通过入瞳进入系统时，宽光束上下光线之间的失对称现象将被忽略，球差也不会对细光束有大的影响。但是，光束各截面之间仍然存在着失对称现象，且随着视场的增大而愈加明显。从图 6-21 中可以看到，轴外 B 点发出细光束与球面相交的曲面轮廓显然已不是一个回转对称的形状，它在不同截面方向上有不同的相交长度，并在子午和弧矢这两个相互垂直的截面上表现出最大的长度差。正是这个差别使得轴外的一个物点以细光束成像，被聚焦为子午和弧矢两个像，这种像差称为细光束像散。

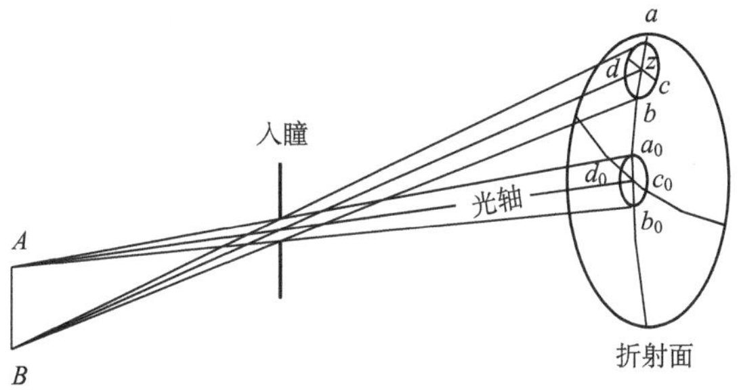

图 6-21　轴外细光束成像

为了分析像散形成的原因，需要比较轴上物点和轴外物点的成像情况。在图 6-21 中，轴上物点 A 发出的细光束对称于光轴，光束与折射球面相交所截得的曲面 $a_0c_0b_0d_0$ 在各个截面方向上（包括子午和弧矢截面）的长度相同，因此折射角也相同，成像后各截面的光束将会聚于像方光轴上的同一点。轴外物点 B 发出的细光束交于折射球面的上方，考察相交的小区域 $acbd$，在子午面上的光线以 ab 曲线段相交于球面，具有最大的长度，而在弧矢面上的光线以 cd 曲线段相交于球面，具有最小的长度。长度的差异使入射角产生差异，子午光线因入射角大而折射得厉害，因此先于弧矢光线会聚，弧矢光线后会聚，从而形成了先后会聚的两个极限位置。

如图 6-21 所示，如果用 t 和 s 分别表示子午和弧矢光线的物距，t' 和 s' 分别表示子午和弧矢光线的像距，则根据初级像差理论，它们各自的物像关系由以下杨氏公式计算得到

$$\frac{n'\cos^2 I'_z}{t'}-\frac{n\cos^2 I_z}{t}=\frac{n'\cos I'_z-n\cos I_z}{r} \tag{6-5}$$

$$\frac{n'}{s'}-\frac{n}{s}=\frac{n'\cos I'_z-n\cos I_z}{r} \tag{6-6}$$

式中，I_z 和 I'_z 是主光线在球面上的入射角和折射角。

子午像点到弧矢像点都位于主光线上，通常将子午像距 t' 和弧矢像距 s' 投影到光轴上，如图 6-22 所示，得到 l'_t 和 l'_s，两者之间的距离即为像散差，用符号 x'_{ts} 来表示，即

$$x'_{ts}=l'_t-l'_s \tag{6-7}$$

像散的存在使轴外物点细光束在成像过程中有两次聚焦，称为子午像 T' 和弧矢像 S'。若将光束中的所有光线按子午方位和弧矢方位分解，则其中的子午分量将光束聚焦

在子午像面上，形成垂直于子午面的短焦线，而弧矢分量将光束聚焦在弧矢像面上，形成子午面内的垂轴短焦线，在两次聚焦之间是连续的由线元到椭圆到圆再到椭圆再到线元的弥散斑变化，如图 6-23 所示。

如果被成像的物体由一些线条组成，则经系统后，在子午像面上，这些线条在水平方向的分量聚焦得很清晰，而垂直方向的分量则看上去是模糊的；在弧矢像面上，这些线条在垂直方向的分量被清晰聚焦，而水平分量则显得模糊，如图 6-24 所示。因此，在有像散的情况下，接收器在像方找不到同时能让各个方向的线条都清晰成像的单一像面位置。

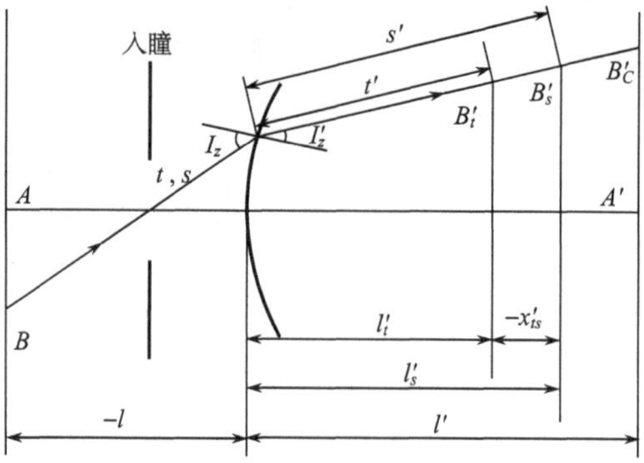

图 6-22 弧矢像点和子午像点

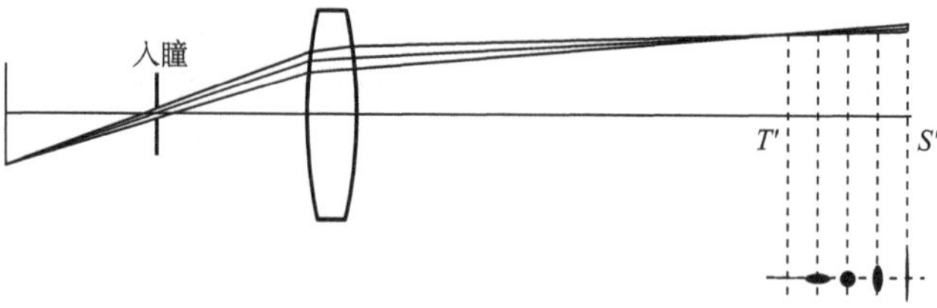

图 6-23 弧矢像面到子午像面之间像元的变化

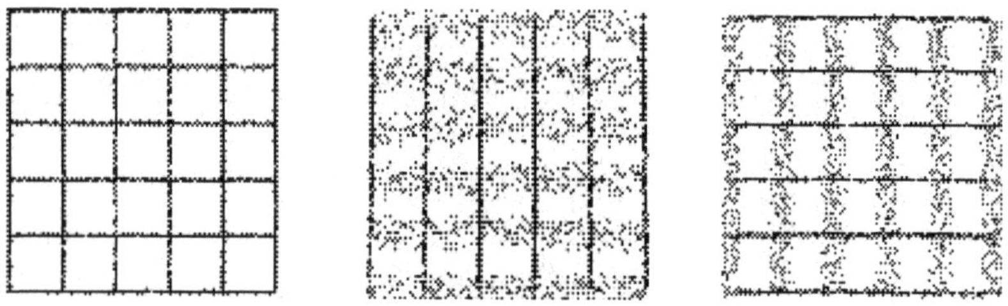

(a) 物　(b) 弧矢像　(c) 子午像

图 6-24 有像散时的成像

像散是物点偏离光轴时反映出来的一种像差，随着视场增大而迅速增大。因此，大视场的轴外点即使以细光束成像，也不会像轴上点那样成完善像，像散的存在使轴外像点变得模糊。

通过对像散的分析,不难想象,如果同对待彗差一样将入瞳置于球面的球心处,如图 6-25 所示,那么,轴外点也同轴上点一样,整个细光束将对称于通过轴外物点的辅助光轴,光束的各个截面将具有相同的相交长度,折射后将能够聚于同一点,此时像散必为 0。因此,移动光阑位置会对系统的像散产生重要的影响。一般来讲,折射球面的球心与光阑位于顶点的同一侧,主光线接近光阑中心,子午和弧矢的失对称程度较小,像散也较小。同彗差一样,光学系统若采用同心原则,球面弯向光阑比球心背向光阑引起的像散要小。

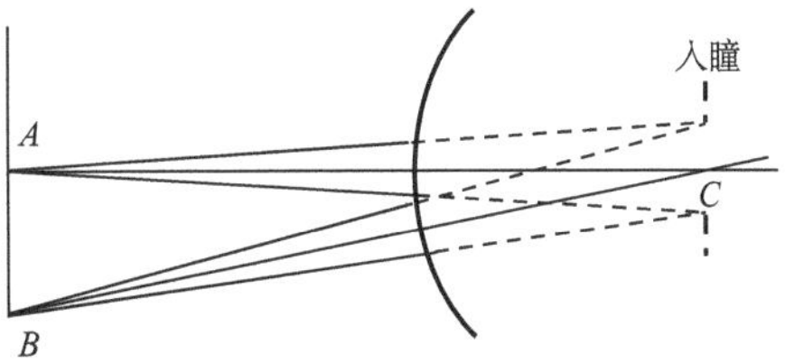

图 6-25　入瞳位于球心处的球面不存在像散

如果考虑轴外点以宽光束成像,除了像散,宽光束与细光束之间还有球差,这将使得两次聚焦的子午焦线和弧矢焦线也变得模糊,给成像质量造成更大的影响,这里暂不作讨论。

6.4　细光束场曲

在理想光学系统中,垂直于光轴的物面成像后,其像面也垂直于光轴。但在实际系统中的情况是怎样的呢? 第 2 章例 2-1 的计算已表明,垂轴平面物体成像并不能得到一个垂轴的平面像。现在,进一步以单个折射球面成像为例来讨论这个问题。

在图 6-26 中,先假设一个与折射球面 R 同心的球面物体 Q。球形物面上的 A 点为轴上点,B_1 点为轴外点,由 B_1 点连接球心 C 引出一条辅助光轴,因此 B_1 点对于辅轴而言也是轴上点。当 A、B_1 点按各自的光轴以细光束成像时,由于物距相同,所以像距也应相同,球面物体的细光束像也应当是一个球面 Q',并与折射球面同心,即 B_1 点成像于 B'_1 点。现设有一过 A 点且垂直于光轴的物平面 P,若以近轴光线(理想光学系统)计算,平面 P 的共轭像面为过 A' 的垂轴平面 P'。如果将球面 Q 上的 B_1 点沿辅助光轴移至 P 平面上的 B 点,其理想像点应位于 P' 面上的 B'_0 点。但在实际系统的细光束成像中,根据物与像同向移动的原则($\alpha>0$),物点 B_1 向左移至 B 点,其像点将由 B'_1 同向移至 B' 点,继续偏离理想像平面 P'。因此,实际系统中,垂轴平面上的物体不可能成像在理想的垂轴像平面上,这种偏离现象随视场的增大而逐渐加大,使得垂直于光轴的平面物体经球面成像后变得弯曲。平面物体得到的是弯曲的像面,这种成像缺陷称为场曲。它是大视场细光束成像的又一种像差。

像面弯曲在大视场情况下是十分明显的,图 6-27 所示就是一个大视场物体成像的光路图,可以清楚地看到随着视场增大,聚焦像面向里弯曲的情况。

前面已经介绍,细光束像散使同一轴外物点聚焦在两处不同位置,而且随视场的增大子午像点和弧矢像点的差距也发生变化,它的存在本身就提示像面不是一个平面,再加上如图 6-26 所分析的实际球面所固有的像面弯曲,则细光束成像是一个既包含像散又包含像面弯曲的综合像差。如果连接所有子午像点则得到一个弯曲的子午像面,连接所有的弧矢像点也得到一个弯曲的弧矢像面。在视场中心(轴上像点)处,细光束理想成像,像散为 0,表明子午像面和弧矢像面在视场中心处重合且与理想像面相切,这样,一个平面的

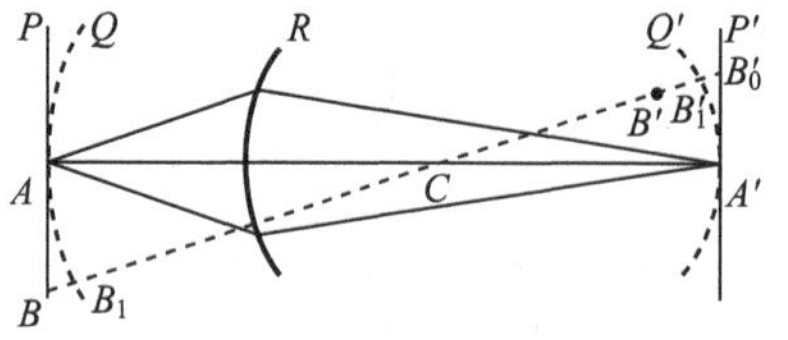

图 6-26　垂轴平面物体成像

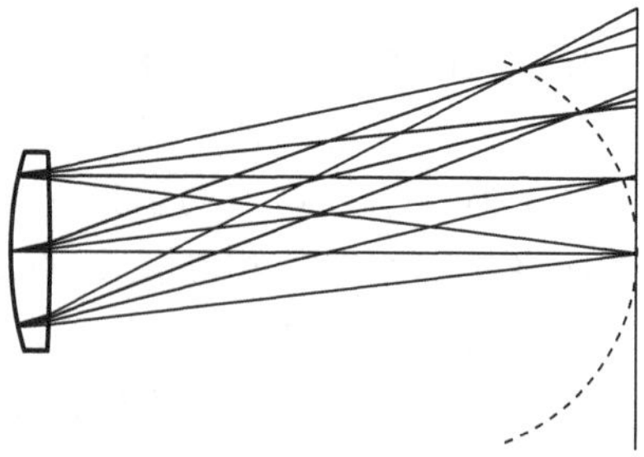

图 6-27　平面物体得到一个弯曲的聚焦像面

垂轴物体将得到两个弯曲的像面，如图 6-28 所示。对于场曲，用弯曲像面与高斯像面的轴向距离来度量。对应地，子午像面为子午场曲，弧矢像面为弧矢场曲。它们相对于理想像平面的偏差分别用 x_t' 和 x_s' 表示，数学定义为

$$\left.\begin{aligned} x_t' &= l_t' - l' \\ x_s' &= l_s' - l' \end{aligned}\right\} \tag{6-8}$$

在图 6-26 所分析的实际球面所固有的场曲像中，差并没有考虑像散的因素，相当于当像散为 0 时的情况，这种没有像散时的像面弯曲称为佩茨瓦尔(Petzval)场曲，用 p' 表示。佩茨瓦尔场曲只有当没有像散的时候才会独立表现出来，而在像散存在的场合，它附加在子午场曲和弧矢场曲中而不会单独存在。由于光学系统中像散总是存在的，所以实际成像只能得到图 6-28所示的子午和弧矢两个弯曲像面。

描述像散和场曲的像差曲线如图 6-29 所示，纵轴为相对视场的大小，横轴为子午场曲和弧矢场曲的数值，两条曲线在某一视场的水平距离就是该视场的像散值。

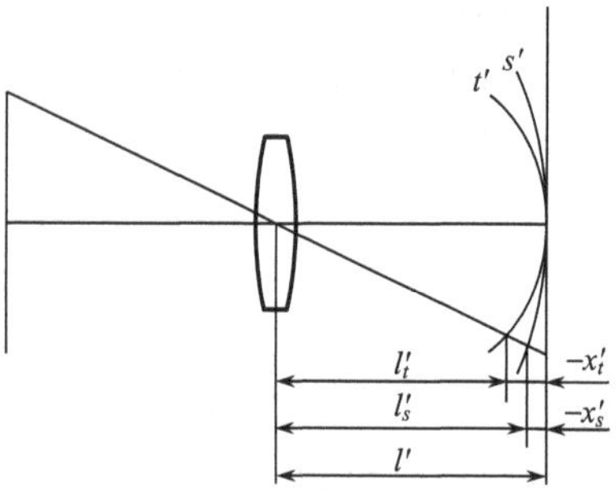

图 6-28　子午像面和弧矢像面

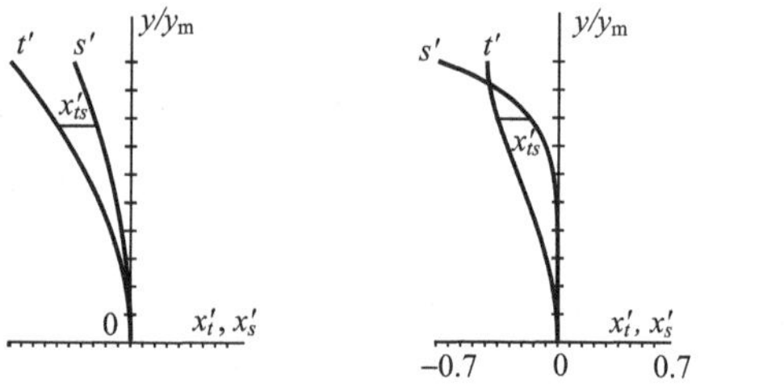

(a) 场曲像差曲线　(b) 实际细光束的场曲像差曲线

图 6-29　两种场曲像差曲线

场曲的存在使得实际像面总是弯曲的，用平面接收屏无法获得平面物体在整个视场范围的清晰成像，或是视场中心清晰而边缘模糊，或是边缘清晰而中心模糊，如图 6-30 所示。

光学系统只有在同时消像散和佩茨瓦尔场曲的情况下，才能获得平坦的清晰像，但这并非易事。很多情况下，佩茨瓦尔场曲的大小由系统的结构决定，难以消除。而像散的改变较容易一些，常采用像散的过校正来抵消一部分佩茨瓦尔场曲，减小实际像面的弯曲。另外，通过正负透镜的分离或采用厚透镜来校正佩茨瓦尔场曲，也可以达到较好的效果。

如果条件允许,还可以采用负透镜场镜校正场曲,如图 6-31 所示。

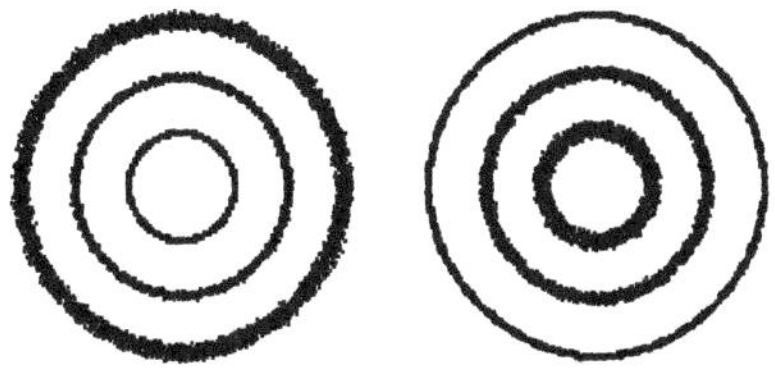

图 6-30 场曲引起的图像缺陷

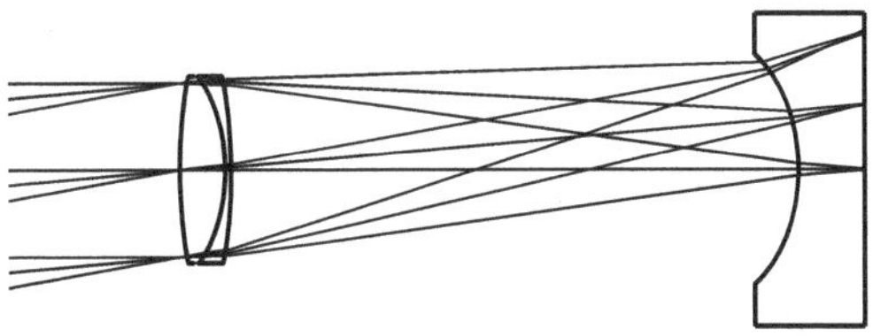

图 6-31 负透镜场镜校正场曲

以上分析是物体以细光束成像的情况,如果轴外物点以宽光束成像,则宽光束还会因球差偏离细光束的成像位置,形成轴外球差和宽光束场曲,像差情况也将更加复杂。这里不作讨论。

6.5 畸变

在理想光学系统中,物像共轭面之间的垂轴放大率 β 为常数,所以像与物总是相似的。但在实际光学系统中,只有在近轴区域才具有这样的性质。一般情况下,物像面之间的放大率并不是常数,随视场的增大而变化,这使得轴上点与视场边缘点具有不同的放大率,物和像因此不再完全相似,这种像对物的变形像差称为畸变。

在不考虑系统渐晕的情况下,物点成像的光束中心为主光线,同时若也不考虑彗差存在时的失对称状况,实际的像点以主光线定位,因此用主光线与像面的交点来描述实际像点位置,它与理想像点位置的偏差便是畸变。

下面来分析一下畸变的成因。如图 6-32 所示,B 点是平面物体的任一轴外点,过 B 点及球心 C 点作辅助光轴与像面交于 B'_0,B'_0点即为 B 点的理想像点(可由理想光学的作图法求得)。根据 6.4 节分析得知,B 点以细光束成像时交于辅轴上的 B'点,$B'B'_0$为 B 点的佩茨瓦尔场曲。当 B 点以主光线成像时,交辅轴于 B'_1 点,B'_1B'为 B 点的球差,这是因为由 B 点发出的主光线相对于辅轴有一定孔径角,将产生球差。这样,主光线最终经 B'_1 点交像面于 B'_z点,偏离了理想像点 B'_0,产生了畸变。再看位于光轴上的 A 点,主光线与光轴重合,主光线的像点与理想像点在像面的中心点 A'重合,因此轴上点不存在畸

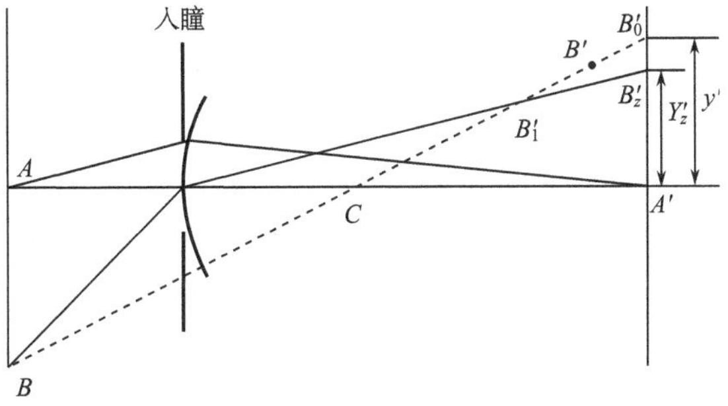

图 6-32 主光线畸变

变，从而导致轴上和轴外视场具有不同的实际放大率。

由以上分析可以看出，畸变的形成既有场曲的因素也有球差的因素。

畸变的数学定义有两种方式，一种是绝对畸变，又称为线畸变，它表示主光线像点的高度与理想像点的高度之差，即

$$\delta Y'_z = Y'_z - y' \tag{6-9}$$

另一种是相对畸变，即相对于理想像高的绝对畸变，通常用百分率表示，即

$$q = \frac{Y'_z - y'}{y'} \times 100\% \tag{6-10}$$

一般情况下，畸变随视场增大呈单调变化，以视场为纵坐标，畸变值为横坐标，可以作出像面的畸变曲线，如图 6-33 所示。

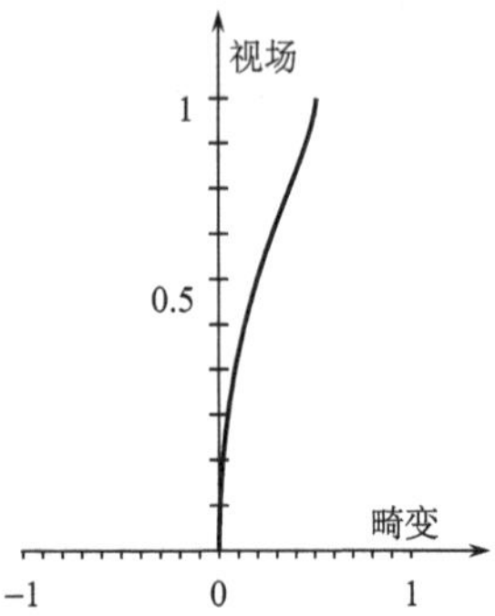

图 6-33　畸变曲线

如果光学系统的实际像高大于理想像高，称为正畸变，此时放大率随视场的增大而增大。如果物体为图 6-34(a)所示的网格状物体，用带有正畸变的光学系统来对它成像，得到如图 6-34(b)所示的结果，正畸变又称为枕形畸变。当光学系统的实际像高小于理想像高，称为负畸变，此时放大率随视场增大而减小，对网格状物体成像将得到如图 6-34(c)所示的结果，负畸变又称为桶形畸变。

畸变反映的是主光线的像差，它不影响成像的清晰度，但会使像产生变形。对于一般光学系统，只要感觉不出像的明显

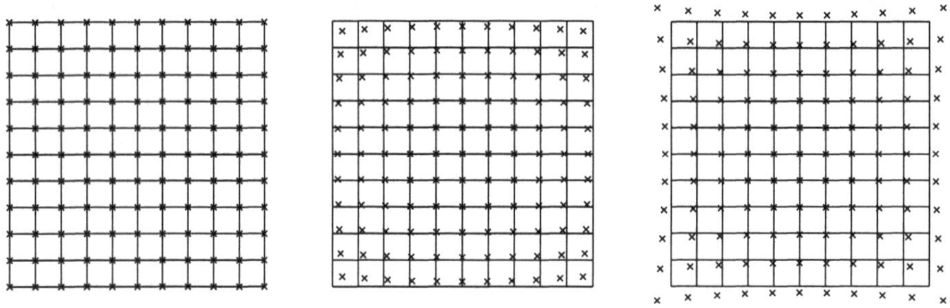

(a) 物体图案　(b) 桶形畸变　(c) 枕形畸变

图 6-34　畸变

变形（相当于 $q \leqslant 4\%$），这种像差就无妨碍。但有的系统需要对像的大小进行精确测量，如计量仪器中的投影物镜、制版物镜、万工显微镜和航空测量摄影物镜等，畸变的存在会带来较大的测量误差，必须严格校正。

畸变的校正与光阑位置有关，常作为校正畸变的手段。对于单个折射面，由前面讨论的畸变的形成原因可以看出，如果将光阑设在球心处，如图 6-35 所示，那么主光线将沿辅轴通过球心（单个球面的节点），又沿着辅轴交于像面的 B'_0 点，与理想像点重合，不产生畸变。对于单个薄透镜或薄透镜组，当孔径光阑与之重合时，如图 6-36 所示，也不产生畸变。这是因为此时的主光线通过透镜的主点（也是节点），沿理想光线出射。因此，取光阑位置使入瞳与光学系统的节点重合，可以不产生畸变。

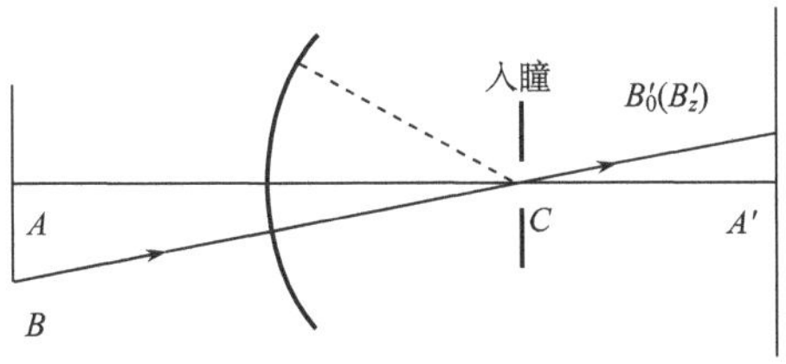

图 6-35 光阑设在球心处不产生畸变

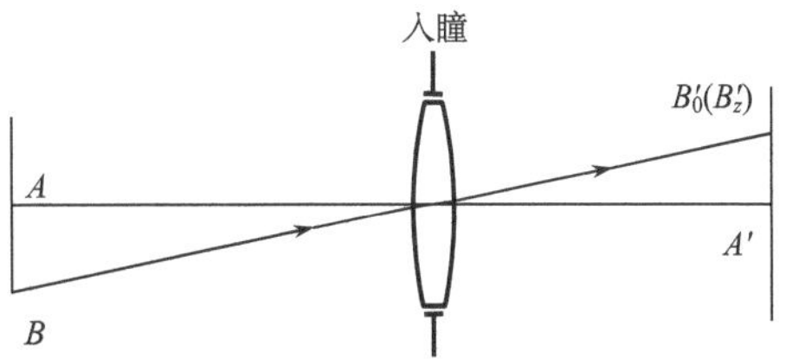

图 6-36 光阑与透镜重合处不产生畸变

另外，当孔径光阑置于透镜的前方，如图 6-37 所示，由主光线折射可以看出，B 点成像于理想像点的下方，得到负畸变；而当孔径光阑置于透镜的后方，如图 6-38 所示，B 点成像将得到正畸变。如果将孔径光阑置于两个透镜之间，不难分析，对前一个透镜成像，产生正畸变，而对后一个透镜成像则产生负畸变，两者可以部分抵消，故对于结构完全对称的光学系统，以 $\beta=-1$ 成像时，畸变自动消除。事实上，凡对称式光学系统且以 $\beta=-1$ 倍率成像时，所有的垂轴像差都能自动消除，彗差和畸变都属于此类像差。

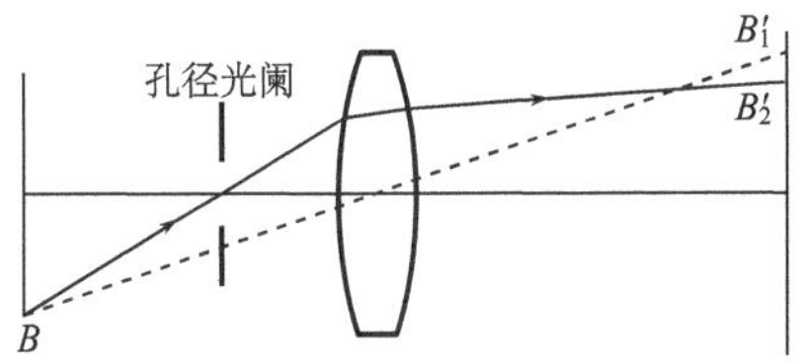

图 6-37 光阑在透镜之前得负畸变

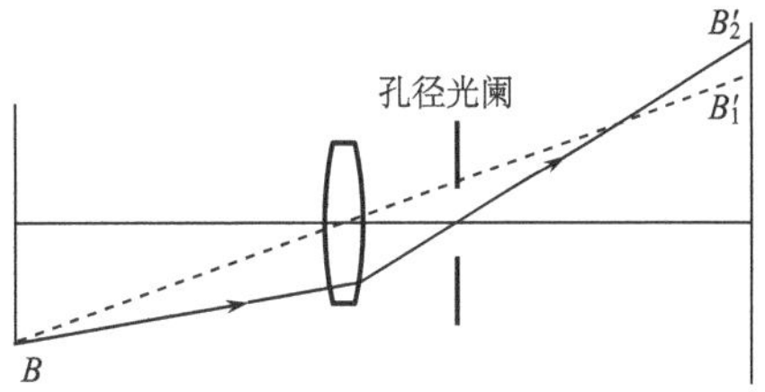

图 6-38 光阑在透镜之后得正畸变

小结：以上介绍的几种像差，其存在及大小取决于物点所在的视场与孔径的大小。表 6-2 总结了各种像差与视场和孔径的关系。从中可以看出哪些像差受视场的影响程度最大，哪些像差受孔径的影响程度最大。针对光学系统的应用场合，影响程度最大的像差需要重点校正。

表 6-2 各种像差与孔径和视场的关系

像差	孔径	视场
球差	立方	—
彗差	平方	线性
像散	线性	平方
场曲	线性	平方
畸变	—	立方

6.6 色差

前面对各种像差的讨论都假设光源发出的是单色光，因而只能称为单色像差。在大多数情况下，物体都以复色光(如白光)成像，白光包含了各种不同波长的单色光，光学材料对不同波长的谱线有不同的折射率。第 3 章的透镜计算表明，透镜的焦距取决于两表面的曲率半径和材料的折射率，当半径确定后，焦距随折射率而变化。当白光经过光学系统时，系统对不同波长有不同的焦距，各谱线将形成各自的像点，导致一个物点对应许多不同波长的像点位置和放大率，这种成像的色差异统称为色差。事实上，当包含各种波长的白光通过任何形状的光学介质分界面时，只要入射角不为 0，都会产生色散而使各种不同波长的光沿不同的方向传播。

色差是描述两种波长成像点的差异，对任意两个波长谱线都可以计算色差，但一般情况下，都是根据接收器的光谱响应范围来选择计算色差的光谱谱线。如果接收器用于可见光(如以人眼或普通感光材料作为接收器)，通常选择可见光谱范围两端的 F 谱线(紫光)和 C 谱线(红光)来计算色差，用它们之间的像点差异来说明白光光学系统的色差。

色差的几何描述有两种：描述两种波长像点位置差异的色差称为位置色差或轴向色差，通常对轴上点计算；描述两种波长像点高度(或放大率)差异的色差称为倍率色差或垂轴色差，通常对轴外点计算。下面分别进行讨论。

6.6.1 位置色差

1. 位置色差的概念与表现

如图 6-39 所示，以白光作为光源的轴上物点 A 发出一条孔径角为 U 的光线，其中 F 谱线和 C 谱线在像方交光轴于 A'_F 和 A'_C，像方截距分别为 L'_F 和 L'_C，二者之差称为该孔径的位置色差，记为 $\Delta L'_{FC}$，其数学定义为

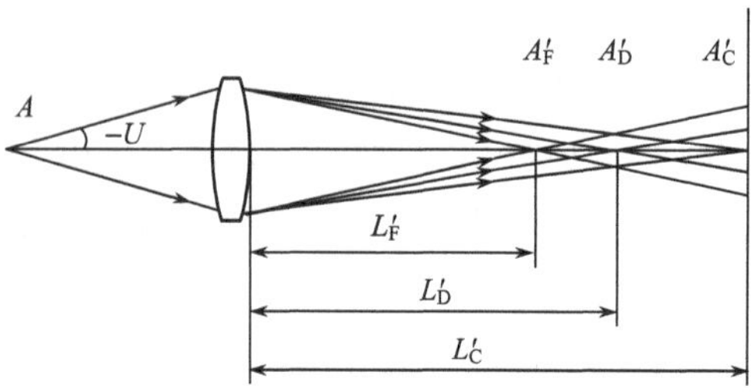

图 6-39 位置色差

$$\Delta L'_{FC}=L'_F-L'_C \tag{6-11}$$

若 A 点以近轴光成像，应用近轴成像公式(2-6)～(2-8)，代入相应的折射率计算，同样会因折射率的差别得到不同的 F 光和 C 光近轴像点，其像距分别为 l'_F 和 l'_C。近轴区域的位置色差为

$$\Delta l'_{FC}=l'_F-l'_C \tag{6-12}$$

近轴区域的位置色差也称为初级位置色差。需要特别指出的是，以复色光成像的物体即使在近轴区域也不能获得复色光的清晰像。如图 6-39 所示，如果接收屏设在 A'_F 点，将看到像点是一个中心为蓝色、外圈为红色的彩色弥散斑，如果接收屏设在 A'_C 点，则彩色弥散斑的中心为红色，外圈为蓝色。

与不同的孔径有不同的球差相对应，不同的孔径也有不同的位置色差。为了了解光学系统的位置色差状况，与计算主色光 D 谱线的球差一样，分别计算 F 谱线和 C 谱线的球差，并在 D 谱线的球差曲线图中同时绘出 F 谱线和 C 谱线的球差曲线，如图 6-40 所示。这样作出的像差曲线可以同时直观地反映出以下几种像差：①各单色光的球差随孔

径的变化；②位置色差随孔径的变化；③球差随谱线的变化(色球差)；④二级光谱。例如，三条曲线在横轴上的交点代表了三种谱线各自的高斯像点，也反映了近轴的位置色差。此外，还定义球差的色变化为色球差，用 $\delta L'_{FC}$ 表示，即

$$\begin{aligned}\delta L'_{FC} &= \delta L'_F - \delta L'_C \\ &= (L'_F - l'_F) - (L'_C - l'_C) \\ &= \Delta L'_{FC} - \Delta l'_{FC}\end{aligned} \tag{6-13}$$

式(6-11)表明，色球差的大小不仅与色差有关，还与系统的球差有关。

从图 6-40 看出，F 谱线和 C 谱线在 0.707 孔径处重合，表明在该孔径处校正了色差。一般来讲，校正色差只能对个别孔径带进行，特别应对 0.707 孔径带校正色差，这样可以使最大孔径的色差与近轴区域的色差绝对值相近，符号相反，整个孔径内的色差将会获得最佳的状况。图 6-39 还反映了这样一种情况，当 0.707 孔径消色差后，F 谱线和 C 谱线的交点与接收器最敏感的 D 谱线像点位置一般并不重合，即三种谱线不可能同时校正色差。F 光和 C 光的交点到 D 光的位置距离称为二级光谱，用 $\Delta L'_{FCD}$ 表示，即

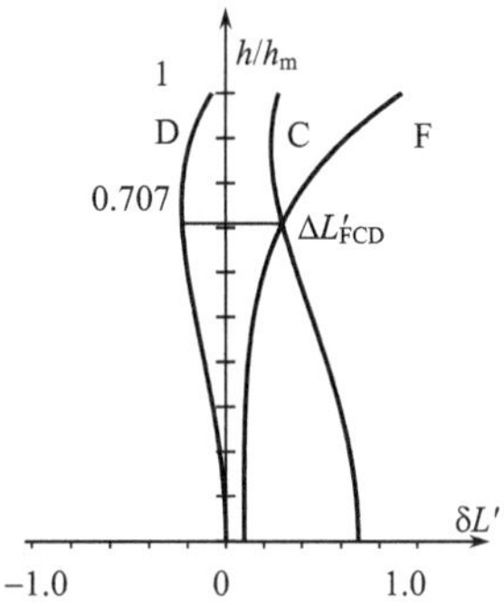

图 6-40 位置色差曲线和二级光谱

$$\Delta L'_{FCD} = L'_F - L'_D = L'_C - L'_D \tag{6-14}$$

2. 薄透镜系统的位置色差及校正

由于色差在近轴区域也会产生，因此它比球差更严重地影响光学系统的成像质量，校正色差具有重要意义。下面介绍薄透镜系统的初级位置色差及其校正的一些初步方法。

先讨论单个薄透镜的情况，对高斯公式(3-18)微分，可得

$$-\frac{dl'}{l'^2} + \frac{dl}{l^2} = d\varphi \tag{6-15}$$

上式中，$dl' = l'_F - l'_C$ 为像点的初级位置色差，$dl = l_F - l_C$ 为物点的色差。由于物体本身不存在色差，即 $dl = l_F - l_C = 0$，则有

$$dl' = -l'^2 d\varphi \tag{6-16}$$

由式(6-16)可知，初级位置色差是由光焦度的变化引起的。对于单个薄透镜，光焦度公式为

$$\varphi = (n-1)(\rho_1 - \rho_2)$$

对光焦度微分，可得

$$d\varphi = (\rho_1 - \rho_2)dn \tag{6-17}$$

式中，$dn = n_F - n_C$ 为 F 谱线与 C 谱线的折射率差，称为介质的平均色散。式(6-17)表明，折射率的变化引起了光焦度的变化。现引入表征光学玻璃材料色散的常数 ν，称为平均色散系数或阿贝常数，表示为

$$\nu = \frac{n_d - 1}{n_F - n_C} \tag{6-18}$$

这样，式(6-17)又可表示为

$$d\varphi=(n_d-1)(\rho_1-\rho_2)\frac{n_F-n_C}{n_d-1}=\frac{\varphi}{\nu} \tag{6-19}$$

代入式(6-16)，得到

$$dl'=-l'^2\frac{\varphi}{\nu} \tag{6-20}$$

式(6-20)是单透镜初级位置色差的表达式，从中可知，单透镜本身不能消色差，且正透镜产生负色差，负透镜产生正色差，所以光学系统校正色差必须采用正负透镜组合。

假设光学系统为薄透镜系统，那么可以利用式(6-20)和关系式 $lu=l'u'=h$，对每个薄透镜或薄透镜组进行计算，并注意到物和像在相邻光组间过渡时有 $dl_2=dl'_1$，$dl_3=dl'_2$，…；$u_2=u'_1$，$u_3=u'_2$，…，以及 $dl_1=0$(原物点没有色差)，从而得到整个薄透镜系统的初级位置色差为

$$dl'=-\frac{1}{u'^2}\sum_{k=1}^{N}h_k^2\frac{\varphi_k}{\nu_k} \tag{6-21}$$

式(6-21)表明，在光学系统中，各透镜对色差的贡献除与本身的光焦度大小和阿贝常数有关外，还与它在光路中所处的位置有关。

对于紧密接触的薄透镜系统，光焦度公式有

$$\varphi=\varphi_1+\varphi_2+\cdots+\varphi_k \quad 及 \quad d\varphi=d\varphi_1+d\varphi_2+\cdots+d\varphi_k$$

由式(6-16)和式(6-19)得消色差的条件成为

$$\sum_{k=1}^{N}\frac{\varphi_k}{\nu_k}=0 \tag{6-22}$$

这里，讨论最简单的也是最常用的接触双薄透镜组(双胶合或有微小间隔的双分离正负透镜组)的消色差组合。根据式(6-22)，双接触薄透镜的消色差条件为

$$\frac{\varphi_1}{\nu_1}+\frac{\varphi_2}{\nu_2}=0 \tag{6-23}$$

同时，透镜组还必须满足总光焦度 φ，即

$$\varphi_1+\varphi_2=\varphi \tag{6-24}$$

正负透镜在选定了材料之后，满足式(6-23)和式(6-24)两条件的问题将转化成光焦度的合理分配问题。联立式(6-23)和式(6-24)，可以解得消色差时的双透镜的光焦度各为

$$\left.\begin{aligned}\varphi_1&=\frac{\nu_1}{\nu_1-\nu_2}\varphi\\ \varphi_2&=-\frac{\nu_2}{\nu_1-\nu_2}\varphi\end{aligned}\right\} \tag{6-25}$$

式(6-25)就是在满足总光焦度的前提下，消色差双接触薄透镜组的光焦度计算。该式表

明，在总光焦度不为0的情况下，为使(6-25)有解，正负透镜必须采用两种不同的材料，并且两种材料的阿贝常数之差应尽可能大，以使各透镜的光焦度不致太大，否则引起其他像差校正的难度。

另一种消色差的方法是用两个折射率相同的薄透镜，两者间距取 $d=(f'_1+f'_2)/2$，它们将构成消色差透镜组，读者可自己证明(习题6-8)。

图6-41所示为一个焦距为100mm的正透镜的近轴位置色差曲线，在无限远的白光照射下，各光谱谱线焦点的位置随波长呈单调变化，数值也较大。图6-42所示为一个总焦距为100mm正负透镜双胶合的透镜组在同样光线照射下的焦点位置变化情况，注意横轴显示的坐标值，位置色差有了很大的减小，并且约在505nm和593nm两波长处焦点位置在参考点0处重合，色差得到了校正。

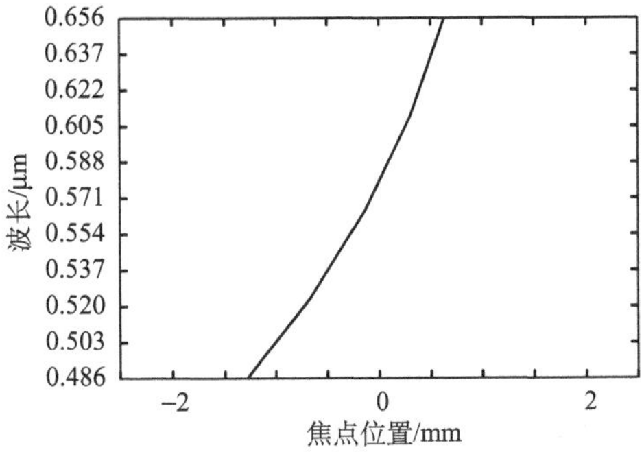

图6-41 单透镜焦点位置随波长的变化

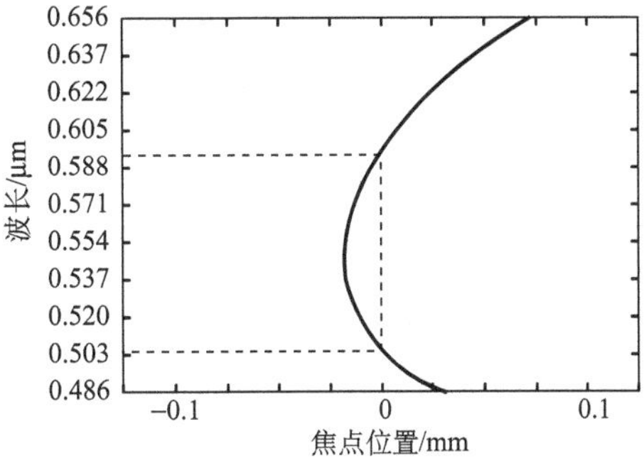

图6-42 双胶合透镜组焦点位置随波长的变化

6.6.2 倍率色差

1. 倍率色差的概念和表现

前面已经指出，同一光学系统对两种色光的焦距不相同，即使校正了位置色差，使两种谱线的像面重合在一起，但轴外物点成像的高度也会因焦距不同而产生差异。倍率色差通常是指F谱线与C谱线的主光线的像点高度之差，在参考像面(通常取D光的像面)上度量，用符号 $\Delta Y'_{FC}$ 表示，其数学定义为

$$\Delta Y'_{FC}=Y'_F-Y'_C \tag{6-26}$$

与位置色差类似，在近轴区域内也存在倍率色差，近轴倍率色差是F谱线与C谱线的近轴像高之差，称为初级倍率色差，即

$$\Delta y'_{FC}=y'_F-y'_C \tag{6-27}$$

图6-43所示为轴外物点用白光成像时产生倍率色差的光路，B 点在像面上形成了红(C)、黄(D)、蓝(F)等不同颜色的像。一般来讲，不同的视场有不同的倍率色差。倍率色差的存在，使像的边缘呈现色彩，影响成像的清晰度及色彩还原，在大视场情况下尤为严重，必须进行校正。

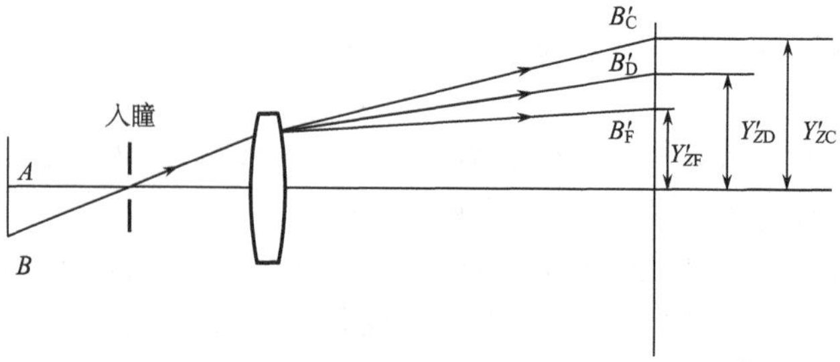

图 6-43 倍率色差

2. 薄透镜系统倍率色差和校正

用前面建立初级位置色差相类似的方法,可以推导出薄透镜系统的初级倍率色差,表示为

$$\Delta y'_{FC} = -\frac{1}{u'}\sum_{k=1}^{N} h_k h_{zk} \frac{\varphi_k}{\nu_k} \tag{6-28}$$

式中,h_{zk} 为主光线在透镜上的入射高度。

对于相互接触的薄透镜系统,可认为光线在各透镜上的高度相等,式(6-28)可表示为

$$\Delta y'_{FC} = -\frac{1}{u'} h h_z \sum_{k=1}^{N} \frac{\varphi_k}{\nu_k} \tag{6-29}$$

由式(6-29)可知,此时校正倍率色差的条件为 $\sum_{k=1}^{N} \frac{\varphi_k}{\nu_k} = 0$,这与接触薄透镜系统校正位置色差的条件式(6-22)完全相同。即接触薄透镜系统在校正位置色差的同时,也校正了倍率色差。因此,前面介绍的双胶合消色差透镜的光焦度分配,也适合于倍率色差的校正。

同时,从式(6-29)中还可知,在接触薄透镜系统中,当光阑与之重合,主光线的高度 $h_z=0$ 时,不管系统存在怎样的位置色差,倍率色差都不会产生。而当光阑位置移动,$h_z\neq 0$ 时,倍率色差就要随之发生变化。事实上,当光阑位于正透镜之前时,因 $n_F>n_C$,F 光比 C 光偏折得厉害,$y'_F<y'_C$,产生负的倍率色差;反之,如光阑位于正透镜之后,则产生正的倍率色差。这些说明光阑位置对倍率色差也有影响。

对具有一定间隔的双分离透镜系统,可以证明,若两个透镜选用同一材料,当间隔满足 $d=0.5(f'_1+f'_2)$ 时,也能满足校正倍率色差的条件。

此外,由于倍率色差也是一种垂轴像差,所以同单色像差一样,当光学系统结构完全对称并以 $\beta=-1$ 倍率成像时,该像差也能自动消除。

综上所述,色差是一种既破坏成像的清晰度、也影响色还原的有害像差。在使用复色光或白光的光学系统中,都必须校正色差。由于不可能对所有的色光校正色差,一般选取对接收器最敏感的波长校正单色像差(如白光中的 D 谱线),而对光学系统工作的光谱波段范围两端有一定影响的谱线校正色差(如白光谱线边缘处的 F 谱线和 C 谱线)。

习　题

6-1　已知物距 $L_1=-20\text{mm}$，正透镜厚度 $d=2\text{mm}$，$n=1.5163$，设物体位于第一面的球心，试求齐明透镜的两个半径和像距。

6-2　在 7 种几何像差中，哪些与孔径有关？哪些与视场有关？哪些与光源有关？当各像差单独存在时，它们的表现形式如何？

6-3　根据图题 6-3 中三色光的球差曲线，指出下列像差的值。

(1) $\delta L'_m=?$

(2) $\delta L'_{0.707}=?$

(3) $\Delta L'_{FC}=?$

(4) $\Delta l'_{FC}=?$

(5) $\Delta L'_{FC0.707}=?$

(6) $\delta L'_{FC}=?$

(7) $\Delta L'_{FCD}=?$

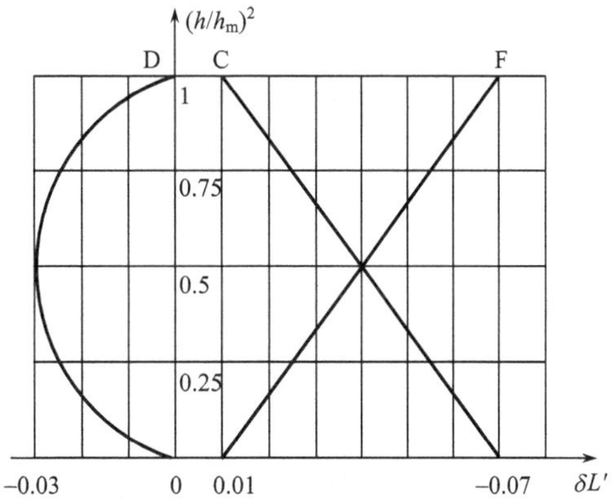

图题 6-3

6-4　已知一个望远物镜由两个薄透镜胶合而成，其正透镜用 K9 玻璃（$n_d=1.5163$，$\nu_d=64.1$），负透镜用 ZF6 玻璃（$n_d=1.755$，$\nu_d=27.5$）。其合成焦距为 100mm，试求消除近轴区域位置色差时正、负透镜的焦距。

6-5　分析 7 种几何像差（球差、彗差、像散、场曲、畸变、位置色差和倍率色差）的形成。

6-6　按照例 2-6 所给的双胶合透镜的结构参数，用光路追迹的方法，求出物在无限远、视场角为 2°时的最大孔径球差及最大视场子午彗差。设孔径光阑与第一面重合，且入瞳直径为 10mm。

6-7　设计一个消色差双胶合透镜组。负透镜在前，正透镜在后，最后面为平面。负透镜用火石玻璃（$n_d=1.7200$，$\nu=29.03$），正透镜用冕牌玻璃（$n_d=1.523$，$\nu=58.76$），透镜组的焦距为 $f'=45\text{mm}$。确定正、负透镜的焦距和曲率半径。

6-8　证明用两个折射率相同的薄透镜，两者间距取 $d=(f'_1+f'_2)/2$ 时，满足全消色差的条件。

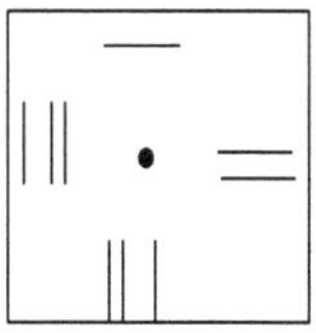

图题 6-9

6-9　图题 6-9 所示为是一张瞄准的靶图，经过一个未校正像散的系统后，在子午面上和弧矢面会上产生什么现象？

第7章 光度学与色度学

光度学是研究光能的计算和测量的学科。红外光、可见光、紫外光等，统称为光辐射（简称光）。这些光辐射，有的人眼能看见，有的人眼看不见。光能的量度有两种标准：一种是以引起人眼的视觉强弱为标准，称为视觉标准，对于照明设计，显然用视觉标准较为合适；另一种是以客观的能量值为标准，称为能量标准，研究太阳辐射以及光对生物作用时，常采用能量标准。色度学是研究人眼的颜色视觉规律、颜色测量理论与技术的学科，它是一门以光学、视觉生理、视觉心理、心理物理等学科为基础的综合性科学。

7.1 视敏函数与颜色视觉

眼睛的感光部分为视网膜中的杆体细胞和锥体细胞。杆体细胞能感受弱光刺激，但不能分辨颜色；锥体细胞在强光下灵敏，它还有辨别颜色的功能。和其他大多接收器一样，人眼所能感受的波长具有一定的选择性，一方面只能感受可见光范围内的波长，另一方面对可见光范围内的各种波长的反应灵敏度也不同。

7.1.1 视敏函数

接收器对不同波长电磁辐射的反应程度称为光谱响应度或光谱灵敏度，对人眼来说称为光谱光效率函数 $V(\lambda)$，又称为视敏函数。光谱灵敏度要受到所处环境亮度水平的影响。光亮度在几个 cd/m^2（光亮度的单位）以上时，正常人眼的适应状态叫明适应，此时的视觉称为明视觉。当亮度在百分之几 cd/m^2 以下时，正常人眼的适应状态叫暗适应，相应的视觉称为暗视觉。国际照明委员会（CIE）于 1924 年和 1951 年先后公布了明视觉的光谱光效率函数 $V(\lambda)$和暗视觉的光谱光效率函数 $V'(\lambda)$。

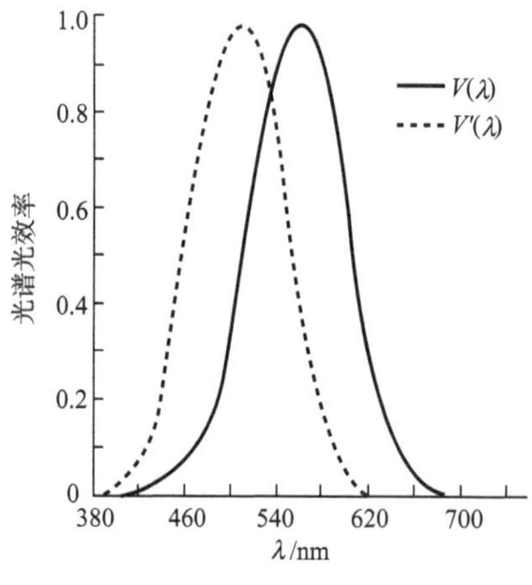

图 7-1 光谱光效率函数（视敏函数）曲线

虽然光谱光效率是波长的函数，但不易写成解析式，通常都是以图表来表示。CIE 根据对许多人的大量观察结果，用平均值的方法确定了人眼对各种波长的光的平均相对灵敏度，并制成图表，故称为"标准光度观察者"的光谱光效率。由实验测得人眼对不同波长的光谱光效率函数曲线如图 7-1 所示，其中虚线和实线分别为 $V'(\lambda)$ 和 $V(\lambda)$。可见，正常人的眼睛，明视觉 $V(\lambda)$的最大值在 555nm 处，而暗视觉 $V'(\lambda)$ 的最大值在 507nm 处，两种视觉最大值所对应的峰值波长相差 48nm。明视觉时对黄绿光最灵敏，对红光和紫光不灵敏，在可见光以外，则无视觉反应。将 555nm 所对应的黄绿光波长的光谱光效率值定为

1，为最大值，红光和紫光的光谱光效率值较小，红外光和紫外光的光谱光效率值为零。因此，为获得相等强度的视觉，对具有较大数值光谱光效率的光需要较小的辐射通量，而对较小光谱光效率的光则需要较大的辐射通量。例如，为使 555nm 的黄绿光与波长为 700nm 的红光产生相等强度的视觉，则黄、绿光的辐射通量仅为所需红光的辐射通量的 1/250。也就是说，为产生同等强度的视觉，光谱光效率值与所需光谱辐射通量成反比。

7.1.2　颜色视觉

医学研究表明，正常人眼的视网膜上有三种锥体感光细胞——红、绿、蓝三种视色素，相当于在人眼的视网膜上作用着不同光谱响应度的三种接收器，其光谱响应度的最大值分别在红光、绿光和蓝光区域。当光照射到人眼的视网膜上后，可以同时引起三种感光细胞的反应。而波长不同时，反应的程度不同，人眼就产生不同的颜色感觉。当长波端的光照射人眼时，由于蓝、绿感光细胞的反应程度相对于红光小很多，所以人眼综合反应的感觉为红色。当短波端的光照射人眼时，蓝光感光细胞反应强烈，其他两种反应很小，综合反应为蓝色。当只有红、绿光成分时，如果二者引起人眼的反应相同或相似，综合反应结果为黄色。当以蓝光反应为主，相应红光反应较小，并且无绿光反应时，综合反应为紫色。当引起红、绿、蓝三种感光细胞的反应相同时，则人眼的颜色感觉为白色。黑色则是三种感光细胞均不反应时的感觉。总的亮度感觉则为三种感光细胞中每种细胞所提供的亮度感觉之和。图 7-2 所示为三种感光细胞的反应曲线。横坐标为波长，纵坐标为相对响应度，其中蓝色对应曲线的纵坐标放大了 20 倍。

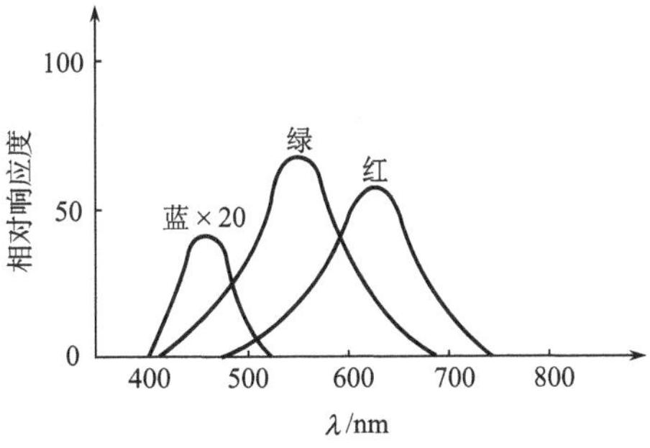

图 7-2　三种感光细胞的反应曲线

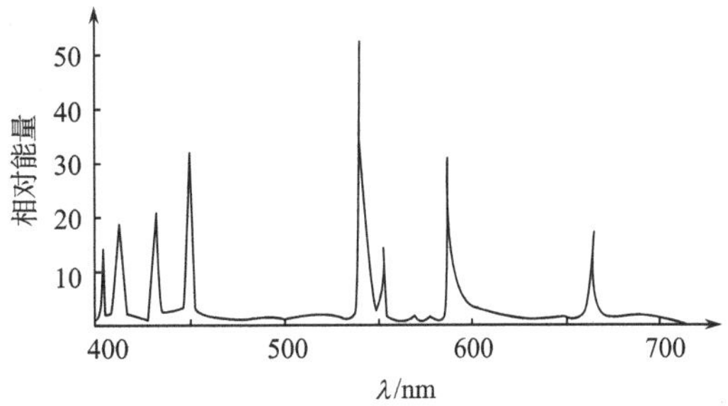

图 7-3　钠-铊-铟灯的相对光谱功率分布

图 7-3 所示为 1000W 钠-铊-铟灯的相对光谱功率分布曲线，其中三条主要线状光谱的峰值波长约为 450nm 的蓝光谱、540nm 的绿光谱和 590nm 的红光谱。虽然它们的光谱功率分布是不连续的线状光谱，但因红、绿、蓝三光谱线引起人眼的反应相同，所以它呈现白光。

由上可见，一种颜色的光都可由三原色按一定的比例混合而得到，当光射入人眼后，三种颜色的光分别作用于视网膜上的三种接收器而产生反应，反应的综合结果即产生颜色感觉。在色度学中，某种颜色的获得是由三原色按一定的比例混合而得到的。在颜色视觉领域里，通常由色调、明度、饱和度(纯度)三个参数来描述彩色特性。

色调：彩色彼此相互区分的一种特性。在可见光谱中，红、橙、黄、绿、青、蓝、紫以及许多中间过渡波长，在人眼的视觉上都表现为各种色调。红色一般指波长为 610nm 以上的光谱区域，570～590nm 的区域为黄色，500～570nm 的区域为绿色，500nm 以下的区域为蓝色或蓝绿色，紫色为 400nm 附近的区域，其余的是介于中间的颜色。光源的色调是由其辐射的光谱组成对人眼所产生的感觉所决定的。而物体的色调，除与照明光源的光谱成分有关以外，还与物体的光谱反射和透射特性有关。

明度：人眼对物体明暗的感觉。明度的高低同样与两个因素有关，对于发光的光源来说，亮度越大，明度越高。而不发光的彩色物体，在照明光源一定的情况下，光谱反射比或光谱透射比越高，则明度越高，或者说引起人眼明暗感觉的程度越大。明度除和亮度有关外，还受色调和背景的影响。例如，相同的能量，绿光引起人眼的视觉感觉强度大，同一彩色物体，在亮背景中的明度远高于在暗背景中的明度。

饱和度：指彩色的纯洁性，也称为纯度。它反映彩色和非彩色的差别，这种差别是与同亮度的白光相比较的，以避免将亮度的差别与彩色的差别混在一起。彩色是指黑白系列以外的各种颜色，非彩色是指黑色、白色和各种深浅不同的灰色。当物体对可见光中各种波长的反射均在 80%以上时，此物体呈现为白色；当反射为 100%时，称为纯白色物体。实际上，白色与纯白色物体均与照明光源的光谱功率分布（在可见光区）有关。严格地讲，当满足照明光源在可见光区的光谱功率分布曲线是一条平行于横轴的直线时，才可谈及白色问题。纯黑色则是指可见光被 100%地吸收。在日常生活中，纯白色和纯黑色物体是一种理想的颜色，在自然界中是找不到这样的物体的，也无法在实验室中获得。

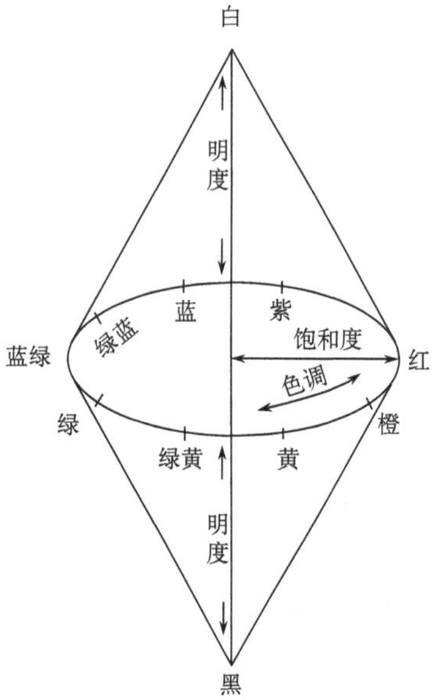

图 7-4　颜色立体

在可见光谱中，各种波长的单色光是最纯的彩色。如果在单色光中掺入白光，则纯度将下降。同样，物体颜色的饱和度与其本身的光谱反射特性有关，如果反射光的波长范围很窄，其他波长的光全部被吸收掉了，则说明物体的颜色纯度很高。对于非彩色，它们只有明度的差别，而无色调和饱和度等特性。

用一个三维空间的枣形立体可以把颜色的三种基本特性——色调、明度与饱和度全部表示出来，如图 7-4 所示。在颜色立体中，垂直轴代表白黑系列明度的变化，顶端是白色，底端是黑色，中间是各种灰色的过渡。色调由水平面的圆周表示，圆周上各点代表光谱上各种不同的色调（红、黄和蓝等）。圆形的中心是中灰色，中灰色的明度和圆周上各种色调的明度相同。从圆周向圆心过渡表示颜色饱和度逐渐降低，从圆周向上下白黑方向变化也表示颜色饱和度的降低。颜色色调和饱和度的改变不一定伴随明度的变化。当颜色在立体同一平面上变化时，只改变色调或饱和度而不改变明度。但是只要颜色离开圆周，它就不是最饱和的颜色。

7.2　光度学中的量及其基本规律

很长时间以来,国际上所采用的辐射度量和光度量的名称、单位、符号等很不统一。国际照明委员会(CIE)在 1970 年推荐采用的辐射度量和光度量单位基本和国际单位制(SI)一致,并在后来为世界各国广泛采纳。下面介绍光度学中量的定义、单位及其计算。

7.2.1　光通量

以电磁辐射形式发射、传输或接收的能量称为辐射能量,通常用 Q_e 表示,单位为焦耳(J)。无论自身发射辐射能还是受别的辐射源照射后透射或反射能量,这类物体统称为辐射体。辐射体在单位时间内向周围空间所辐射的总能量称为辐射通量,单位为瓦特(W),表示为

$$\Phi_e = \frac{dQ_e}{dt} \tag{7-1}$$

当辐射通量对接收器发生作用时,必须考虑接收器对辐射通量的感受规律。人眼只对波长为 380～770nm 的辐射产生光刺激,且光刺激的强弱不仅取决于辐射体辐射通量的绝对值,还取决于人眼的光谱光效率。辐射能量中由 $V(\lambda)$ 折算到能引起人眼光刺激的那一部分辐射通量称为光通量,用 Φ_v 或直接以 Φ 表示,单位为流明。

在某一波长 λ 附近,对于波长间隔为 $d\lambda$ 的单色光来讲,其光通量为

$$d\Phi_{v,\lambda} = k(\lambda)\Phi_e(\lambda)d\lambda = k_m V(\lambda)\Phi_e(\lambda)d\lambda \tag{7-2}$$

式中,$\Phi_e(\lambda)$ 为辐射通量随波长的变化关系;$k(\lambda)$ 为光谱光视效能;k_m 为最大光视效能,其值为 683lm/W,简称为最大光效率。

复色光光通量可表示为

$$\Phi_v = \int_0^\infty d\Phi_{v,\lambda} = 683\int_0^\infty V(\lambda)\Phi_e(\lambda)d\lambda \tag{7-3}$$

电光源发出的总光通量 Φ_h 与电光源的耗电功率 P 之比为 η,它表示电源每耗电 1W 所发出光通量的流明数,称为电光源的发光效率。它是衡量电光源工作性能的重要指标,表示为

$$\eta = \frac{\Phi_v}{P} = \frac{683\int_0^\infty V(\lambda)\Phi_e(\lambda)d\lambda}{P} \tag{7-4}$$

电光源的发光效率都是不高的,这是因为输入光源的电功率不能全部转化为电磁辐射通量,而电磁辐射通量中又只有一部分落在可见光区的缘故。

7.2.2　发光强度

为了描述辐射体在不同方向上的辐射特性而引入辐射强度的概念,单位为瓦特每球面度($W \cdot sr^{-1}$)。其定义为在给定传输方向上的单位立体角 $d\Omega$ 内辐射体发出的辐射通量 $d\Phi_e$,即

$$I_e = \frac{d\Phi_e}{d\Omega} \tag{7-5}$$

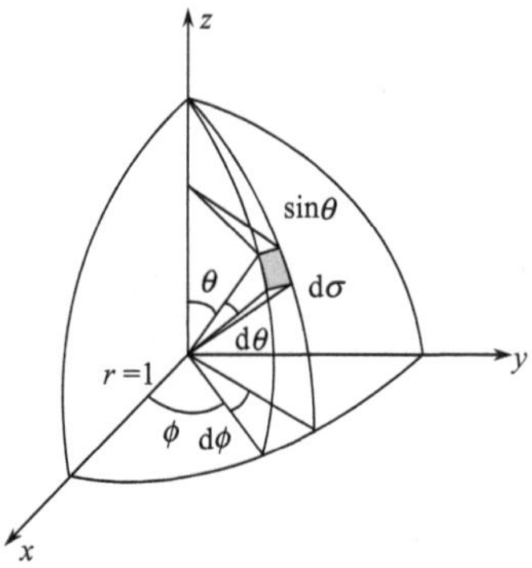

图 7-5 点光源发光强度

发光强度是表征光源在一定方向范围内发出的光通量的空间分布的物理量，它可用点光源在单位立体角中发出的光通量的数值来量度，表示为

$$I=\frac{\mathrm{d}\Phi_v}{\mathrm{d}\Omega} \tag{7-6}$$

一般来说，发光强度随方向而异，用极坐标(θ,ϕ)来描述选定的方向，$I_{\theta,\phi}$表示沿着该方向的发光强度。从图 7-5 可知，在球坐标中，$\mathrm{d}\Omega=\sin\theta\mathrm{d}\theta\mathrm{d}\phi$，因而

$$\mathrm{d}\Phi=I_{\theta,\phi}\cdot\mathrm{d}\Omega=I_{\theta,\phi}\sin\theta\mathrm{d}\theta\mathrm{d}\phi \tag{7-7}$$

所以由点光源所发出的总通量为

$$\Phi=\int_0^{2\pi}\mathrm{d}\phi\int_0^{\pi}I_{\theta,\phi}\sin\theta\mathrm{d}\theta \tag{7-8}$$

如果 I 不随 θ 和 ϕ 而变化（均匀发光体），则得总光通量 $\Phi=4\pi I$。

在国际单位制中，发光强度的单位为坎德拉(Candela)，简写为坎(cd)。坎德拉定义为一光源在给定方向上的发光强度，该光源发出频率为 5.4×10^{14} Hz 的单色辐射，而且在此方向上的辐射强度为 1/683(W/sr)。空气中，波长为 555nm、明视觉的视敏函数为 1 的辐射对应的频率为 5.400086×10^{14} Hz。略去尾数，则坎德拉新定义中的频率实际上就是明视觉最灵敏谱线的频率。在国际单位制中，发光强度的单位是国际单位制中 7 个基本单位之一，光度学中其他单位均为导出单位。

【例 7-1】 常用的 220V、40W 的钨丝灯泡，其发射的总光通量是 480lm，若把灯泡看成点光源，求其发光效率和平均发光强度。

解 钨丝灯泡每瓦功率的发光效率为

$$\eta=\frac{480(\mathrm{lm})}{40(\mathrm{W})}=12(\mathrm{lm/W})$$

平均发光强度为

$$I=\frac{\Phi}{\Omega}=\frac{480(\mathrm{lm})}{4\pi(\mathrm{sr})}=38(\mathrm{cd})$$

7.2.3 光照度

光照度是表征受照面被照明程度的物理量，指在受照物体单位面积上接收的光通量。如果照射在物体面元 $\mathrm{d}A$ 上的光通量为 $\mathrm{d}\Phi$，则照度 E 为

$$E=\frac{\mathrm{d}\Phi}{\mathrm{d}A} \tag{7-9}$$

光照度的单位为勒克斯(lx)，$1\mathrm{lx}=1\mathrm{lm/m^2}$，它是 1lm 的光通量均匀分布在 $1\mathrm{m}^2$ 的表面上所产生的照度。对于点光源，$\mathrm{d}\Phi=I\mathrm{d}\Omega$，其照度为

$$E=\frac{\mathrm{d}\Phi}{\mathrm{d}A}=\frac{I\cos\alpha}{R^2} \tag{7-10}$$

式中，R 为点光源距受光物体面元 $\mathrm{d}A$ 中心的距离，光束的轴线方向与受照面法线间夹角为 α。由此可见，点光源所造成的照度反比于光源到受照面的距离的平方，正比于光束的

轴线方向与受照面法线间夹角 α 的余弦。常见受照物体表面光照度值如表 7-1 所示。

表 7-1　常见受照物体表面光照度值

被照表面	照度/lx
无月夜间在地面上产生的照度	3×10^{-4}
满月在天空时对地面产生的照度	0.2
辨认方向所需要的照度	1
办公室工作所必需的照度	20～100
晴朗夏日采光良好时室内照度	100～500
太阳直射的照度	10^5

【例 7-2】　一个 40W 钨丝灯，总光通量为 500lm，设各向发光强度相等。试计算以灯丝为中心，半径分别为 1m 和 2m 的球面上的光照度。

解　灯丝的平均发光强度为

$$I_0=\frac{\Phi}{4\pi(\mathrm{sr})}=\frac{500(\mathrm{lm})}{4\pi(\mathrm{sr})}=40(\mathrm{cd})$$

1sr 立体角就是在离灯 1m 处、表面积为 $1\mathrm{m}^2$ 所张的立体角，所以离灯 1m 处的光照度为

$$E=\frac{\Phi}{A}=\frac{40(\mathrm{lm})}{1(\mathrm{m}^2)}=40(\mathrm{lx})$$

在离灯 2m 处、张角为 1sr 立体角所对应的表面积为 $4\mathrm{m}^2$，所以其光照度为

$$E=\frac{\Phi}{A}=\frac{40(\mathrm{lm})}{4(\mathrm{m}^2)}=10(\mathrm{lx})$$

7.2.4　光亮度

对于具有一定面积的发光体，其表面上不同位置发光的强弱可能是不一样的。光源单位发光面积上发出的光通量定义为光源的光出射度，用 M 表示，即

$$M=\frac{\mathrm{d}\Phi}{\mathrm{d}A} \tag{7-11}$$

光出射度的单位为流明每平方米($\mathrm{lm/m^2}$)。

光出射度仅能表示单位面积发射的光通量大小，它没有涉及发光的方向问题，所以引入光亮度。光亮度是光源表面上一块面元在给定方向的发光强度与面元在垂直于该方向的平面上的正交投影面积之比，用 L 表示。

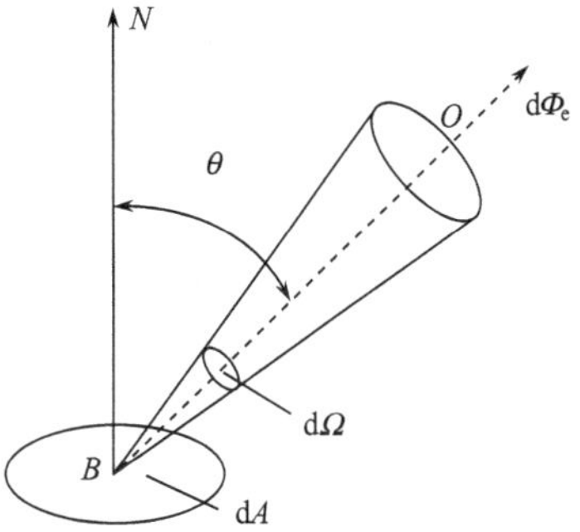

图 7-6　光亮度示意图

如图 7-6 所示，以 B 点为中心，在其周围取一微面元 $\mathrm{d}A$，在与辐射面的法线 N 成 θ 角的方向 BO 取立体角元 $\mathrm{d}\Omega$，设在 $\mathrm{d}\Omega$ 立体角内发射的辐射通量为 $\mathrm{d}\Phi_e$，且 $\mathrm{d}A$ 在 BO 垂直方向上的投影面积为 $\mathrm{d}A\cos\theta$，则光亮度表示为

$$L=\frac{I}{\mathrm{d}A\cos\theta} \tag{7-12}$$

由式(7-12)可见，θ 方向的光亮度 L 是投影 θ 方向的单位面积上的发光强度，或者说是投影到 θ 方向的

单位投影面积单位立体角内的光通量。光亮度的单位为坎德拉每平方米(cd/m^2)。为了对光亮度有数值上的概念,表 7-2 给出了一些实际光源光亮度的近似值。

表 7-2 一些实际光源光亮度的近似值

光源	$L/(cd/m^2)$	光源	$L/(cd/m^2)$
在地面上看到的太阳	1.5×10^9	日用 100W 钨丝灯	6×10^6
日光下的白纸	2.5×10^4	碳弧灯	$(1.5\sim10)\times10^8$
晴朗白天的天空	3×10^3	钠光灯	$(4\sim10)\times10^4$
月亮表面	3×10^2	超高压毛细汞弧灯	$(4\sim10)\times10^8$
烛焰	5×10^3	超高压电光源	25×10^8

7.2.5 光度学中的基本规律

1. 余弦辐射体

一般发光面在各个方向的亮度值不等,即亮度本身是空间方位角的函数,有些发光面的发光强度与空间方向的关系为

$$I_\theta = I_N \cdot \cos\theta \tag{7-13}$$

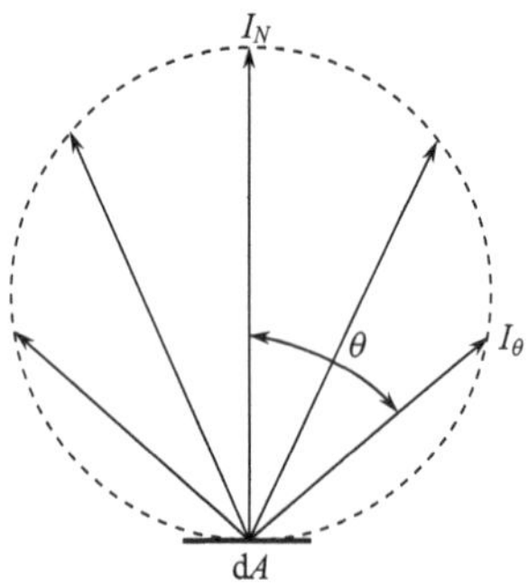

图 7-7 朗伯辐射体

图 7-7 中,dA 是发光面,I_N 是 dA 法线方向的发光强度,I_θ 是与法线成 θ 角方向的发光强度。如果用矢径表示发光强度,则各方向发光强度矢径的终点轨迹在一球面上。符合式(7-13)规律的发光体称为“余弦辐射体”或“朗伯(Lambert)辐射体”。由光亮度的定义式 $L_\theta = I_\theta/(\mathrm{d}A\cos\theta)$ 可得:余弦辐射体的光亮度为常数,即余弦辐射体各方向的光亮度相同,与方向角 θ 无关。

严格地讲,只有绝对黑体才是朗伯光源。自然界中的大多数物体本身并不发光,而是被光源照射后,光线在物体表面进行漫反射。被均匀照明的烟熏的氧化镁表面、毛玻璃或乳白玻璃表面,都可以近似地看作遵从朗伯定律的光源。现根据朗伯定律来讨论本身不发光的物体表面的亮度问题。

设一遵从朗伯定律的漫射光表面 dA,它的光照度为 E,根据光通量和光照度之间的关系,面元 dA 所接收到的光通量为 $\mathrm{d}\Phi = E\mathrm{d}A$。

设漫射表面的漫射系数为 ρ,则面元 dA 所反射出来的总光通量 $\mathrm{d}\Phi'$ 表示为

$$\mathrm{d}\Phi' = \rho\,\mathrm{d}\Phi = \rho E\,\mathrm{d}A \tag{7-14}$$

根据朗伯定律的定义,漫射光表面的亮度是不随方向改变的。因此,漫射光表面所发出的总光通量和亮度之间的关系为

$$\mathrm{d}\Phi' = \pi L\,\mathrm{d}A$$

将 $\mathrm{d}\Phi' = \rho E\mathrm{d}A$ 代入上式,则得

$$\rho E\,\mathrm{d}A = \pi L\,\mathrm{d}A$$

所以

$$L=\frac{1}{\pi}\rho E \tag{7-15}$$

根据光出射度和光照度之间的关系，$M=\rho E$，所以式(7-15)又可写成

$$L=\frac{1}{\pi}M \quad 或 \quad M=\pi L$$

即单位面积所发射的光通量为其亮度的 π 倍。因此，只要测出漫射光表面所发射的总光通量或光出射度即可计算出发光面在各个方向上的光亮度。

2. 照度的距离平方反比定律

设点光源在单位立体角内所发射的光线是均匀的，在距点光源距离为 l 处截一面元 $\mathrm{d}A$，则通过 $\mathrm{d}A$ 的光通量也是均匀的，如图 7-8 所示。

根据光强的定义，在 $\boldsymbol{r}$ 方向的光强为

$$I=\mathrm{d}\Phi/\mathrm{d}\omega$$

所以 $\mathrm{d}\Phi=I\mathrm{d}\omega$，即通过 $\mathrm{d}A$ 面所接收到的光通量。而

$$E=\frac{\mathrm{d}\Phi}{\mathrm{d}A}=\frac{I}{\mathrm{d}A}\mathrm{d}\omega$$

将 $\mathrm{d}\omega=\frac{\mathrm{d}A}{l^2}$ 代入上式得

$$E=\frac{I}{l^2} \tag{7-16}$$

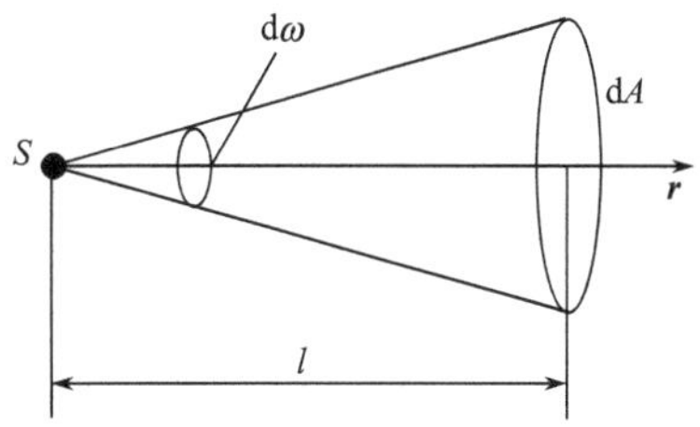

图 7-8　通过 dA 的光通量示意图

式(7-16)说明，垂直于光线传播方向的被照表面的光照度与从光源到接收面距离的平方成反比，与发光强度成正比。这一原理称为距离平方反比定律。此定律包含了发光强度、照度与距离之间的关系，在光度学和辐射度学中广泛应用。

任何光源都有一定的形状和大小，只有当测试距离比光源本身的线度大得多，即光源的线度可忽略时，才可将光源当做点光源来处理。

3. 同一介质元光管中光能的传播

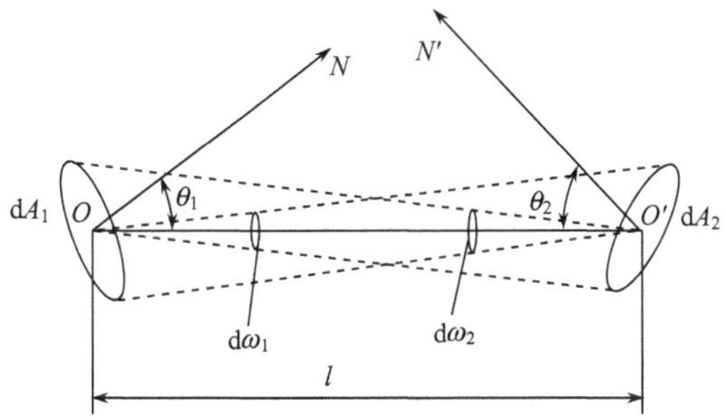

图 7-9　光辐射传播示意图

光辐射传播过程的能量损失对光通量和光亮度有着重要的影响。如图 7-9 所示，现设有两个面元 $\mathrm{d}A_1$ 和 $\mathrm{d}A_2$ 的中心连线 OO' 的距离为 l，两面元的法线与中心连线的夹角分别为 θ_1 和 θ_2，设两面元在沿 OO'（或 $O'O$）方向所传递的光能量均投射在相对应的面元 $\mathrm{d}A_2$ 和 $\mathrm{d}A_1$ 上，即光能量无损失，两面元的光亮度分别为 L_1 和 L_2。

则由 $\mathrm{d}A_1$ 面发射到 $\mathrm{d}A_2$ 面上的光通量为

$$\mathrm{d}\Phi_{12}=L_1\mathrm{d}A_1\cos\theta_1\mathrm{d}\omega_1=\frac{L_1}{l^2}\cos\theta_1\cos\theta_2\mathrm{d}A_1\mathrm{d}A_2$$

因为假设光辐射在所限定的空间内传播时，无能量损失，则 $d\Phi_{12}=d\Phi_{21}$，相应可得

$$L_1=L_2$$

综上所述可知，光辐射在同一均匀介质中和所限定的空间内传播时，如果无能量损失，则在传播方向上的任一截面上的光通量和光亮度均保持不变。如果光辐射在传播过程中有能量损失，则 $\Phi_{12}\neq\Phi_{21}$，相应 $L_1\neq L_2$。

如果 dA_1 面为发光面，dA_2 面为接收面(如光电探测器表面)，则由 dA_1 面发射、dA_2 面接收到的光通量为

$$d\Phi=\frac{L}{l^2}\cos\theta_1\cos\theta_2 dA_1 dA_2 \tag{7-17}$$

式中，L 为发光面的光亮度，这就是光能传播定律。

4. 小视场光学系统轴上像点的光照度

图 7-10 所示为一个成像光学系统。dA 和 dA'分别代表轴上点附近的物和像的微小面积，物方孔径角为 U，像方孔径角为 U'，物面和像面的光亮度分别为 L 和 L'，物方和像方介质折射率分别为 n 和 n'。若物被看作是余弦辐射体，则微面积 dA 向孔径角为 U 的成像光学系统发出的光通量为

$$\Phi=\pi L\, dA\sin^2 U$$

从出瞳入射到像面微面积 dA'上的光通量为

$$\Phi'=\pi L' dA'\sin^2 U'$$

光在光学系统中传播时，存在能量损失，若系统的光透过比为 τ，则 $\Phi'=\tau\Phi$，因此

$$\Phi'=\tau\pi L\, dA\sin^2 U$$

轴上像点的光照度为

$$E'=\frac{\Phi'}{dA'}=\tau\pi L\frac{dA}{dA'}\sin^2 U$$

又 $\frac{dA}{dA'}=\frac{1}{\beta^2}$，所以

$$E'=\frac{1}{\beta^2}\tau\pi L\sin^2 U \tag{7-18}$$

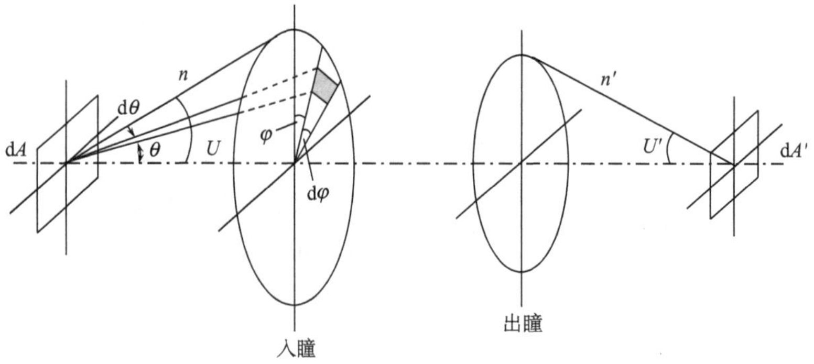

图 7-10 成像光学系统

当系统满足正弦条件时，$\beta=\dfrac{n\sin U}{n'\sin U'}$，所以

$$E'=\frac{n'^2}{n^2}\tau\pi L\sin^2 U' \tag{7-19}$$

式(7-18)和式(7-19)就是像面轴上点照度的表达式。由式可见，轴上像点的照度与孔径角正弦的平方成正比，与线放大率的平方成反比。

5. 大视场光学系统轴外像点的光照度

当像面的视场较大时，随视场中心向外，照度逐渐下降，这是因为同一垂轴像面的轴外点比轴上点离出瞳较远，并且出瞳面对轴外点投影面积较小。如图 7-11 所示，M'为一轴外点，它对应的主光线视场角为 ω'，对出瞳的张角为 $U'_{M'}$，M'点的照度为

$$E'_M=\frac{n'^2}{n^2}\tau\pi L\sin^2 U'_{M'} \tag{7-20}$$

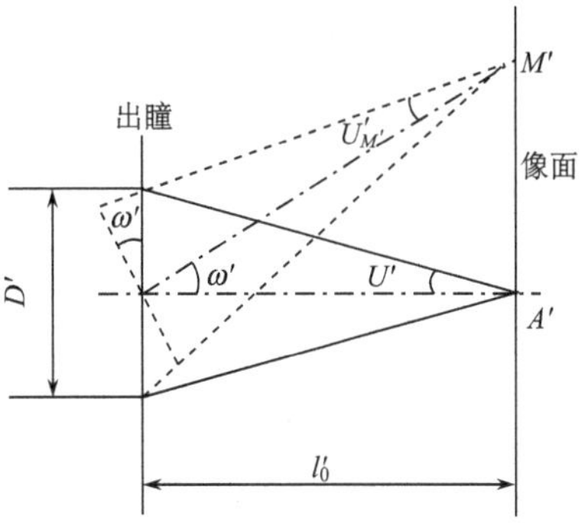

图 7-11　光学系统的轴外点成像

当 $U'_{M'}$ 较小时

$$\sin U'_{M'}\approx\tan U'_{M'}=\frac{\dfrac{D'}{2}\cos\omega'}{\dfrac{l'_0}{\cos\omega'}}=\frac{D'\cos^2\omega'}{2l'_0}\approx\sin U'\cos^2\omega'$$

式中，D'为出瞳直径，l'_0 为像面到出瞳的距离。

把 $\sin U'_{M'}$ 代入式(7-20)，得到 $E'_{M'}=\dfrac{n'^2}{n^2}\tau\pi L\sin^2 U'\cos^4\omega'$，即

$$E'_{M'}=E'_0\cos^4\omega' \tag{7-21}$$

式中，$E'_0=\dfrac{n'^2}{n^2}\tau\pi L\sin^2 U'$，为像面轴上点的照度。

式(7-21)表明，轴外像点的光照度随视场角余弦的四次方迅速下降。如果轴外光束还有渐晕，则实际照度将更低。表 7-3 表示对应于不同视场角 ω'的轴外像点照度降低的情况。

表 7-3　不同视场角 ω'的轴外像点照度与轴上像点照度比

ω'	0°	10°	20°	30°	40°	50°	60°
$E'_{M'}/E'_0$	1	0.941	0.780	0.563	0.344	0.171	0.063

7.3　色度学基础

国际照明委员会(CIE)在 1931 年规定了两套色度系统，一种是 RGB 色度系统，另一种是 XYZ 色度系统。两种系统都是建立在人眼的颜色视觉理论和三色混合实验的基础之上的。本节从三色混合实验出发，系统讨论两种标准色度系统。

7.3.1 颜色匹配实验

如图 7-12 所示，左图的实验系统由白色圆形漫反射屏幕、三种颜色光源、待配色源、黑挡屏和带孔的黑屏幕组成。其中，斜上方的三种颜色光源分别为红(R)、绿(G)、蓝(B)，将红、绿、蓝称为三原色，它们的亮度大小可进行调节。斜下方为待配色源，它发射的光可以是各种颜色。黑档屏的作用是将上下两色源投射在屏幕上的光斑分开。由屏幕漫反射的光经圆形小孔照射入眼睛，人眼的视场控制在 2°左右。

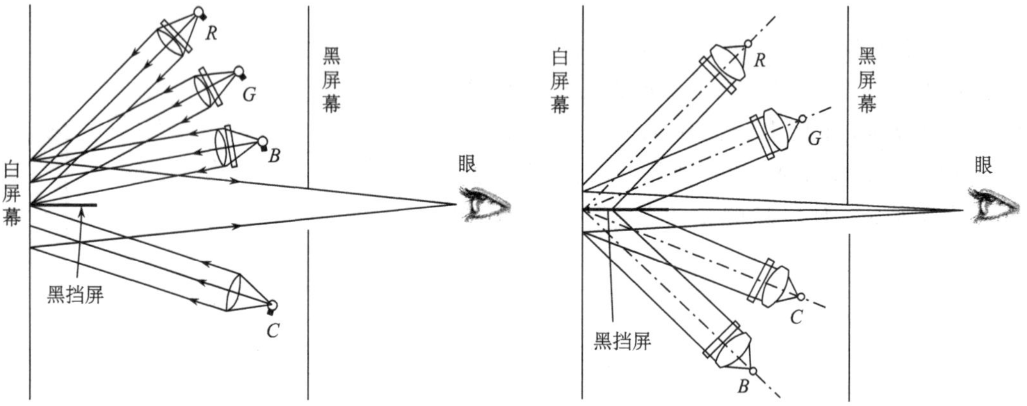

图 7-12 三色混合示意图

在颜色匹配实验中，让待配色源发射的光照射白色屏幕，形成某种特定颜色的光，然后调节红、绿、蓝光的强度，直到三原色光以一定比例混合后所产生的颜色与待配色源所发射光的颜色相同。此时，视场中的分界线消失，说明待配光的颜色与三原色的混合光色达到颜色匹配。若以(C)代表被匹配颜色的单位，(R)、(G)、(B)代表产生混合色的红、绿、蓝三原色的单位。R、G、B 分别代表红、绿、蓝三原色的数量(三刺激值)，C 代表被匹配色的数量，那么当实验达到两半视场匹配时，此结果可表示为

$$C(C) \equiv R(R) + G(G) + B(B) \tag{7-22}$$

式中，"≡"号表示视觉上相等，即颜色匹配。

但如果待匹配的颜色很饱和，仍用红、绿、蓝三原色的混合光去试行匹配，就会发现大部分光谱色的饱和度太高，不能用这三原色产生满意的匹配。这时就要把少量的三原色之一加到待匹配的光谱色一侧(图 7-12(a))，用其余的两原色去实现配对。例如，对光谱的黄单色光，就不能用三原色光的混合获得满意的匹配。这时，只用红和绿两原色光相混合，而把少量的蓝原色光加到黄光谱色一侧，才能实现满意的匹配。为了匹配相等能量(简称等能)光谱色的三原色数量称为光谱三刺激值，用$\bar{r}$，$\bar{g}$，$\bar{b}$来表示。匹配波长为 λ 的等能光谱色(C_λ)的颜色方程为

$$C_\lambda = \bar{r}(R) + \bar{g}(G) + \bar{b}(B) \tag{7-23}$$

式中，光谱三刺激值$\bar{r}$，$\bar{g}$，$\bar{b}$可能为负。

7.3.2 CIE 标准色度系统

国际照明委员会在 1931 年同时推出 CIE1931-RGB 和 CIE1931-XYZ 两套色度学系统，

并规定用红(700nm)、绿(546.1nm)、蓝(435.8nm)三种光谱色为三原色，用此三原色匹配等能白光的三刺激值相等，三原色的光亮度比(*R*)∶(*G*)∶(*B*)=1∶4.5907∶0.0601。

1. CIE1931-RGB 系统

在莱特(Wright)和吉尔德(Guild)实验数据基础上，通过转换得到 CIE1931 三原色的三刺激值，并定名为“CIE1931-RGB 系统标准色度观察者光谱三刺激值”，用 $\bar{r}(\lambda)$，$\bar{g}(\lambda)$，$\bar{b}(\lambda)$表示，具体数据如表 7-4 所示。

对应各光谱色的色度坐标为

$$\left.\begin{aligned} r(\lambda)&=\bar{r}(\lambda)/[\bar{r}(\lambda)+\bar{g}(\lambda)+\bar{b}(\lambda)] \\ g(\lambda)&=\bar{g}(\lambda)/[\bar{r}(\lambda)+\bar{g}(\lambda)+\bar{b}(\lambda)] \\ b(\lambda)&=\bar{b}(\lambda)/[\bar{r}(\lambda)+\bar{g}(\lambda)+\bar{b}(\lambda)] \end{aligned}\right\} \tag{7-24}$$

如果以 *r* 为横坐标，以 *g* 为纵坐标，则可得图 7-13所示的 CIE1931-RGB 系统色度图。

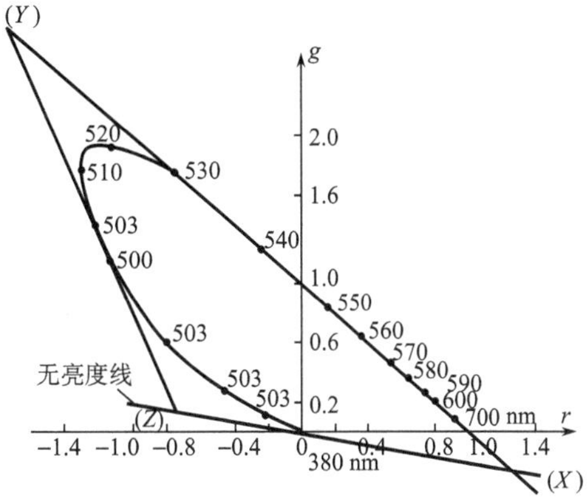

图 7-13　CIE1931-RGB 系统色度图

图中舌形曲线上各点代表所有单色光的色度坐标点，这些色度坐标点连成的舌形曲线称为光谱轨迹。从图中可知，在光谱轨迹上的色度坐标值，在很大范围内出现负值。究其原因是在三色混合实验中，无论如何调节光量，都不能使视场颜色相匹配，而必须将三原色中某种基色源移向待配色源一边，才可能实现颜色匹配，这基色就用负值表示。因此，RGB 色度系统中的色度坐标也出现了负值。

2. CIE1931-XYZ 色度系统

在 CIE1931-RGB 色度系统的基础上，又推荐了 CIE1931-XYZ 系统，该系统是以红原色(*X*)、绿原色(*Y*)和蓝原色(*Z*)三种假想色作为三原色。假想色的选择主要满足以下三个条件：

(1) *Y* 刺激值表示颜色的亮度；

(2) 避免出现类似 CIE1931-RGB 系统中光谱三刺激值和色度坐标的负值；

(3) 色坐标图上表示的实际不存在的颜色所占面积要尽可能小。

条件(1)意味着(*X*)和(*Z*)的亮度为零，*XZ* 连线称为无亮度线。无亮度线上的点只代表色度，而没有亮度。在 RGB 系统中，三原色的相对亮度比例是 $Y_{(R)}:Y_{(G)}:Y_{(B)}=1:4.5907:0.0601$，则某一颜色 *C* 的亮度 $Y_{(C)}$ 的方程为

$$Y_{(C)}=r+4.5907g+0.0601b \tag{7-25}$$

对于无亮度线 *XZ* 而言，$Y_{(C)}=0$，又由 $r+g+b=1$，所以线段 *XZ* 应满足方程

$$0.9399r+4.5306g+0.0601b=0 \tag{7-26}$$

条件(2)要求假想三原色形成的三角形应包括整个 CIE1931-RGB 系统中光谱轨迹，并且在新系统中光谱轨迹上以及轨迹之内的色度坐标都应为正值。

表 7-4　CIE1931-RGB 系统标准色度观察者光谱三刺激值

波长/nm	$\bar{r}(\lambda)$	$\bar{g}(\lambda)$	$\bar{b}(\lambda)$	波长/nm	$\bar{r}(\lambda)$	$\bar{g}(\lambda)$	$\bar{b}(\lambda)$
380	0.00003	−0.00001	0.00117	580	0.24526	0.13610	−0.00108
385	0.00005	−0.00002	0.00189	585	0.27989	0.11686	−0.00093
390	0.00010	−0.00004	0.00359	590	0.30928	0.09754	−0.00079
395	0.00017	−0.00007	0.00647	595	0.33184	0.07909	−0.00063
400	0.00030	−0.00014	0.01214	600	0.34429	0.06246	−0.00049
405	0.00047	−0.00022	0.01969	605	0.34756	0.04776	−0.00038
410	0.00084	−0.00041	0.03707	610	0.33971	0.03557	−0.00030
415	0.00139	−0.00070	0.06637	615	0.32265	0.02583	−0.00022
420	0.00211	−0.00110	0.11541	620	0.29708	0.01828	−0.00015
425	0.00266	−0.00143	0.18575	625	0.26348	0.01253	−0.00011
430	0.00218	−0.00119	0.24769	630	0.22677	0.00833	−0.00008
435	0.00036	−0.00021	0.29012	635	0.19233	0.00537	−0.00005
440	−0.00261	0.00149	0.31228	640	0.15968	0.00334	−0.00003
445	−0.00673	0.00379	0.31860	645	0.12905	0.00199	−0.00002
450	−0.01213	0.00678	0.31670	650	0.10167	0.00116	−0.00001
455	−0.01874	0.01046	0.31166	655	0.07857	0.00066	−0.00001
460	−0.02608	0.01485	0.29821	660	0.05932	0.00037	0.00000
465	−0.03324	0.01977	0.27295	665	0.04366	0.00021	0.00000
470	−0.03933	0.02538	0.22991	670	0.03149	0.00011	0.00000
475	−0.04471	0.03183	0.18592	675	0.02294	0.00006	0.00000
480	−0.04939	0.03914	0.14494	680	0.01687	0.00003	0.00000
485	−0.05364	0.04713	0.10968	685	0.01187	0.00001	0.00000
490	−0.05814	0.05689	0.08257	690	0.00819	0.00000	0.00000
495	−0.06414	0.06948	0.06246	695	0.00572	0.00000	0.00000
500	−0.07173	0.08536	0.04776	700	0.00410	0.00000	0.00000
505	−0.08120	0.10593	0.03688	705	0.00291	0.00000	0.00000
510	−0.08901	0.12860	0.02698	710	0.00210	0.00000	0.00000
515	−0.09356	0.15262	0.01842	715	0.00148	0.00000	0.00000
520	−0.09264	0.17468	0.01221	720	0.00105	0.00000	0.00000
525	−0.08473	0.19113	0.00830	725	0.00074	0.00000	0.00000
530	−0.07101	0.20317	0.00549	730	0.00052	0.00000	0.00000
535	−0.05316	0.21083	0.00320	735	0.00036	0.00000	0.00000
540	−0.03152	0.21466	0.00146	740	0.00025	0.00000	0.00000
545	−0.00613	0.21487	0.00023	745	0.00017	0.00000	0.00000
550	0.02279	0.21178	−0.00058	750	0.00012	0.00000	0.00000
555	0.05514	0.20588	−0.00105	755	0.00008	0.00000	0.00000
560	0.09060	0.19702	−0.00130	760	0.00006	0.00000	0.00000
565	0.12840	0.18522	−0.00138	765	0.00004	0.00000	0.00000
570	0.16768	0.17087	−0.00135	770	0.00003	0.00000	0.00000
575	0.20715	0.15429	−0.00123	775	0.00001	0.00000	0.00000
580	0.24526	0.13610	−0.00108	780	0.00000	0.00000	0.00000

为了满足条件(3)，XY 和 YZ 应与 CIE1931-RGB 系统色度图中的光谱轨迹相切。在 RGB 系统中，540～570nm 段的光谱轨迹基本上是一段直线，该线段上的两种颜色混合就能得到这两种颜色间的任何光谱颜色。新系统的 XY 边应与这段直线重合，在这段光谱轨迹上的颜色混合时，只涉及(X)和(Y)原色的变化，与(Z)原色无关，从而使计算方便。因此，可求出 XY 所在的直线方程为

$$r + 0.99g - 1 = 0 \tag{7-27}$$

另外，当直线 YZ 与 CIE1931-RGB 系统色度图光谱轨迹相切于点 503nm 时，光谱轨迹内真实颜色占据 XYZ 三角形内较大部分的空间。所以 YZ 边直线的方程为

$$1.45r + 0.55g + 1 = 0 \tag{7-28}$$

上述三条直线方程的交点就是假想三原色(X)、(Y)、(Z)在 RGB 系统中的位置。因此，可得到这三原色在 RGB 系统中的色度坐标为

$$\left.\begin{array}{llll}(X): & r = 1.2750, & g = -0.2778, & b = 0.0028 \\ (Y): & r = -1.7392, & g = 2.7671, & b = -0.0279 \\ (Z): & r = -0.7431, & g = 0.1409, & b = 1.6022\end{array}\right\} \tag{7-29}$$

对于光谱波长为 λ 的颜色刺激，其 $x(\lambda)$、$y(\lambda)$、$z(\lambda)$ 色度坐标对 $r(\lambda)$、$g(\lambda)$、$b(\lambda)$ 色度坐标的变换关系为

$$\left.\begin{array}{l} x(\lambda) = \dfrac{0.49000r(\lambda) + 0.31000g(\lambda) + 0.20000b(\lambda)}{0.66697r(\lambda) + 1.13240g(\lambda) + 1.20063b(\lambda)} \\ y(\lambda) = \dfrac{0.17697r(\lambda) + 0.81240g(\lambda) + 0.01063b(\lambda)}{0.66697r(\lambda) + 1.13240g(\lambda) + 1.20063b(\lambda)} \\ z(\lambda) = \dfrac{0.00000r(\lambda) + 0.01000g(\lambda) + 0.99000b(\lambda)}{0.66697r(\lambda) + 1.13240g(\lambda) + 1.20063b(\lambda)} \end{array}\right\} \tag{7-30}$$

用式(7-30)可计算出 CIE1931-RGB 系统中各波长的光谱在 CIE1931-XYZ 系统中相应的色度坐标。国际照明委员会规定，CIE1931-XYZ 系统的 $\bar{y}(\lambda)$ 与人眼的光谱光效率函数 $V(\lambda)$ 一致，所以 CIE1931-XYZ 系统中光谱三刺激值 $\bar{x}(\lambda)$、$\bar{y}(\lambda)$、$\bar{z}(\lambda)$ 为

$$\left.\begin{array}{l} \bar{x}(\lambda) = \dfrac{x(\lambda)}{y(\lambda)}V(\lambda) \\ \bar{y}(\lambda) = V(\lambda) \\ \bar{z}(\lambda) = \dfrac{z(\lambda)}{y(\lambda)}V(\lambda) \end{array}\right\} \tag{7-31}$$

图 7-14 所示为根据匹配各种等能单色光时所需光谱三刺激值的大小而绘制成的曲线。从图中看出 $\bar{y}(\lambda)$ 的数值和人眼的光谱光效率函数 $V(\lambda)$ 数值相同。

在 RGB 色度系统中的三刺激值确定以后，可以根据式(7-24)计算 r、g、b，再由式(7-31)即可计算 XYZ 色度系统中的色度坐标 x、y 的值。图 7-15 所示为 CIE1931-XYZ 色度图。由图可知，舌形曲线上各点代表可见光区各种单色光的位置，也代表各种色调的单色光。连接舌形曲线的直线代表红紫混合的紫红轨迹，靠近 700nm 则红光成分多，而靠近 400nm 则紫光成分多。另外，舌形区域以内的弧形曲线为黑体轨迹，与该曲线相交的线段为等色温线。

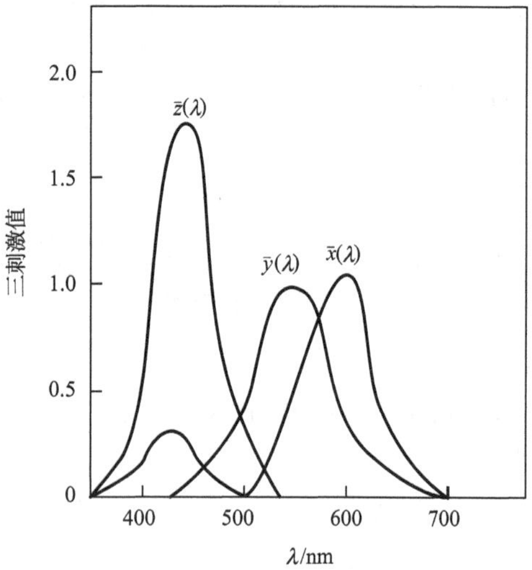

图 7-14 CIE1931-XYZ 系统光谱三刺激值

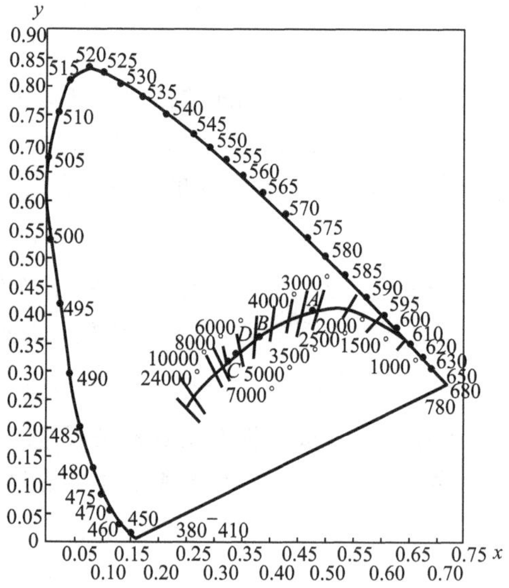

图 7-15 CIE1931-XYZ 色度图

3. CIE1964 补充色度学系统

CIE1931-XYZ 标准色度系统的建立，是以视场为 2°的三色混合实验为基础的，它代表人眼 2°视场时的色感觉的平均特性。当视场扩大到 4°以上时，由于视场的扩大和杆体细胞的参与，其颜色感觉发生一定的变化。因此，CIE 在 1964 年又新规定了一组 CIE1964 补充标准色度观察者色匹配函数值，用 $\bar{x}_{10}(\lambda)$，$\bar{y}_{10}(\lambda)$，$\bar{z}_{10}(\lambda)$ 表示，同样也可画出 CIE1964 年补充色度观察者色匹配函数曲线图。当视场在 1°～4°范围内时，用 CIE1931 标准色度观察者数据；而视场在 4°～10°范围时，用 CIE1964 补充标准色度观察者数据。

7.3.3 CIE 色度计算

为了计算光源和物体的颜色，必须知道进入到人眼的光辐射的光谱组成。假定进入人眼的光谱能量以符号 $\varphi(\lambda)$ 代表，称为色刺激函数，那么由它引起的 CIE 三刺激值可以表示为

$$\left.\begin{aligned} X &= k\int_{380}^{780} \varphi(\lambda)\bar{x}(\lambda)\,\mathrm{d}\lambda \\ Y &= k\int_{380}^{780} \varphi(\lambda)\bar{y}(\lambda)\,\mathrm{d}\lambda \\ Z &= k\int_{380}^{780} \varphi(\lambda)\bar{z}(\lambda)\,\mathrm{d}\lambda \end{aligned}\right\} \tag{7-32}$$

式中，k 称为调整系数，对于照明体或光源定义为

$$k = \frac{100}{\sum\limits_{\lambda=380\text{nm}}^{780\text{nm}} P_{\mathrm{e}}(\lambda)\bar{y}(\lambda)\Delta\lambda}$$

其实际意义是把照明体或光源的 Y 值调整为 100。

1. 物体色的计算方法

由于物体颜色与照明条件和物体本身的特性有关，即与光源的相对光谱功率分布 $P_e(\lambda)$、物体本身的光谱透射比 $\tau(\lambda)$、物体本身的光谱反射比 $\rho(\lambda)$ 和物体本身的光谱辐亮度系数 $\beta(\lambda)$ 有关（当光照射到物体上时，会发生透射、反射和激光辐射，如激发荧光），所以实际进入人眼的色刺激值 $\varphi(\lambda)$ 应是照明体的相对光谱功率分布与物体本身特性参数的乘积，表示为

$$\left.\begin{aligned}\varphi(\lambda)&=\tau(\lambda)P_e(\lambda)\\\varphi(\lambda)&=\rho(\lambda)P_e(\lambda)\\\varphi(\lambda)&=\beta(\lambda)P_e(\lambda)\end{aligned}\right\}\tag{7-33}$$

通过上面的公式计算得到 X、Y、Z 三刺激值以后，则物体颜色的坐标为

$$\left.\begin{aligned}x&=\frac{X}{X+Y+Z}\\y&=\frac{Y}{X+Y+Z}\end{aligned}\right\}\tag{7-34}$$

2. 主波长

用某一光谱颜色按一定比例与一个确定的参照光源（如 CIE 标准光源 A、B，等能光源 E，标准照明体 D_{65}）相混合而匹配出样品色，该光谱色的波长就是样品的主波长。颜色的主波长大致相当于日常生活中观察到的颜色的色调。如图 7-16 所示，如果已知样品的色度坐标 (x,y) 和参照光源的色度坐标 (x_0,y_0)，连接两点并向样品点方向作延长线，查

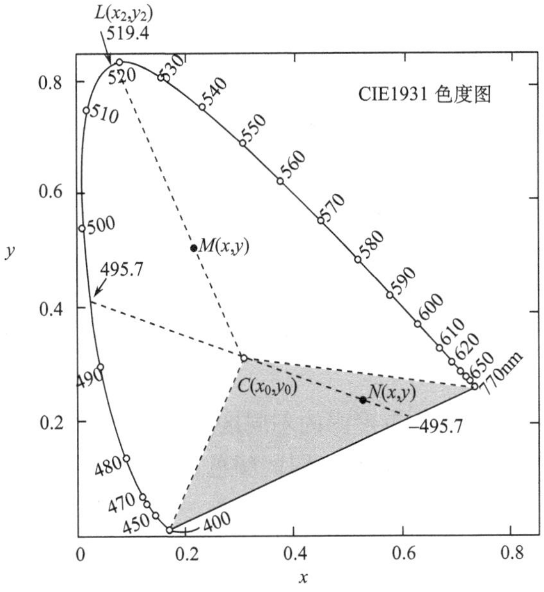

图 7-16　颜色的主波长和补色波长

表读出该直线和光谱轨迹的交点，就可定出样品点的主波长。但并不是所有的颜色样品都有主波长。在色度图上光谱两端点与光源色度点形成的三角形区域（灰色区）内的颜色，就没有主波长。这时可通过样品的色度点与参照光源的色度点作一条直线，而其在光源色度点方向的延长线与光谱轨迹的交点就是其补色波长。

【例 7-3】 已知颜色 $M(x=0.223, y=0.503)$ 和 $N(x=0.524, y=0.231)$，照射光源 $C(x_0=0.310, y_0=0.316)$。求在光源 C 照射下 M 的主波长或补色波长。

解 通过作图 7-16 得，CM 的延长线与光谱轨迹的交点 L 为 519.4nm，该光谱色即为 M 点的主波长；而 N 点位于紫色区内，故 CN 的延长线与光谱轨迹无交点，而其反向延长线与光谱轨迹的交点为 495.7nm，所以 N 点没有主波长，其补色波长为 495.7nm。

3. 兴奋纯度

样品的颜色接近同一主波长光谱色的程度表明该样品颜色的纯度。在 xy 色度图的样品主波长线上，用参照光源点到样品色度点的距离与参照光源点到光谱色度点（或参照光源点到连接光谱两端直线上的样品补色波长色度点）的距离的比率来表示纯度，称为兴奋纯度。也就是说，一个颜色的兴奋纯度等同于主波长的光谱色被白光冲淡后所具有的饱和度。

【例 7-4】 求例 7-3 中，在光源 C 照明下颜色样品 M 的兴奋纯度。

解 由例 7-3 可知，光源 C、M 点及主波长 L 的色坐标分别为 $C(x_0=0.310, y_0=0.316)$、$M(x=0.223, y=0.503)$ 和 $L(x=0.067, y=0.8338)$，所以兴奋纯度为

$$\frac{|CM|}{|CL|}=\frac{0.503-0.316}{0.8338-0.316}=0.361$$

7.3.4 均匀颜色空间与色差计算

1. CIE1960 均匀色度图

在 xy 色度图中，两种颜色的色度坐标的差值相同，并不代表人眼的颜色感觉差别相同，而与颜色区域有关。在绿光区域，两种颜色之间的色度坐标相差很大，但人眼的颜色感觉却都是绿色调，颜色感觉变化很小，而在蓝、紫区域，尽管色度坐标相差很小，但人眼的颜色感觉变化很大。也就是说，在 xy 色度图中不同颜色区域内的相等间隔，使人眼感觉的颜色差别并不相等，在绿光区域，大的坐标变动引起人眼感觉的颜色差别大，而在蓝光区域，小的坐标变动即可引起大的颜色感觉差别。人眼感觉不出颜色变化的范围称为颜色的宽容量。宽容量反映的是人眼的颜色辨别能力。从以上讨论可知，xy 色度图不是均匀的色度图。

麦克亚当（MacAdam）在 xy 色度图的不同区域选择 25 个点，在每个点的 5～9 个方向上测量宽容量的大小。由此表明，在不同的颜色区域，其宽容量的大小不同，而且在同一色度坐标点的不同方向，其宽容量的大小也不等。图 7-17 所示为麦克亚当椭圆图。图上的小椭圆表明在不同的颜色区域、不同方向上的宽容量。由于 xy 色度图不是均匀的色度坐标图，这给颜色的测量带来不便。因此，CIE 在 1960 年根据麦克亚当的研究结果，制定了 CIE1960 均匀色度标尺图（简称 CIE1960UCS 图）。在此系统中，用 u、v 色度坐标

代替 x、y 色度坐标，它们之间的转换关系为

$$\left.\begin{aligned} u &= 4x/(-2x+12y+3) \\ v &= 6y/(-2x+12y+3) \end{aligned}\right\} \tag{7-35}$$

u、v 与三刺激值 X、Y、Z 之间的转换关系为

$$\left.\begin{aligned} u &= 4X/(X+15Y+3Z) \\ v &= 6Y/(X+15Y+3Z) \end{aligned}\right\} \tag{7-36}$$

相应标准光源的色度坐标为

$$\left.\begin{aligned} u_0 &= 4X_0/(X_0+15Y_0+3Z_0) \\ v_0 &= 6Y_0/(X_0+15Y_0+3Z_0) \end{aligned}\right\} \tag{7-37}$$

根据以上公式，可将 xy 色度图中的光谱轨迹转换成 CIE1960UCS 均匀色度系统中的 u、v 色度坐标，从而得到光谱轨迹，如图 7-18 所示。

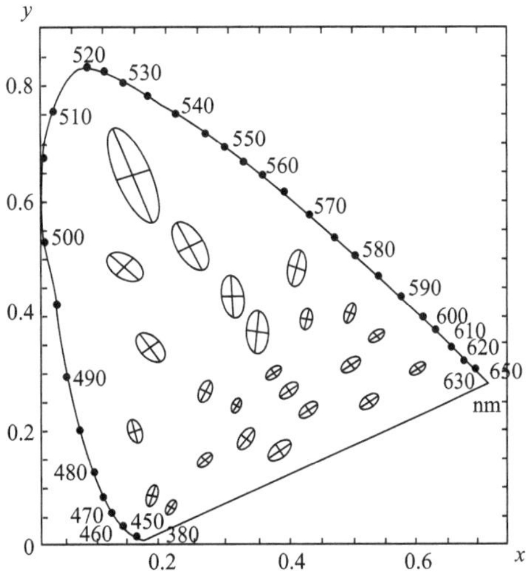

图 7-17　麦克亚当椭圆图

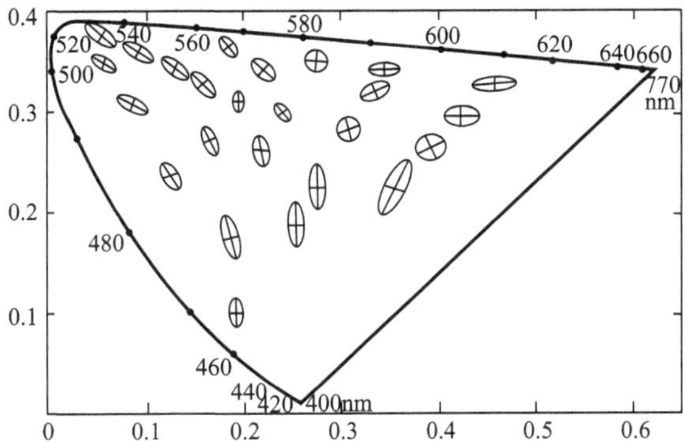

图 7-18　u、v 色度坐标下的光谱轨迹

在 uv 色度图上，不同颜色区域的相等间隔，引起人眼的颜色感觉变化均相等，即色差相等。因此，将麦克亚当椭圆的 xy 色度图转换成 uv 均匀色度图，则麦克亚当椭圆将变成接近圆形。前面说过，颜色需用三个参数来表示，表示颜色的三个参数构成了三维空间，称为颜色空间。在颜色空间中的任何一点，在通过该点的任一方向上，与该点距离相同表示颜色感觉变化相同，这样的颜色空间称为均匀颜色空间。人们希望有这样的均匀颜色空间，以便从三个参数的变化上直观地了解到颜色的变化。CIE1960UCS 均匀色度系统是建立均匀颜色空间的基础。

2. CIE1964 均匀颜色空间及色差计算

作为 CIE1960UCS 色度图向三维空间的引申，CIE 又引进了 CIE1964 均匀颜色空间的 W^*、U^*、V^* 三参数，W^* 为均匀颜色空间明度指数，U^* 和 V^* 为色度指数。

明度指数 W^* 和色度指数 U^*、V^* 的定义分别为

$$\left.\begin{aligned} W^* &= 25Y^{1/3} - 17 \quad (1 \leqslant Y \leqslant 100) \\ U^* &= 13W^*(u - u_0) \\ V^* &= 13W^*(v - v_0) \end{aligned}\right\} \tag{7-38}$$

色度指数 U^*、V^* 的计算式是根据 CIE1960UCS 均匀色度系统中色度图 u,v 的值，同时又将明度指数对色度的影响考虑进去后而得到的。明度指数的改变要影响色度指数的变化，二者是成正比的。

设颜色空间两颜色点的色度指数为 U_1^*、V_1^*、U_2^*、V_2^*，明度指数为 W_1^*、W_2^*，当背景色度坐标与标准光源 C 相近，而且所视两种样品的大小和形状相同时，两种颜色样品的差异(色差)为

$$\Delta E = [(W_2^* - W_1^*)^2 + (U_2^* - U_1^*)^2 + (V_2^* - V_1^*)^2]^{1/2} \tag{7-39}$$

可写为

$$\Delta E = [(\Delta W^*)^2 + (\Delta U^*)^2 + (\Delta V^*)^2]^{1/2}$$

式(7-39)为 CIE1964 色差公式，它只适用于 2°视场的条件。如果视场大于 4°，必须使用 CIE1964 补充标准观察者的光谱三刺激值来计算。

色差单位为 NBS。当 $\Delta E=1$ 时，为 1 个 NBS 单位。NBS 是美国国家标准局的英文缩写。1 个 NBS 色差单位相当于在最优实验条件下人眼视觉色差识别阈值的 5 倍。在 CIE 色度图的中心，1 个 NBS 色差单位相当于 0.0015～0.0025x 或 y 的色度坐标变化。

3. CIE1976(L^*、a^*、b^*)均匀颜色空间及色差计算

X、Y、Z 和 X_0、Y_0、Z_0 分别为样品和 CIE 标准光源的三刺激值，并规定 $Y_0=100$。该系统表示颜色的三个参数为米制明度 L^* 和米制色度 a^*、b^*。三个参数的定义为

$$\left.\begin{aligned} L^* &= \begin{cases} 116(Y/Y_0)^{1/3} - 16 & (Y/Y_0 > 0.008856) \\ 903.3Y/Y_0 & (Y/Y_0 \leqslant 0.008856) \end{cases} \\ a^* &= \begin{cases} 500[(X/X_0)^{1/3} - (Y/Y_0)^{1/3}] & (X/X_0 > 0.008856) \\ 3893.5(X/X_0 - Y/Y_0) & (X/X_0 \leqslant 0.008856) \end{cases} \\ b^* &= \begin{cases} 200[(Y/Y_0)^{1/3} - (Z/Z_0)^{1/3}] & (Z/Z_0 > 0.008856) \\ 1557.4(Y/Y_0 - Z/Z_0) & (Z/Z_0 \leqslant 0.008856) \end{cases} \end{aligned}\right\} \tag{7-40}$$

该系统的色差公式为

$$\Delta E_{ab}^* = [(\Delta L^*)^2 + (\Delta a^*)^2 + (\Delta b^*)^2]^{1/2}$$

式中，$\Delta L^* = L_2^* - L_1^*$，$\Delta a^* = a_2^* - a_1^*$，$\Delta b^* = b_2^* - b_1^*$。$\Delta L^*$ 称为明度差，Δa^* 称为红绿色度差，Δb^* 称为黄蓝色度差。

在 CIE1976 的 $L^*a^*b^*$ 颜色空间中，颜色的彩度 C_{ab}^* 表示为 $C_{ab}^* = (a^{*2} + b^{*2})^{1/2}$。

颜色的色调角为

$$h_{ab} = \arctan(b^*/a^*)$$

两颜色的色调差为

$$\Delta H_{ab}^{*}=[(\Delta E_{ab}^{*})^{2}-(\Delta L^{*})^{2}-(\Delta C_{ab}^{*})^{2}]^{1/2}$$

4. CIE1976(L^*、u^*、v^*)均匀颜色空间及色差计算

国际照明委员会在 1976 年又推荐了一个新的均匀颜色空间和色差公式，即 CIE1976 均匀颜色空间 $L^*u^*v^*$，表示颜色的三个参数为米制明度 L^* 和米制色度 u^*、v^*，定义为

$$\left.\begin{aligned}L^{*}&=116(Y/Y_{0})^{1/3}-16\quad(Y/Y_{0}>0.01)\\u^{*}&=13L(u'-u'_{0})\\v^{*}&=13L(v'-v'_{0})\end{aligned}\right\}\tag{7-41}$$

式中 $$u'=\frac{4X}{X+15Y+3Z},\quad v'=\frac{9Y}{X+15Y+3Z}$$

相应地 $$u'_{0}=\frac{4X_{0}}{X_{0}+15Y_{0}+3Z_{0}},\quad v'_{0}=\frac{9Y_{0}}{X_{0}+15Y_{0}+3Z_{0}}$$

以上公式中，X、Y、Z 为样品的三刺激值，相应的 u' 和 v' 为样品的色度坐标。X_0、Y_0、Z_0 为 CIE 标准光源照射完全漫反射体的三刺激值，并规定 $Y_0=100$。

在 $L^*u^*v^*$ 均匀颜色空间中，两种颜色样品的色差公式为

$$\Delta E_{\mathrm{CIE}}(L^{*},u^{*},v^{*})=[(\Delta L^{*})^{2}+(\Delta u^{*})^{2}+(\Delta v^{*})^{2}]^{1/2}\tag{7-42}$$

式中，$\Delta L^{*}=L_{2}^{*}-L_{1}^{*}$，$\Delta u^{*}=u_{2}^{*}-u_{1}^{*}$，$\Delta v^{*}=v_{2}^{*}-v_{1}^{*}$。

5. CIE94 色差公式和 CIE2000 色差公式

CIE94 色差公式是由 CIE 于 1995 年推荐的工业界测试色差公式。为了进一步改善工业色差评价的视觉一致性，CIE 技术委员会在 2000 年提出了一个新的色彩评价公式，并于 2001 年得到国际照明委员会的推荐，称为 CIE2000 色差公式，简称 CIEDE2000。CIEDE2000 是到目前为止最新的色差公式，该公式与 CIE94 相比要复杂得多，同时也大大提高了精度。

7.3.5 光源

光源发射出来的光往往不是单一波长的色光，而是由许多波长的光混合而成，各个波长色光辐射的能量、辐射的功率大小也不相同。光源中各个波长色光的辐射功率按波长的分布称为光源的光谱功率分布，用数学上的关系可描述为光源中不同波长色光的辐射功率随波长的变化而变化，即功率是波长的函数，这个函数的曲线也是光源的光谱功率分布曲线。用相对功率值表示的光谱功率分布称为相对光谱功率分布。

1. 光源色温

不同的光源，由于发光物质的成分不同，其光谱功率分布有很大差异。一定的光谱功率分布表现为一定的光色，把光源的光与“黑体”的光相比较来描述光色。黑体或完全辐射体是指在辐射作用下既不反射也不透射，而能把落在它上面的辐射全部吸收的物体。当物体加热到高温时便产生辐射，所以人们就用黑体加热到不同温度所发出的不同光色

来表达一个光源的颜色，称为光源的颜色温度，简称色温。

随着黑体温度的升高，按普朗克公式计算出各种温度的相应光谱功率分布，转换成CIE1931色度图的色度坐标，那么这些坐标点的连线形成一个弧形轨迹，称为普朗克轨迹或黑体轨迹，如图7-15所示。如果某光源的颜色与黑体在某温度下的颜色相同，那么该光源在CIE1931色度图上的色度点应落在黑体轨迹上。例如，白炽灯的钨丝加热到3600K时的颜色色度点就落在黑体轨迹上。实际上，其他许多人工光源的色度点并不一定落在黑体轨迹上，这时采用光源与黑体轨迹最接近的颜色所确定的光源色温，称为相关色温。在计算光源的色温时，需要计算出其色坐标，如果其色坐标正好位于黑体轨迹上，则通过查表可获得该光源的色温，否则就需要计算该光源的相关色温。

2. CIE标准照明体和标准光源

在日常生活中，人们通常在日光下观察颜色。日光有许多时相，如日出后、日落前、中午、阴天等条件下的日光。人们还在人工光源(如白炽灯或荧光灯)下观察颜色。不同时相的日光和人工光源有不同的光谱功率分布。因此，在这些不同的条件下，物体的表面会呈现出不同的颜色。为了统一颜色测量的标准，CIE曾推荐四种标准照明体A、B、C、D和三种标准光源A、B、C。CIE对"照明体"和光源加以区分。"照明体"是指特定的光谱功率分布，这一光谱功率分布不要求必须由一个光源直接提供，也不一定能用光源来实现，而"光源"是指能发光的物理辐射体。

标准照明体A：代表绝对温度2856K(1968年国际实用温标)的完全辐射体的辐射。它的色度坐标落在CIE1931色度图的黑体轨迹上。

标准照明体B：代表相关色温大约为4874K的直射日光，它的光色相当于中午的日光，其色度坐标紧靠黑体轨迹。

标准照明体C：代表相关色温大约为6774K的平均昼光。它的光色近似于代表相关色温大约为6774K的平均昼光。它的光色近似于阴天的天空光，其色度坐标位于黑体轨迹的下方。

标准照明体D_{65}：代表各相关色温大约为6504K的日光时相。它的色度坐标位于黑体轨迹的上方。

标准光源A：色温为2856K的充气钨丝灯。如果要求更准确地实现标准照明体的紫外辐射的相对光谱分布，则推荐使用熔融石英壳或玻璃壳带石英窗口的灯。

标准光源B：A光源加一组特定的戴维斯-吉伯逊(Davis-Gibson)液体滤光器，以产生相关色温为4874K的辐射。

标准光源C：A光源加另一组特定的戴维斯-吉伯逊液体滤光器，以产生色温为6774K的辐射。

3. 光源的显色性及其计算

长期以来，人类适应于在日光下工作，夜晚则靠火焰取得光亮，火光的光谱功率分布大致相当于黎明和黄昏时的日光。在这种自然光条件下，人们进行了大量的辨色工作。在日光下，人的颜色视觉是恒定的，而这种恒定性是人们在自然光下长期实践形成的。白炽灯是类似火光的炽热发光体，可以把白炽灯和日光作为标准，认为在这两种光源下看到的颜色是物体的"真实"颜色。现代的一些新光源，如荧光灯、汞灯、钠灯、LED等，其光色可能与白炽灯和日光相似，但其光谱功率分布与它们却有很大差别，因此，在这些新光源下所看到的物体颜色与在白炽灯和日光下所看到的颜色是不同的。例如，在日光下观察一块花布，再把它拿到高压汞灯下观察，就会发现某些颜色已发生变化，如粉色变成紫色，蓝色变成蓝紫色。

光源的显色性是指与参照标准相比较，一个光源对物体颜色外貌所产生的效果。CIE推荐用一个显色指数量值表示光源的显色性。光源的显色指数是待测光源下物体的颜色与参照光源下物体的颜色相符程度的度量。参照光源不用具体光源，而用标准照明体。待测光源的相关色温低于5000K时，标准照明体应具有普朗克辐射体的光谱功率分布，高于5000K时应以标准照明体D作为参照光源。可见，白炽灯和日光是显色性最好的光源，而荧光灯、汞灯、钠灯、LED等的显色性就较差。

CIE将参照光源的显色指数定为100，并规定测验用的14块芒塞尔(Munsell)颜色样品作为标准颜色样品，以这些样品在参照光源下和另一色温为3000K的标准荧光灯下的颜色变化量(在两种光源下颜色样品的色差为ΔE)为尺度，约定标准荧光灯的显色指数为50。CIE根据在参照光源下和待测光源下颜色样品的色差，结合上述显色指数的定量尺度，导出计算光源显色指数的公式。光源对某一颜色样品的显色指数称为特殊显色指数R_i，表示为

$$R_i = 100 - 4.6\Delta E_i \tag{7-43}$$

光源对特定8个颜色样品的平均显色指数称为一般显色指数R_a，表示为

$$R_a = \frac{1}{8}\sum_{1}^{8} R_i \tag{7-44}$$

如果在待测光源下某一颜色样品与在参照光源下所看到的颜色相同，则待测光源对这一样品的特殊显色指数为100。如果在另一待测光源下，样品的颜色发生变化，光源对该样品的特殊显色指数就低于100。光源的一般显色指数是对1～8号芒塞尔颜色样品的特殊显色指数的平均值。光源的一般显色指数越高，其显色性就越好。

已知待测光源的相对光谱功率分布$P_k(\lambda)$，颜色样品i的光谱辐亮度系数$\beta(\lambda)$可查表获得，那么待测光源的特殊显色指数和一般显色指数可按下列步骤计算。

(1) 计算待测光源的色度坐标(x_k, y_k)和(u_k, v_k)，并根据色度坐标，求得待测光源的相关色温T_c。

(2) 选择与待测光源色温接近的标准照明体。标准照明体的色度坐标为(u_r, v_r)，待测光源与标准照明体之间的色差按下式计算，色度差ΔE应小于5.4×10^{-3}。

$$\Delta E = [(u_k - u_r)^2 + (v_k - v_r)^2]^{1/2} \tag{7-45}$$

(3) 在待测光源照明下，利用式(7-36)计算颜色样品$i=1\sim14$的CIE1960色度坐标(u_{ki}, v_{ki})。

(4) 虽然待测光源与标准照明体的色度坐标不完全相同，但是由该色度坐标之差造成的物体颜色偏移却因为色适应效应而得到补偿。为了处理待测光源和标准照明体下的色适应，将待测光源的色度坐标(u_k, v_k)调整为标准照明体的色度坐标(u_r, v_r)。若以(u'_k, v'_k)表示调整后的待测光源色度坐标，那么$u'_k = u_r$和$v'_k = v_r$。将各种颜色样品的色

度坐标(u_{ki},v_{ki})也做相应的调整,这种色度坐标调整称为适应性色位移。其中

$$\left.\begin{aligned} u'_{ki}&=\frac{10.872+\dfrac{0.404c_r}{c_k}c_{ki}-\dfrac{4d_r}{d_k}d_{ki}}{16.518+\dfrac{1.481c_r}{c_k}c_{ki}-\dfrac{d_r}{d_k}d_{ki}} \\ v'_{ki}&=\frac{5.52}{16.518+\dfrac{1.481c_r}{c_k}c_{ki}-\dfrac{d_r}{d_k}d_{ki}} \end{aligned}\right\} \tag{7-46}$$

式中,c_s 和 d_s($s=\mathrm{r,k,k}i$)分别为由标准照明体、待测光源以及待测光源照明下各颜色样品的色度坐标 u_s 和 v_s 按下式计算的系数

$$\left.\begin{aligned} c_s&=\frac{1}{v_s}(4-u_s-10v_s) \\ d_s&=\frac{1}{v_s}(1.708v_s-1.481u_s+0.404) \end{aligned}\right\} \tag{7-47}$$

(5) 按式(7-38)计算各颜色样品在标准照明体和待测光源下的 CIE1964 均匀颜色空间色度参数 W^*、U^* 和 V^*。利用 CIE1964 色差公式(7-39),可以进一步计算出各颜色样品 i($i=1,2,3,\cdots,14$)分别在待测光源和标准照明体照明下的色差,即颜色的总色位移。

(6) 对于 CIE 的 1~14 号各种颜色样品,其特殊显色指数可按式(7-43)计算。由 CIE 的 1~8 号颜色样品的特殊显色指数求取平均值,即可得到一般显色指数。

通常按一般显色指数可将光源的显色性分为优($R_a=100\sim75$)、一般($R_a=75\sim50$)和劣($R_a<50$)三个质量等级,作为对光源显色性的定性评价。如白炽灯、卤钨灯、镉灯等光源的显色指数较高,一般为 85 左右,常用于彩色电影、彩色印刷、纺织工业等色重现要求高的场合;荧光灯的显色指数为 70~80,可用于一般的照明;高压汞灯、高压钠灯等光源的显色指数较低,通常低于 50,故不宜用于辨色等视觉工作。

4. 光源的典型技术参数

在光学设计中,往往要根据系统要求选取适当的光源。表 7-5 以两款光源为例,说明了光源的典型技术参数。

表 7-5 光源的典型技术参数

技术参数		18W LED 日光灯	24V 15W 卤素灯
电参数	电压 U/V	221.2	24
	电流 I/A	0.0898	6.185
	功率 P/W	18.07	148.3
	功率因数 PF	0.910	1
光色参数	光通量 Φ/lm	1272.96	4744.2
	光效率 η/(lm/W)	79.85	32
	相关色温 T_c/K	5073	3335
	主波长 λ_d/nm	566.5	581
	峰值波长 λ_p/nm	450	778

续表

技术参数		18W LED 日光灯	24V 15W 卤素灯
光色参数	半宽度 $\Delta\lambda_p$/nm	26.4	180
	兴奋纯度/%	12.6	43
	CIE 颜色参数	$x=0.3442, y=0.3643$ $u=0.2060, v=0.3270$	$x=0.4155, y=0.3969$ $u=0.2398, v=0.3436$
	特殊显色指数 $R_1 \sim R_{14}$	$R_1=69$;$R_2=77$;$R_3=82$; $R_4=72$;$R_5=70$;$R_6=68$; $R_7=83$;$R_8=59$;$R_9=24$; $R_{10}=45$;$R_{11}=67$;$R_{12}=42$; $R_{13}=70$;$R_{14}=90$	$R_1=100$;$R_2=100$;$R_3=99$; $R_4=99$;$R_5=100$;$R_6=100$; $R_7=99$;$R_8=99$;$R_9=100$; $R_{10}=99$;$R_{11}=99$;$R_{12}=99$; $R_{13}=100$;$R_{14}=100$
	一般显色指数 R_a	72.6	99.5

习　　题

7-1　一束波长为 460nm 单色光的光通量为 620lm，其光谱光效率函数为 0.06，射到一屏幕上，试求该屏幕在 1 分钟内接收到的能量？

7-2　一个 50cd 点光源射入有效瞳孔直径为 2mm 的眼睛，光源离眼睛 500mm，求进入眼瞳的光通量为多少(lm)？

7-3　电影院银幕(假设为余弦辐射体)上的反射系数为 0.75，其光照度为 50lx，试求该银幕上的光亮度和面光出射度各为多少？

7-4　一房间长 5m，宽 3m，高 3m，设有一均匀发光的灯悬挂在天花板中心照射房间，其发光强度为 60cd，离地面 2.5m，试求：

(1) 在灯正下面地板上的光照度为多少？

(2) 在房间角落的地板上的光照度为多少？

7-5　如图题 7-5 所示，用 250W 溴钨灯做 16mm 电影放映机的光源，光源的发光效率为 30lm/W，灯丝外形面积为 5mm×7mm，假设为两面发光的余弦辐射体。灯丝成像在物镜前片门处，像的大小正好充满片门，尺寸为 7mm×10mm，灯泡后面有球面反射镜，使灯丝亮度提高 50%，银幕宽 4m，放映物镜的相对孔径为 1/1.8，系统的透射比 $\tau=0.6$，求银幕的光照度。

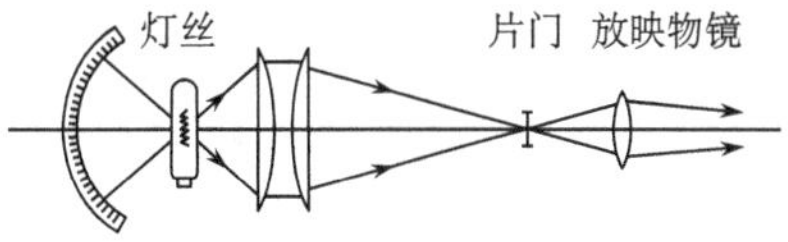

图题 7-5

7-6　已知某颜色样品色度坐标为 $x=0.3921, y=0.3244$，Y 刺激值为 30.05，试求颜色样品 X, Z 刺激值？

7-7　已知两种颜色的色坐标和 Y_1、Y_2 分别为

$$x_1=0.433,\quad y_1=0.4092,\quad Y_1=30.7$$

$$x_2=0.4238,\quad y_2=0.4134,\quad Y_2=30.2$$

参照光源色坐标 $u_0=0.1978, v_0=0.3122$。试求在 CIE1964 均匀颜色空间(W^*, U^*, V^*)存在的色差为多少？

第8章 实用光学系统

在介绍了几何光学的成像基础理论后，本章将介绍几种典型的实用光学系统。这些系统在实际应用中担当着不同的功用，本章将介绍这些系统的构成、工作原理、主要性能参数，以及光阑在这些系统中的设置等，前面各章的内容都会在本章中得到应用。通过本章的学习，一方面要掌握几种典型的光学系统，另一方面，要能应用这些典型的光学系统去认识和理解新型的光学系统，并能运用相关的知识去构建特定的光学系统。基于所要学习和掌握的内容，本章介绍的实用光学系统主要以高斯光学系统为例进行分析和阐述。

8.1 人眼光学系统

许多目视光学系统都需要用人眼观察，其实人眼本身就是一个成像光学系统，它将所看到的外界目标成像在视网膜上，形成对外界客观事物的感官认识。下面从光学系统的观点去认识人眼，了解其基本结构和成像特点，还将介绍人眼与目视系统结合时的配合问题。

8.1.1 眼睛的结构

人的眼睛相当于一个光学仪器，外表大体为球形，它的内部构造如图 8-1 所示。各部分的构造和作用如下。

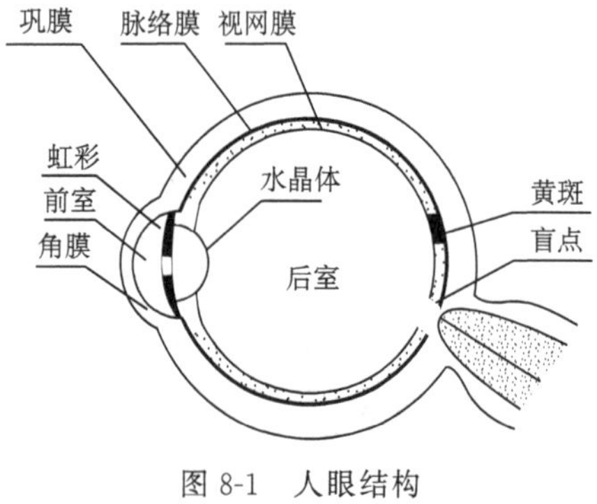

图 8-1 人眼结构

角膜：角膜是由角质构成的透明球面，厚度约为 0.55mm，折射率为 1.376，外界光线首先通过角膜进入眼睛，眼睛对光的折射作用有 2/3 的比例发生在角膜外表面，它是人眼光学系统的主要光焦度所在。

前室：角膜后的空间称为前室。其中，充满了折射率为 1.336 的透明液体，称为水状液，其深度大约为 3.05mm。

水晶体：它是由多层薄膜构成的一个双凸透镜，人眼对光的折射有 1/3 的比例由水晶体完成，其中间较硬，外层较软，在自然状态下，其前表面的半径为 10.2mm，后表面的半径为 6mm。各层的折射率不同，中央为 1.42，最外层为 1.373。借助于水晶体周围肌肉的作用，可以使前表面的半径发生变化，以改变眼睛的焦距来进行调焦，便于看清不同距离的物体。在一级近似下，水晶体可以看作一个均匀介质的透镜。

虹彩：它位于水晶体前，带有色彩，决定了眼球（俗称眼珠）的颜色。虹彩中央有一个圆孔限制进入眼睛的光束口径，称为瞳孔。随着被观察物体的亮暗程度不同，瞳孔能相应地改变直径大小，调节进入眼睛的光能。

后室：水晶体后面的空间称为后室，里面充满着类似于蛋白质的透明液体，称为玻璃液，折射率为 1.337。

视网膜：后室的内壁为一层由视神经细胞和神经纤维构成的膜，称为视网膜，它是眼睛的感光部分。在视网膜上距中心 2.5mm 处有一个直径为 1.8mm 的圆形区域称为黄斑，它是视网膜上分辨力最高的区域，成像在黄斑上的目标能够被人眼清晰地看到。另外，在视网膜上还有一处直径同样为 1.8mm 的区域称为盲点，它是神经纤维的出口，区域内没有感光细胞，目标成像在盲点区域，不能产生视觉。

脉络膜：视网膜的外面包围着一层黑色膜，它的作用是吸收透过视网膜的光线，把后室变成一个暗室。

巩膜：它是一层不透明的白色外皮，就是俗称的眼白部分。其质地较硬，将整个眼球包围起来，起到保护及维持眼球形状的作用。

眼睛如同一架高级照相机，角膜和水晶体相当于照相机的镜头，视网膜相当于接收器。人眼通过转动眼球，使注视的目标成像在视网膜上的黄斑处，使视神经细胞受到刺激而产生视觉。眼睛对物体成像是实物成实像的过程，因此视网膜上得到的图像都是倒像，但由于神经系统内部作用的结果我们感觉像是直立的。

人眼的结构参数和主要光学参数如表 8-1 所示。

表 8-1　人眼的结构参数和主要光学参数

参数名称	参考值	参数名称	参考值
光焦度	58.63 屈光度	瞳孔直径	2～8mm
空气中的焦距	17.1mm	眼球直径	24mm
角膜前表面半径	7.8mm	角膜折射率	1.376
水晶体前表面半径	10.1mm	前室折射率	1.336
水晶体后表面半径	－6.1mm	后室折射率	1.337
视场角(对应视网膜)	150°	水晶体折射率	1.373～1.42
视场角(对应黄斑)	6°	最敏感波长	555nm

人眼的结构也可以简化成一个折射球面的模型，即简约眼。如图 8-2 所示，折射球面的曲率半径为 5.7mm，视网膜曲率半径为 9.7mm 物方焦距和像方焦距分别为 17.1mm 和 22.8mm。

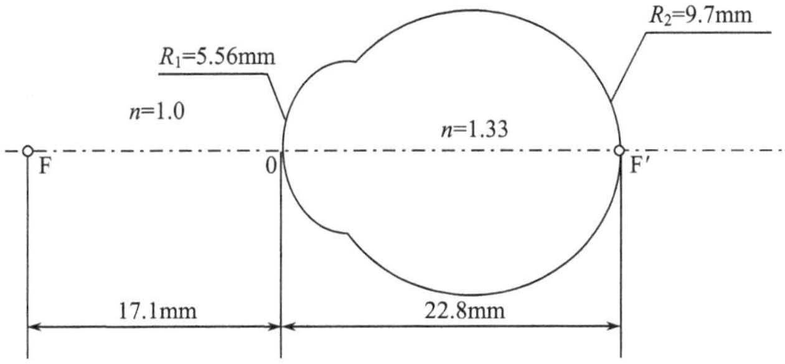

图 8-2　简约眼的光学参数

8.1.2 眼睛的调节和适应

人眼有两种调节功能:视度调节和瞳孔调节。

1. 视度调节

在人眼光学系统中,"镜头"到视网膜间的距离(像距)是相对固定的。由近轴光学理论得知,若像距不变,如遇物距发生变化,必须使光学系统的焦距发生变化才能满足共轭成像。为了使远近不同的物体都能被人眼成像在视网膜上,眼球通过肌肉的作用促使水晶体表面半径变小或变大来改变"透镜"的焦距。当肌肉用力时,水晶体半径减小,焦距变小,可看清近处物体;当肌肉放松时,半径变大,焦距变大,可看清远处物体。眼睛的这种自动调焦以实现看清不同距离物体的过程,称为眼睛的视度调节。

为了描述人眼看清不同距离物体的调节能力,人们引入了视度的概念。设人眼能够看清的物面位置到人眼的距离为 l(用 m 作为单位),其倒数就是视度,用 SD 表示,单位为屈光度,即

$$\mathrm{SD}=\frac{1}{l} \quad \left(1\ \text{屈光度}=\frac{1}{\mathrm{m}}\right) \tag{8-1}$$

当肌肉完全放松时眼睛能看远,能看清楚的最远的点称为远点;当肌肉在最收紧时人眼能看近,能看清楚的最近的点称为近点。

以 l_p(单位为 m)表示近点距(人眼到近点的距离),以 l_r(单位为 m)表示远点距(人眼到远点的距离),则近点和远点的视度分别用 P 和 R 表示,即

$$\frac{1}{l_p}=P, \quad \frac{1}{l_r}=R \tag{8-2}$$

远点视度与近点视度二者之差就是人眼的调节度,也称为调节能力或调节范围,用字母 $\overline{A}$ 表示,即

$$\overline{A}=R-P \tag{8-3}$$

其单位为屈光度。

应该说,每个人的近点和远点都是有差别的,且随年龄而变化。随着年龄的增大,肌肉调节能力不断衰退,近点逐渐变远,使调节范围变小。表 8-2 列出了在统计数据下不同

表 8-2 不同年龄的调节情况

年龄	l_p/m	P/屈光度	l_r/m	R/屈光度	$\overline{A}=R-P$/屈光度
10	−0.071	−14	∞	0	14
15	−0.083	−12	∞	0	12
20	−0.100	−10	∞	0	10
25	−0.118	−8.5	∞	0	8.5
30	−0.143	−7	∞	0	7
35	−0.182	−5.5	∞	0	5.5
40	−0.222	−4.5	∞	0	4.5
45	−0.286	−3.5	∞	0	3.5
60	−0.400	−2.5	∞	0	2.5

年龄阶段的人眼调节能力的状况。由表中所列数据可见，青少年时期的近点距很小，调节范围也大。从 45 岁时，近点距开始增大，已在明视距离 250mm 之外，近处视物逐渐看不清。因此，称 45 岁以后的眼睛为老年性远视眼或老花眼。

除了远点和近点，人眼还有一个近距离工作的习惯距离，称为明视距离。必须指出，明视距离并不是近点距离，明视距离是指正常视力的眼睛在正常照明(50lx)下的习惯工作距离，通常取为 250mm。而近点距离是人眼看清近距离物体的极限距离。

2. 瞳孔调节

人眼的瞳孔决定了进入视网膜的光通量，瞳孔调节是人眼控制进入人眼光通量的一种本能反应。一般白天光线较强，瞳孔自动缩小到 2mm 左右，夜晚光线较暗时又可以扩大到 8mm。由于瞳孔的自动调节，人眼所能感受的光亮度的变化范围很大，其比值可达 $10^{12}:1$。在良好的能见度环境状态下，黑夜中的人眼能看见 30km 处的烛光。

适应是当周围照明条件发生变化时人眼产生状态变化(如瞳孔调节)的过程。适应可分为对暗适应和对亮适应两种，前者发生在自光亮处到黑暗处的时候，后者发生在自黑暗处到光亮处的时候。

在暗处，眼睛适应于感受十分微弱的光能，在瞳孔增大的同时，眼睛的敏感度也大大提高。适应需要时间来完成，如人们从光亮的街道进入电影院放映厅时，开始什么也看不见，随着在暗处时瞳孔的增大并伴随着暗适应过程的逐渐完成，进入眼睛的光能量增加，人眼才能看清周围的环境。此时即认为眼睛适应了当时的环境，人在暗处逗留的时间越长，眼睛对暗环境的适应越好，其敏感度就越好。由光亮处到黑暗处的适应过程一般时间较长。

同样，当人眼从暗处进入到光亮处时会产生眩目现象，这表明瞳孔的缩小及对亮适应也要有一定时间，但这一亮适应过程很快，几分钟即可。

适应过程完成后，人眼瞳孔直径随所处环境的光亮度值有一对应值。表 8-3 所示为在各种亮度环境下人眼适应后瞳孔直径的平均取值，设计目视光学系统时必须考虑工作环境与人眼瞳孔大小的配合。

表 8-3　各种亮度适应时瞳孔直径的平均值

适应视场亮度 /(cd/m^2)	10^{-5}	10^{-3}	10^{-2}	0.1	1	10	10^2	10^3	2×10^4
瞳孔直径/mm	8.17	7.80	7.44	6.72	5.66	4.32	3.04	2.32	2.24

8.1.3　眼睛的视力缺陷与校正

正常人眼在肌肉完全放松的自然状态下，能够看清楚无限远处的物体，即正常眼远点在无限远。此时，人眼光学系统的像方焦点正好与视网膜重合，如图 8-3(a)所示。正常人眼观察近处物体，晶状体需要进行调节，如图 8-3(b)所示。

如果人眼完全放松时的像方焦点与视网膜不重合，则说明人眼有了视力缺陷。最常见的眼睛视力缺陷有近视眼、远视眼和散光眼。这里仅介绍近视眼和远视眼。

近视眼是由于眼球变长或角膜曲率过大导致的。对于近视眼，在肌肉完全放松的自然状态下，无限远处的物体成像在视网膜前方，如图 8-3(c)所示，不能获得清晰像。其远点不在无限远而在前方有限距离处，如图 8-3(d)所示。对于近视眼，如果要看清比远点更近的物体，晶状体需要进行调节，如图 8-3(e)所示。

远视眼是由于眼球变短或角膜曲率过小导致的。对于远视眼，在肌肉完全放松的自然状态下，无限远处的物体成像在视网膜后方，如图 8-3(f)所示，不能获得清晰像。为了看清无限远的物体，晶状体需要进行调节，如图 8-3(g)所示。而对于近处物体，晶状体进行调节后，也无法获得清晰的像，如图 8-3(h)所示。

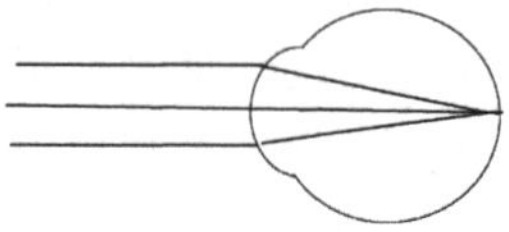
(a) 正常眼无限远物体成像

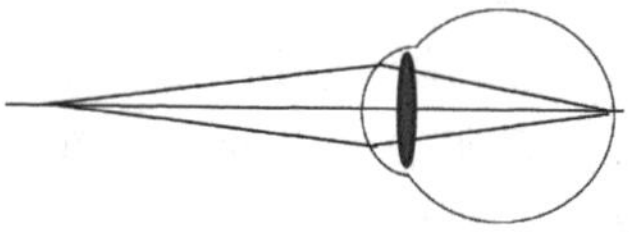
(b) 正常眼有限远物体成像

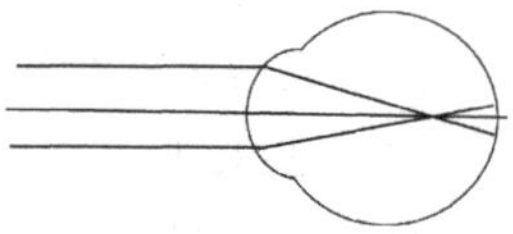
(c) 近视眼无限远物体成像

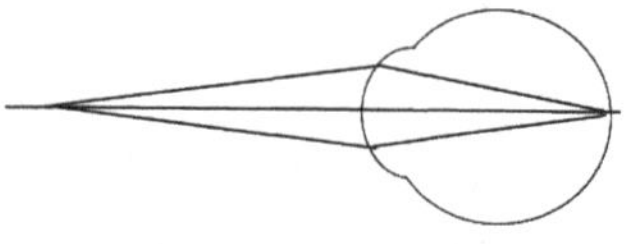
(d) 近视眼远点物体的成像

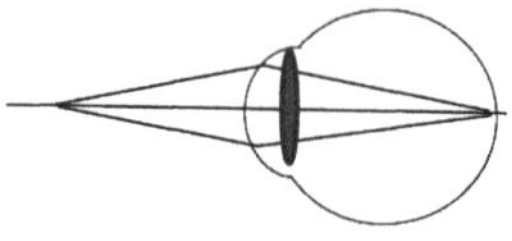
(e) 近视眼通过调节晶状体看清比远点更近物体的成像

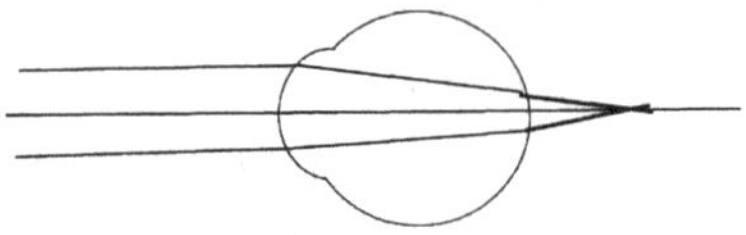
(f) 远视眼无限远物体成像

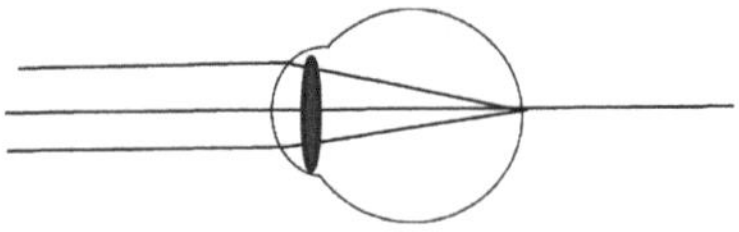
(g) 远视眼通过调节晶状体看清无限远物体成像

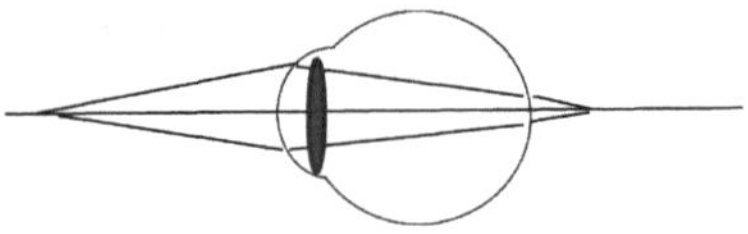
(h) 远视眼通过调节晶状体也无法看清有限远物体成像

图 8-3　正常眼、近视眼与远视眼成像

为了弥补眼睛缺陷常用的方法是佩戴镜片，镜片和人眼构成一个组合系统，使得无限远处的物体经组合系统后能够成像在视网膜上，达到正常眼的远点观察效果。例如，近视眼应该配上一块相当于负透镜的镜片，无限远的物体经负透镜后第一次成像在其像方焦点处，该焦点位置应与近视眼的远点重合，然后在肌肉完全放松的自然状态下，经过人眼光学系统成像在视网膜上，如图 8-4(a)所示。如此，人眼便借助负透镜看清了无限远处的物体。佩戴近视眼镜观察近处物体时，则需要晶状体需要进行调节，才能看清楚，如图 8-4(b)所示。同理，远视眼应该配上一块相当于正透镜的镜片，正透镜代替了图 8-3(g)中晶状体的调节作用。无限远处的物体经过正透镜成像后，然后在肌肉完全放松的自然状态下，经过人眼成像在视网膜上，如图 8-4(c)所示。佩戴远视眼镜观察近处物体时，通过晶状体进行调节，就能够获得清晰像了，如图 8-4(d)所示。而不像图 8-3(h)所示，通过调节晶状体也无法看清近处物体成像。

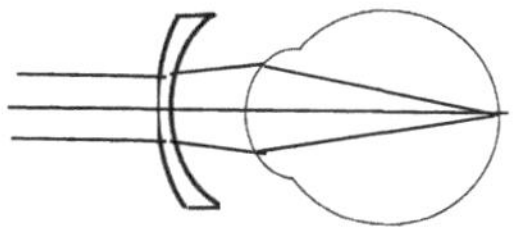

(a) 近视眼佩戴负透镜校正

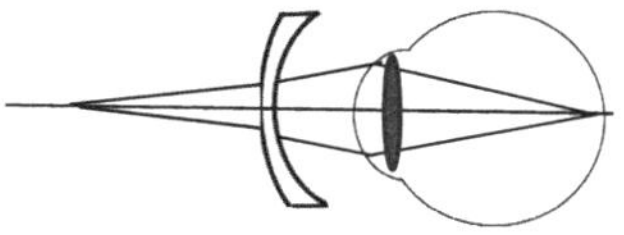

(b) 近视眼佩戴负透镜后观察近处物体

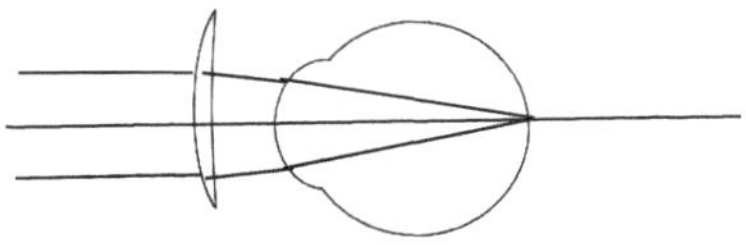

(c) 远视眼佩戴正透镜校正

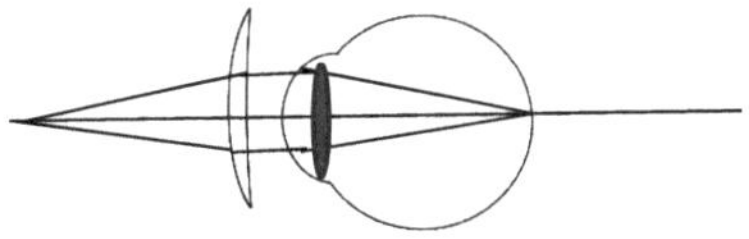

(d) 远视眼佩戴正透镜后观察近处物体

图 8-4　近视眼与远视眼校正

8.1.4　人眼的分辨力和对准精度

1. 人眼分辨力

在高斯光学中，每一个物点有唯一的像点，这里的点是几何点。由于光的本质是电磁波，所以尽管在几何光学中忽略了波长，但当考察无限小的几何点时，波长的影响将不能忽略。光波由于受到光学系统孔径的限制将产生衍射，无限小的几何点其实是一个衍射斑(艾里斑)。当两个物点逐渐靠近时，其各自像形成的艾里斑将逐渐产生重叠，直至两个像点看似成了一个点。光学系统对两个非常靠近的物点成像后在像面上仍能被辨别为两个点的能力称为光学系统的分辨力。它有两种描述方式：一是用对应两物点的间距(分辨距)来描述，二是用对应两物点对光学系统的张角(分辨角)来表示。显然，如果光学系统的分辨力越高，则对应分辨距或分辨角就越小。

人眼能分辨两个紧密相邻点的能力，称为人眼的分辨力，通常用分辨角来表示。设人眼为理想光学系统(不考虑人眼像差)，根据波动光学中衍射理论分析得知，由衍射艾里斑半径所决定的极限分辨角为

$$\Psi = \frac{1.22\lambda}{D} \tag{8-4}$$

式中，D 为瞳孔的直径。若分辨角 Ψ 以秒($''$)为单位，D 以 mm 为单位，并取人眼较为敏感的波长为 0.00055mm 的光谱，则此时人眼的极限分辨角为

$$\Psi_{\text{lim}} = \frac{1.22 \times 0.00055}{D} \times 206265 \approx \frac{140}{D}('') \tag{8-5}$$

白天当瞳孔直径为 2mm 时，人眼的分辨角约为 $70''$，在良好的照明条件下，一般可以认为 $\Psi_{\text{lim}} = 60'' = 1'$。

其实，人眼光学系统的分辨力除了受上述因素影响外，视网膜的感光细胞的大小也是影响分辨力的因素。如果两个物点在视网膜上所成的像点位于同一视神经细胞上，则人眼不能判断其为两个点。黄斑上视神经细胞的直径约为 0.003mm，而衍射受限所获得的分辨角 $70''$ 在视网膜上对应的两个像点的间距为 0.006mm，所以视网膜的结构足以满足

极限分辨力的要求。

由于人眼的分辨力有限，所以当所观察的物体结构小于人眼的分辨角时就需要借助放大镜、显微镜和望远镜等目视仪器。目视光学系统都具有一定的放大率，使得被观察对象经目视光学系统所成的像放大到人眼分辨力所能看清的视角，这就是目视光学系统的主要功用。

2. 对准精度

为了看清物体的细微结构，人眼需要对静止的物点进行分辨。另外，人眼还经常会通过移动一个目标来对准另一个目标，如射击时用枪的准星对靶标进行瞄准。当人眼判断两个目标对准时，其实并非绝对对准，仍有一定的误差。人眼感觉两个目标对准而其实没有对准的最大误差称为人眼的对准精度。人眼的对准精度与对准方式有关，表 8-4 列举了不同对准方式所能达到的对准精度。

表 8-4 不同对准方式的人眼对准精度

对准方式	示意图	人眼对准精度	对准方式	示意图	人眼对准精度
二实线叠合	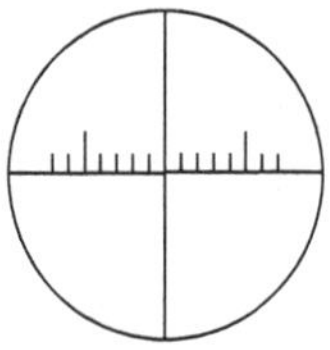	±60″	双线对称夹单线	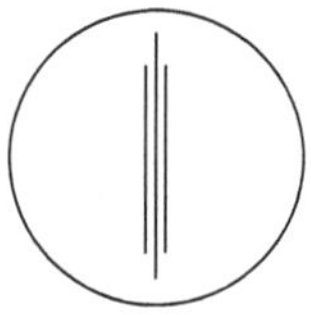	±5″～10″
二直线的端部对准	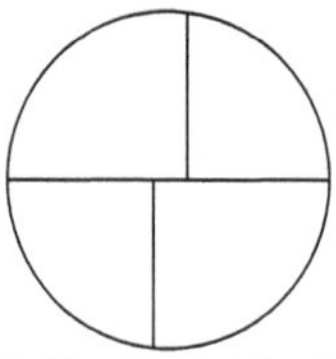	±10″～20″	叉线对准单线	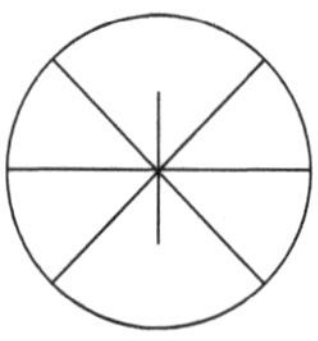	±10″

显然，分辨力和对准精度是两个概念，前者是对静止的相邻点的辨别，后者是对运动的两个点重合的判断。但二者又有一定联系，经验证明，人眼的分辨力高，其对准精度就高。设对准精度用 α 表示，分辨角用 δ 表示，则二者的关系为

$$\alpha = \frac{\delta}{K}$$

式中，K 与对准方式有关，最高对准精度为分辨力的 $\frac{1}{6}\sim\frac{1}{10}$。

8.1.5 双眼立体视觉

当人眼观察空间物体时，能够看到物体的形状大小、亮暗和外表颜色，除此以外，还能产生远近的感觉，这种感觉称为空间深度感觉。无论用单眼观察还是用双眼观察都能产生，这种感觉但双眼观察判断结果要比单眼观察正确得多。

单眼观察空间物体时，对于熟悉的物体是凭借生活经验，在大脑中把单一平面上的像想象为一空间物体，从而形成对物体的立体感觉或对空间的深度感觉。

为了说明双眼观察物体的立体感觉，需要引入视差角的概念。双眼观察空间物体时，同一物体在左、右两眼中分别成像，这两个像在视网膜上的分布只有满足一定条件时才能产生单一像（否则将有双像的感觉）。如图 8-5 所示，当双眼观察物点 A 时，通过转动眼球使两眼的视轴对准 A 点，并使注视点成像在两眼视网膜黄斑的中心处，A 点周围的点则成像于视网膜的相称点。相称点是指两眼视网膜上距黄斑中心有同样距离并偏向同一侧的两个对应点，如图 8-6 中的 b_1 和 b_2 所示。这时可满足两眼对物体形成单一像的条件。

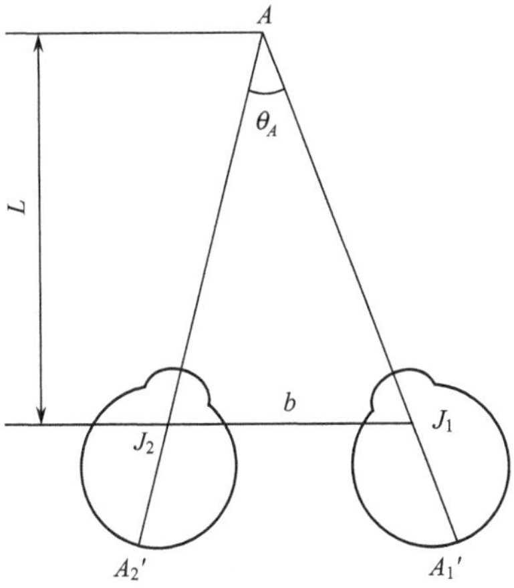

图 8-5　双眼观察物体

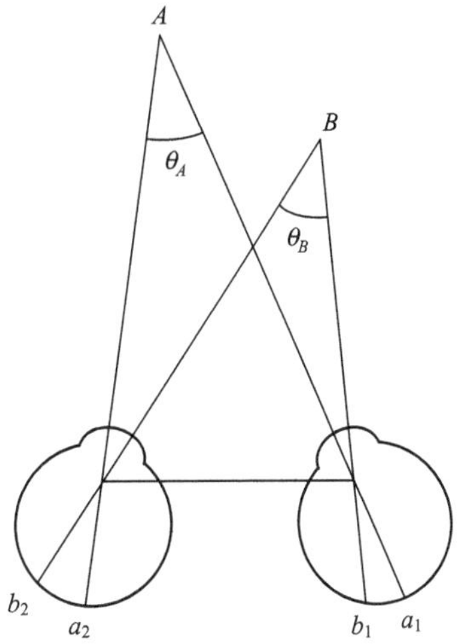

图 8-6　双眼立体视觉

假设两眼的节点为 J_1、J_2，两条连接观察点 A 到 J_1、J_2 的直线构成了视差角 θ，两眼节点 J_1 和 J_2 的连线称为视觉基线，其长度以 b 表示，相当于两眼的瞳距。物体远近不同，视差角不同，使眼球发生转动的肌肉的紧张程度也就不同，根据这种不同的感觉，双眼便能容易地辨别物体远近。

若物点 A 到基线的距离为 L，则视差角 θ_A 为

$$\theta_A = b/L \tag{8-6}$$

如果两物点相对于观察者的距离不同，则对应不同的视差角。图 8-6 所示为不同距离的物体对应的视差角，其差异 $\Delta\theta$ 称为“立体视差”，简称为视差。正是这种视差形成了人眼对物体的立体感觉或对空间的深度感觉。若 $\Delta\theta$ 大，则人眼感觉两物体的纵向深度大；若 $\Delta\theta$ 小，则人眼感觉两物体的纵向深度小。受人眼分辨力的限制，人眼对空间深度的感觉也是有极限的。人眼能感觉到 $\Delta\theta$ 的极限值 $\Delta\theta_{\min}$ 称为体视锐度，$\Delta\theta_{\min}$ 大约为 $10''$，经训练可达 $5''$ 到 $3''$。

无限远物点对应的视差角 $\theta_\infty = 0$，当物点对应的视差角 $\theta = \Delta\theta_{\min}$ 时，人眼刚能分辨出它和无限远物点的距离差别，这就是人眼能分辨空间深度的最大距离。人眼两瞳孔间的平均距离 $\bar{b} = 62\text{mm}$，则

$$L_{\max} = \bar{b}/\Delta\theta_{\min} = 62(\text{mm}) \times 206265/10'' \approx 1200(\text{m}) \tag{8-7}$$

式中，$L_{\max}$ 称为立体视觉半径。在立体视觉半径以外的物体，人眼不能分辨其远近状况。

双眼能分辨两点间的最短深度距离称为立体视觉阈，以 ΔL 表示，对式(8-6)微分，可得

$$\Delta L=\Delta\theta L^2/b \tag{8-8}$$

当 $\Delta\theta=\Delta\theta_{min}$ 时，对应的 ΔL 即为双眼立体视觉误差。将 $b=62mm$，$\Delta\theta_{min}=10''\approx 0.00005rad$ 代入式(8-8)，得

$$\Delta L=8\times10^{-4}L^2 \tag{8-9}$$

即物体距离越远，立体视觉误差越大。例如，物点在 100m 距离处，对应的立体视觉误差为 8m；而在明视距离上，立体视觉误差只有约 0.05m。只有当 L 小于 1/10 立体视觉半径时，才能应用式(8-9)，否则误差较大。

由式(8-7)和式(8-9)可知，若通过双眼观察光学仪器来增大基线 b 或提高体视锐度 $\Delta\theta_{min}$(减小 $\Delta\theta_{min}$ 值)，则可以增大体视半径和减少立体视觉误差。

8.2 放大镜

人眼对物体大小的感觉取决于其成像在视网膜上的大小，若眼睛焦距不变，像大小可用物体对人眼所张的视角表示。当远处目标对人眼的张角小于人眼的极限分辨角时，人眼将看不清目标。移近目标，张角变大。当目标移至人眼的近点，张角仍不能达到人眼的极限分辨角时，要观察目标只能借助于目视光学系统进行放大。目视光学系统就是对观察物体进行视角放大的系统，典型系统包括放大镜、显微镜和望远镜。物体通过系统成像，像对人眼的张角大于人眼直接观察物体时物体对人眼的张角，这就是目视光学系统的基本工作原理。它们的视角放大效果采用视觉放大率来定义。

8.2.1 视觉放大率

目视光学系统的放大率不能用理想光学系统中所讨论的横向放大率或角放大率来理解，而是采用人眼对观测目标放大效果的主观判断。对于用眼睛观测物体，有意义的是物体在视网膜上所成像的大小。因此，目视光学系统的视觉放大率定义为：用目视系统观察物体时视网膜上的像高 y'_i 与用人眼直接观察物体时视网膜上的像高 y'_e 之比，用 Γ 表示，即

$$\Gamma=y'_i/y'_e \tag{8-10}$$

设人眼后节点到视网膜的距离 l' 不变，则式(8-10)又可写为张角之比，即

$$\Gamma=\frac{y'_i}{y'_e}=\frac{l'\tan\omega_i}{l'\tan\omega_e}=\frac{\tan\omega_i}{\tan\omega_e} \tag{8-11}$$

目视光学系统的视觉放大率都可以按式(8-11)的定义直接计算。其中，ω_i 为目视系统对物体所成的像对人眼所张的视角，ω_e 为人眼直接观察的物体对人眼的张角。由此看来，视觉放大率其实就是用人眼来“测量”像的大小变化，是用人眼来判断物体放大的效果，因此也称为主观放大率。

与主观放大率不同，第 2 章和第 3 章中讨论的光学系统的放大率是针对光学系统的任一对共轭物像，每一对共轭关系对应一个放大率，当共轭关系确定后，放大率就确定了，

这类放大率又称为客观放大率。

下面给出放大镜视觉放大率的一般计算方法。

当人眼直接观察物体时，通常将物体置于明视距离 250mm 处，设物体高度为 y，则物体对人眼的张角为

$$\tan\omega_e = \frac{y}{250}$$

当人眼通过放大镜观察物体时，若人眼距放大镜的距离为 P'，放大镜对物体所成的像 y' 距放大镜为 l'，如图 8-6 所示，则所成虚像对人眼的张角为

$$\tan\omega_i = \frac{y'}{P' - l'}$$

代入式(8-11)，有

$$\Gamma = \frac{250y'}{y(P' - l')}$$

引用第 3 章的垂轴放大率公式

$$y' = -\frac{x'}{f'}y = \frac{f' - l'}{f'}y$$

则有

$$\Gamma = \frac{f' - l'}{P' - l'} \times \frac{250}{f'} \tag{8-12}$$

式(8-12)是放大镜视觉放大率的通用计算式，其中 f' 的单位是 mm。可以看到，放大镜的放大率并不是常数，它与人眼使用放大镜的距离 P' 和放大镜对物体的成像距离 l' 有关。下面讨论三种情况。

(1) 当物体固定在放大镜的物方焦点上时，有 $l' = \infty$，根据式(8-12)，此时无论人眼在镜后任何位置处观察，均有

$$\Gamma_0 = \frac{250}{f'} \tag{8-13}$$

式(8-13)仅与焦距有关，由此计算的放大率称为放大镜的标称放大率，是描述放大镜的光学参数。若 Γ 值已知，就可以求出其相应的焦距。

(2) 正常视力的眼睛一般把观察点调焦在明视距离 250mm 处，即固定像到人眼的距离 $P' - l' = 250$mm，由式(8-12)可得

$$\Gamma = \frac{250}{f'} + 1 - \frac{P'}{f'} \tag{8-14}$$

式(8-14)适用于较小倍率(一般为长焦距)的放大镜，即看书用的放大镜。此时，放大率将随人眼的位置不同而有差异。若人眼置于放大镜的焦点附近，即 $P' = f'$，则有

$$\Gamma = \frac{250}{f'}$$

(3) 若眼睛紧靠着放大镜，即 $P' \approx 0$，则有

$$\Gamma = -\frac{f' - l'}{l'f'} \times 250 = -\frac{250}{l} \tag{8-15}$$

即当人眼贴紧放大镜观察时，放大率取决于物体的位置。

常用的放大镜，其标称倍率为 $2.5^{\times} \sim 25^{\times}$。若用单透镜(平凸或双凸)作为放大镜，则由于不能校正像差，通常不超过 $3^{\times}$。倍率较大的放大镜由组合透镜组成。

8.2.2 光束限制和线视场

人眼用放大镜观察物体时，放大镜与人眼构成了组合系统。在这组系统中，眼瞳是孔径光阑又是出瞳，放大镜框是视场光阑又是出、入射窗。由于视场光阑不能与物(像)面重合，视场必定会产生渐晕。

图 8-7 所示为不同渐晕的出射光线延长到像面的情况。三条光线分别为 A_1、A_2、A_3 点受视场光阑(放大镜框)边缘限制的光束边界，由图可知，A_1、A_2、A_3 渐晕系数分别为 1、0.5 和 0。它们对眼瞳(出瞳)的张角分别为

$$\begin{aligned} \tan\omega_1' &= (h - a')/P' \\ \tan\omega' &= h/P' \\ \tan\omega_2' &= (h + a')/P' \end{aligned} \tag{8-16}$$

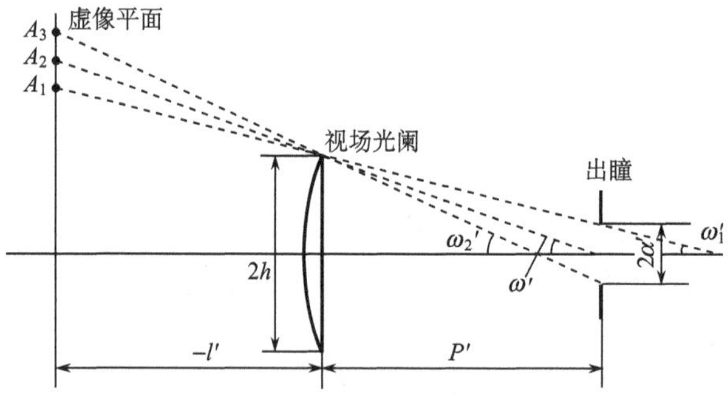

图 8-7 放大镜的光束限制：不同渐晕系数的像方视场

根据像方视场角可以计算物体视场的大小。当像平面在无限远时(物体放在放大镜的焦面处)，物方线视场 $2y$ 为

$$2y = 2f'\tan\omega'$$

在式(8-16)中，如果选择渐晕系数 $K=0.5$ 的 $\tan\omega'$代入，并将式(8-13)中的 f'代入，则整理后得此时物方线视场为

$$2y = \frac{500h}{\Gamma_0 P'} \quad (\text{mm}) \tag{8-17}$$

式中，Γ_0 为放大镜的标称放大率。由式(8-17)可知，放大镜的倍率越大，线视场越小，再一次说明放大镜的放大率不宜过大。

8.2.3 放大镜用做目镜

放大镜不仅可以直接用来对物体放大成像，而且也可以对一组光学系统所成的实像进行放大成像，用于这种场合的放大镜就是显微镜和望远镜中的正透镜目镜。

当放大镜用于目镜时，物体(前组系统所成的像)置于目镜的物方焦面，得到无穷远的

像，供人眼观察。因此，目镜的放大率Γ_e通常以式(8-13)计算，即

$$\Gamma_e=\frac{250}{f_e'} \tag{8-18}$$

式中，f_e'为目镜的焦距。

如果人眼具有视力缺陷(如近视或远视)，观察者可以调节目镜相对物体的距离，使物体经目镜所成的像恰好位于观察者的远点位置，此时，观察者不用佩戴眼镜就可以看到被目镜放大的像。通常显微镜或望远镜都允许目镜有±5屈光度的调节量，适合±500度的近视眼和远视眼直接观察。

当人眼通过目镜观察时，通常将人眼置于其像方焦点处。如果按视力移动目镜，使像与人眼的远点重合，则移动物体偏离物方焦面的距离x与远点距恰好是一对物像共轭距。根据牛顿公式$xx'=-f_e'^2$，有

$$x=-\frac{f_e'^2}{x'}=\frac{\pm 5f_e'^2}{1000} \tag{8-19}$$

8.3　显微镜系统

为了观察近距离的微小物体，要求光学系统有较高的视觉放大率。当放大镜的放大率满足不了时，必须采用复杂的组合光学系统，即显微镜系统。

8.3.1　显微镜工作原理与视觉放大率

显微镜由物镜和目镜组成，其成像原理如图8-8所示，它有二次成像过程。首先，近距离物体AB经物镜成一个放大的实像$A'B'$，像位于目镜的物方焦平面F_2附近，再经目镜按放大镜的方式成像。显然，作为放大镜的目镜，此时不是直接对物体成像，而是对物体经物镜所成的实像再次成像$A''B''$，以供人眼观察。这种二次放大的效果，使得显微镜与普通放大镜相比，具有更大的视觉放大率。

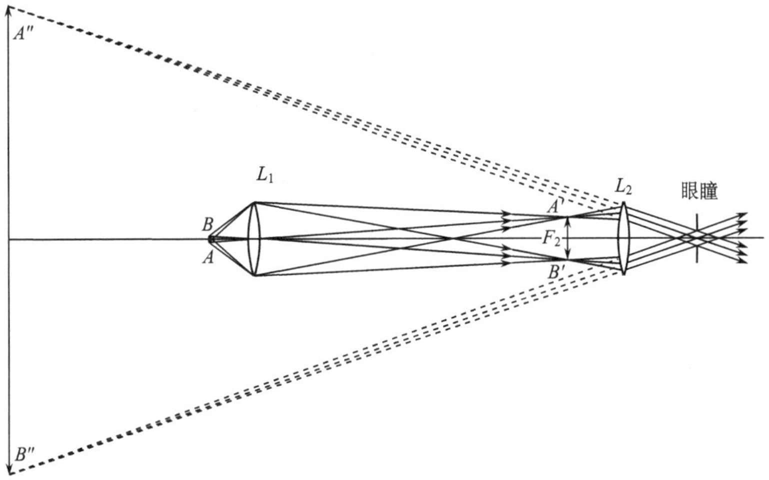

图8-8　显微镜成像原理

显微镜的视觉放大率计算同样采用式(8-11)的定义导出。

人眼直接在明视距离处观察物体时,有

$$\tan\omega_e = \frac{y}{250}$$

人眼通过显微镜观察时,看到的是经过目镜最终所成的像。按图 8-7 所示的显微镜成像原理,该像对人眼的张角为

$$\tan\omega_i = \tan\omega' = \frac{y'}{f'_e} = \frac{\beta y}{f'_e}$$

式中,ω'为显微镜的像方视场角,β 为物镜第一次成像的垂轴放大率。

根据视觉放大率的定义,可以得到显微镜的视觉放大率为

$$\Gamma = \frac{\tan\omega_i}{\tan\omega_e} = -\beta\frac{250}{f'_e} = \beta\Gamma_e \tag{8-20}$$

式中,250mm 为人眼的明视距离,f'_e为目镜焦距。式(8-20)说明显微镜的视觉放大率等于物镜的垂轴放大率 β 和目镜的视觉放大率 Γ_e 之积,实际上对物体实施了两级放大。

物镜对实物成实像的成像过程,可以利用第 3 章的成像理论计算这对共轭关系的垂轴放大率,由于像位于目镜的物方焦点处,故其焦像距就是双光组的光学筒长 $\Delta = x'$,有

$$\beta = \frac{y'}{y} = -\frac{x'}{f'_o} = -\frac{\Delta}{f'_o}$$

式中,f'_o为物镜焦距。将上式代入式(8-20)

$$\Gamma = \frac{\tan\omega_i}{\tan\omega_e} = -\frac{250\Delta}{f'_o f'_e} = \frac{250}{f'} \tag{8-21}$$

式中,$f' = -f'_o f'_e/\Delta$ 是显微镜物镜和目镜的组合焦距。式(8-21)与放大镜的式(8-13)有相同的形式,说明显微镜实质上就是一个放大镜,根据其结构,可以把显微镜看作组合的放大镜。

对显微镜成像原理的分析表明,物镜对物体实施第一次放大,物平面应位于物镜的物方焦点到两倍焦距之间,可以保证经物镜所成的像为放大的倒立实像。对组合系统而言,物体最终成像于 250mm 以外直至$-\infty$处,故物体又位于组合系统物方焦点及以内十分靠近物方焦点处。显微镜的物镜和目镜通常为两个独立的系统,通过调换不同倍率的物镜和目镜,可方便迅速地获得多种放大率。显微镜不仅比放大镜有更高的放大率,而且还能实现对物体的瞄准和测量,因为物镜所成的中间实像处可以放置分划板,为此提供了可能。

8.3.2 显微镜的光束限制

显微镜的光阑设置有其特殊性,并将直接影响显微镜的使用性能和成像质量,在此进行详细分析。

1. 显微镜中的孔径光阑

在显微镜中,孔径光阑的设置随物镜结构的情况而不同,物镜的结构根据物镜的倍率

由低到高而逐渐复杂。低倍物镜为单透镜组,物镜框本身就是孔径光阑。高倍物镜由多组透镜组成,一般将最后一组透镜框作为孔径光阑。除此以外,用于测量的显微镜,为消除调焦不准对测量精度的影响,一般将专门的孔径光阑设置在物镜的像方焦平面上,形成物方远心光路(见第 5 章介绍)。由于显微物镜和目镜的间隔比它们各自的焦距大得多,所以以上几种情况下的孔径光阑经目镜所成像的出瞳位置均在目镜的像方焦点以外的附近处,以方便眼瞳与之重合。在目视光学系统中,眼瞳与出瞳重合很重要,它可以避免因额外的渐晕而造成视场减小。

下面计算显微镜的出瞳直径 D'。对于显微镜物镜,设计时通常要求光轴附近接近于理想成像,于是满足

$$\beta = \frac{n\sin u}{n'\sin u'} \tag{8-22}$$

或根据拉赫不变量有

$$n\sin u = y'n'\sin u'/y = -\Delta n'\sin u'/f'_{\circ}$$

对像方孔径角 u' 可以近似地有 $\sin u' = \tan u' = D'/(2f'_e)$,把 $\sin u'$ 代入上式,并利用式(8-21),可以得出

$$n\sin u = D'\Gamma/500$$

即

$$D' = 500\mathrm{NA}/\Gamma \quad (\mathrm{mm}) \tag{8-23}$$

式中,$\mathrm{NA} = n\sin u$ 称为数值孔径,是显微镜的重要光学参数。

由式(8-23)可以看出,显微镜的出瞳直径与倍率成反比,显微镜的放大率通常较大,因此,出瞳直径很小,一般小于眼瞳直径,只有在低倍时才能达到眼瞳直径。

2. 显微镜中的视场光阑

显微镜的线视场取决于放在物镜像面上的分划板(视场光阑)的大小,设分划板直径为 $D_{分}$,则显微镜的线视场为

$$2y = D_{分}/\beta \tag{8-24}$$

受分划板尺寸的限制,物方的线视场随物镜倍率的增大而减小,分划板又作为目镜焦平面上的物,所以又有

$$D_{分} = 2f'_e\tan\omega'$$

用目镜的视觉放大率表示,即

$$D_{分} = 500\tan\omega'/\Gamma_e \quad (\mathrm{mm})$$

代入式(8-24),得

$$2y = \frac{500\tan\omega'}{\beta\Gamma_e} = \frac{500\tan\omega'}{\Gamma} \quad (\mathrm{mm}) \tag{8-25}$$

由此可见,在选定目镜后($2\omega'$已给定),显微镜的视觉放大率越大,其在物方线视场越小,高倍显微镜的线视场小于 1mm,所以显微物镜属于小视场系统。

3. 显微镜的景深

有时需要通过显微镜观察立体目标,如手术显微镜。这时需要显微镜具有一定的景

深。从理论上分析，显微镜的景深受三方面因素的影响，即几何景深、物理景深和调节景深。

几何景深就是第5章讨论的清晰成像的几何深度，将景深公式用于显微镜系统，并注意将观察像调焦至明视距离处时有 $z'=250\varepsilon$（ε 为人眼的角分辨力），$\beta=\Gamma$，以及 $\frac{D}{p}\approx 2\sin u=\frac{2\mathrm{NA}}{n}$，将上述各式代入景深公式(5-7c)，并忽略分母中的 z'^2，则导出显微镜的几何景深为

$$2\Delta_g=\frac{250n\varepsilon}{\Gamma\cdot\mathrm{NA}} \tag{8-26}$$

物理景深则由衍射理论给出，为

$$\Delta_p=\frac{n\lambda}{\mathrm{NA}^2} \tag{8-27}$$

调节景深是指人眼在像空间的调节范围所对应的物空间深度，由于正常眼在250mm到∞范围可以轻松调节，转换为视度单位即表示调节范围为4个屈光度。利用牛顿公式，并注意有 $x=\Delta_m$，$x'=\frac{-1000}{4}$，$f'=\frac{250}{\Gamma}$，代入牛顿公式(3-3)，有

$$\Delta_m\cdot\frac{-1000}{4}=-n\left(\frac{250}{\Gamma}\right)^2$$

化简得

$$\Delta_m=\frac{250n}{\Gamma^2} \tag{8-28}$$

显微镜的总景深为三部分之和，即

$$\Delta=2\Delta_g+\Delta_p+\Delta_m=\frac{250n\varepsilon}{\Gamma\cdot\mathrm{NA}}+\frac{n\lambda}{\mathrm{NA}^2}+\frac{250n}{\Gamma^2} \tag{8-29}$$

由此可知，显微镜的数值孔径越大，要求放大倍率越高，其景深越小，并且数值孔径的影响比视觉放大率的影响更重要得多。对于厚度大于景深的目标，需要利用微调机构，依次对不同深度的层面调焦成像。

8.3.3 显微镜的分辨力和有效放大率

1. 显微镜的分辨力

显微镜的分辨力是指其对近距离物体细微结构的成像能力，通常以能分辨的物方两点间最短距离 σ 来表示。σ 值越小，说明能够成像的细节越密，分辨能力越强。

光学仪器的分辨力受光学系统孔径光阑的衍射影响，衍射像的艾里斑中心代表像点的位置。设艾里斑的半径为 a，则根据衍射理论，有

$$a=\frac{0.61\lambda}{n'\sin u'} \tag{8-30}$$

根据瑞利(Rayleigh)判据，两个相邻像点之间的间隔等于艾里斑的半径 a 时，能被光学系统分辨。按照式(8-22)，由瑞利判据确定的分辨力为

$$\sigma=\frac{a}{\beta}=\frac{0.61\lambda}{n\sin u}=\frac{0.61\lambda}{\mathrm{NA}} \tag{8-31}$$

根据道威利尔(Dauvillier)判据(简称道威判据),两个相邻像点之间的两衍射斑中心距为 $0.85a$ 时,能被光学系统分辨。由道威判据确定的分辨力为

$$\sigma=\frac{0.85a}{\beta}=\frac{0.5\lambda}{\mathrm{NA}} \tag{8-32}$$

式中,σ 为显微镜物平面上能被分辨的两个物点间的最小距离。根据实际使用经验,人们通常以道威判据给出的分辨力值作为光学系统的目视衍射分辨力,或称为理想分辨力。

由式(8-32)可知,显微镜的分辨力主要取决于显微物镜的数值孔径 NA。由 $\mathrm{NA}=n\sin u$ 可知,提高数值孔径的方法是增大孔径角,物方孔径角 U 最大可达到 60°～70°。因此,显微物镜属于大孔径系统,进一步提高数值孔径的方法是提高物方空间的折射率,"油浸物镜"便是用于这一目的。在显微镜物镜前片和物体之间浸以液体(如杉木油或二碘甲烷等),可使数值孔径达到 1.5,所以光学显微镜的极限分辨距约为 $\lambda/3$。

2. 显微镜的有效放大率

为了充分发挥显微镜的分辨力,使人眼能够看清显微镜所分辨的物体细节,要求整个显微镜必须有适当的放大率。如果放大率太小,会导致人眼看不清已被显微镜分辨的细节;如果放大率太大,显微镜没有分辨出的细节并不会因为提高放大率而对人眼变得可分辨,属于无效放大。因此,对显微镜提出了有效放大率的概念。

有效放大率是指目视仪器的分辨力与接收器分辨力匹配时目视仪器应具备的放大率,它是设计目视光学成像系统放大率的依据。对显微镜而言,达到极限有效放大率时,其分辨极限经放大后要恰好达到人眼分辨力的极限。

已知人眼的极限分辨角为 1′,在明视距离 250mm 处对应的分辨距离 σ' 为

$$\sigma'=1\times250\times0.00029=0.0725(\mathrm{mm})$$

将 σ' 换算到显微镜的物空间,有

$$\sigma'=\sigma\Gamma \tag{8-33}$$

按道威判据取 σ 值,则

$$\frac{0.5\lambda}{\mathrm{NA}}\Gamma=0.0725(\mathrm{mm})$$

设照明光的平均波长为 0.000555mm,得

$$\Gamma=264\mathrm{NA} \tag{8-34}$$

式(8-34)称为显微镜的极限有效放大率。由于人眼在 1′的极限分辨状态下容易疲劳,故常取眼睛较为轻松观察时的分辨角为 2′～4′,实际有效放大率在式(8-34)的基础上增大 2～4 倍,近似表示为

$$500\mathrm{NA}\leqslant\Gamma\leqslant1000\mathrm{NA} \tag{8-35}$$

满足上述条件的视觉放大率称为显微镜的有效放大率,说明有效放大率的选取应视其数值孔径大小而定。当放大率低于 500NA 时,物镜的分辨能力没有被充分利用,人眼不能分辨已被物镜分辨的物体细节;当放大率高于 1000NA 时,称为无效放大,不会因为放大率的提高而看清原本没有被显微镜分辨的细微结构。一般浸液物镜的最大数值孔径为 1.5,故显微镜能达到的有效放大率不超过 $1500^{\times}$。

目镜一般都标有目镜放大率。取什么倍率的目镜来与物镜组合成一个合理的显微镜系统，应该从有效放大率来考虑。

从显微镜的工作原理中知道，物镜的作用是提供被观测目标的放大像，显微镜的分辨力和放大率都主要依赖于物镜，物镜上都标有倍率和数值孔径，反映了其主要性能，由数值孔径可以计算出物镜的分辨力。鉴于目镜提供的放大率差别不大，所以显微镜的有效放大率主要靠物镜来保证。显微物镜的数值孔径和放大率是互相联系的，数值孔径大，分辨力就高，也就需要足够的放大率来达到有效放大。目前，国内生产的显微物镜，其数值孔径和放大率的匹配关系如表 8-5 所示。

表 8-5　数值孔径与放大率的匹配关系

物镜类型	低倍(双胶合型)	中倍(李斯特型)	高倍(阿米西型)	高倍(油浸型)
放大率	3～6	6～10	40～63	80～100
数值孔径	0.04～0.15	0.15～0.3	0.4～0.85	1.25～1.4

【例 8-1】 如果要求读数显微镜的瞄准精度为 0.001mm，求显微镜的有效放大率。

解　显微物镜要分辨这样的细节必须有足够的数值孔径，按道威判据有

$$\mathrm{NA}=\frac{0.5\lambda}{\sigma}=\frac{0.5\times0.00055}{0.001}=0.275$$

根据式(8-34)计算显微镜的有效放大率为

$$\Gamma=264\mathrm{NA}\approx73^{\times}$$

如果根据有效放大率的概念来计算，同样可以得到这一结果，计算如下。

人眼直接观察 0.001mm 的物体所对应的视角为

$$\tan\omega_{\mathrm{e}}=\frac{0.001}{250}=4\times10^{-6}$$

人眼的极限分辨角为 60″，因此要求显微镜的视觉放大率为

$$\Gamma=\frac{\tan\omega'}{\tan\omega_{\mathrm{e}}}=\frac{\tan60''}{4\times10^{-6}}\approx73^{\times}$$

考虑用式(8-35)的轻松观察方式，可以将实际放大率再放大一倍，取为 150 倍。如果使用 $15^{\times}$ 的目镜，则根据式(8-20)可以求得物镜的放大倍数为

$$\beta=\frac{\Gamma}{\Gamma_{目}}=\frac{150}{15}=10^{\times}$$

由此可知，使用一个 $10^{\times}$/0.3(放大倍数/数值孔径)的显微物镜(表 8-5)和一个 $15^{\times}$ 的目镜组合即能满足题意要求。

【例 8-2】 一台生物显微镜的分辨力 $\sigma=2\mu\mathrm{m}$，求该显微镜的视觉放大率、物镜的数值孔径、物镜和目镜的放大率、物镜的工作距离和焦距。

解　由式(8-33)得显微镜的有效放大率为

$$|\Gamma|\geqslant\frac{72.5}{2}\approx36^{\times}$$

取实际放大率为极限值的 2 倍，则有

$$|\Gamma|=72^{\times}$$

由式(8-32)得物镜的数值孔径为

$$\mathrm{NA}=\frac{0.5\lambda}{\sigma}=\frac{0.5\times0.55}{2}=0.14$$

考虑到物镜的放大率与数值孔径的关系(注意:从像差校正能力上说,显微物镜的倍率越高,越能达到大的数值孔径,见表 8-5),可以取物镜的放大率 $\beta=-6^{\times}$,则目镜的放大率为 $\Gamma_e=12^{\times}$。

一般对于生物显微镜的共轭距($-l+l'$),国家规定为 195mm,则工作距离为

$$l=\frac{l-l'}{1-\beta}=\frac{-195}{7}=-27.9(\mathrm{mm})$$

物镜的焦距为

$$f'_o=\frac{ll'}{l-l'}=23.9(\mathrm{mm})$$

因此,显微镜的适宜参数如下。

物镜:$\beta=-6^{\times}$,NA=0.15,$f'=23.9$mm,$l=-27.9$mm。

目镜:$\Gamma=12^{\times}$。

显微镜有各种倍率的物镜,与目镜组合可以获得不同的放大率。为了方便组合,要求更换物镜或目镜后无须调焦或只需微量调焦即可观察到图像。这就要求被观察物体与中间像的距离(共轭距)保持不变,即保持各种倍率的齐焦。特别是对于生物(金相)显微镜,由于产品批量大,应用范围广,对它们在齐焦方面的一些基本参数都进行了标准化,以使各厂家生产的主要零部件能互相通用,具有互换性。

8.3.4　显微镜的应用举例

从对物体成像的特点来分,对近距离成像的光学系统都可以归类于显微系统类。近代显微镜常在系统中加入其他镜组,以扩大显微镜的功能。

1. 无限筒长物镜

在典型的显微镜中,加入辅助物镜,构成筒长无限的物镜,其工作原理如图 8-9 所示。

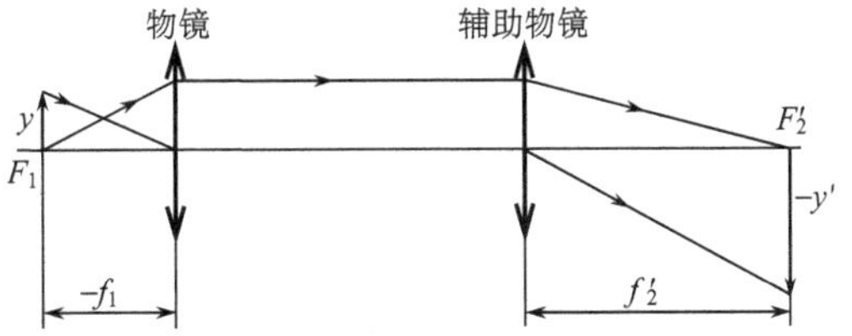

图 8-9　无限筒长物镜的成像光路

物体准确地位于物镜的物方焦面处,经物镜成像于无限远,在平行光路中加入辅助物镜,则在辅助物镜焦面处得到物体倒立的放大像。这种显微物镜的优点是,物镜和辅助物镜之间是平行光,有利于装配和调整,且可以在其间加入棱镜、滤光片和偏振片,而不会引

起像点位置的变化及产生双像、叠影等。这种显微物镜的放大率为

$$\beta=\frac{y'}{y}=-\frac{f'_2}{f'_1} \tag{8-36}$$

2. 焦度计

焦度计是一种检查眼镜片光焦度的仪器，也称为镜片检查仪，它是利用无限筒长显微物镜的光学原理来设计的，如图 8-10 所示。

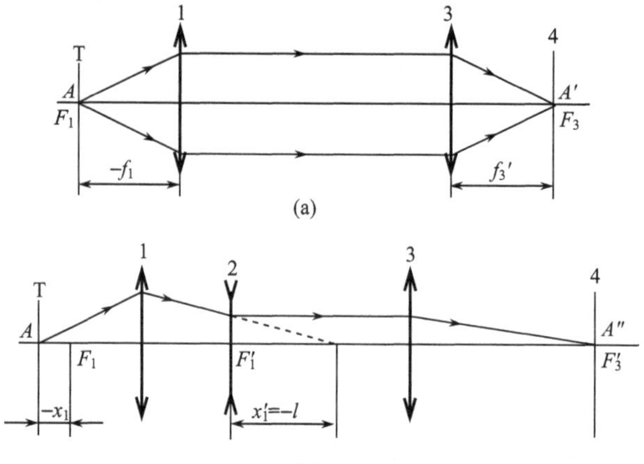

图 8-10 焦度计的光学原理图

在物镜的焦平面处放一带有标记的分划板 T，由前面分析可知，辅助物镜的像方焦面上得到标记的倒立实像，该像可以用投影屏接收，其光路如图 8-10(a)所示。在物镜和辅助物镜之间放置被测镜片，并使被测镜片与物镜的像方焦点重合，被测镜片的加入改变了标记像的位置，使其偏离投影屏而变得模糊。为此，移动分划板的位置，使得标记像在投影屏上再次清晰，由移动的距离就可求出被测镜片的屈光度，如图 8-10(b)所示。

设分划板自焦点 F_1 移动距离 x_1 向左取负、向右取正。当移动分划板，使得分划板经物镜 1 所成的像位于被测镜片物方焦点处时，标记重新在投影屏上获得的清晰像。此时，根据牛顿公式有

$$x'_1=-\frac{f'^2_o}{x_1}$$

式中，f'_o为物镜 1 的焦距，x_1 为分划板的移动量，$x'_1=-f_{镜片}$。镜片的屈光度为

$$\mathrm{SD}=\frac{1}{f_{镜片}}=\frac{1000x_1}{f'^2_o} \tag{8-37}$$

即被测镜片的屈光度与分划板的移动量呈线性关系。

3. 激光共聚焦显微镜

激光共聚焦扫描显微镜也称为 CT，因其光源、聚焦面、探测器三者处于彼此共轭的位置而得名“共焦”，其光学原理如图 8-11 所示。针孔点光源被物镜 1 聚焦成一个艾里斑

照明到样品表面，受照后的物点发射光，被物镜 1 和物镜 2 成像在探测器的针孔处。如果探测器的针孔具有艾里斑或者更小的尺寸，那么只有与之共轭物面上该点的光信号被探测器接收，所有其他离焦点的光束均被针孔阻挡不能被探测到。如果轴向或横向来扫描样品，就可以探测到样品的三维结构。这一接收器针孔相当于点选择器，来对样品逐点进行探测。通过计算机对所有的三维探测点进行三维构建，就可以获得样品的三维结构。

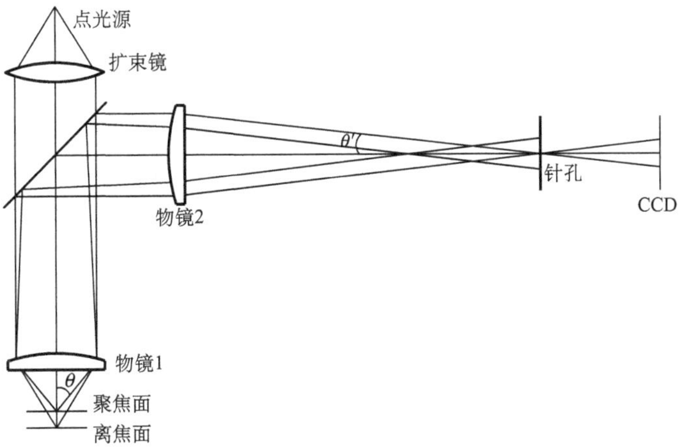

图 8-11　激光共聚焦显微镜的光学原理图

4. 显微摄影系统

显微镜与摄影系统组合可以构成显微摄影系统，此时摄影物镜直接置于目镜的后方，使目镜所成的虚像，经摄影物镜后，成像在照相底片或 CCD 等接收器上。此时，显微镜摄影的物像放大率为

$$\beta = \frac{f'_{摄影}\Gamma}{250} \tag{8-38}$$

为了简化结构，摄影物镜还可以直接用目镜代替。其成像原理是，物体经物镜所成的像，直接利用目镜成像在照相底片上，此时的目镜称为摄影目镜。为使整个共轭物像距不至于太大，目镜应设计成负光组。此时，显微镜摄影的物像放大率为

$$\beta = \beta_o \beta_e \tag{8-39}$$

用做拍照或投影的显微镜与普通观察所用的显微镜不同。普通观察显微镜允许有较大的场曲存在，因为人眼有调节作用，而作为拍照或投影的显微镜必须要求像面是平的，场曲像差必须得到校正。

在显微物镜的像面上，直接放置 CCD 接收器，连接到计算机上，还可以对显微镜的图像进行测量和实时处理，图像的大小也可以通过 CCD 靶面上的像素面积计算出来。但此时所需的往往是较大尺寸的面阵 CCD。为了减小对大尺寸 CCD 的需求，可以再加转接镜将物镜所成的像再次缩小成像，以供 CCD 接收。

8.4 望远镜系统

与显微镜用于观察近距离物体不同，用于观察远距离物体的目视系统就是望远镜。由于物体距观察者很远，所以当物体对人眼的张角小于人眼的分辨角时，人眼将看不清物体，需要用望远镜将视角放大，这就是望远镜的作用。

8.4.1 望远系统的视觉放大率

望远镜由物镜和目镜构成，其特点是物镜的像方焦点与目镜的物方焦点重合。望远镜的工作原理如图 8-12 和图 8-13 所示。远处的物体经物镜成像在物镜的像方焦面处，同时也在目镜的物方焦面处，再被目镜成像在无限远处。与显微镜不同，由于望远镜的物镜焦距较长，因此目镜可以采用正光组，也可以采用负光组，由此构成了望远镜系统的两种典型类型。采用正光组目镜的为开普勒型（图 8-12），采用负光组目镜的为伽利略型（图 8-13）。

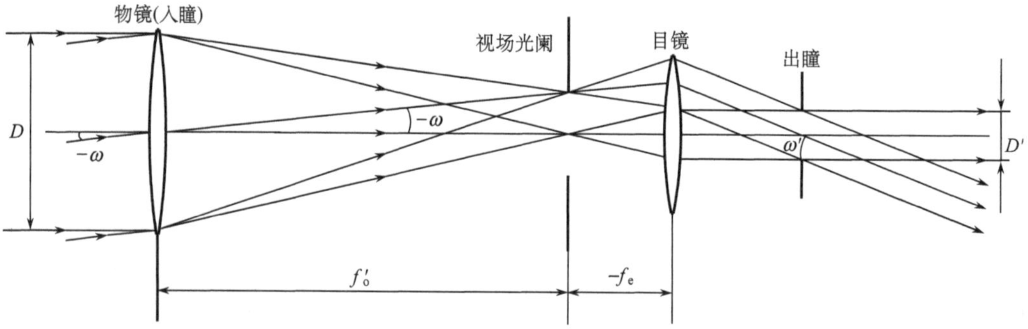

图 8-12 开普勒型望远镜成像原理

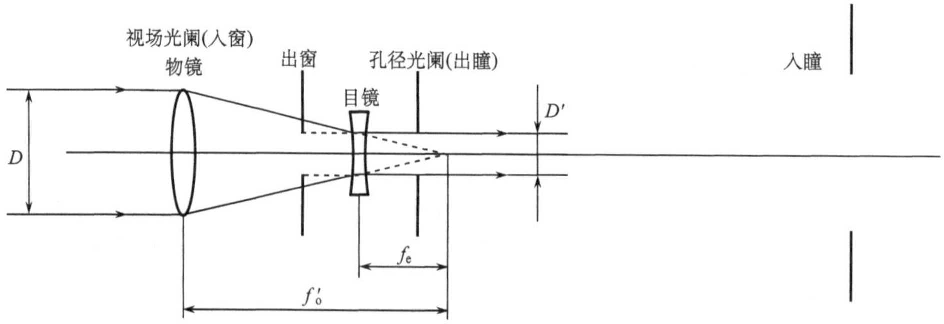

图 8-13 伽利略型望远镜成像原理

下面分析望远镜系统的视觉放大率。当人眼直接观察远距离物体时，物体对人眼的张角与望远镜对物体成像的物方视场角相同，即 $\tan\tilde{\omega}=\tan\omega$。人眼通过系统看到的像对人眼的张角就是望远镜对物体成像的像方视场角，根据视觉放大率的定义得出

$$\Gamma=\frac{\tan\omega'}{\tan\tilde{\omega}}=\frac{\tan\omega'}{\tan\omega}=\gamma \tag{8-40}$$

式(8-40)说明望远镜的视觉放大率等于其角放大率。因此，用计算角放大率的方法就可以得到望远镜的视觉放大率。

设远处物体在物镜焦面上所成的像大小为 y'_o，由像高决定的望远镜的物方视场角为

$$\tan\omega=-\frac{y'_o}{f'_o}$$

物镜的像也是目镜的物，即 $y'_o=y_e$，当其位于目镜物方焦面时，由物高决定的目镜像方视场角为

$$\tan\omega'=\frac{y_e}{f'_e}$$

根据式(8-40)，得到

$$\Gamma=\frac{\tan\omega'}{\tan\omega}=-\frac{f'_o}{f'_e} \tag{8-41}$$

即望远镜的放大率为物镜的焦距与目镜的焦距之比。物镜为正光组，而目镜可以是正光组或负光组，视觉放大率因此可能为正值或负值。若 Γ 为正，则像是正立的；反之，则像是倒立的。开普勒型望远镜的目镜为正光组，成倒像，而伽利略型望远镜成正像。

由式(8-41)看出，望远镜的视觉放大率是由其组合方式决定的，与物像共轭位置无关。欲增大视觉放大率，必须增大物镜的焦距或减小目镜的焦距，但目镜的焦距不能过小，尤其是开普勒型望远镜，目镜焦距不得小于 6mm，以便使望远系统保持一定的出瞳距来与人眼瞳孔重合。因此，增大物镜焦距是提高放大率的主要途径。手持望远镜由于易抖动的缘故，放大倍率一般不超过 10 倍。大地测量仪器中的望远镜的视觉放大率约为 30 倍。天文望远镜需要很高的放大倍率，因为物镜焦距很长，所以常用反射式结构。

根据第 3 章的介绍可知，一个光学系统的角放大率和垂轴放大率互为倒数，由此可以得出望远镜的垂轴放大率为

$$\beta=\frac{1}{\gamma}=\frac{1}{\Gamma}=-\frac{f'_e}{f'_o} \tag{8-42}$$

式(8-42)说明，望远镜的垂轴放大率绝对值小于 1(因为 $|\Gamma|>1$)，即从物体成像的几何尺寸上看，望远镜系统并没有放大物体，而是缩小成像。能够让人眼通过望远镜看清远距离物体是视角放大的结果，而并非尺寸上放大物体。

根据式(8-42)，垂轴放大率与物体位置无关，可以通过任意一对共轭物像关系获得。利用入瞳和出瞳这一对系统共轭物像也可以计算视放大率，即

$$\Gamma=-f'_o/f'_e=-D/D' \tag{8-43}$$

式中，D 和 D' 分别是望远镜的入瞳和出瞳的大小。

8.4.2　望远系统的分辨力和有效放大率

望远系统的分辨力用极限分辨角 φ 表示，根据瑞利判据，分辨角为理想像点的艾里斑半径与物镜的焦距之比，由式(8-30)可得

$$\varphi = \frac{a}{f'_o} = \frac{0.61\lambda}{n' \sin u' f'_o} \tag{8-44}$$

因为像空间折射率 $n'=1$，$\sin u'=D/(2f'_o)$，取 $\lambda=0.000555\text{mm}$，再将弧度值转化为角度值(″)，故式(8-44)可写成

$$\varphi = \frac{140}{D}(″) \tag{8-45}$$

式中，D 为以 mm 为单位的数值。

若按道威判据，则分辨角为

$$\varphi = \frac{120}{D}(″) \tag{8-46}$$

即望远镜的极限分辨角与入瞳直径成反比，入射光瞳直径 D 越大，极限分辨能力越强。天文望远镜要求有较高的分辨力，为了提高分辨力和增大接收光能量的能力，天文望远镜的孔径相当大，有的物镜口径可达数米。

与显微镜的有效放大率要求相同，望远镜的设计也必须符合有效放大率的要求，即两个观察物点若能被望远镜分辨，通过望远镜有效放大后的视角必须达到人眼的视觉分辨力 60″，以使望远镜的分辨力被有效利用。视觉放大率和分辨力应满足

$$\varphi\Gamma \geqslant 60''$$

$$\Gamma = 60''/\varphi = D/2.3 \tag{8-47}$$

由式(8-47)计算的视觉放大率是满足人眼分辨匹配要求的最小视觉放大率，称为有效放大率(也称为正常放大率)。

但是，眼睛处于分辨极限条件下(60″)观察物像时会感觉疲劳，故在设计望远镜时，视觉放大率一般是按式(8-47)求得的数值的 2～3 倍，以便人眼轻松观察。增大后的放大率又称为工作放大率。若取 2.3 倍，则工作放大率为

$$\Gamma = D \tag{8-48}$$

8.4.3 望远镜的光束限制

望远镜分为开普勒型和伽利略型，它们的光束限制状况有所不同，下面分别分析。

1. 开普勒型望远镜

开普勒型望远镜的物镜通常设为孔径光阑，也是入瞳。由于物镜焦距较目镜大许多，孔径光阑被目镜成像后，出瞳位于目镜的像方焦点稍外一点的地方，方便与人眼瞳孔重合。为了与人眼瞳孔匹配，出瞳直径一般为 2～4mm。测量仪器的出瞳直径可以小于 2mm，以提高其测量精度。军用仪器的出瞳直径较大，如坦克瞄准镜的出瞳直径为 8mm，这是为了适应恶劣情况下观察条件的需要。

出瞳到目镜后表面的距离称为镜目距，用 P' 表示。根据牛顿公式，可以容易地计算出镜目距为

$$P' - l'_F = f'^2_e / f'_o = -f'_e/\Gamma$$

$$P' = l'_F - f'_e/\Gamma \tag{8-49}$$

物体经物镜成一实像，实像处通常设置分划板，分划板的边框构成视场光阑，决定了望远镜的物方视场角。由图 8-12 可以求出望远镜的物方视场角 ω 满足

$$\tan\omega = y'/f'。 \tag{8-50}$$

式中，y'是视场光阑半径，即分划板半径。

开普勒型望远镜的视场 2ω 一般不超过 $15°$。人眼通过开普勒望远镜观察时，必须使眼瞳位于系统的出瞳处，才能观察到望远镜的全视场。

目镜框受结构的限制不能做得过大，往往对轴外视场光束有一定的限制，因此目镜充当了渐晕光阑。最大视场一般允许有 50%的渐晕，依此可以计算目镜的最小口径。

2. 伽利略型望远镜

对于伽利略型望远镜，如果也将物镜作为孔径光阑，则出瞳将被负目镜成像于望远镜的内部，人眼无法与之重合。因此，伽利略型望远镜是以人眼的瞳孔作为孔径光阑，同时又是望远系统的出瞳。入瞳经望远镜成像于人眼的后方。物镜框为视场光阑，同时又是望远系统的入射窗。由于望远系统的入射窗不与物面(或像面)重合，所以伽利略型望远系统对大视场总是存在渐晕现象，如图 8-14 所示。

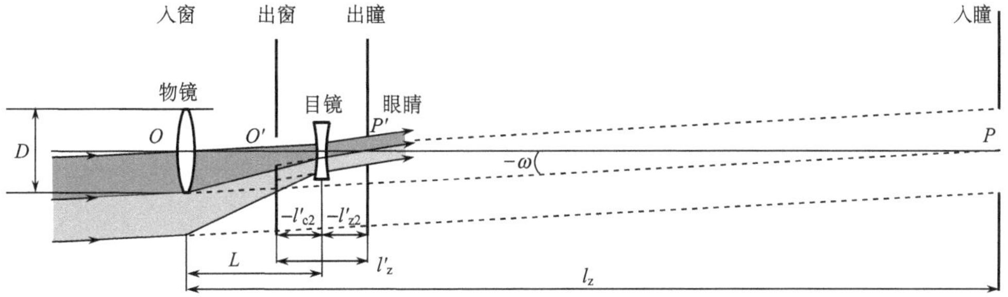

图 8-14 伽利略型望远镜的光束限制

当物镜口径确定后，伽利略型望远镜的视场因渐晕系数不同而不同，下面来计算一下 50%渐晕时的视场大小。由图 8-14，设物镜直径(入射窗)为 D，物镜的像(出射窗)直径为 D'，入瞳到物镜的距离为 l_z，出瞳(眼瞳)到出射窗的距离为 l'_z。渐晕系数 $K=0.5$ 的视场角为

$$\tan\omega = \frac{-D}{2l_z}, \quad \tan\omega' = \frac{-D'}{2l'_z}$$

利用视觉放大率公式 $\Gamma = \frac{\tan\omega'}{\tan\omega} = -\frac{D'}{D}$，有

$$l_z = \Gamma^2 l'_z = \Gamma^2(-l'_{c2} + l'_{z2}) \tag{8-51}$$

所以有

$$\tan\omega = \frac{-D}{2l_z} = \frac{-D}{2\Gamma(L + \Gamma l'_{z2})} \tag{8-52}$$

式中，$L = f'_o + f'_e$ 为望远镜的机械筒长，l'_{z2} 为眼睛到目镜的距离。

伽利略型望远镜的极限视场(渐晕系数 $K=0$)是由通过入射窗(物镜框)的边缘和相反方向的入瞳边缘的光线决定的，即

$$\tan\omega_{\max}=\frac{-(D+D_p)}{2\Gamma(L+\Gamma l'_{z2})} \tag{8-53}$$

式中，D_p 是入瞳的直径。

根据式(8-52)和式(8-53)，伽利略型望远镜的视觉放大率越大，视场越小，故其视觉放大率一般不宜过大。

【例 8-3】 望远镜筒长 $L=250\text{mm}$，放大率 $\Gamma=\pm 4$，限定每个元件的最大口径为 25mm，分别设计开普勒型和伽利略型望远镜系统，并分析光束限制。

解 根据望远镜结构，可以得到

$$L=f'_o+f'_e=250(\text{mm})$$

$$\Gamma=-\frac{f'_o}{f'_e}=\pm 4$$

放大率的正负取决于选定望远镜的类型。开普勒型放大率为负，成倒立像；伽利略型放大率为正，成正立像。联立以上两式可得

$$f'_o=\frac{\Gamma L}{\Gamma-1}$$

$$f'_e=\frac{L}{1-\Gamma}$$

(1) 开普勒型望远系统。

将 $\Gamma=-4$，$L=250\text{mm}$。代入上述计算式，得到

$$f'_o=200\text{mm},\quad f'_e=50\text{mm}$$

设物镜为孔径光阑，现计算出瞳的位置及大小。根据高斯公式

$$\frac{1}{l'}=\frac{1}{f}+\frac{1}{l}=\frac{1}{50}-\frac{1}{250}=\frac{2}{125}$$

$$l'=62.5\text{mm}$$

即出瞳距离为 62.5mm。由于每个透镜的口径最大为 25mm，所以根据放大率

$$y'=\frac{62.5}{-250}\times 25=-6.25(\text{mm})$$

即出瞳的大小为 6.25mm。

如果中间像位置不设置视场光阑，那么目镜就起到了视场光阑的作用，根据目镜的口径为 25mm，由渐晕系数为 0.5 决定的视场的视场角为

$$\tan\omega_o=\frac{25}{2\times 250}=0.05\quad(约为\ 5.7°)$$

(2) 伽利略型望远系统。

将 $\Gamma=4$，$L=250\text{mm}$ 代入上述计算式，得到

$$f'_o=333.3\text{mm},\quad f'_e=-83.3\text{mm}$$

如果此时假设物镜为孔径光阑，那么出瞳位于镜筒中，但是显然不可能将眼睛与之重合。因此，在伽利略型望远镜中孔径光阑不是物镜而是观察者的眼睛，出瞳就是观察者眼睛所在的位置，一般情况下眼睛会在目镜后 5mm 的地方。为了计算视场角的大小，需要

计算通过出瞳中心并经过物镜边缘的光线。为了简化题目，这里假设出瞳与目镜重合。则 ω_e 等于物镜的半径对目镜的张角，即

$$\tan\omega'_e=\frac{D}{2L}=\frac{25}{2\times250}=0.05$$

根据 $\Gamma=\frac{\tan\omega'}{\tan\omega}$，那么可以解出 $\tan\omega_o=0.05/4=0.0125$，大约为 1.5°。

8.4.4　望远镜的转向系统

如前所述，开普勒型望远镜由两个正光焦度的物镜和目镜组成，系统成倒像，不符合观察习惯。为使倒像转变成正立的像，需加入转像系统。转像系统分为透镜转像和棱镜转像。图 8-15 所示为单透镜转像系统，单透镜将物镜所成的实像再成一次实像，两次倒像最终成为正立像。图 8-16 所示为双透镜转像系统，双透镜的作用与单透镜一样，但是双透镜之间是平行光。双透镜转像系统还可以看作两个开普勒型望远系统的组合，透镜组 1 和 2 组成了一组望远镜，透镜组 3 和 4 组成了另一组望远镜。图 8-17 所示为棱镜转像系统，军用望远镜的转像系统一般采用该结构。该棱镜系统由两个垂直放置的 D_{II}-180 棱镜（称为保罗棱镜）组成，经过棱镜反射面的坐标变换，最终在分划板处获得正立的实像。

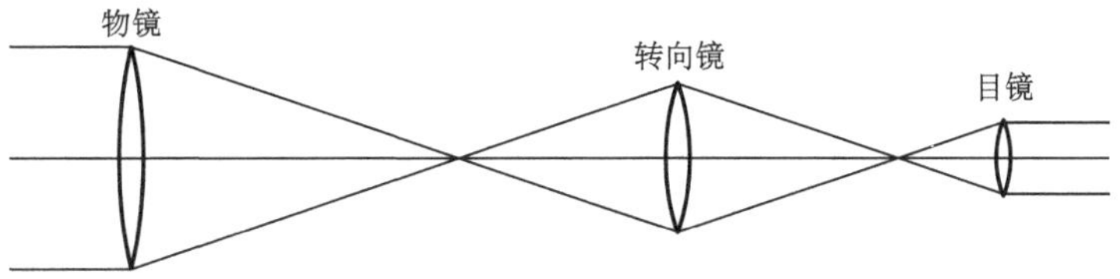

图 8-15　单透镜转像系统

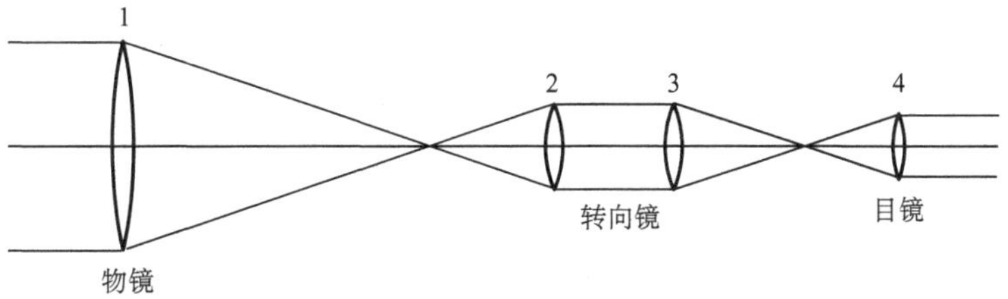

图 8-16　双透镜转像系统

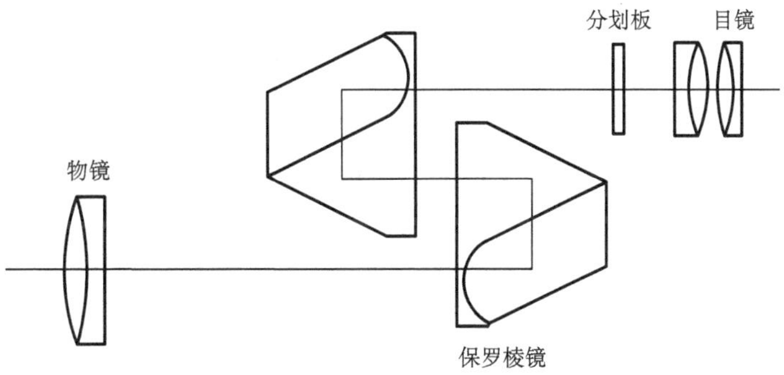

图 8-17　军用望远镜的棱镜转像系统

比较透镜转像系统和棱镜转像系统,前者使望远镜的结构变长,增加的长度为转向透镜的共轭距离;后者不仅不增加系统的长度,反而由于光轴被转折而使结构变短,但使物镜的横向尺寸增大很多。

8.5 摄影系统

摄影系统由摄影物镜和感光器件组成。通常把摄影物镜和感光胶片、CCD、电子光学变像管或电视摄像管等接收器件组成的光学系统称为摄影光学系统,其中包括传统光学照相机、电视摄像机、CCD摄像机和数码照相机等。

8.5.1 摄影物镜的光学特性

摄影物镜的作用是将外界景物成像在感光胶片或CCD等接收器上,产生景物的像。摄影物镜的光学特性由焦距 f'、相对孔径 D/f' 和视场角 2ω 表示。分辨力则是产品质量的技术条件之一。

1. 焦距

焦距决定成像的大小比例。对于同一目标,焦距越长,所成像的比例越大。在拍摄远处物体时,像的大小为

$$y' = -f'\tan\omega \tag{8-54}$$

在拍摄近处物体时,像的大小取决于垂轴放大率

$$y' = y\beta = yf'/x \tag{8-55}$$

可见,像的大小皆与焦距成正比。为了获得大比例的像,必须增大物镜的焦距,如航摄镜头,焦距可达数百毫米甚至数米。

2. 相对孔径

相对孔径决定像面照度。由光度学理论可知,摄影物镜像平面的光照度与相对孔径的平方成正比。当物体在无限远时,$\sin U' \approx D/(2f')$,根据式(7-19),像面中心照度 E' 为

$$E' = \frac{1}{4}\tau \pi L\left(\frac{D}{f'}\right)^2 \tag{8-56}$$

式中,L 为物体的亮度,τ 为系统透过率。对大视场物镜,其视场边缘的照度要比视场中心小得多,在光度学中得知

$$E'_{\omega} = E'\cos^4\omega' \tag{8-57}$$

式中,ω' 为像方视场角。

由式(8-57)可知,大视场物镜视场边缘的照度急剧下降。为了控制像面照度,一般照相物镜都将孔径光阑做成可变光阑。光阑的大小用光圈数 F 来表示,其定义为

$$F = \frac{f'}{D} \tag{8-58}$$

式中，f'为摄影物镜的焦距，D 为入瞳的直径。

光圈数是相对孔径(D/f')的倒数。根据式(8-56)，像面照度与相对孔径平方成正比，相对孔径提高为$\sqrt{2}$倍(或光圈数 F 每缩小$\sqrt{2}$倍)，则像面照度提高为原来的 2 倍。为了方便选择，光圈数按一定的分值标注在镜头上。分值的方法是每减低一档光圈值，对应的像平面照度增大一倍，即光圈值按公比为$\sqrt{2}$的等比级数变化(相对孔径按 $1/\sqrt{2}$ 等比级数变化)。国家标准规定按表 8-6 所示来对光圈分档。由于像面照度与曝光时间成正比，故曝光时间按公比为 2 的等比级数变化。

表 8-6 光圈数与相对孔径对照表

D/f'	1∶1.4	1∶2	1∶2.8	1∶4	1∶5.6	1∶8	1∶11	1∶16	1∶22
F	1.4	2	2.8	4	5.6	8	11	16	22

3. 视场

视场决定摄影系统成像的范围，摄影物镜视场的大小由物镜的焦距和接收器的尺寸决定。在接收器的尺寸确定以后，一般来说，焦距越长，成像的范围越小；焦距越短，则其成像范围越大。若接收器的最大横向尺寸为 h'，在拍摄远处物体时，视场 ω 的大小为

$$\tan\omega = \frac{h'}{f'} \tag{8-59}$$

拍摄近距离物体时，视场 y 的大小为

$$y = \frac{h'}{f'}x \tag{8-60}$$

由此可见，在接收器确定以后，视场与焦距成反比。对应长焦距和短焦距这两种情况的物镜分别称为远摄物镜和广角物镜。普通照相机标准镜头的焦距介于两者之间。

摄影物镜的接收器边框是视场光阑和出射窗，它的大小尺寸决定了像面的最大尺寸。表 8-7 列出了几种常用摄影胶片的规格以及近年来常用 CCD 尺寸的规格。

表 8-7 常用摄影胶片及 CCD 尺寸的规格

名 称	长×宽/(mm×mm)	名 称	长×宽/(mm×mm)
135 胶片	36×24	1″CCD	12.8×9.6
120 胶片	60×60	2/3″CCD	8.8×6.6
16mm 电影胶片	10.4×7.5	1/2″CCD	6.4×4.8
35mm 电影胶片	22×16	1/3″CCD	4.4×3.3
航摄胶片	180×180	1/4″CCD	3.2×2.4
	230×230		

由于摄影系统的视场大小同时取决于物镜的焦距和接收器的尺寸，所以同一视场若采用不同的接收器，则所要求的物镜焦距也不相同。由表 8-7 可以看出，胶片的尺寸比

CCD要大得多，所以要求物镜的焦距也大得多。而数码相机中的CCD比胶卷相机中的接收器要小得多，因此所用的镜头焦距也都要小。CCD数码相机使用6～15mm镜头与传统胶卷相机使用28～72mm镜头的视场范围可以是完全一样的。使问题更为复杂的是，数码相机中使用的CCD尺寸并非统一。过去人们使用135mm胶卷的相机时，很容易根据视场要求选择镜头的焦距，而现在使用数码相机则不易选择镜头焦距。为使数码相机的这一参数也容易识别，许多制造商都将CCD镜头的焦距用等价135mm胶片的焦距来标称，表8-8所示为部分典型的等价焦距值。

表8-8 等价焦距值

传统135mm胶片相机/mm	典型的数码相机/mm	视场范围
<20	<4.3	超广角
21～35	4.7～7.5	广角
50	10.7	普通
70～200	14～43	远摄

4. 分辨力

摄影系统的分辨力是以像平面上每毫米内能分辨开的线对数来表示的，其大小取决于物镜的分辨力和接收器的分辨力。设物镜的分辨力为N_L，接收器的分辨力是N_r，按经验公式，系统的分辨力N为

$$\frac{1}{N}=\frac{1}{N_L}+\frac{1}{N_r} \tag{8-61}$$

按瑞利准则，物镜的理论分辨力为

$$N_L=\frac{1}{\sigma}=\frac{D}{1.22\lambda f'}$$

取$\lambda=0.555\mu m$，则

$$N_L=1475D/f'=1475/F \tag{8-62}$$

式中，F为物镜的光圈数。所以，物镜的理论分辨力与相对孔径(D/f')成正比。

由于摄影物镜有较大的像差，且存在着衍射效应，所以物镜的实际分辨力要大大低于理论分辨力。此外，物镜的分辨力还与被摄目标的对比度有关，同一物镜对不同对比度的目标(分辨率板)进行测试，其分辨力值也是不同的。因此，评价摄影物镜像质的科学方法是利用光学传递函数(OTF)。

不同接收器的分辨力有很大的差别，摄影胶片的分辨力很容易达到200线/mm，而CCD或CMOS的分辨力取决于像素的大小。例如，CCD的像素尺寸为6～14μm，对应的线对数为85～35线/mm。目前，CMOS的像素可以达到2μm甚至更小，从而可以达到更高的分辨力。

8.5.2 摄影物镜的景深

摄影物镜将物方一定深度的空间成像于一个像平面上，设接收器像平面允许的弥散

斑直径为 z'，则在对准平面上对应的弥散斑直径 z 为

$$z = z'/\beta$$

式中，β 为对准平面的垂轴放大率。

当人眼在明视距离 250mm 处观察所拍摄的照片时，z' 对人眼的张角应为

$$\varepsilon = \frac{z'}{250}$$

由前述景深公式可得

$$\left.\begin{aligned} \Delta_1 &= \frac{250P\varepsilon}{2a\beta - 250\varepsilon} \\ \Delta_2 &= \frac{250P\varepsilon}{2a\beta + 250\varepsilon} \end{aligned}\right\} \tag{8-63}$$

式中，$2a$ 为入瞳直径，P 为对准平面到仪器的距离，β 为摄影系统的垂轴放大倍率。

因为 f' 远小于 P，所以可以认为 $x \approx P - f' \approx P$，则 $\beta = -f/x \approx f'/P$，式(8-63)可写为

$$\left.\begin{aligned} \Delta_1 &= \frac{P^2\varepsilon}{2a\left(\dfrac{f'}{250}\right) - P\varepsilon} \\ \Delta_2 &= \frac{P^2\varepsilon}{2a\left(\dfrac{f'}{250}\right) + P\varepsilon} \end{aligned}\right\} \tag{8-64}$$

当在明视距离观察照片时，焦距越长或入瞳直径越大，景深越小；拍摄距离越大，景深越大。因此，在使用照相机拍摄时，选用光圈数（F 数）越大，则景深越大。

8.5.3　变焦距物镜

变焦距物镜是一种在物像共轭距不变的情况下镜头焦距可以在一定范围内连续变化，使物体成像的放大率也在一定范围内连续变化的成像系统。在现代摄影和摄像中，变焦距的应用是不可缺少的拍摄手段。随着光学设计水平和制造技术的进步，变焦距物镜的应用日益广泛。在摄影领域，变焦距物镜几乎代替了定焦距物镜，并且已越来越多地应用于望远系统、显微系统、投影系统等。

变焦系统有光学补偿式和机械补偿式之分，光学补偿式不能提供连续变焦，因此变焦系统多为机械补偿式。这里主要介绍机械补偿式变焦系统。

变焦系统由多个组元组成，焦距的连续变化是通过移动组元的相对位置来实现的。图 8-18 所示为一种最典型的四组元变焦距物镜的结构。透镜组 1 为前固定组，透镜组 2 为变倍组，透镜组 3 为补偿组，透镜组 4 为后固定组。透镜组 2 可沿光轴做等速的往返运动，物镜的焦距随之变化。当透镜组 2 移动时，物体通过透镜组 1 和 2 所形成的像 A_2' 随之沿光轴移动。A_2' 为透镜组 3 的物，为了使最终像面位置不变化，应使 A_3' 保持不变。因此，在移动透镜组 2 的同时，必须按非线性规律移动透镜组 3，使像点 A_2' 通过透镜组 3 时仍成像在 A_3' 处，这样保证了最终像面的稳定。透镜组 2 和 3 的变动是相关的，前者主要起变倍作用，后者主要起补偿作用。

设第 2、第 3、第 k 组元的放大率为 β_2、β_3、β_k，整个系统的焦距为

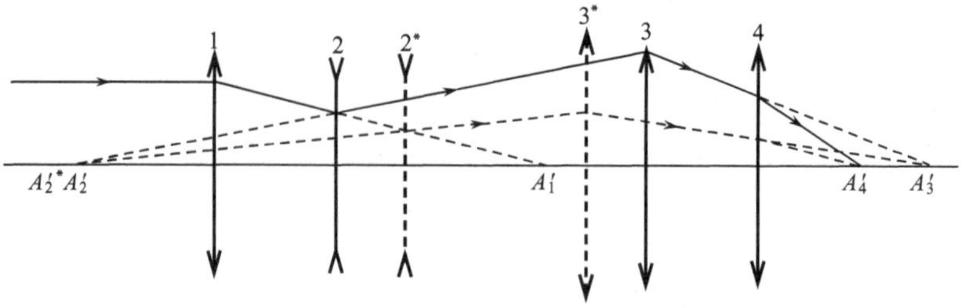

图 8-18　四组元变焦距物镜

$$f' = f'_1\beta_2\beta_3\cdots\beta_k \tag{8-65}$$

其变焦比(也称为变倍比)为

$$M = \frac{f'_{max}}{f'_{min}} = \frac{|\beta_2\beta_3\cdots\beta_k|_{max}}{|\beta_2\beta_3\cdots\beta_k|_{min}} \tag{8-66}$$

对于变焦组和补偿组的复杂关系,要靠精密的凸轮机构的控制来实现相关位置的变动。一般变倍组为线性移动,补偿组为非线性移动,图 8-19 所示为一个三组元的变焦镜组的组元移动关系。在设计变焦镜头之初,必须首先用高斯光学对组元的焦距构成及变倍移动曲线进行设计(通常称为凸轮设计),在此基础上再进行像差设计。

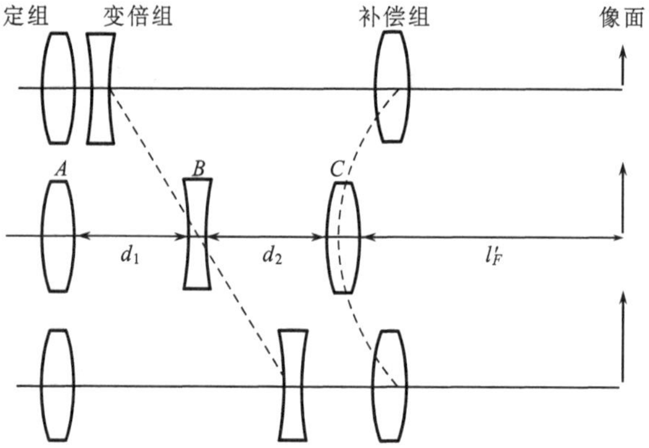

图 8-19　三组元变焦镜头的组元移动

变焦距物镜在设计时应满足三个基本要求:

(1) 焦距变化时,成像的位置保持不变,即维持共轭距不变;

(2) 各个焦距所对应的相对孔径应该一致;

(3) 各个焦距所对应的成像质量和照度分布应达到使用要求。

8.6　投影系统

将被照明的物体以一定大小倍率成像在屏幕上的光学系统称为投影系统。例如,幻灯机、电影放映机、照相放大机、测量投影仪、微缩胶片阅读仪等都属于投影系统。

8.6.1 光学性能

投影系统中的关键部件是投影物镜，投影物镜的光学特性以放大率、视场、焦距和相对孔径或数值孔径来表示。

垂轴放大率由银幕尺寸对图片尺寸之比确定，即 $\beta=y'/y$。

焦距为

$$f'=\frac{\beta L}{-(\beta-1)^2}=\frac{l'}{1-\beta} \tag{8-67}$$

式中，L 为物像间的共轭距。

视场角 ω' 满足

$$\tan\omega'=\frac{y'}{l'}=\frac{\beta y}{f'(1-\beta)} \tag{8-68}$$

投影物镜的相对孔径由像面的照度要求来确定，如果投影物镜的物像垂轴放大率为 β，光瞳的垂轴放大率为 β_Z，则像方孔径角 $\sin U'=\dfrac{D}{2f'(\beta-\beta_Z)}$，根据式(7-19)，可得像面照度为

$$E'=\frac{1}{4}\tau\pi L\left(\frac{D}{f'(\beta-\beta_Z)}\right)^2$$

若取光瞳垂轴放大率 $\beta_Z=1$(大多数投影物镜均相差不大)，则相对孔径为

$$\frac{D}{f'}=2(\beta-1)\sqrt{\frac{E'}{\tau\pi L}} \tag{8-69}$$

对于投影仪光学系统，投影物镜数值孔径与分辨力的关系和显微物镜一样，即

$$\sigma=0.85a/\beta=0.5\lambda/\mathrm{NA} \tag{8-70}$$

由于投影仪用人眼观测，物体经物镜放大后其分辨力应与人眼的分辨力相适应，即

$$\sigma\beta=250\varepsilon \tag{8-71}$$

式中，ε 为人眼的分辨角，250mm 为人眼的明视距离。

将式(8-70)代入式(8-71)即得

$$\mathrm{NA}=\beta\lambda/(500\varepsilon) \tag{8-72}$$

8.6.2 光度特性

对投影系统的技术要求取决于其使用目的。例如，图片投影仪要求有较强的照明，而测量投影仪则要求像面无畸变，两者都要求在像面上有足够的亮度。投影系统接收屏的像面亮度 L 与接收屏的照度 E' 及反射比 ρ 有关。研究表明，接收屏的亮度根据其不同用途有不同的要求，例如：

电影投影 $L=(25\sim50)\times10^4\,\mathrm{cd/m^2}$；

幻灯片投影 $L=(3\sim50)\times10^4\,\mathrm{cd/m^2}$；

反射投影 $L=(1\sim5)\times10^4\,\mathrm{cd/m^2}$。

知道了漫射屏的反射比 ρ 和亮度 L，则可以根据下式确定接收屏所需的照度为

$$E'=\pi L/\rho \tag{8-73}$$

式(8-73)具有实际应用意义，因为在我们周围的大部分物体都是通过反射光发光的，用其

亮度来确定其辐射，从而可以确定入射到光屏的光通量 Φ'。设屏的面积为 S，则

$$\Phi' = E'S \tag{8-74}$$

通过选择光源和投影系统相应的参数来保证光通量 Φ'。例如，在电影放映机中，入射到光屏的光通量 Φ' 是光源光通量 Φ_0 的 1/100～5/100，即

$$\Phi' = E'S = 0.01 \sim 0.05\Phi_0$$

如果光源仅给出光通量大小和发光体尺寸 dS，那么对于平面发光的物体，发光强度（法线方向）和亮度为

$$\Phi_0 = 2\pi L\,dS = 2\pi I \tag{8-75}$$

或

$$I = \Phi_0/(2\pi) \tag{8-76}$$

对于点光源，发光强度为

$$I = \Phi_0/(4\pi) \tag{8-77}$$

对于投影仪光学系统，投影物镜数值孔径的取值，要比按分辨率需要的值大得多，才能获得足够的屏幕照度。

8.6.3 投影物镜的结构形式

投影物镜的基本结构形式是照相物镜类型，把普通照相物镜倒置使用时，均可用于投影系统。

物镜的结构形式与仪器的用途和使用要求有关。例如，作为计量仪器用的投影系统，一般采用物方远心光路，以减少因调焦不准而产生的瞄准误差。又如，被测件高度差较大时，为能测量零件较低位置处的尺寸或表面缺陷，要求有较大工作距离，物镜应采用长工作距离的远摄物镜形式。而对于读数投影系统就不必采用长工作距离的物镜形式，因为它是对平面分划板瞄准。

放映物镜是用于放映仪器中的一种成像投影系统，它把一张图片成像在较大的屏幕上，其作用相当于倒置的照相物镜。

8.6.4 变形物镜

变形系统是指光学系统在子午和弧矢方向上有不同光焦度的系统，它使得物体在子午和弧矢方向有不同的放大率。

如图 8-20 所示，变形系统是由主物镜加一组柱面透镜构成的。在弧矢面（指水平面）内，柱面透镜具有光焦度，与主物镜组合后的等效焦距小于主物镜的焦距；而在子午面（指垂直平面）内，柱面透镜相当于平行平板没有光焦度，仍保持物镜的原有焦距。物体经过这样的变形系统成像，在子午和弧矢方向将得到不同比例的图像，方形物体将得到一个矩形的像。

图 8-21 所示为由两个不同位置的柱面透镜构成的变形系统。在子午方向上，物距大于像距，垂轴放大率绝对值小于 1；在弧矢方向上，像距大于物距，垂轴放大率绝对值大于 1，所以由正方形物体得到一个矩形像。

宽银幕电影就是利用变形系统这一原理制作成的。拍摄电影时，变形物镜在水平方向上焦距短，与垂直方向相比可以拍摄到更大的视场，可以在普通胶片上获得水平与垂直

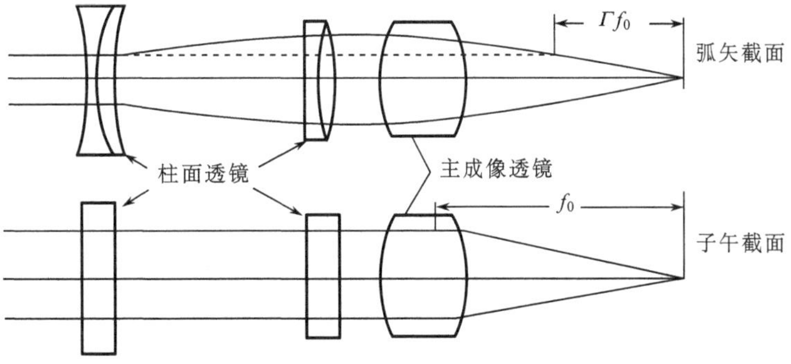

图 8-20　变形系统在两个相互垂直的截面内具有不同的焦距

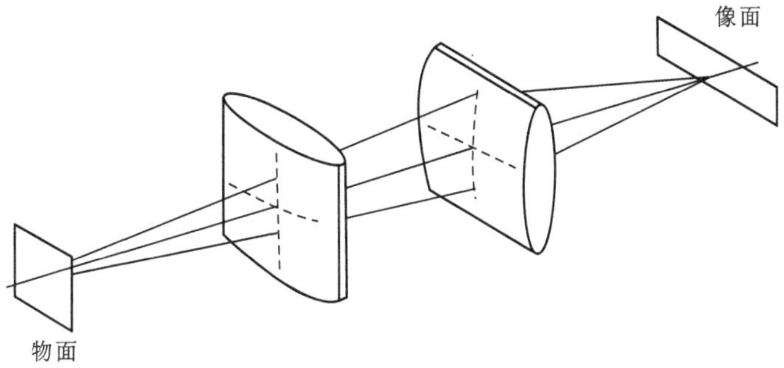

图 8-21　变形系统在两个相互垂直的截面内具有不同的放大率

不同压缩比例的图像。在放映时，再利用变形镜头以拍摄时的压缩比关系将胶片上的图像放大角度投射出去，便得到宽银幕图像。宽银幕电影将银幕加宽以使放映出来的景物对观察者有更大的张角，从而给观察者的真实感更强。宽银幕的压缩比 $K=\beta_s/\beta_t$，通常取 $K=1.5\sim2.0$。

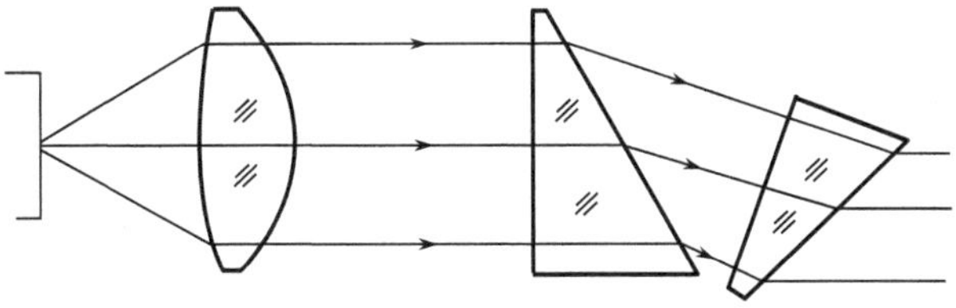

图 8-22　棱镜变形系统在两个相互垂直的截面内获得不同口径的光束

变形系统还可以利用折射棱镜来实现。图 8-22 所示就是利用折射棱镜构成的变形系统。LED 光源发出的光束在子午和弧矢方向有不同的孔径角，经准直物镜后成为椭圆平行光。在图 8-21 所示的子午截面上，棱镜对光束的偏折作用将椭圆长轴的光束口径压缩，而在与之垂直的弧矢截面内，棱镜不偏折光束，光束仍保持原有的口径不变，这样可以使出射的准直光束由椭圆形变成圆形。

8.7 照明系统

许多成像光学系统的应用都需要使用光学照明系统,如显微镜、投影系统、机器视觉系统、工业照明系统等。在现代,照明系统作为非成像光学系统,其独立的应用也越来越多,如各类灯具、指示灯箱、背光照明等。与成像光学系统不同,照明系统注重的是光能的利用,照明范围内的照度和均匀度,以及各种特定需求的照明角度和能量分布。当照明系统用于成像系统的物体照明时,其设计必须考虑与成像系统的衔接和匹配。限于篇幅,本节仅介绍几种典型和常用的照明系统。

1. 阿贝照明

阿贝(Abbe)照明(又称为临界照明)的基本原理是利用聚光透镜将光源直接成像在需要照明的物面上,如图 8-23 所示。由于物面本身没有亮度,又不可能直接将光源放在物面上,所以通过聚光镜可以把光源的像叠加在物面上,使物体被照亮。这是一种间接把光源放在物面上的照明方式,可以使物体最大限度地接收到光源的照明。

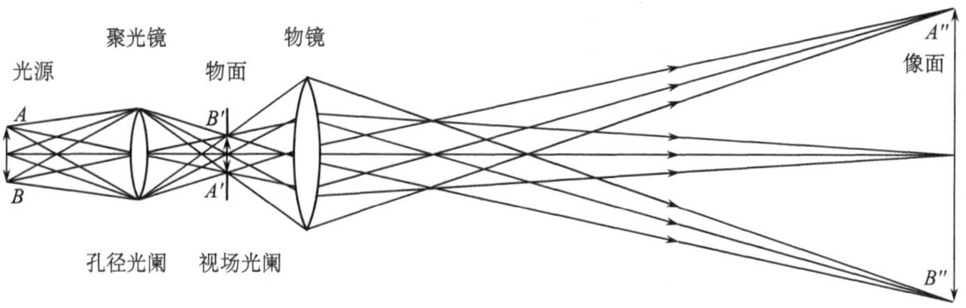

图 8-23 阿贝照明光路

光源面是照明系统的视场光阑,经聚光透镜成像在成像系统的物面上,成为照明系统的出射窗,而物面是成像系统的入射窗。这样,便形成了窗对窗的照明方式,即照明系统的出射窗对应成像系统的入射窗。

由于光源的像叠加在物面上,光源本身的不均匀也将直接影响受照物面的不均匀。为了保证照明的均匀性,应尽可能选择均匀发光的光源,如电弧或短弧氙灯。有时在光源前端加毛玻璃来改善光源的均匀性。尽管如此,因光源的不均匀而导致受照物面的不均匀是阿贝照明的最大缺点。

2. 柯勒照明

柯勒(Köhler)照明是为了消除临界照明的不均匀而提出的照明方法,其典型结构如图 8-24 所示。该系统由两组透镜构成,前组称为集光镜(也称为柯勒镜),后组称为聚光镜。集光镜收集了来自光源 AB 各点发出的光束,尽管面光源本身不均匀(如灯丝含有间隙),但只要每点均匀发光,柯勒镜就获得了光源每点的均匀照明;如此被均匀照明的柯勒镜再被聚光镜成像在受照物面上,由此获得了受照物面的均匀照明。

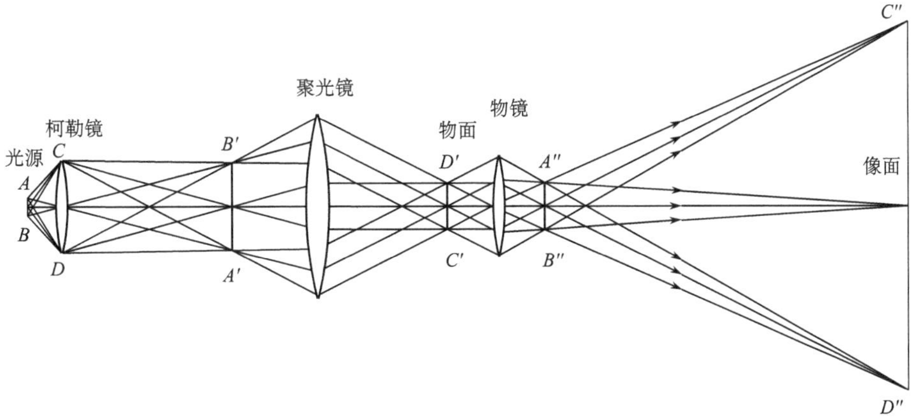

图 8-24　柯勒照明光路

柯勒镜是照明系统的孔径光阑，最终被成像在成像系统的物面上，成为照明系统的出瞳，而受照物面是成像系统的入射窗，因此形成了瞳对窗的照明方式，即照明系统的出瞳对应成像系统的入射窗。为了最大程度地利用光源，柯勒照明系统还将光源成像在成像系统的入瞳处，如此又形成了窗对瞳，即照明系统的出射窗（光源的像）对应成像系统的入瞳。这种窗对瞳、瞳对窗的成像结构是柯勒照明的特点。

3. 复眼照明

柯勒照明是在假设光源面上发光点分布不均匀但点光源各向发光均匀的情况下，可以获得集光镜上的均匀照明，然而通常情况下点光源并非各向均匀发光，因此集光镜也并不能获得十分均匀的照明。柯勒照明只是解决了光源结构不均匀的照明问题。

复眼照明是在柯勒照明的基础上为进一步克服点光源发光不均匀而提出的照明方式，其光路结构如图 8-25 所示。复眼照明系统的基本结构是由两排完全相同的阵列透镜及前、后两个准直透镜组成。其工作原理如下。前置准直透镜是为了使光源发出的光以平行光进入复眼阵列透镜而设置的，因此进入复眼阵列透镜 1 为平行光束；复眼阵列透镜 2 位于阵列透镜 1 的像方焦面，故从阵列透镜 1 出来的光线分别会聚于阵列透镜 2 上；后准直镜紧贴阵列透镜 2 放置，与阵列透镜 2 一起构成场镜，使轴外光线发生偏折，投向受照物面。由于阵列透镜 1 也位于阵列透镜 2 的焦面上，所以经阵列透镜 2 和后准直透镜的作用成像在受照面上。由图 8-25 的光路图可知，所有单元透镜的同类光线构成相应的平行光束射入后准直透镜，会聚在其焦面上，受照物面便置于该处。尽管点光源的发光特性不均匀，射入阵列透镜 1 上的宽光束辐照分布因此也不均匀，但每个单元透镜所接收的微小细光束是比较均匀的。阵列透镜 1 上的单元透镜经过阵列透镜 2 和后准直透镜放大后的像，在受照面上叠加，相当于将光束分割后再叠加，不均匀度误差相互补偿，因此受照面被均匀照明。

对照复眼照明与柯勒照明可以看出，两者成像关系相似，只是阵列透镜 1 把集光镜分割成了多个子镜，其后的阵列透镜 2 和后准直透镜再将这些子镜叠加在了照明面上，从而克服了子镜之间的不均匀性。

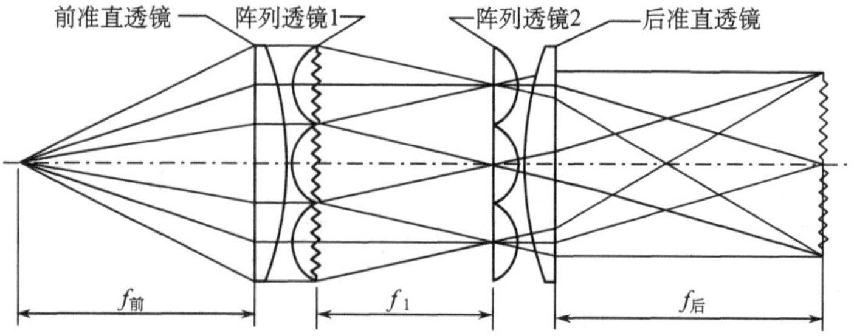

图 8-25 复眼照明光路

4. 导光管照明系统

导光管是一个简单可以用做均匀照明的器件。它可以是一个内表面为反射面的中空结构,也可以是满足光在其内可全反射的实心结构。导光管均匀光的原理如图 8-26 所示,当临界照明在导光管的一端获得一个不甚均匀的光源像时,再通过光在导光管内壁的反射将获得多个反射像阵列,有正像也有倒像,出射端相当于受到这些光源阵列的照射,因此获得了均匀的照明。

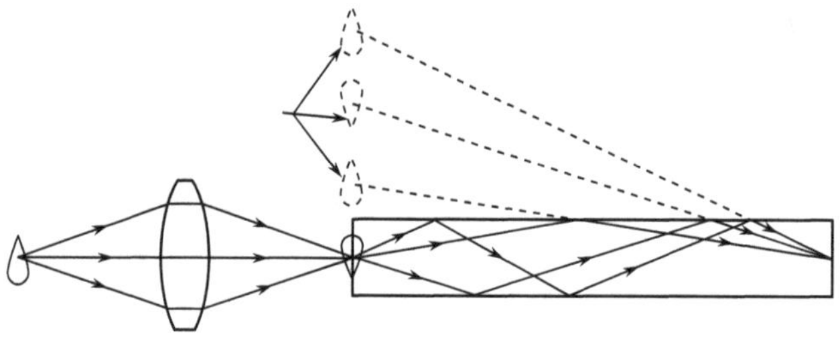

图 8-26 导光管均匀光原理图

采用导光管作为照明系统不仅可以使出射光均匀,而且锥形的导光管可以经入射光的角度改变成所需要的角度出射,以满足耦合数值孔径角的需要。

习 题

8-1 正常人观察前方 0.5m 远的物体,眼睛需要调节多少视度?

8-2 现有一个焦距为 50mm、口径为 50mm 的放大镜,眼睛到放大镜的距离为 125mm,求放大镜成像在明视距离时的视觉放大率和 50%渐晕时的线视场。

8-3 已知显微镜目镜 $\Gamma=15^{\times}$,问其焦距是多少?物镜 $\beta=-2.5^{\times}$,共轭距离 $L=180$mm,求其焦距及物、像方截距是多少?显微镜总视觉放大率是多少?总焦距是多少?

8-4 一显微镜物镜的垂轴放大率 $\beta=-3^{\times}$,数值孔径 NA$=-0.1$,共轭距离 $L=180$mm,物镜框为孔径光阑,目镜焦距 $f'=25$mm。

(1) 求显微镜的视觉放大率。

(2) 求出射光瞳直径。

(3) 求出射光瞳距离(镜目距)。

(4) 斜入射照明时，$\lambda=0.00055$mm，求显微镜的分辨力。

(5) 求物镜通光孔径。

(6) 设物高 $2y=6$mm，渐晕系数 50%时，求目镜通光孔径。

8-5　有一生物显微镜，物镜数值孔径 $\mathrm{NA}=-0.5$，物高 $2y=0.4$mm，照明灯丝面积为 1.2mm×1.2mm，灯丝到物面的距离为 100mm，采用临界照明，求聚光镜的焦距与通光孔径。

8-6　有一显微镜系统，物镜的焦距为 60mm，目镜的焦距为 25mm，$\sin U_1=-0.1$，物距 $l_1=-80$mm，系统的孔径光阑位于物镜的像方焦面，物镜的像面位于目镜的物方焦面。

(1) 画出系统的光路图(设物镜、目镜均为薄透镜)。

(2) 求孔径光阑的大小。

(3) 求入瞳、出瞳的位置和大小。

8-7　已知开普勒型望远镜的视觉放大率 $\Gamma=-6^{\times}$，视场角 $2\omega=6°$，出瞳直径 $D'=4$mm，出瞳距 $l'_Z=13$mm。设物镜为孔径光阑，计算：

(1) 物镜的通光口径；

(2) 视场光阑的口径；

(3) 不渐晕时目镜的通光口径。

8-8　为看清 10km 处相隔 100mm 的两个物点，请求：

(1) 望远镜至少选用多大视觉放大率(正常放大率)?

(2) 筒长为 465mm，求物镜和目镜的焦距。

(3) 保证人眼的分辨力(60″)能观察到目标，物镜口径应为多少?

(4) 物方视场角 $2\omega=2°$，求像方视场角 $2\omega'$是多少?

(5) 若视度调节±5 屈光度，问目镜移动多少距离?

8-9　一个开普勒型望远镜由焦距为 200mm、口径为 25mm 的物镜和焦距为 50mm、口径为 20mm 的目镜组成，视场角为 $2\omega=7°$。为了使目镜对成像不产生渐晕，需要加入场镜。设场镜位于中间实像处，试计算场镜应取什么样的焦距能够满足最大视场不产生渐晕? 并比较使用场镜前后的出瞳位置变化。

8-10　有一照相物镜，其相对孔径 $D/f'=1/2.8$，按理论分辨力计算能分辨多少线对?

8-11　照相时光圈数取 8，速度取 1/50s，为了拍运动的目标，将速度改为 1/300s 时，应取多大的光圈数?

8-12　用于跟踪天空飞行目标的电视摄像机，其成像像面要求最低照度为 20lx，若天空的亮度为 2500cd/m²，光学系统的透过率 $\tau=0.7$，那么要求使用多大相对孔径的摄影物镜?

8-13　一个焦距为 40mm 的投影物镜，其相对口径为 $\dfrac{D}{f'}=\dfrac{1}{4}$，将物体以 4 倍的放大率投射在屏幕上。问系统物方数值孔径 NA 和像方数值孔径 NA′各为多少?

第9章 特殊结构光学透镜

前面主要介绍了经典光学系统的原理和成像特性,随着光学学科的飞速发展,工艺的精细化程度越来越高,光学系统也在经历着由传统到现代的巨大转变。本章将介绍两种在现代光学系统中应用的特殊结构光学透镜。

9.1 双液体变焦透镜

前面的章节中介绍了传统的透镜结构以及其系统成像的规律。传统的透镜是由确定的材料加工而成的具有固定的曲率半径和厚度的成像元件,其自身具有固定的焦距。如果用传统的透镜构建一个变焦系统,需要通过改变透镜组之间的间隔来实现(见 8.5.3 节),而结构上实现这种改变通常是利用电机和齿轮等机械装置来调节透镜间的相对位置,在保持成像面位置不变的同时改变整个透镜组的焦距,要求对于组成整个透镜组的若干组份镜头的机械位置进行精确控制与定位,在透镜组结构中需要设计有精密的驱动电机或实现同步精确运动的精密空间凸轮。这就使得这种光学变焦距透镜组的结构相当复杂,体积庞大,制造精度要求高,而且不易在诸如手机摄像镜头这样的小范围空间内实现。

由式(3-40)可知,透镜的焦距取决于透镜的曲率半径和材料,传统透镜一旦制成,其曲率和材料不能改变,称为定焦透镜。随着科学技术的发展和科研工作人员的不断努力,各种新型的自身可变焦的新型透镜相继面世。有通过改变充入腔体内液体的体积来改变腔体顶面高分子聚合物薄膜的曲率,从而达到调节焦距的目的的液压式微变焦透镜,也有通过改变施加的电压来调节液晶的折射率的折衍射混合型变焦距透镜。此处主要给大家介绍一种基于介质上电湿效应的双液体变焦透镜。

1. 电湿效应

电湿效应是一种物理化学现象,它通过在固体-液体界面加一定的外部电压来增加液体对固体的湿润程度,从而改变液体和固体的接触角。如果在电解液和固体电极间插入一层绝缘介质,即基于介质层上的电湿效应,固液接触角在外加电压的作用下可以得到更大程度上的改变。

图 9-1 是一个简单的电湿效应装置示意图。外加电压为零时,液体界面呈虚线所示面形,此时液体与绝缘层之间的接触角为 θ_0。根据杨氏方程可知:

$$\cos\theta_0 = \frac{\gamma_{sg} - \gamma_{sl}}{\gamma_{lg}} \tag{9-1}$$

式中,γ_{sg}为固体和气体间的界面张力;γ_{sl}为固体与液体间的界面张力;γ_{lg}为液体与气体间的界面张力。

图 9-2 为外加电压时导电液体接触角处与电极间所形成电场的示意图。通电后在液

体与电极间的介电层中产生电场。在电场的作用下介电层的疏水性会发生改变，于是液体与固体表面间的界面张力发生改变，由于该液滴的体积不变，所以液滴界面形状会在界面张力的作用下发生变化，以致其与绝缘层的接触角大小发生改变。因此，图 9-1 中外加电压使得初始的虚线液体界面变成了图中的实线液体界面，即接触角从 θ_0 过渡到了 θ。

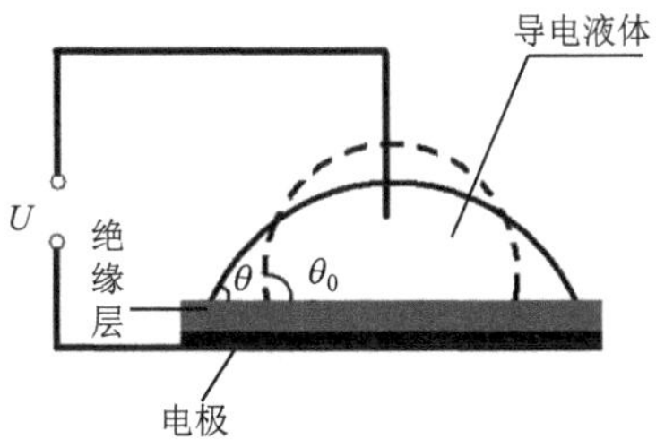

图 9-1　电湿效应装置示意图

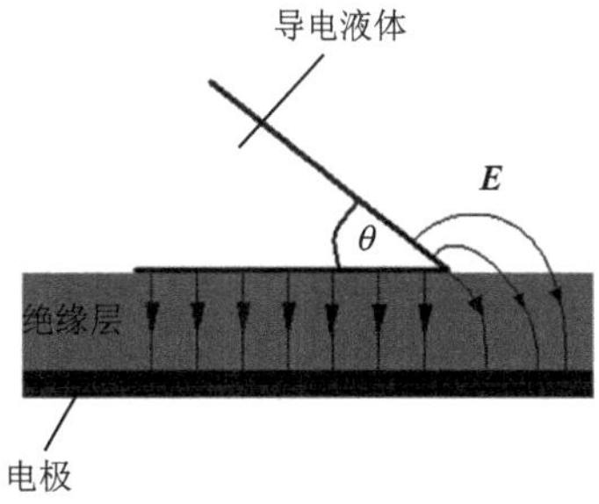

图 9-2　介电层电场示意图

2. 双液体变焦透镜的结构

双液体变焦透镜的结构有多种，但是其基本思想是一致的，即在玻璃器皿中充有两种透明并互不浸润的液体，其中一种液体是导电的水溶液，与外加电压相连接，另一种液体是绝缘的非极性液体，只与绝缘介电层接触。两种液体的密度相同，具有不同的折射率，从而在其接触面处实现透镜的功能。

双液体透镜制作的实现有以下三个关键点。

(1)两种液体的密度必须相同。这样可以保证液体间的接触面在任何方向上都是球面，即透镜可以在各个方向上工作。

(2)导电液体必须总是与外加电压的电极直接接触。

(3)透镜的光轴必须固定在整个装置的中心，不受外加电压变化的影响。

在早期的透镜模型中，由于采用平板电极结构，通常会在外加电压时引起液滴相对于初始位置的平移而导致光轴的偏移，这会严重影响透镜的成像性能。

目前常用的可固定光轴的双液体透镜模型有以下三种。

① 圆柱形电极模型(图 9-3)。玻璃圆柱体的内壁依次沉积了一层透明电极和一层疏水介电层。导电液体和电极形成了一个电容，在其两端施加电压可以有效地改变导电液体与介电层之间的界面张力，即改变导电液体与介电层的接触角 θ。接触角 θ 的改变决定这两种液体的界面形状。由于两种液体的折射率不相同，于是它们的接触面即可实现变焦透镜的功能。

② 锥形电极模型(图 9-4)。在玻璃管底部做一个中心处有锥形孔的电极，锥形电极表面上沉淀一层疏水介电层，在靠近另一端的玻璃管壁上镀上透明电极。滴加液体时保证两种液体的接触面在锥形凹槽式电极凹陷面上只与介电层相接触。施加电压后，导电液体与电极间电场改变，从而实现接触角和接触面形状的改变，达到液体透镜变焦的目的。

上述两种模型结构都是利用几何方法实现光轴固定的。固体电极面围绕固定中心轴

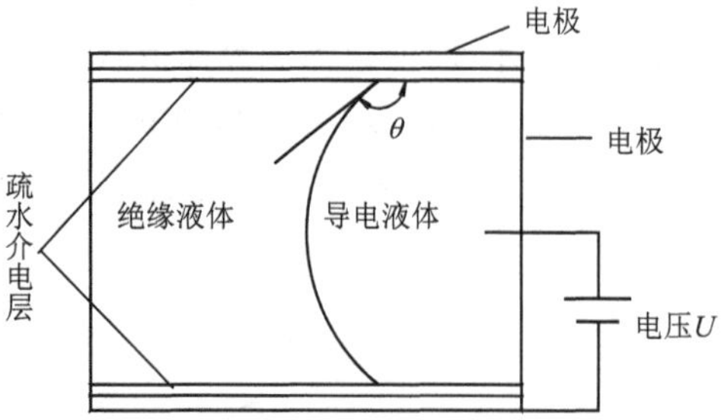

图 9-3 圆柱形电极模型剖面示意图

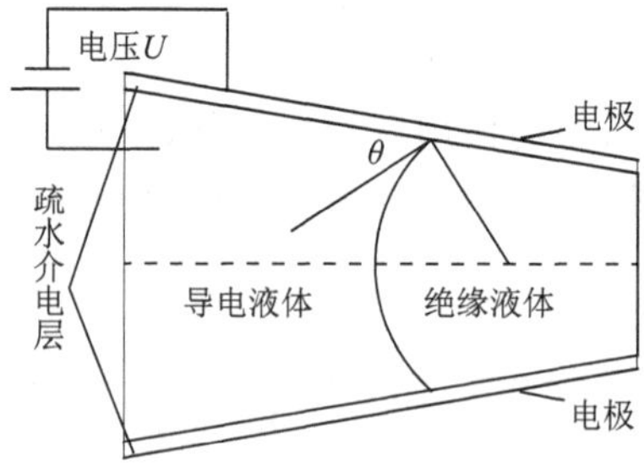

图 9-4 锥形电极模型剖面示意图

成环形对称结构，如圆柱面、锥形凹槽面、轮胎面等。当固体结构表面的曲率半径在与其接触的球形液滴表面之外时，液滴的中心轴即透镜模型中的光轴固定，且与电极面中心轴重合，如图 9-5 所示。反之，若固体结构表面曲率半径在液滴表面内，则液滴中心轴不固定，容易产生移动。

③ 渐厚式介电层模型(图 9-6)。此结构在玻璃管底部镀有均匀的电极并在其之上沉淀厚度渐变的厌水介电层。部分玻璃管壁镀有均匀透明电极，与导电液体直接接触。施加电压后，在厌水介电层间形成梯度电场，由此电场作用实现对透镜光轴的固定。并且与上述两种结构相同，当改变外加电压大小时，两种液体的接触面形改变，透镜的焦距发生改变。

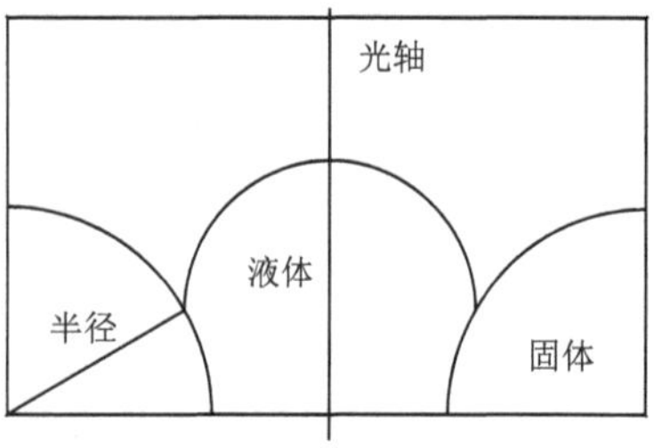

图 9-5 几何方法固定光轴示意图

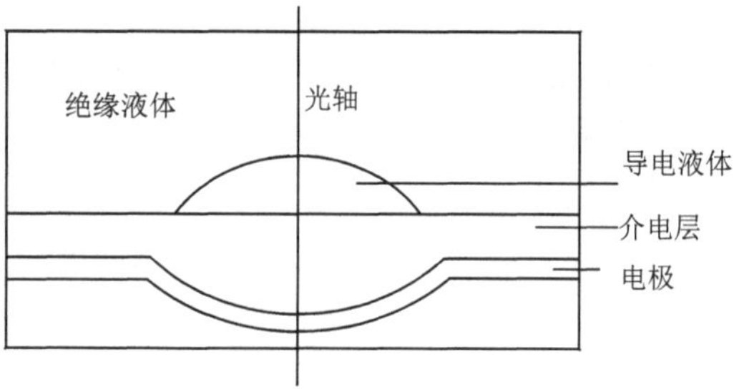

图 9-6 渐厚式介电层模型剖面示意图

3. 双液体变焦透镜的原理

这里以圆柱电极模型的结构为例，如图 9-3 所示。圆柱形玻璃管中充有两种透明并互不浸润的液体，其中一种液体是导电的水溶液，另一种液体是绝缘的非极性液体。两种液体具有不同的折射率，但具有相同的密度，以致这两种液体的界面在任何方位都能保持球面形状。玻璃圆柱体的内壁依次沉积了一层透明电极和一层疏水介电层。加在导电液体和透明电极之间的电压即疏水介电层两边的电压可以有效地改变导电液体与介电层之间的界面张力，即改变导电液体与介电层的接触角 θ。由于两种液体的体积在任何时候都保持不变，接触角 θ 的改变将导致这两种液体的界面形状发生改变，进而改变液体透镜的焦距。

传统的杨氏方程给出了气液固三相系统的接触角与两两相之间界面张力的关系表达

式。可以利用系统的赫姆霍兹自由能最小化的方法给出适应于圆柱结构双液体变焦透镜的杨氏方程，用式(9-2)表示。

$$\cos\theta=\frac{\gamma_{s2}-\gamma_{s1}}{\gamma_{12}}+\frac{\varepsilon_0\varepsilon_r}{2\gamma_{12}e}U^2=\cos\theta_0+\frac{\varepsilon_0\varepsilon_r}{2\gamma_{12}e}U^2 \tag{9-2}$$

从式(9-2)可以看出，透镜中两种液体的界面接触角的大小随外加电压的变化而变化。

4. 双液体变焦透镜的焦距

基于上面的分析，可以通过高斯光学理论计算出双液体变焦透镜的焦距与电压的关系。如图 9-7 所示，绝缘液体 1 的折射率为 n_1，导电液体的折射率为 n_2。追迹一条投射高度为 h_1 的平行于光轴的近轴光线，光线垂直通过第一面，当光线投射到第二面时，结合图 9-7 中的各个参数，由透镜成像的高斯公式可知

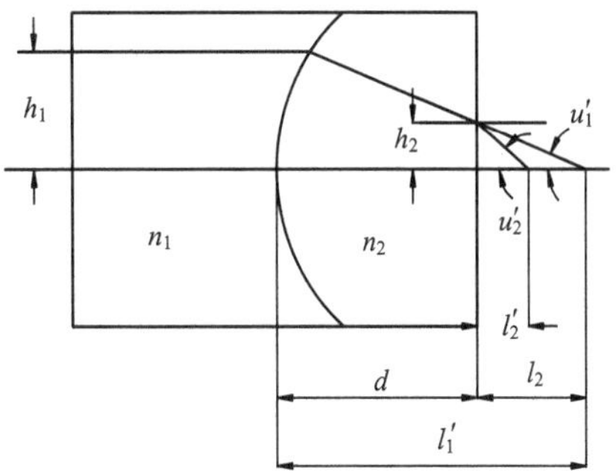

图 9-7　光线追迹图

$$\frac{n_2}{l'_1}-\frac{n_1}{\infty}=\frac{n_2-n_1}{R}$$

即

$$l'_1=\frac{n_2R}{n_2-n_1} \tag{9-3}$$

对于近轴光线存在以下关系

$$l'_1\cdot u'_1=h_1 \tag{9-4}$$

结合式(9-3)和式(9-4)可得

$$u'_1=h_1/l'_1=\frac{h_1(n_2-n_1)}{n_2R} \tag{9-5}$$

由共轴球面光学系统近轴光路计算的过渡公式可知

$$l_2=l'_1-d=\frac{n_2R}{n_2-n_1}-d \tag{9-6}$$

$$h_2=h_1-d\cdot u'_1=h_1-d\cdot\frac{h_1(n_2-n_1)}{n_2R} \tag{9-7}$$

当光线经过曲率半径为无穷大的第三面时，根据高斯公式、式(9-6)以及式(9-7)可知

$$l'_2=l_2/n_2=\left(\frac{n_2R}{n_2-n_1}-d\right)/n_2=\frac{R}{n_2-n_1}-\frac{d}{n_2} \tag{9-8}$$

$$u'_2=\frac{h_2}{l'_2}=\left[h_1-d\cdot\frac{h_1(n_2-n_1)}{n_2R}\right]\Big/\left(\frac{R}{n_2-n_1}-\frac{d}{n_2}\right)=h_1\Big/\left(\frac{R}{n_2-n_1}\right) \tag{9-9}$$

因此，双液体变焦透镜的焦距可以表示为

$$f'=\frac{h_1}{u'_2}=\frac{R}{n_2-n_1} \tag{9-10}$$

结合式(9-2)可知，双液体变焦透镜的焦距与外加电压的关系为

$$f'=\frac{a}{(n_1-n_2)\cos\theta_0+\frac{\varepsilon_0\varepsilon_r(n_1-n_2)}{2e\gamma_{12}}U^2} \tag{9-11}$$

从式(9-11)可以看出，双液体变焦透镜虽然结构上是一个传统意义上的双胶合透镜，但这个双胶合透镜的中间由两个液体形成的折射面的半径是可以在外加电压的驱动下发生改变的，导致这个双胶合透镜在外形结构不变的情况下达到变焦的目的，这是和传统的透镜结构不相同的地方。

9.2 菲涅耳透镜

1. 菲涅耳透镜概述

根据物理学家菲涅耳的观点：连续光学表面的成像特性，主要取决于表面的曲率作用，而轴向厚度的作用是次要的。因此，若将透镜两个表面之间的厚度去除，保留其曲面部分，那么透镜仍可对光束聚焦。将平凸透镜(厚透镜)视为由若干个同心圆环分体所构成，将各分体中多余的圆环柱体去掉(去掉厚度部分)，然后将分割的各个剩余部分重新排列在一个公共的基面上，保持其聚焦特性，这种结构的光学元件称为菲涅耳透镜。由于其形状像螺纹，所以又称为螺纹镜。图 9-8 所示为由普通平凸透镜去除厚度部分后得到的等效菲涅耳透镜的截面示意图。

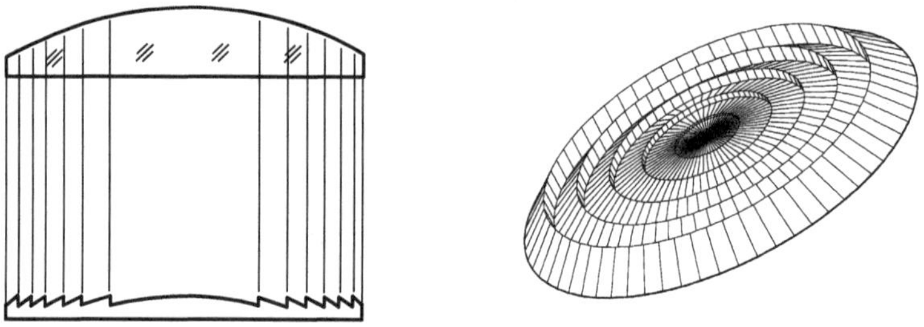

(a) (b)

图 9-8 普通平凸透镜去除厚度得到的等效菲涅耳透镜

如上所述，菲涅耳透镜与平凸透镜具有相同的功能，但其厚度很薄，所需要的材料少，因而质量更小，在大口径和微小口径场合都有其独特的优势。

菲涅耳透镜同心圆棱镜之间的距离称为齿距，棱镜齿峰到齿谷称为齿深。根据齿距、齿深在设计上的不同考虑，菲涅耳透镜分为两种类型：等齿距型和等齿深型。图 9-9(a)将透镜从上到下以相等间距分割，即齿距相等。可以清楚地看到，由此得到的等齿距菲涅耳透镜随着透镜边缘曲率越来越大，齿深越来越高，透镜的边缘厚度会大于中心部分，整个镜面的厚薄是不均匀的。与等齿距透镜不同，等齿深菲涅耳透镜镜面所有环形棱镜齿深是相等的，如图 9-9(b)所示。因此，由中心向边缘，随着镜面曲率的变化，齿距由透镜中心向边缘越来越密。现代菲涅耳透镜常采用大口径、超薄型结构，这类透镜均为等距型菲

涅耳透镜，齿距可达 0.1mm。

(a) 等齿距型菲涅耳透镜　　(b) 等齿深型菲涅耳透镜

图 9-9　菲涅耳透镜的形状

鉴于单透镜校正像差的能力有限，非球面的单透镜也一般只能对轴上点校正球差，因此菲涅耳透镜的设计也主要考虑球差的校正。同时，菲涅耳透镜的齿槽结构使得折射表面不连续，造成光束的连续波阵面中断，降低了成像的质量。因此，大多数场合下，菲涅耳透镜不能作为成像系统使用，而多用在非成像系统（如照明系统、聚光系统或光束投射系统）中，也用做对成像质量要求不高的普通放大镜。

2. 菲涅耳透镜的设计

菲涅耳透镜对光束的作用由所有环带上工作面（又称为齿槽）的形状决定，每个环带都相当于一个独立的折射面。因此，设计菲涅耳透镜的面型主要是计算各个齿槽工作面的形状。严格地说，它们均为球面或非球面，但当齿槽较小时，可以近似为平面。传统的设计方法是利用光线追迹的方法，按照所要求的共轭光线的偏转角来设计每个齿工作面的形状或齿槽平面的角度，这种设计方法常需要编制特定的计算程序。下面以一个用于准直的菲涅耳透镜为例，介绍其基本齿形的计算方法。

如图 9-10 所示，位于焦点处的光源发出的光线射向菲涅耳透镜，被菲涅耳透镜折射以后变为平行光射出。图 9-11 的局部放大图表示了孔径高度为 y 处的一条光线经菲涅耳透镜的传播过程。

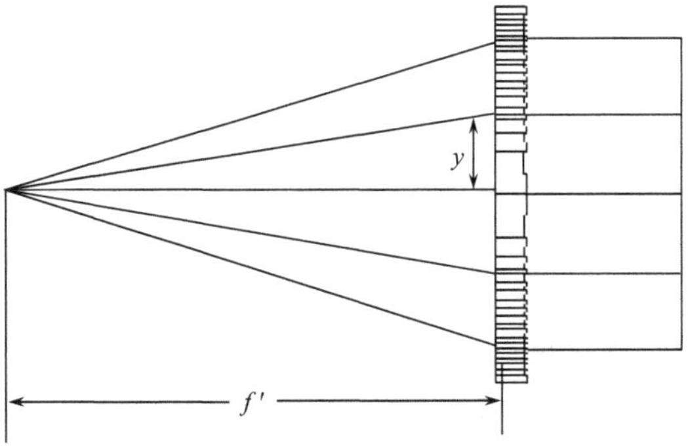

图 9-10　菲涅耳准直透镜

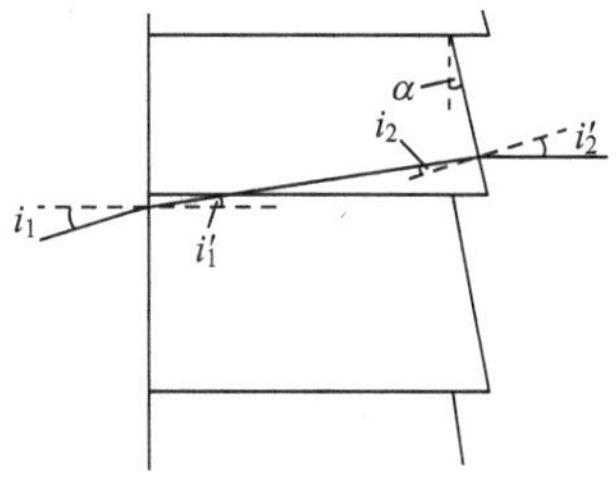

图 9-11　局部

设透镜材料的折射率为 n，透镜的焦距为 f，光线在透镜上入射点的孔径高度为 h，出射面的倾角为 α。光线在基面的入射角和折射角分别如下。

光线在第一个面的入射角为

$$i_1 = \arctan\left(\frac{y}{f}\right) \tag{9-12}$$

由折射定律，有

$$\frac{\sin i_1}{\sin i'_1}=n$$

所以，光线在第一个折射面的折射角为

$$i'_1=\arcsin\left(\frac{\sin i_1}{n}\right) \tag{9-13}$$

光线与第二个折射面相交满足以下等式：

$$90^\circ - i'_1 - i_2 + \alpha = 90^\circ$$

$$\frac{\sin i'_2}{\sin i_2}=n$$

$$\alpha = i'_2$$

以上三式联立方程组，解得

$$\alpha=\arctan\left(\frac{n\sin i'_1}{-1+n\cos i'_1}\right) \tag{9-14}$$

由式(9-12)～式(9-14)可以计算出任意孔径高度 y 处的面型倾角，即工作面角度。将 y 以齿间距的间隔逐点取值，分别计算出对应的 α 值，即可得到相应齿距的菲涅耳透镜各个齿的工作面角度。

现代光学软件功能丰富而且强大，利用光学软件实现菲涅耳透镜的自动设计已成为十分便捷的手段。

3. 菲涅耳透镜的应用

菲涅耳透镜最初应用于航海灯塔，它替代了大而厚重的玻璃透镜，使大尺寸光学透镜变得轻薄。随着加工技术的不断进步，以及光学塑料性能的不断提高，现代菲涅耳透镜已被越来越广泛地应用于各个领域。

(1) 菲涅耳透镜在投影系统中作为聚光镜和场镜。

图 9-12 所示为在投影系统中使用的菲涅耳透镜。菲涅耳透镜将光源发出的光经过两次聚焦，准直后照射在 LCD 屏上。此时，菲涅耳透镜被用做聚光镜，其优势在于通过聚焦或调整光线准直能增加 LCD 屏的整体照明效果。如果取消准直镜，那么光线在穿过 LCD 面板时会大量损失，显示中会出现明显的热斑效应，降低四周亮度。同样，在 LCD 屏的后方，再一次应用菲涅耳透镜，将光线从面板上转向射入到投影透镜中。此时的菲涅耳透镜被用做场镜，使其后续的小口径光学系统能接收到大尺寸物面的入射光束。

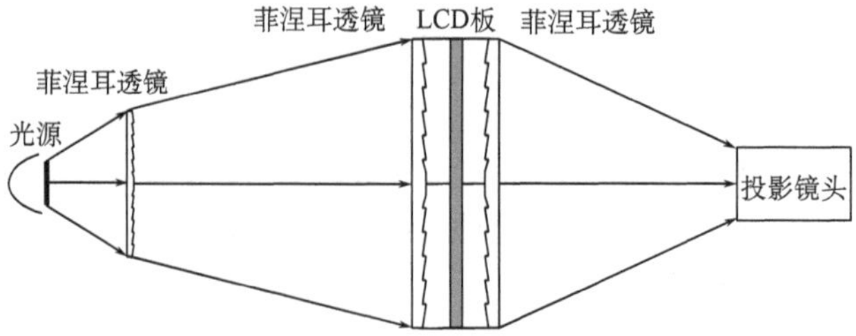

图 9-12 菲涅耳透镜在投影系统中作为聚光镜和场镜

(2) 非涅耳透镜在背投显示器中作为屏幕的组成部分。

图 9-13 所示为一个采用非涅耳透镜的光学背投屏幕。非涅耳透镜紧置于投影散射屏的后方，将投影机射出的大角度光束调整为平行的投射光，显著提高了显示面板四周的亮度，并消除了太阳斑效应，从而提高了整体显示亮度和均匀性。非涅耳背投屏幕通常由非涅耳透镜与其他显示元件(如柱面镜)一起使用。柱面镜的作用是将光束均匀化以后散射，获得一个很宽的视角提供给观察者。

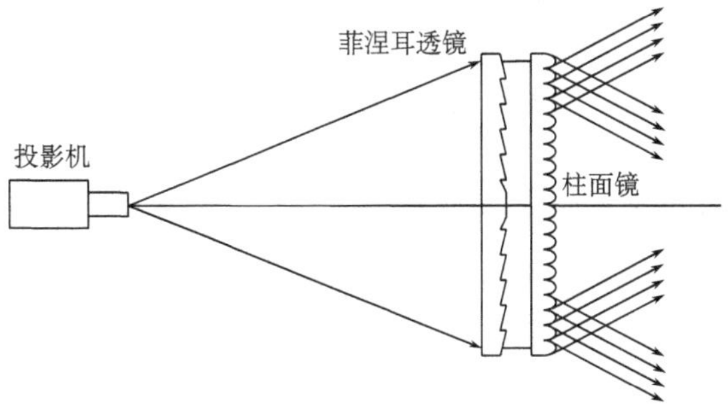

图 9-13　非涅耳透镜在背投显示器中作为屏幕的组成部分

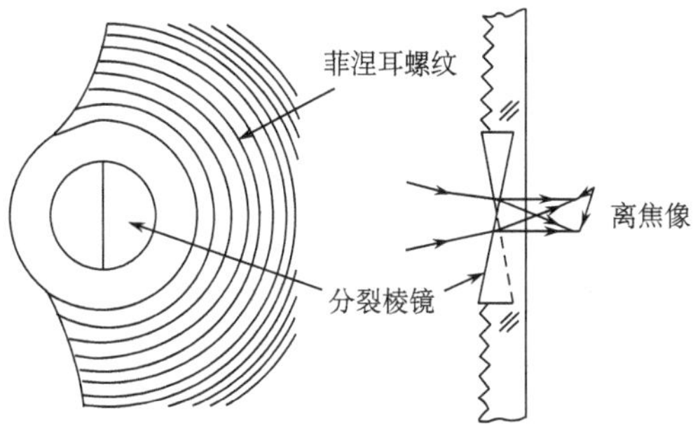

图 9-14　非涅耳透镜在照相机中作为聚焦屏

(3) 在照相系统中，非涅耳透镜被普遍用于聚焦屏。

图 9-14 所示为一个照相机的测距系统。在非涅耳透镜中心安装了一个角度相同、朝向相反的分裂棱镜。当目标没有对准时，得到的是离焦像，被分裂棱镜形成两个像。只有当目标准确聚焦在分裂棱镜的中心时，才能获得清晰的唯一图像。外圈的非涅耳透镜起到了场镜的作用，供观察者观察图像。

(4) 小尺寸的非涅耳阵列透镜用在被动红外探测器的监测系统中。

图 9-15 所示为被动红外探测器中使用的非涅耳透镜阵列。这种复杂的偏心排列方式和分层分布结构，可以形成向下俯瞰的扇形探测区，在满足扇形视角的同时，兼顾远、中、近等不同区域的目标探测，并使探测区域具有相似的灵敏度。这里非涅耳透镜的作用是将目标的热能辐射聚焦在热释电探测器表面，将目标在探测区域内的移动转化为热电器件表面的脉动热能变化，为信号的后续处理奠定基础。

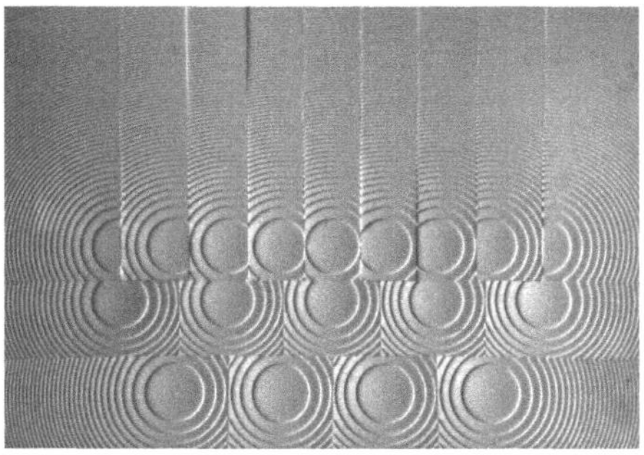

图 9-15　被动红外探测器中使用的非涅耳透镜阵列

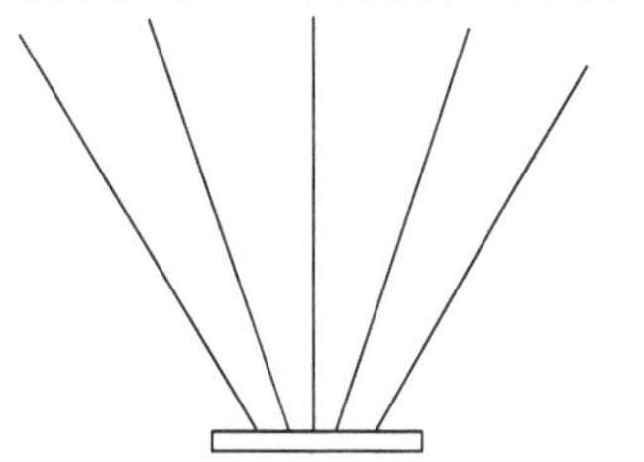

图 9-16　非涅耳透镜用在太阳能聚光系统中

(5) 菲涅耳透镜用于太阳能系统。

在太阳能应用领域,大口径菲涅耳透镜是太阳能聚光系统(CPV)中重要的光学部件之一。如图 9-16 所示,菲涅耳透镜将太阳光聚焦在太阳能芯片上。由于菲涅耳透镜可以做得很大,所以吸收更多的太阳光成为可能,并使其聚焦在较小面积的电池片上,大大节约了成本。应用菲涅耳透镜能够将太阳光聚焦到入射面积的 1/10 至 1/1000 甚至更小的接收面(高性能电池片)上,比传统平板光伏(FPV)发电的效率提高 30%以上,能满足太阳能聚光发电(CPV)和聚热系统(TPV)中的高能量、高温需求。

典型的太阳能菲涅耳透镜将齿型朝向电池片,这与准直应用中齿型朝向长共轭方向的要求刚好相反。在这里齿型朝内的潜在好处是减少太阳辐射对干扰角的冲击,也能够避免结构面里堆积灰尘和砂砾。

太阳聚光器采用折射式菲涅耳透镜,使直径很大的菲涅耳透镜可以做得很薄,与球面透镜相比可大大减小透镜的质量。菲涅耳透镜也是聚光电池模块的主要部件,一方面对太阳光进行聚焦,另一方面对电池组件起到保护作用。

另外,在许多测量系统中,由于特殊的需要,菲涅耳透镜更是必需的选择。这里不再一一列举。

以上介绍了几种典型的新型光学系统。现代光学涉及面很广,新型系统不胜枚举,限于篇幅在此不再多列,读者可查找相关参考资料。

习　题

9-1　简述菲涅耳屏幕的工作原理。

9-2　简述菲涅耳透镜聚焦屏的工作原理。

第10章 光的电磁理论基础

前面几章以光的直线传播定律以及反射和折射定律为基础，用几何光学的方法讨论了光的行为。如我们已经看到的，几何光学是许多光学仪器和光学系统设计的行之有效的方法，其重要性不言而喻。然而几何光学并未涉及光的物理本质，对于光究竟是一种粒子还是一种波动，历史上一直存在争论。19 世纪中叶，麦克斯韦从经典电磁理论出发，在理论上证明电磁波的传播速度等于光速，由此预言光是一种电磁波。之后赫兹第一次在实验中证实了麦克斯韦的预言，光的电磁理论得到了广泛认可。几何光学实际上可以看作波长趋近于零时波动光学的一种近似。传统的波动光学主要讨论光在各向同性和各向异性介质中的传播规律以及光的干涉、衍射、偏振现象，这也是本书波动光学部分的主要内容。20 世纪 60 年代激光的出现使得光学在各个领域有了突飞猛进的发展，以光的波动理论为基础，又出现了傅里叶光学、全息光学、非线性光学、导波光学等许多光学分支。尽管现代光学的发展过程中又出现了许多需要以量子理论来解释的光学现象，但作为量子光学的一种近似，波动光学目前仍然是阐明大多数光学现象以及掌握现代光学的一个重要基础。

本章是波动光学的理论基础，将从麦克斯韦方程组出发阐明光的电磁本质，并将讨论光在均匀介质和两种介质分界面上传播时的基本规律，还将讨论光波的叠加处理。

10.1 光波的特性

10.1.1 麦克斯韦方程组

我们知道，在实验中，电荷即使在真空中分离，也会存在相互作用。作为一种可能的解释，用经典的方法，可以想象每个电荷都被一个叫作电场的东西包围着，这样，只需假设每一个电荷都直接与它所处的电场相互作用即可。假设某点一个带电量为 q 的电荷受到大小为 $\boldsymbol{F}_{\mathrm{E}}$的力，则可用公式 $\boldsymbol{F}_{\mathrm{E}}=q\boldsymbol{E}$ 给出该点电场强度 $\boldsymbol{E}$ 的定义。此外，实验中还观察到一个移动的电荷还可能受到另一个力 $\boldsymbol{F}_{\mathrm{M}}$，这个力与它的速度 $\boldsymbol{v}$ 成正比。因此，可定义电荷周围被另一个场包围着，即磁场。同样地，可用公式 $\boldsymbol{F}_{\mathrm{M}}=q\boldsymbol{v}\times\boldsymbol{B}$ 给出磁感应强度 $\boldsymbol{B}$ 的定义。若电场和磁场同时存在，则电荷经过时会同时受到力 $\boldsymbol{F}_{\mathrm{E}}$和力 $\boldsymbol{F}_{\mathrm{M}}$，此时电荷受到的合力 $\boldsymbol{F}=q\boldsymbol{E}+q\boldsymbol{v}\times\boldsymbol{B}$。其中，$\boldsymbol{E}$ 的单位是伏特每米(V/m)或牛顿每库仑(N/C)，$\boldsymbol{B}$ 的单位是特斯拉(T)。

今天我们知道，上面所描述的电场由电荷和随时间变化的磁场产生，而上述的磁场由电流和随时间变化的电场产生。电场和磁场之间的这种相互依赖关系是光的描述中的一个关键点。

下面回顾一下电磁场的基本规律。描述电磁场的主要特征量是电场强度矢量 $\boldsymbol{E}$、电位移矢量 $\boldsymbol{D}$、磁感应强度矢量 $\boldsymbol{B}$ 和磁场强度矢量 $\boldsymbol{H}$，它们之间有如下关系：

$$\oint_C \boldsymbol{E} \cdot \mathrm{d}\boldsymbol{l} = -\iint_A \frac{\partial \boldsymbol{B}}{\partial t} \cdot \mathrm{d}\boldsymbol{S} \tag{10-1}$$

$$\oint_C \boldsymbol{H} \cdot \mathrm{d}\boldsymbol{l} = \iint_A \left(\boldsymbol{J} + \frac{\partial \boldsymbol{D}}{\partial t}\right) \cdot \mathrm{d}\boldsymbol{S} \tag{10-2}$$

$$\oiint_A \boldsymbol{D} \cdot \mathrm{d}\boldsymbol{S} = \iiint_V \rho \mathrm{d}V \tag{10-3}$$

$$\oiint_A \boldsymbol{B} \cdot \mathrm{d}\boldsymbol{S} = 0 \tag{10-4}$$

式中，$\boldsymbol{J}$ 表示传导电流密度矢量；ρ 表示自由电荷密度。

式(10-1)是法拉第电磁感应定律，它表明一个随时间变化的磁场将产生一个变化的电场，其中由变化的磁场所产生的电场强度矢量沿某一闭合环路的积分等于穿过此环路所围面积上的磁通量变化率的负值。式(10-2)是安培环路定律，它表明一个电流场或随时间变化的电场将产生一个变化的磁场，其中磁场强度沿闭合环路的积分等于该环路所包围的电流强度的代数和。这些电流包括两部分，一部分为传导电流 $I = \iint_\Sigma \boldsymbol{J} \cdot \mathrm{d}\boldsymbol{S}$ ，另一部分为位移电流 $\frac{\mathrm{d}}{\mathrm{d}t}\iint_\Sigma \boldsymbol{D} \cdot \mathrm{d}\boldsymbol{S} = \iint_\Sigma \frac{\partial \boldsymbol{D}}{\partial t} \cdot \mathrm{d}\boldsymbol{S}$ 。位移电流不同于由电荷流动产生的传导电流，它是由随时间变化的电场产生的，但两者在产生磁效应方面是等效的。式(10-3)是电场的高斯定律，表示穿过闭合曲面的电位移通量等于该曲面所包围空间体积内的自由电荷的代数和。式(10-4)是磁场的高斯定律，表示穿过任一闭合曲面的磁感应通量等于零。上述 4 个方程式就构成了麦克斯韦方程组。这一方程组为积分形式的方程组，在实际应用中，我们常常需要知道电磁场中某一给定点的场量的大小，此时积分形式的麦克斯韦方程组并不适用，因而我们引入麦克斯韦方程组的微分形式。应用斯托克斯公式和高斯公式(见附录)，将麦克斯韦方程组重新改写为下面的微分形式，即将有限区域上的积分表述过渡到用时空上各点的微商来表述。

$$\nabla \times \boldsymbol{E} = -\frac{\partial \boldsymbol{B}}{\partial t} \tag{10-5}$$

$$\nabla \times \boldsymbol{H} = \boldsymbol{J} + \frac{\partial \boldsymbol{D}}{\partial t} \tag{10-6}$$

$$\nabla \cdot \boldsymbol{D} = \rho \tag{10-7}$$

$$\nabla \cdot \boldsymbol{B} = 0 \tag{10-8}$$

微分形式的法拉第电磁感应定律式(10-5)的物理意义是，电场强度矢量的旋度等于磁感应强度随时间变化率的负值。微分形式的安培环路定律式(10-6)的物理意义是，磁场强度矢量的旋度等于引起该磁场的传导电流密度和位移电流密度(电位移矢量随时间的变化率)之和。微分形式的电场高斯定律式(10-7)的物理意义是，电位移矢量的散度等于空间同一处的自由电荷密度。微分形式的磁场高斯定律式(10-8)的物理意义是，磁场中任一点的磁感应强度矢量的散度恒为零。

微分形式的方程组可以定性地描绘出一组场的图画：场的一般垂直性、麦克斯韦方程组的对称性以及这些方程组中电场和磁场的相互依赖性，下面我们做具体阐述。

当矢量关系用叉积来描述时，或者换言之，用右手螺旋法则来描述时，意味着产生了一个与之相关的、垂直方向的响应。安培环路定律(10-6)式表明，随时间变化的电场会在其周围空间产生一个涡旋的磁场，这个磁场处处垂直于电场变化的方向。同理，法拉第电磁感应定律(10-5)式表明，随时间变化的磁场会在周围空间产生一个涡旋的电场，该电场处处垂直于磁场的变化方向。因此，我们可以预测电磁扰动中电场和磁场的一般横向性质。

考虑一个电荷以某种方式由静止加速。当电荷静止时，在它周围产生一径向电场，且该电场向各个方向无限延伸。当电荷开始移动时，电荷附近的电场发生了变化，这种变化以某种有限的速度传播到空间中。时变电场通过式(10-2)或式(10-6)产生磁场，如果电荷的速度恒定，则电场的变化率是稳定的，磁感应强度恒定；如果电荷在加速，则$\partial \boldsymbol{E}/\partial t$ 本身不是常数，因此诱导的磁场是随时间变化的，由式(10-5)知，时变的磁场会再产生电场，如此，这一过程继续，电场和磁场互相激发，交替产生，就会在空间形成一个统一的场——电磁场。电磁场的电场和磁场以脉冲的形式耦合，当一个场发生变化时，就会产生一个新的场延伸得更远一些，脉冲就会从一个点向外移动，从而形成电磁波。

电场和磁场可以认为是电磁场的两个方面，电磁场的源是移动电荷。扰动一旦在电磁场中产生，则产生一不受约束的波，且移动到源之外，也即，电磁波独立于它的源。

但是仅由麦克斯韦方程组的 4 个方程还不足以求解出描述电磁场的四个物理量 $\boldsymbol{E}$、$\boldsymbol{D}$、$\boldsymbol{B}$、$\boldsymbol{H}$ 所应该满足的偏微分方程，这是因为麦克斯韦方程组的 4 个方程式中只有 2 个是独立的，证明如下。

分别对式(10-5)和式(10-6)取散度，由于有旋场无源，所以有

$$\nabla \cdot (\nabla \times \boldsymbol{E}) = 0 = -\frac{\partial}{\partial t} \nabla \cdot \boldsymbol{B} \tag{10-9}$$

$$\nabla \cdot (\nabla \times \boldsymbol{H}) = 0 = \nabla \cdot \boldsymbol{J} + \frac{\partial}{\partial t} \nabla \cdot \boldsymbol{D} \tag{10-10}$$

式(10-9)即为式(10-8)，而由式(10-10)结合电荷守恒定律

$$\nabla \cdot \boldsymbol{J} + \frac{\partial \rho}{\partial t} = 0 \tag{10-11}$$

可得式(10-7)。

因此，还需要知道 $\boldsymbol{E}$、$\boldsymbol{D}$、$\boldsymbol{B}$、$\boldsymbol{H}$ 这 4 个量之间的关系。通常电场强度矢量 $\boldsymbol{E}$ 与电位移矢量 $\boldsymbol{D}$、磁感应强度矢量 $\boldsymbol{B}$ 与磁场强度矢量 $\boldsymbol{H}$ 之间的关系与电磁场所处的空间介质有关，即它们之间的关系是由电磁场所处空间介质的特性所决定的，因此这些关系称为电磁场的物质方程。

10.1.2 物质方程

电磁场的物质方程反映的是介质的宏观电磁性质，是光与物质相互作用时介质中大量分子平均作用的结果。真空中有

$$\boldsymbol{D} = \varepsilon_0 \boldsymbol{E} \tag{10-12}$$

$$\boldsymbol{B} = \mu_0 \boldsymbol{H} \tag{10-13}$$

式中，$\varepsilon_0=8.85419\times10^{-12}C^2/(N\cdot m^2)$[库^2/(牛·米^2)]，$\mu_0=4\pi\times10^{-7}N\cdot s^2/C^2$(牛·秒^2/库^2)，分别称为真空介电常量和真空磁导率。

对均匀的各向同性介质，电磁场的物质方程可表示为

$$\boldsymbol{D}=\varepsilon\boldsymbol{E}=\varepsilon_0\varepsilon_r\boldsymbol{E} \tag{10-14}$$

$$\boldsymbol{B}=\mu\boldsymbol{H}=\mu_0\mu_r\boldsymbol{H} \tag{10-15}$$

式中，ε 和 μ 分别称为介质的介电常量和磁导率；ε_r 和 μ_r 分别称为介质的相对介电常数和相对磁导率。对于非磁性物质，$\mu=\mu_0$。

此外，对于导电介质(导体)，还有

$$\boldsymbol{J}=\sigma\boldsymbol{E} \tag{10-16}$$

这是欧姆定律的微分形式，其中 σ 称为导体的电导率。

需要指出的是，在各向同性介质中介电常量 ε 是标量，但在各向异性介质(如晶体)中 ε 是张量，此时式(10-14)中 ε 与 $\boldsymbol{E}$ 的运算成为矩阵相乘，从而 $\boldsymbol{D}$ 与 $\boldsymbol{E}$ 不再是同方向的。此外，通常情况下当电磁场不太强时，$\boldsymbol{D}$ 与 $\boldsymbol{E}$ 呈线性关系，但对于强光场(如激光)，$\boldsymbol{D}$ 与 $\boldsymbol{E}$ 不再呈线性关系，表示为

$$D=\varepsilon_1E+\varepsilon_2E^2+\cdots \tag{10-17}$$

这种非线性关系将导致非线性效应，这是"非线性光学"讨论的范畴。

10.1.3 电磁波动方程

下面从麦克斯韦方程组出发，证明电磁场的传播具有波动性。为简单起见，讨论无源空间无限大各向同性均匀线性介质的情况。所谓无源空间，指的是介质中不含自由电荷和传导电流，这时 $\rho=0$，$\boldsymbol{J}=0$。所谓各向同性均匀线性介质，指的是 ε、μ 是标量且为常数，此时麦克斯韦方程组简化为

$$\nabla\times\boldsymbol{E}=-\frac{\partial\boldsymbol{B}}{\partial t} \tag{10-18}$$

$$\nabla\times\boldsymbol{B}=\varepsilon\mu\frac{\partial\boldsymbol{E}}{\partial t} \tag{10-19}$$

$$\nabla\cdot\boldsymbol{E}=0 \tag{10-20}$$

$$\nabla\cdot\boldsymbol{B}=0 \tag{10-21}$$

对式(10-18)两端取旋度，并将式(10-19)代入，有

$$\nabla\times(\nabla\times\boldsymbol{E})=-\nabla\times\left(\frac{\partial\boldsymbol{B}}{\partial t}\right)=-\frac{\partial}{\partial t}(\nabla\times\boldsymbol{B})=-\varepsilon\mu\frac{\partial^2\boldsymbol{E}}{\partial t^2} \tag{10-22}$$

利用场论公式(见附录)及式(10-20)，有

$$\nabla\times(\nabla\times\boldsymbol{E})=\nabla(\nabla\cdot\boldsymbol{E})-(\nabla\cdot\nabla)\boldsymbol{E}=-\nabla^2\boldsymbol{E} \tag{10-23}$$

引入常数

$$v=\frac{1}{\sqrt{\varepsilon\mu}} \tag{10-24}$$

结合式(10-22)和式(10-23)，有

$$\nabla^2 \boldsymbol{E} - \frac{1}{v^2}\frac{\partial^2 \boldsymbol{E}}{\partial t^2} = 0 \tag{10-25}$$

同理，对磁感应强度 $\boldsymbol{B}$，有

$$\nabla^2 \boldsymbol{B} - \frac{1}{v^2}\frac{\partial^2 \boldsymbol{B}}{\partial t^2} = 0 \tag{10-26}$$

式(10-25)和式(10-26)具有一般的波动微分方程的形式，这对方程给出了一组随时间和空间作周期性变化的电磁波动，由此表明电磁场是以波动形式在介质中传播的，并且电磁波的传播速度 $v = 1/\sqrt{\varepsilon\mu}$，取决于介质的介电常量和磁导率。

一般定义电磁波在真空中的速度 c 与在介质中的速度 v 的比值为电磁波在该介质中的折射率 n，即

$$n = c/v = \sqrt{\varepsilon_r \mu_r} \tag{10-27}$$

式(10-27)表明介质的折射率 n 是由它的介电常量 ε 和磁导率 μ 决定的。除铁磁介质外，大多数介质的磁性都很弱，$\mu_r \approx 1$，故式(10-27)变为 $n = \sqrt{\varepsilon_r}$。需要注意的是，大多数介质都存在色散现象，即折射率 n 是电磁波频率的函数，具体函数形式取决于介质的特性。

1852 年，麦克斯韦利用前人测得的 ε_0 和 μ_0 值从理论上计算了电磁波在真空中的传播速度(由 $\varepsilon_0 = 8.85102 \times 10^{-12} \mathrm{C^2/(N \cdot m^2)}$，$\mu_0 = 10\pi \times 10^{-7} \mathrm{N \cdot S^2/C^2}$，电磁波在真空的速度 $c = 1/\sqrt{\varepsilon_0 \mu_0} \approx 3 \times 10^8 \mathrm{m/s}$)，发现它与之前人们测定的光速值 315300 km/s 十分接近(1849 年实验测得，菲索，1819～1896)，由此他预言“光本身是一种电磁扰动，它依照电磁学定律以波的形式通过电磁场传播”。20 年后，赫兹在实验中发现了电磁驻波，并且证明电磁波具有与光波相同的反射、折射、干涉、衍射和偏振特性，它的传播速度等于光速。这之后，光的电磁理论为人们广泛接受。

图 10-1 所示为整个电磁波谱的示意图，我们研究的光学波段主要包括红外光波(真空中的波长范围为 1mm～760nm)、可见光波(真空中的波长范围为 760～390nm)和紫外光波(真空中的波长范围为 390～10nm)。

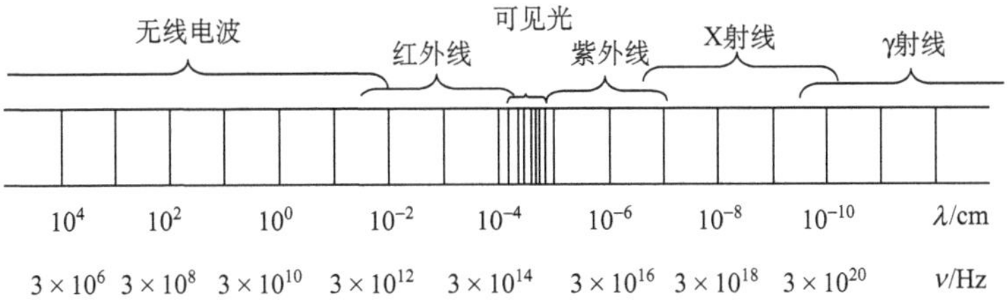

图 10-1　电磁波谱

这里值得指出的是，人类对电磁波的研究由来已久，各个波段的电磁波我们均已较为熟悉，电磁波及相关技术已深入到人类生活的方方面面。然而在整个电磁波谱中，却存在一个波段，人类对它的认识在很长一段时间内几乎是一片空白，直到最近二十年来才被人们所熟悉并在最近成为研究热点。这里所说的即是太赫兹波。太赫兹波介于微波与红外波之间，频率从 0.1THz 到 10THz(1THz$=10^{12}$Hz)，波长从 0.03mm 到 3mm，位于电磁

波谱的远红外波段，直到80年代中后期，它才在被正式命名为太赫兹波（THz 波）。此前，该波段因受产生源和探测器的限制，发展受到了极大的限制，因而研究结果和数据较少，被称为太赫兹空隙（THz gap）。随着超快激光技术、非线性光学技术和微电子技术的发展，近几十年来，太赫兹波的产生和探测技术也得到了飞速发展，太赫兹波迅速成为世界各国的重点研究对象。时至今日，太赫兹波已在多个领域表现出其重要性，如通信、雷达、医学成像、材料学、生物化学物品鉴定、天文、安全检查等，太赫兹技术因其重要性甚至被称为“改变未来世界的十大技术”之一。

10.2 几种简单的光波场

利用前面得到的电磁波动方程和相应的物质方程，原则上可以得到任意边界条件下的光波场的解。但对于较复杂的边界条件，可能无法得到解析解。同时，根据波动的线性叠加原理，任何复杂形式的光波场总可以由一些简单形式的光波场线性叠加而得到，因此，本节将讨论几种简单但却非常重要的光波场：简谐平面波、球面波、柱面波。

需要说明一点，光波中包含电场矢量和磁场矢量，在光波的传播过程中，它们同样重要，但当光与物质相互作用时，多数情况下电场起主要作用。例如，人眼视网膜感受到的主要是入射光的电场，因此人们通常把光波中的电矢量称为光矢量，下面的讨论也主要以电场强度矢量为主。

10.2.1 简谐平面波

1. 平面波

平面电磁波是指场量 $\boldsymbol{E}$ 和 $\boldsymbol{B}$ 在垂直于波的传播方向的平面上各点的振幅和相位都相同的波。为了讨论简便，从一维波动的情况开始，假设平面波在 $Oxyz$ 坐标系中沿 z 方向传播，此时波动方程简化为

$$\frac{\partial^2 E(z,t)}{\partial z^2}-\frac{1}{v^2}\frac{\partial^2 E(z,t)}{\partial t^2}=0 \tag{10-28}$$

该二次偏微分方程，可改写为

$$\left(\frac{\partial^2}{\partial z^2}-\frac{1}{v^2}\frac{\partial^2}{\partial t^2}\right)E=0 \tag{10-29}$$

即

$$\left(\frac{\partial}{\partial z}-\frac{1}{v}\frac{\partial}{\partial t}\right)\left(\frac{\partial}{\partial z}+\frac{1}{v}\frac{\partial}{\partial t}\right)E=0 \tag{10-30}$$

对该形式的方程，我们可做代换：$\eta=z-vt$，$\xi=z+vt$，在这个代换下，有

$$\frac{\partial}{\partial \eta}=\frac{\partial z}{\partial \eta}\frac{\partial}{\partial z}+\frac{\partial t}{\partial \eta}\frac{\partial}{\partial t}=\frac{\partial}{\partial z}-\frac{1}{v}\frac{\partial}{\partial t} \tag{10-31}$$

$$\frac{\partial}{\partial \xi}=\frac{\partial z}{\partial \xi}\frac{\partial}{\partial z}+\frac{\partial t}{\partial \xi}\frac{\partial}{\partial t}=\frac{\partial}{\partial z}+\frac{1}{v}\frac{\partial}{\partial t} \tag{10-32}$$

从而式(10-28)改写为

$$\frac{\partial}{\partial \eta}\left(\frac{\partial \boldsymbol{E}}{\partial \xi}\right)=0 \tag{10-33}$$

先对 η 积分得

$$\frac{\partial \boldsymbol{E}}{\partial \xi}=\boldsymbol{f}(\xi) \tag{10-34}$$

式中，$\boldsymbol{f}(\xi)$ 是 ξ 的任意矢量函数。再对 ξ 积分得到通解

$$E=\int \boldsymbol{f}(\xi)\mathrm{d}\xi+\boldsymbol{f}_1(\boldsymbol{\eta})=\boldsymbol{f}_2(\xi)+\boldsymbol{f}_1(\boldsymbol{\eta}) \tag{10-35}$$

即
$$E=\boldsymbol{f}_1(z-vt)+\boldsymbol{f}_2(z+vt) \tag{10-36}$$

其中，f_1 和 f_2 为两个分别以 $(z-vt)$ 和 $(z+vt)$ 为自变量的任意函数。$\boldsymbol{f}_1(z-vt)$ 代表以速度 v 沿 z 轴正向传播的平面波，$\boldsymbol{f}_2(z+vt)$ 代表以速度 v 沿 z 轴负向传播的平面波，如图 10-2 所示。

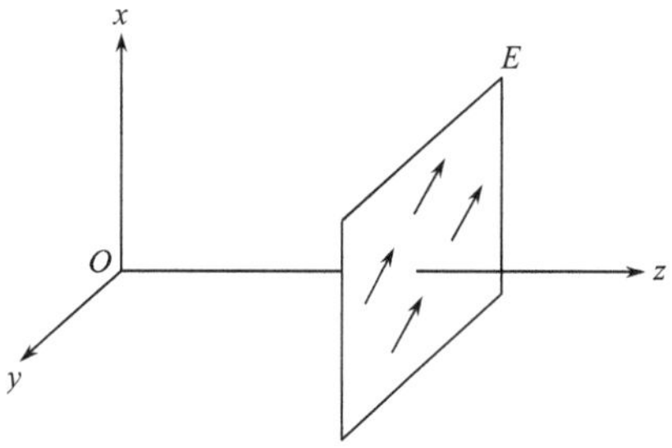

图 10-2　沿 z 轴传播的平面波示意图

2. 一维简谐平面波

式(10-36)是波动方程在平面光波情况下的一般解的形式，并未限定具体函数表达式，但要求该函数必须满足波动方程式(10-28)。容易证明，形式为

$$E(z,t)=A\cos(kz-\omega t+\varphi) \tag{10-37}$$

的简谐波满足波动方程式(10-28)，它表示了一个沿 z 轴正方向传播的平面简谐波。

式(10-37)表示的简谐波方程称为简谐平面波方程。简谐是指整个波按余弦函数形式传播，对于光波来说就是单色平面光波。式中，A 称为简谐平面波的振幅，而 $(kz-\omega t+\varphi)$ 称为波的相位，其中 kz 称为空间相位，ωt 称为时间相位，而 φ 为初相位。由式(10-37)可以看到，对于任一时刻 t，在垂直于 z 轴的平面上，简谐波有相等的相位，从而有相同的扰动值，所以该简谐波是一个平面波。式(10-37)中空间相位与时间相位的符号相反，说明随着时间 t 的增加，为了保持扰动值不变，必然伴随着 z 的增加，也就是说，波沿 z 轴的正方向传播。

当初相位 $\varphi=0$ 时，单色简谐平面波还可以表示为

$$E(z,t)=A\cos(kz-\omega t)=A\cos\left(2\pi\frac{1}{\lambda}z-2\pi\frac{1}{T}t\right)=A\cos(2\pi fz-2\pi\nu t) \tag{10-38}$$

从式(10-38)可以看到，描述一个单色简谐平面波的主要参数如下。

(1) 时间参量：角频率 ω，周期 T，频率 ν，它们之间的关系是

$$\omega=2\pi\nu=\frac{2\pi}{T},\quad T=\frac{1}{\nu}=\frac{2\pi}{\omega} \tag{10-39}$$

(2) 空间参量：波数 k(空间角频率)，波长 λ(空间周期)，空间频率 f，它们之间的关系是

$$k=2\pi f=\frac{2\pi}{\lambda},\quad \lambda=\frac{1}{f}=\frac{2\pi}{k} \tag{10-40}$$

对同一个简谐平面电磁波，描述它们的时间参量和空间参量不是各自独立的，而是满足下述关系：

$$\lambda\nu=v,\quad v=\frac{\omega}{k}\quad 或\quad k=\frac{\omega}{v_{\mathrm{n}}} \tag{10-41}$$

式中，v 为光波在介质中的传播速度，c 为光波在真空中的光速，k_0 为真空中的波数。

当一束波长为 λ 的光波由真空进入折射率为 n 的介质中时，其频率 ν 保持不变，波长变为 $\lambda=\lambda_0/n$，其中 λ_0 为真空中的波长。

单色平面光波具有空间周期性和时间周期性，它在时间和空间上都是无限的，任何时间和空间周期的破坏都意味着单色性遭到破坏，因此现实世界是不存在真正意义上的单色平面光波的。但由傅里叶分析方法可知，任何其他复杂形式的波动都可以分解为许多不同频率的简谐振动之和，所以其他形式的光波也可以分解为许多单色平面光波之和，这就是讨论单色平面光波的意义所在。

3. 三维简谐平面波

在三维空间，平面简谐电磁波的表示形式为

$$\boldsymbol{E}(x,y,z;t)=\boldsymbol{A}\cos(kx\cos\alpha+ky\cos\beta+kz\cos\gamma-\omega t+\varphi) \tag{10-42}$$

可以证明，它仍然是波动方程的一个解。

定义波矢量 $\boldsymbol{k}$ 为波传播方向的矢量，其大小等于波数 k，其方向表示平面简谐电磁波等相位面的传播方向，即

$$\boldsymbol{k}=k\boldsymbol{k}_0=\frac{\omega}{v}\boldsymbol{k}_0=\frac{2\pi}{\lambda}\boldsymbol{k}_0 \tag{10-43}$$

式(10-42)中$(k\cos\alpha,k\cos\beta,k\cos\gamma)$分别是波矢量 $\boldsymbol{k}$ 在 x、y、z 轴上的投影，其中 α、β、γ 分别为波矢量 $\boldsymbol{k}$ 在直角坐标系中的三个方向余弦角。如果引入一个空间位置 $\boldsymbol{r}=(x,y,z)$，$\boldsymbol{r}=x\cos\alpha+y\cos\beta+z\cos\gamma$，则式(10-42)可简化为

$$\boldsymbol{E}(\boldsymbol{r};t)=\boldsymbol{A}\cos(\boldsymbol{k}\cdot\boldsymbol{r}-\omega t+\varphi) \tag{10-44}$$

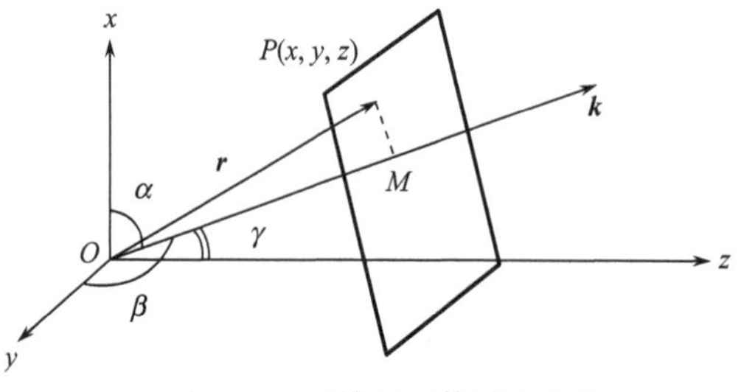

图 10-3　三维平面简谐电磁波

显然 $\boldsymbol{k}\cdot\boldsymbol{r}=$常数的轨迹是一组垂直于波矢量 $\boldsymbol{k}$ 的平面，这些平面称为等相位面。式(10-44)满足平面波的定义，因此是一个平面波，如图 10-3 所示。如果给定了一个平面光波的波矢量 $\boldsymbol{k}$，就确定了这个波的传播方向及其空间频率，因此波矢量 $\boldsymbol{k}$ 是描述平面简谐电磁波的一个重要参数。

4. 简谐平面电磁波的复数表示

用复数来表示简谐函数会给运算带来很大方便，它可以用简单的指数运算代替比较复杂的三角函数运算。对于式(10-44)用三角函数表示的平面简谐电磁波，其复数表达式为

$$\boldsymbol{E}(\boldsymbol{r};t)=\boldsymbol{A}\exp[\mathrm{i}(\boldsymbol{k}\cdot\boldsymbol{r}-\omega t+\varphi)] \tag{10-45}$$

需要注意的是，式(10-44)仅是式(10-45)的实数部分，这里采用复数形式完全是数学上运算方便的需要，对复数形式的量进行线性运算后，只有取实部才有物理意义，才能与利用三角函数形式进行相同运算得到相同的结果。

5. 光波场的复振幅表示

对于复数形式的平面简谐电磁波式(10-45)，可以将包含时间变量和空间变量的两部分完全分离，表示为

$$\boldsymbol{E}(\boldsymbol{r};t)=\boldsymbol{A}\exp[\mathrm{i}(\boldsymbol{k}\cdot\boldsymbol{r}+\varphi)]\exp(-\mathrm{i}\omega t) \tag{10-46}$$

式中，$\exp[\mathrm{i}(\boldsymbol{k}\cdot\boldsymbol{r}+\varphi)]$和 $\exp(-\mathrm{i}\omega t)$分别称为空间相位因子和时间相位因子。在处理单色光波场的空间分布时，时间相位因子 $\exp(-\mathrm{i}\omega t)$总是相同的，常可略去不写，剩余空间相位因子，于是有

$$\widetilde{\boldsymbol{E}}(\boldsymbol{r})=\boldsymbol{A}\exp[\mathrm{i}(\boldsymbol{k}\cdot\boldsymbol{r}+\varphi)] \tag{10-47}$$

称为复振幅。由式(10-47)可以看到，复振幅由两部分组成：模量 $\boldsymbol{A}$ 代表振幅在空间的分布，空间相位因子 $\exp[\mathrm{i}(\boldsymbol{k}\cdot\boldsymbol{r}+\varphi)]$代表相位在空间的分布，这两个量正是我们关注的重点，因为它们体现了定态波场的主要特征，定态光波场的多样性正是由它们体现。

6. 平面电磁波的性质

将平面电磁波的波动公式

$$\begin{aligned}\boldsymbol{E}&=\boldsymbol{A}_1\exp[\mathrm{i}(\boldsymbol{k}\cdot\boldsymbol{r}-\omega t)]\\ \boldsymbol{B}&=\boldsymbol{A}_2\exp[\mathrm{i}(\boldsymbol{k}\cdot\boldsymbol{r}-\omega t)]\end{aligned} \tag{10-48}$$

分别代入麦克斯韦方程组的式(10-20)和式(10-21)，可得

$$\boldsymbol{k}\cdot\boldsymbol{E}=0 \tag{10-49}$$

$$\boldsymbol{k}\cdot\boldsymbol{B}=0 \tag{10-50}$$

式(10-49)、式(10-50)两式表明，平面电磁波的电矢量与磁矢量均垂直于波矢量 $\boldsymbol{k}$ 的方向，因此电磁波是横波。

将式(10-48)代入麦克斯韦方程组的式(10-18)并利用式(10-19)可得

$$\boldsymbol{B}=\sqrt{\varepsilon\mu}(\boldsymbol{k}_0\times\boldsymbol{E}) \tag{10-51}$$

式中，$\boldsymbol{k}_0$ 是波矢量 $\boldsymbol{k}$ 的单位矢量。式(10-51)表明，不仅电矢量 $\boldsymbol{E}$ 和磁矢量 $\boldsymbol{B}$ 均垂直于波矢量 $\boldsymbol{k}$ 的方向，并且 $\boldsymbol{E}$ 和 $\boldsymbol{B}$ 也相互垂直，因此 $\boldsymbol{E}$、$\boldsymbol{B}$、$\boldsymbol{k}_0$ 互成右手螺旋系。图 10-4 所示为平面简谐电磁波 $\boldsymbol{E}$、$\boldsymbol{B}$、$\boldsymbol{k}$ 之间的关系。

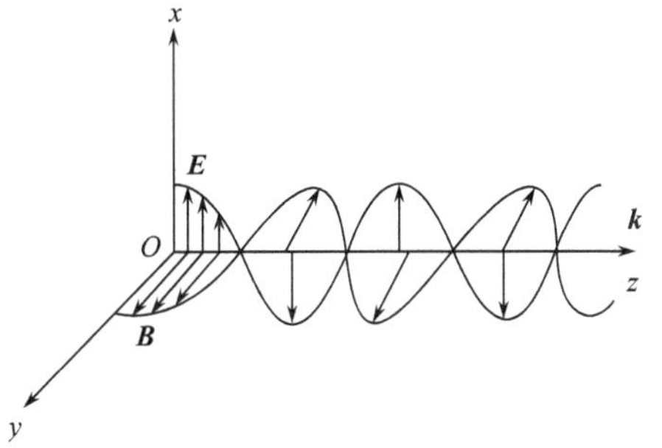

图 10-4 平面简谐电磁波 $\boldsymbol{E}$、$\boldsymbol{B}$、$\boldsymbol{k}$ 之间的关系

由式(10-51)还可以得到

$$\frac{|\boldsymbol{E}|}{|\boldsymbol{B}|}=v \tag{10-52}$$

式(10-52)表明，$\boldsymbol{E}$ 和 $\boldsymbol{B}$ 的复振幅之比为光速 v，所以光波场的 $\boldsymbol{E}$ 矢量振幅远大于 $\boldsymbol{B}$ 矢量振

幅。同时，由于 $\boldsymbol{E}$ 和 $\boldsymbol{B}$ 的复振幅之比为一正实数，所以 $\boldsymbol{E}$ 和 $\boldsymbol{B}$ 的振动相位始终相同。当确定了一个平面光波的一个场量（如 $\boldsymbol{E}$）和波的传播方向时，根据式(10-51)和式(10-52)，另一个场量（如 $\boldsymbol{B}$）的大小和方向是唯一确定的，这也是经常仅讨论电矢量的原因。

10.2.2 球面波和柱面波

1. 标量波理论

由 10.2.1 节，我们可用电矢量 $\boldsymbol{E}$ 描述光波场。该电矢量 $\boldsymbol{E}$ 在直角坐标系中有三个直角分量（E_x，E_y，E_z），各直角分量遵从相同形式的波动方程，我们可以选取其中一个分量 E_j 为代表，将矢量波动方程转化为标量波动方程 $\nabla^2 E_j-\dfrac{1}{v^2}\dfrac{\partial^2 E_j}{\partial t^2}=0$，这样就将求解矢量波的问题转化为求解标量波的问题了。

至此，经过若干方面的物理考虑，我们简化了光波场的数学描述，以此为基础建立起了光传播的标量波理论，该理论为一初级理论，可适用于多种场合。下面我们以该理论来描述球面波和柱面波。

2. 球面波

球面波即等相位面为球面的光波，各向同性均匀介质中一个点光源发出的光波就是一个球面波。球面简谐波的波动公式可表示为

$$E=\frac{A}{r}\exp[\mathrm{i}(\pm kr-\omega t)],r=\sqrt{x^2+y^2+z^2} \tag{10-53}$$

它表明，球面波的振幅与离开原点的距离 r 成反比，等相面是 r 为常数的球面。

球面简谐波的复振幅表示为

$$\widetilde{E}=\frac{A}{r}\exp(\pm \mathrm{i}kr) \tag{10-54}$$

其中，“＋”表示一个由源点向外的发散球面波，如图 10-5(a)所示，“－”表示一个会聚的球面波，如图 10-5(b)所示。对于这一点，我们可以这样理解。由于 r 是空间任意位置(x，y，z)到球面形等位相面的球心的距离，对于时间位相因子 $\exp(-\mathrm{i}\omega t)$，“＋”表示光波随着时间的变化从球心处向外传播，形成发散的球面波；“－”表示光波随着时间的变化从远处向球心处传播，形成会聚的球面波。这与物理图像上的直观理解是一致的。

需要注意的是，只有对于时间位相因子为 $\exp(-\mathrm{i}\omega t)$，“＋”才表示发散球面波，“－”才表示会聚球面波。如果时间相位因子为 $\exp(\mathrm{i}\omega t)$，“＋”则表示会聚球面波，“－”表示发散球面波。目前，时间位相因子是 $\exp(-\mathrm{i}\omega t)$ 还是 $\exp(\mathrm{i}\omega t)$ 并无统一的规定，不同的书籍、论文或者电磁仿真软件表达可能不一样，不同的表达方式会影响光波传播方向的具体复振幅数学表达形式。本书时间位相因子统一采用 $\exp(-\mathrm{i}\omega t)$。

随着考察点逐渐远离点光源，等相面的曲率半径逐渐增大，最后接近于平面，此时球面波可近似作为一个平面波处理。

实际中，光源不在坐标原点时为普遍现象，尤其有多个光源存在时，此时球面波复振幅可表示为：

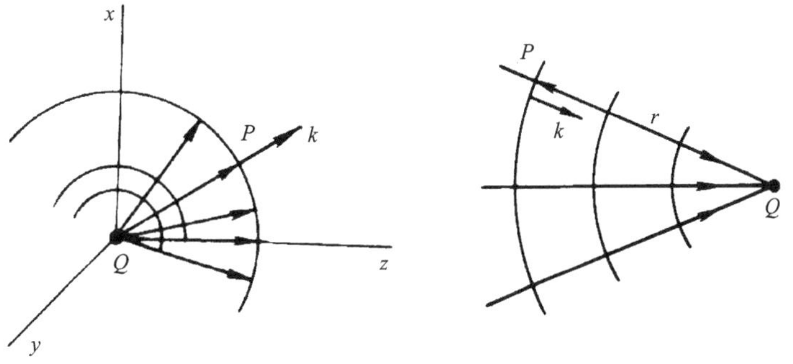

(a) 发散球面波　　(b) 会聚球面波

图 10-5　发散球面波与会聚球面波

$$\widetilde{E}(r)=\frac{A}{r}\exp(\pm\mathrm{i}kr),r=\sqrt{(x-x_0)^2+(y-y_0)^2+(z-z_0)^2} \quad (10\text{-}55)$$

其中，(x_0,y_0,z_0)为光源坐标，同时也是聚散中心。这种情况下，复振幅中的振幅和相因子均具有复杂的表达式，不便于分析问题，实际问题中，可根据条件做近似处理，如在傍轴条件下可以将振幅简化为常数，而在远场条件下可将相因子简化为线性相因子，如果两个条件均满足，则球面波可完全转化为平面波处理。

3. 柱面波

由一个振幅相同且无限长的线光源发出的光波场，其等相位面和等振幅面均为对称于线光源的圆柱面，故称为柱面波。

柱面波的场强分布只与离开光源的距离 r 和时间 t 有关，其波动公式为

$$E=\frac{A}{\sqrt{r}}\exp[\mathrm{i}(\pm kr-\omega t)] \quad (10\text{-}56)$$

柱面简谐波的复振幅表示为

$$\widetilde{E}=\frac{A}{\sqrt{r}}\exp(\pm\mathrm{i}kr) \quad (10\text{-}57)$$

上式表明柱面波的振幅与$\sqrt{r}$成反比，其中，“+”表示向外发散的柱面波，“−”表示会聚的柱面波。

10.2.3 电磁场的能量和能流

电磁场的能量密度定义为单位体积内的电磁场能量，描述的是电磁场的储能性质，通常用 w 表示为

$$w=\frac{1}{2}(\boldsymbol{E}\cdot\boldsymbol{D}+\boldsymbol{H}\cdot\boldsymbol{B})=\frac{1}{2}\left(\varepsilon E^2+\frac{1}{\mu}B^2\right) \quad (10\text{-}58)$$

式(10-58)包括了电场和磁场的贡献。

能量密度仅仅描述了电磁场的储能性质，而电磁波的主要性质之一是能够传输能量，电磁波的传输过程伴随着电磁场能量在空间的传递。通常用能流密度或坡印亭矢量 $\boldsymbol{S}$

来描述电磁场能量的传播。坡印亭矢量 $\boldsymbol{S}$ 的大小定义为单位时间内垂直通过单位横截面积的电磁场能量，其方向代表能量的传播方向，表示为

$$S=wv=\frac{v}{2}\left(\varepsilon E^{2}+\frac{1}{\mu}B^{2}\right),\quad \boldsymbol{S}=\boldsymbol{E}\times\boldsymbol{H}\quad(\text{矢量形式})\tag{10-59}$$

在 10.2.1 节讨论中已经知道，各向同性均匀介质中的 E 场和 H 场在量值上满足

$$\sqrt{\varepsilon}E=\sqrt{\mu}H\tag{10-60}$$

对电场强度 $\boldsymbol{E}(z,t)=\boldsymbol{A}\cos(kz-\omega t+\varphi)$ 的一维平面简谐电磁波，其磁场强度为

$$\boldsymbol{H}=\sqrt{\frac{\varepsilon}{\mu}}\boldsymbol{A}\cos(kz-\omega t+\varphi)\tag{10-61}$$

因此，坡印亭矢量 $\boldsymbol{S}$ 的大小为

$$S=\sqrt{\frac{\varepsilon}{\mu}}A^{2}\cos^{2}(kz-\omega t+\varphi)\tag{10-62}$$

对于频率高达 10^{15} Hz 的光波场而言，$\boldsymbol{E}$ 和 $\boldsymbol{B}$ 随时间快速变化，所以 $\boldsymbol{S}$ 也随时间快速变化，人眼或光探测器无法跟得上或检测到 $\boldsymbol{S}$ 的瞬时值。因此，实际观测到的是 $\boldsymbol{S}$ 在某一段时间内的时间平均值，这个值称为光强 I，即

$$I=\langle S\rangle=\frac{1}{T}\int_{0}^{T}S\,\mathrm{d}t\tag{10-63}$$

将式(10-62)代入式(10-63)，得

$$I=\langle S\rangle=\frac{1}{2}\sqrt{\frac{\varepsilon}{\mu}}A^{2}\tag{10-64}$$

式(10-64)表明，在同一种介质中光强 I 正比于 A^2。很多情况下在同一介质中只关心光强的相对分布，此时可以不考虑式(10-64)中的比例系数，而以光强的相对强度表示，即

$$I=A^{2}\tag{10-65}$$

但在不同介质中，则只能使用式(10-66)，因为比例系数中包含与介质有关的物理量。

当用复振幅来表示简谐平面波时，若只考虑相对强度，则光强的大小可表示为

$$I=|\widetilde{E}(\boldsymbol{r})|^{2}=\widetilde{E}(\boldsymbol{r})\cdot\widetilde{E}^{*}(\boldsymbol{r})=A^{2}\tag{10-66}$$

这里，$\widetilde{E}^{*}$ 是 $\widetilde{E}$ 的复共轭，$\widetilde{E}^{*}=A(\boldsymbol{r})\exp[-\mathrm{i}(\boldsymbol{k}\cdot\boldsymbol{r}+\varphi)]$，式(10-66)是由复振幅分布来求光强的常用公式。

10.3 光波的叠加

10.3.1 波的叠加原理

波的叠加原理是指几个波在相遇点产生的和振动是各个波在该点各自单独产生的振动的矢量和。如果有 n 个光波 $\boldsymbol{E}_1,\boldsymbol{E}_2,\cdots,\boldsymbol{E}_n$ 在 P 点相遇，则 P 点的和振动可表示为

$$\boldsymbol{E}(P)=\boldsymbol{E}_{1}(P)+\boldsymbol{E}_{2}(P)+\cdots+\boldsymbol{E}_{n}(P)\tag{10-67}$$

波动方程的线性性质保证了其解的叠加性，就是说如果每个光波场都是波动方程的

一个解，则这些光波场的矢量和仍然是波动方程的一个解，这构成了波的叠加原理的基础。波的叠加原理也表明了光波传播的独立性，即两个或多个光波只有在相遇处才会产生叠加，它们分开后每个光波仍然保持原有特性，频率、波长、振动方向、传播方向等所有光学参数都不发生变化。

波的叠加原理意味着当两个或多个光波相遇时，可以用叠加的方法来获得总光场。需要注意的是，只有在光强较弱时的线性介质中光波的叠加原理才适用，当光强非常大时或在某些非线性介质中，波的叠加原理不再成立，此时称为光的"非线性效应"，这属于非线性光学研究的范畴。

10.3.2 同频率、同振动方向单色光波的叠加

如果 $\widetilde{E}_1(\boldsymbol{r}),\widetilde{E}_2(\boldsymbol{r}),\cdots,\widetilde{E}_n(\boldsymbol{r})$ 分别表示频率相同、振动方向也相同的 n 个光波，它们在空间某处相遇，按照波的叠加原理，则相遇处的总光场可表示为

$$\widetilde{E}(\boldsymbol{r})=\widetilde{E}_1(\boldsymbol{r})+\widetilde{E}_2(\boldsymbol{r})+\cdots+\widetilde{E}_n(\boldsymbol{r})=\sum_{j=1}^{n}\widetilde{E}_j(\boldsymbol{r})=\sum_{j=1}^{n}A_j\exp(\mathrm{i}\alpha_j) \tag{10-68}$$

式中，A_j 和 α_j 分别是每个叠加分量的振幅和空间相位。

下面分别通过具体例子来说明求解光波场叠加的方法。

1. 相幅矢量加法

【例 10-1】 求由 $A_1\exp(\mathrm{i}\alpha_1)$ 和 $A_2\exp(\mathrm{i}\alpha_2)$ 表示的两列波的叠加。

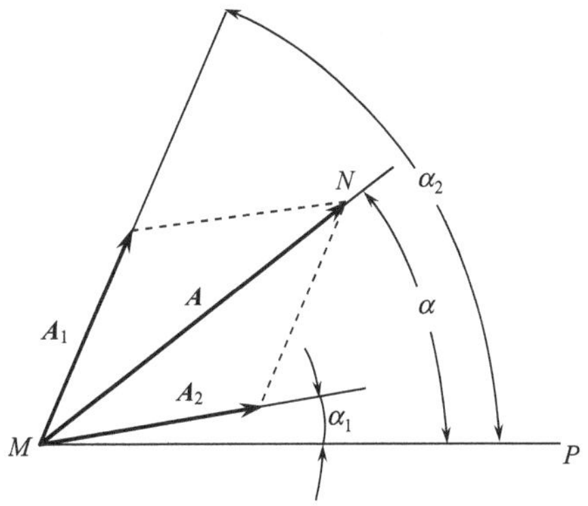

图 10-6　两个相幅矢量相加

解　用相幅矢量加法来求解。首先定义一个相幅矢量 $\boldsymbol{A}$，其长度表示光振动的振幅大小，而它与给定轴（MP 轴）的夹角等于该光振动的相位。这样，两个单色光波在空间某点光振动的叠加就可以通过其相幅矢量的相加来获得。图 10-6 中，$\boldsymbol{A}_1$、$\boldsymbol{A}_2$ 分别为两个光波的相幅矢量，$\boldsymbol{A}$ 为其和矢量，从图中可以得到合成矢量的振幅和相位分别为

$$A=\sqrt{A_1^2+A_2^2+2A_1A_2\cos(\alpha_2-\alpha_1)} \tag{10-69}$$

$$\tan\alpha=\frac{A_1\sin\alpha_1+A_2\sin\alpha_2}{A_1\cos\alpha_1+A_2\cos\alpha_2} \tag{10-70}$$

从而有

$$\widetilde{E}(\boldsymbol{r})=A\exp(\mathrm{i}\alpha) \tag{10-71}$$

需要强调的是，图中矢量的方位角并非各个光振动的方向，而是振动的相位。

2. 三角函数代数加法

【例 10-2】 求由 $E_1(z,t)=A\cos(kz-\omega t)$ 和 $E_2(z,t)=A\cos(kz+\omega t)$ 两列波的合成。

解　这是两个频率相同、振动方向相同但传播方向相反的单色光波，利用三角函数的

求和公式可以容易地得到其合成波为

$$E(z,t)=2A\cos(kz)\cos(\omega t) \tag{10-72}$$

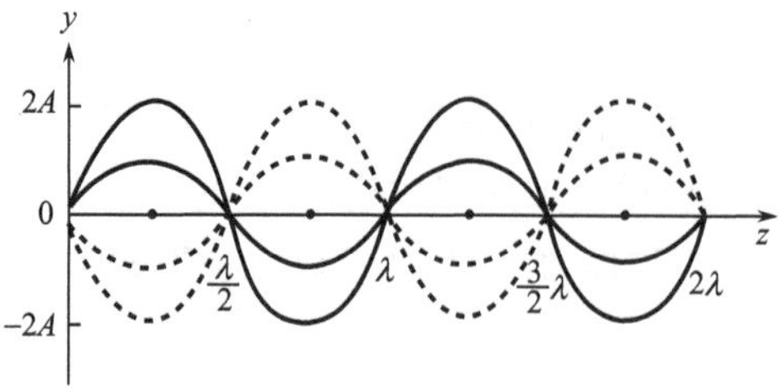

图 10-7 驻波

由式(10-72)可以看到，这两个单色光波叠加的结果是合成光波余弦函数中的时空相位分开了。对于 z 方向上的每一点，合成波随时间的振动是频率为 ω 的简谐振动，该简谐振动的振幅是位置 z 的函数。也就是说，在不同的 z 值处有不同的振幅，但振幅不随时间而变，这样的波称为驻波，如图 10-7所示。其中振幅最大值的位置称为波腹，振幅最小值的位置称为波节，容易看出，两个相邻波腹(或波节)之间的距离为 $\lambda/2$。激光器谐振腔中经两个反射镜多次反射形成的光波可以看成驻波。

3. 复数加法

【例 10-3】 求 n 个振幅相等且均为 A、相邻相位差均为 δ 的光波的叠加。

解 根据题意，叠加光场可表示为

$$\widetilde{E}(\boldsymbol{r})=\sum_{j=1}^{N}A_j\exp(\mathrm{i}\delta)^{j-1} \tag{10-73}$$

由等比数列求和公式可得

$$\widetilde{E}(\boldsymbol{r})=A\frac{\sin\left(\frac{n\delta}{2}\right)}{\sin\left(\frac{\delta}{2}\right)}\exp\left[\mathrm{i}\frac{\delta}{2}(n-1)\right] \tag{10-74}$$

【例 10-4】 求无限多个振幅不相等但振幅 A 依次以公比 $q<1$ 递减，相邻相位差均为 δ 的光波的叠加。

解 根据题意，叠加光场可表示为

$$\widetilde{E}(\boldsymbol{r})=\sum_{j=1}^{\infty}A[q\exp(\mathrm{i}\delta)]^{j-1} \tag{10-75}$$

由无穷递减等比数列求和公式可得

$$\begin{aligned}\widetilde{E}(\boldsymbol{r})&=\sum_{j=1}^{\infty}A[q\exp(\mathrm{i}\delta))]^{(j-1)}\\&=A[1+q\exp(\mathrm{i}\delta)+q^2\exp(\mathrm{i}2\delta)+\cdots]=\frac{A}{1-q\exp(\mathrm{i}\delta)}\end{aligned} \tag{10-76}$$

这是平行平板多光束干涉的典型例子，将在光的干涉中使用这一结果。

10.3.3 频率相同、振动方向相互垂直的光波的叠加

对于频率相同、振动方向相互垂直的两列光波，依据波的叠加原理，叠加后的合成光波，其振动矢量末端的运动轨迹方程一般情况下是一个椭圆方程，这种矢量末端的运动轨

迹为椭圆的光波称为椭圆偏振光。椭圆偏振光有左旋和右旋之分，通常规定迎着光传播方向观察，光振动矢量逆时针旋转时为左旋偏振光，反之为右旋偏振光。特殊情况下，椭圆方程可能蜕化成圆的方程或一条直线方程，此时方程所代表的光波分别称为圆偏振光和线偏振光，详细讨论见 13.1 节。

10.3.4　不同频率单色光波的叠加

现在讨论两个振幅相同、振动方向相同、传播方向也相同、频率不同但非常接近的两个单色光波的叠加。如图 10-8 所示，这两个频率不同的单色光波表示为

$$E_1 = a\cos(k_1 z - \omega_1 t),\quad E_2 = a\cos(k_2 z - \omega_2 t) \tag{10-77}$$

根据波的叠加原理，合成波的表示式为

$$E = E_1 + E_2 = 2a\cos(k_{\mathrm{m}} z - \omega_{\mathrm{m}} t)\cos(\bar{k} z - \bar{\omega} t) \tag{10-78}$$

式中

$$\bar{\omega} = (\omega_1 + \omega_2)/2,\quad \bar{k} = (k_1 + k_2)/2$$

$$\omega_{\mathrm{m}} = (\omega_1 - \omega_2)/2,\quad k_{\mathrm{m}} = (k_1 - k_2)/2$$

由式(10-78)可见，和振动是一个平均频率为 $\bar{\omega}$ 但振幅受 ω_{m} 低频调制的复色平面波。合成波的振幅为

$$A = 2a\cos(k_{\mathrm{m}} z - \omega_{\mathrm{m}} t) \tag{10-79}$$

合成波的强度为

$$I = A^2 = 4a^2\cos^2(k_{\mathrm{m}} z - \omega_{\mathrm{m}} t) \tag{10-80}$$

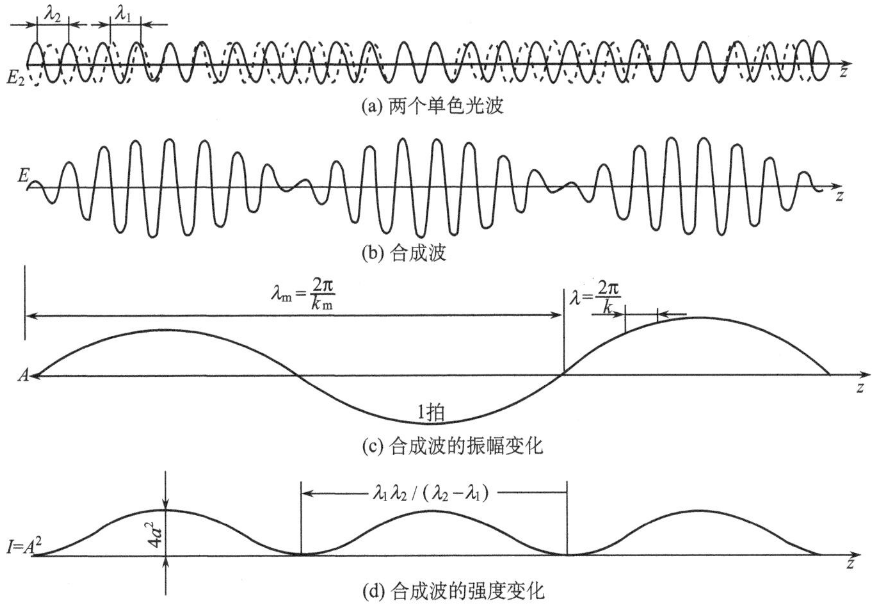

图 10-8　两个不同频率单色光波的叠加

对于前面讨论的单色光波来说，由波动方程所确定的光波速度 $v = c/n$ 反映的是光波等相位面的传播速度，也称为相速度。但实际的光波都不是单色光波，而是由许多单色

光波合成的。以上面两个不同频率的单色光波的合成波为例，当频率为 $\bar{\omega}$ 的平面波以相速度 $\bar{\omega}/\bar{k}$ 向前传播时，调制波也以 ω_m/k_m 的速度向前传播，这个速度称为群速度，以 v_g 表示。由于调制波反映的是合成波的包络（振幅）的传播速度，所以群速度反映了光波能量的传播速度，通常实验中测得的光波的传播速度是群速度而不是相速度。当两光波的频差 ω_m 很小时，群速度可表示为

$$v_g = \frac{d\omega}{dk} \tag{10-81}$$

将 $\omega = kv = \frac{2\pi}{\lambda}v = \frac{2\pi}{\lambda}\frac{c}{n}$ 代入式(10-81)，可得群速度与相速度的关系为

$$v_g = v + k\frac{dv}{dk} = v - \lambda\frac{dv}{d\lambda} = \frac{c}{n}\left(1 + \frac{\lambda}{n}\frac{dn}{d\lambda}\right) \tag{10-82}$$

由式(10-82)可以看出，如果介质的折射率与光波的频率（波长）无关，则在这种介质中群速度与相速度相等，这种介质称为非色散介质，例如真空。但是绝大多数介质是色散介质，在色散介质中，不同频率（波长）的光其传播速度是不相同的。由式(10-82)可以看出，在色散介质中，群速度不等于相速度，色散 $\frac{dv}{d\lambda}$ 越大，两者相差也越大。在正常色散区域（$\frac{dv}{d\lambda}>0$，$\frac{dn}{d\lambda}<0$），介质的折射率随波长的增加而减小，群速度小于相速度；在反常色散区域（$\frac{dv}{d\lambda}<0$，$\frac{dn}{d\lambda}>0$），介质的折射率随波长的增加而增大，群速度大于相速度。以上讨论的由两个单色平面光波合成的波的群速度概念也适用于由多个频率相近的波叠加而成的复合波，比如具有一定时间宽度的脉冲光。当色散很大导致合成的波群形状发生严重形变时，由于不存在一个基本不变的波群，群速度的概念也就没有意义。而如果色散引起的畸变不严重，我们仍然可以讨论式(10-81)定义的脉冲光在平均频率下的群速度。

由 $k=\omega n(\omega)/c$，群速度也可写为

$$v_g = \frac{d\omega}{dk} = \frac{1}{\frac{dk}{d\omega}} = \frac{c}{n + \omega\frac{dn}{d\omega}} = \frac{c}{n_g} \tag{10-83}$$

其中，n_g 为群折时率。基于上式，下面我们扩展讨论与脉冲光群速度概念相关联的亚光速及超光速现象。

光被称为亚光速或超光速，取决于相应的速度是否能超过真空中的光速。当 $v<c$ 时，称为亚光速，而相反的情况则被称为超光速。从式(10-83)可以清楚地看出，在没有色散（$\frac{dn}{d\omega}=0$ 或 $n_g=n$）时，群速度和相速度是一致的，这与前面的结论一致；对于正斜率的色散曲线（$\frac{dn}{d\omega}>0$），我们通常有 $n_g>1$，此时光为亚光速；在异常色散或色散曲线斜率为负的情况下（$\frac{dn}{d\omega}<0$），n_g 可以小于 1，甚至小于 0（为负），因此群速度可以大于 c，甚至为负。负群速度有一个非常有趣的结果，即脉冲峰值可以早于它进入介质的时间到达。在前沿科学研究中，已经能观察到显著的亚群速度和超群的速度了，例如利用电磁感应透

明现象，光爬行速度可以慢到 17m/s，超光速可达到 39c。需要指出的是，这里所说的群速度的超光速并不违反爱因斯坦的狭义相对论或因果原理。

10.4　光在两种介质分界面上的反射和折射

几何光学理论说明，光在两种介质分界面上遵守反射和折射定律。这两个定律很好地解决了光在两种介质分界面上发生反射和折射时光的传播方向问题，但是还没有解决光的振幅(或能量)如何分配的问题，以及光扰动的相位变化问题。本节将研究单色平面光波在均匀的非磁电介质分界面上的振幅和相位的变化。

10.4.1　电磁场的边界条件

当电磁波穿越两种介质的分界面时，由于介质的物理性质不同，更具体地说是介质的电磁性能参数发生了突变，将导致分界面两侧电磁场量发生跃变而不连续。因此在研究电磁波在两种介质分界面上的传播时，必须先确定界面两侧电磁场量之间的关系，也即边值关系。这一关系可以由麦克斯韦积分方程组推导出来，这里我们只给出推导结果，推导过程可参看相关电磁理论资料。电磁场的边值关系有四条：

$$\begin{aligned} &\boldsymbol{n}\times(\boldsymbol{E}_2-\boldsymbol{E}_1)=0 \qquad && E_{1t}=E_{2t} \\ &\boldsymbol{n}\times(\boldsymbol{H}_2-\boldsymbol{H}_1)=0 \qquad \text{或} && H_{1t}=H_{2t} \\ &\boldsymbol{n}\cdot(\boldsymbol{D}_2-\boldsymbol{D}_1)=0 && D_{1n}=D_{2n} \\ &\boldsymbol{n}\cdot(\boldsymbol{B}_2-\boldsymbol{B}_1)=0 && B_{1n}=B_{2n} \end{aligned} \tag{10-84}$$

式中，n、t 分别表示场的法向和切向分量。这四条边值关系在绝缘介质分界面情形下成立，即界面上不存在自由电荷，因而也无传导电流。从表达式可以看出场分量的连续性，即电场强度矢量 $\boldsymbol{E}$ 和磁场强度矢量 $\boldsymbol{H}$ 的切向分量在界面上连续，而电位移矢量 $\boldsymbol{D}$ 和磁感应强度矢量 $\boldsymbol{B}$ 的法向分量在界面上连续。同时，这种连续性也凸显了场的突变性，因为正是由于电位移矢量在法线方向上的连续从而导致了电场强度矢量 $\boldsymbol{E}$ 在法线方向上的突变，而 $\boldsymbol{E}$ 在切线方向上连续，两方面合起来导致了电场强度矢量在边界上的突变。同理，其他场量 $\boldsymbol{D}$、$\boldsymbol{B}$、$\boldsymbol{H}$ 也有类似的突变，总而言之，在两种介质的分界面上电磁场量整个地是不连续的，但在无源条件下，他们的分量按照式(10-84)连续。

10.4.2　反射定律和折射定律

光波在两种介质的分界面上会发生反射和折射现象，并遵守反射和折射定律。下面根据麦克斯韦方程组和电磁场的边界条件来推导反射定律和折射定律。

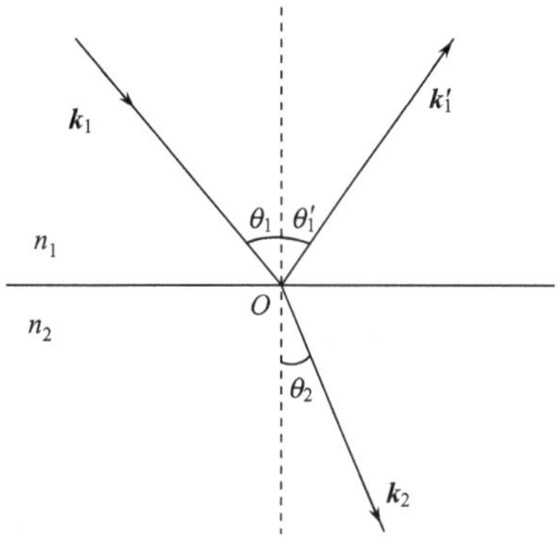

图 10-9　单色平面光波在两种介质分界面上的反射和折射

如图 10-9 所示，一单色平面光波从折射率为 n_1 的介质进入折射率为 n_2 的介质，并在分界面处发生反射和折射。以 $\boldsymbol{n}$ 表示分界面法线方向单位矢量，

$\boldsymbol{k}_1$、$\boldsymbol{k}'_1$、$\boldsymbol{k}_2$ 分别表示入射光波、反射光波和折射光波的波矢量，θ_1、θ'_1、θ_2 分别表示入射角、反射角和折射角，ω_1、ω'_1、ω_2 分别为入射光波、反射光波和折射光波的角频率，$\boldsymbol{E}_1$、$\boldsymbol{E}'_1$、$\boldsymbol{E}_2$ 分别表示分界面处入射光波、反射光波和折射光波的电场强度矢量，有

$$\begin{aligned} \boldsymbol{E}_1 &= \boldsymbol{A}_1 \exp[\mathrm{i}(\boldsymbol{k}_1 \cdot \boldsymbol{r} - \omega_1 t)] \\ \boldsymbol{E}'_1 &= \boldsymbol{A}'_1 \exp[\mathrm{i}(\boldsymbol{k}'_1 \cdot \boldsymbol{r} - \omega'_1 t)] \\ \boldsymbol{E}_2 &= \boldsymbol{A}_2 \exp[\mathrm{i}(\boldsymbol{k}_2 \cdot \boldsymbol{r} - \omega_2 t)] \end{aligned} \tag{10-85}$$

根据电磁场的边界条件，当界面上无传导电流和自由电荷分布时，电场强度矢量应满足下述连续条件：

$$\boldsymbol{n} \times (\boldsymbol{E}_1 + \boldsymbol{E}'_1) = \boldsymbol{n} \times \boldsymbol{E}_2 \tag{10-86}$$

将式(10-85)代入式(10-86)，整理后得

$$\begin{aligned} \boldsymbol{n} \times \boldsymbol{A}_1 = \boldsymbol{n} \times \{ & \boldsymbol{A}_2 \exp\mathrm{i}([(\boldsymbol{k}_2 - \boldsymbol{k}_1) \cdot \boldsymbol{r} - (\omega_2 - \omega_1)t]) \\ & - \boldsymbol{A}'_1 \exp\mathrm{i}([(\boldsymbol{k}'_1 - \boldsymbol{k}_1) \cdot \boldsymbol{r} - (\omega'_1 - \omega_1)t]) \} \end{aligned} \tag{10-87}$$

式(10-87)对任意时刻 t 和分界面上的任意位置矢量 $\boldsymbol{r}$ 都要成立，因此等号右端的指数因子在界面上必须等于零，即时间因子 $(\omega_2 - \omega_1)t$ 和 $(\omega'_1 - \omega_1)t$ 都必须为零，于是

$$\omega_1 = \omega'_1 = \omega_2 \tag{10-88}$$

式(10-88)表明，入射波、反射波和折射波的频率相同，即反射和折射不改变入射光的频率。同时还有空间因子也必须为零，即

$$(\boldsymbol{k}'_1 - \boldsymbol{k}_1) \cdot \boldsymbol{r} = 0 \tag{10-89}$$

$$(\boldsymbol{k}_2 - \boldsymbol{k}_1) \cdot \boldsymbol{r} = 0 \tag{10-90}$$

式(10-89)、式(10-90)表明，$\boldsymbol{k}'_1 - \boldsymbol{k}_1$ 和 $\boldsymbol{k}_2 - \boldsymbol{k}_1$ 均垂直于分界面且 $\boldsymbol{k}_1$、$\boldsymbol{k}'_1$、$\boldsymbol{k}_2$ 位于同一平面（入射面，$\boldsymbol{k}_1$ 与界面法线组成的平面）内。同时，由式(10-89)、式(10-90)还可以得到

$$\boldsymbol{k}_1 \cdot \boldsymbol{r} = \boldsymbol{k}'_1 \cdot \boldsymbol{r} = \boldsymbol{k}_2 \cdot \boldsymbol{r} \tag{10-91}$$

式(10-91)就是反射定律和折射定律的矢量表达式。由图 10-8 的几何关系可得

$$k_1 \sin\theta_1 = k'_1 \sin\theta'_1 = k_2 \sin\theta_2 \tag{10-92}$$

因为 $k_1 = k'_1 = \omega / v_1$，$k_2 = \omega / v_2$，所以有

$$\theta_1 = \theta'_1 \tag{10-93}$$

即反射角等于入射角，这就是反射定律。同时还有

$$\frac{\sin\theta_1}{v_1} = \frac{\sin\theta_2}{v_2}, \quad n_1 \sin\theta_1 = n_2 \sin\theta_2 \tag{10-94}$$

式(10-94)就是折射定律，也称斯涅耳定律。

10.4.3 菲涅耳公式

反射定律和折射定律仅给出了光波在两种介质分界面两侧的传播方向，下面将进一步讨论表示反射波、折射波和入射波的振幅与相位关系的菲涅耳公式。

1. *p* 波和 *s* 波

光在两种介质分界面上的反射和折射特性与电矢量的振动方向密切相关。任意一个

光矢量 $\boldsymbol{E}$，可以在垂直于传播方向的平面内的任意方向上振动，但总可以分解为两个相互垂直的分量。平行于入射面振动的分量称为光矢量的 p 分量，用 $\boldsymbol{E}_p$ 表示，而垂直于入射面振动的分量称为光矢量的 s 分量，用 $\boldsymbol{E}_s$ 表示，这两个分量的反射波和折射波的振幅与相位关系是不相同的，因此要分别讨论。建立如图 10-10 所示的 p-s-k 坐标体系，令 $\boldsymbol{k}_1$、$\boldsymbol{k}_1'$ 和 $\boldsymbol{k}_2$ 分别为入射光、反射光和折射光的波矢量，每个光振动都照前述的分解方法在各自场内分解成两个正交分量 p 分量和 s 分量，并规定每个场的 p-s-k 构成如图 10-11 所示的右手直角坐标系。

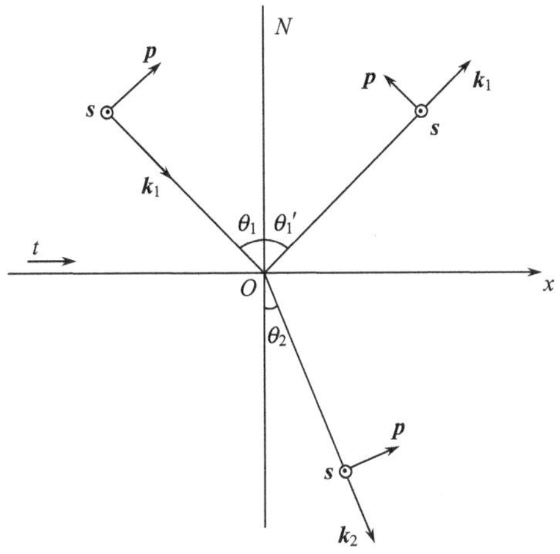

图 10-10　p-s-k 关系图

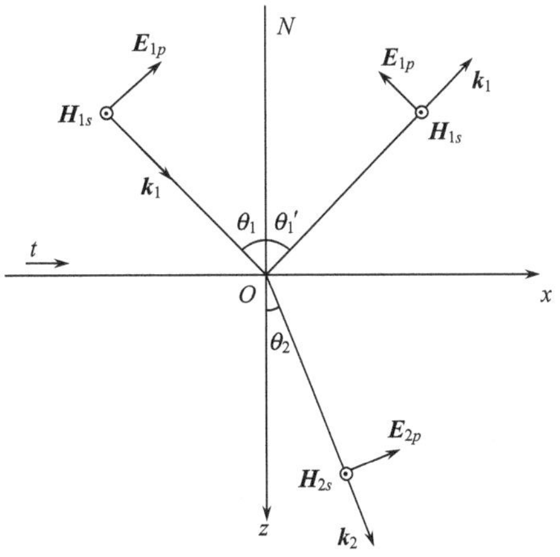

图 10-11　$\boldsymbol{E}$ 和 $\boldsymbol{H}$ 的伴随关系图

这样有

$$\boldsymbol{E}_1 \rightarrow E_{1p} = A_{1p}\exp[\mathrm{i}(\boldsymbol{k}_1 \cdot \boldsymbol{r} - \omega t)],\quad E_{1s} = A_{1s}\exp[\mathrm{i}(\boldsymbol{k}_1 \cdot \boldsymbol{r} - \omega t)] \tag{10-95}$$

$$\boldsymbol{E}_1' \rightarrow E_{1p}' = A_{1p}'\exp[\mathrm{i}(\boldsymbol{k}_1' \cdot \boldsymbol{r} - \omega t)],\quad E_{1s}' = A_{1s}'\exp[\mathrm{i}(\boldsymbol{k}_1' \cdot \boldsymbol{r} - \omega t)] \tag{10-96}$$

$$\boldsymbol{E}_2 \rightarrow E_{2p} = A_{2p}\exp[\mathrm{i}(\boldsymbol{k}_2 \cdot \boldsymbol{r} - \omega t)],\quad E_{2s} = A_{2s}\exp[\mathrm{i}(\boldsymbol{k}_2 \cdot \boldsymbol{r} - \omega t)] \tag{10-97}$$

将任意线偏振光矢量分解为 p 振动与 s 振动，是具有深刻寓意的。这是因为，如果入射光中只有 p 振动，则反射光和折射光中也将只有 p 振动；如果入射光中只有 s 振动，则反射光和折射光中也只有 s 振动。换句话说，p 振动与 s 振动之间互不交混，彼此独立，各有自己不同的传播特性。基于此，我们将 p 波与 s 波称为光在介质界面发生反射和折射时的两个特征波或特征光。

p 波和 s 波传播的独立性是由电磁场边值关系所决定的。下面用反证法予以证明，当入射光中只有 p 光，而反射光和折射光中不仅有 p 光，还有 s 光成分，那么与反射光 E_{1s}' 振动相联系的磁场成分为 H_{1p}'，因两者矢积 $(\boldsymbol{E}_{1s}' \times \boldsymbol{H}_{1p}')//k'$，从而 H_{1p}' 指向右下方；与折射光 E_{2s} 相联系的磁场成分是 H_{2p}，因两者矢积 $(\boldsymbol{E}_{2s} \times \boldsymbol{H}_{2p})//k_2$，从而 $\boldsymbol{H}_{2p}$ 指向左下方，也即 $\boldsymbol{H}_{1p}'$ 和 $\boldsymbol{H}_{2p}$ 这两个磁场在界面的切向分量方向相反，这显然违背了边值关系中它们是连续量的结论（式(10-84)第二个公式）。从而得出结论，若入射光为 p 光，则反射光或折射光只有 p 光；若入射光为 s 光，则反射光或折射光只有 s 光。这就是 p 振动与 s 振动，作为光在介质界面发生反射折射这一物理过程中的特征振动的基本含义。特征振动的确定，不是人为任意选择的一个数学技巧，而是在光与物质相互作用规律支配下的一个必然结果，它的出现为我们在处理光的折射和反射问题的时候提供了便利。

2. p 波的菲涅耳公式

如图 10-11 所示，根据电磁场理论，一个时变电场必然伴随一个时变磁场，而且电场强度矢量 $\boldsymbol{E}$、磁场强度矢量 $\boldsymbol{H}$ 和波矢 $\boldsymbol{k}$ 三者之间两两相互垂直。

根据电场强度矢量 $\boldsymbol{E}$ 和磁场强度矢量 $\boldsymbol{H}$ 切向分量连续条件，在界面 Ox 上有

$$E_{1p}\cos\theta_1 - E'_{1p}\cos\theta'_1 = E_{2p}\cos\theta_2 \tag{10-98}$$

和

$$H_{1s} + H'_{1s} = H_{2s} \tag{10-99}$$

将 $\dfrac{E}{H}=\sqrt{\dfrac{\mu}{\varepsilon}}$ 代入式(10-99)，可得

$$\sin\theta_2(E_{1p} + E'_{1p}) = \sin\theta_1 E_{2p} \tag{10-100}$$

化简过程中使用了非磁介质条件 $\mu_{1r}\approx\mu_{2r}\approx 1$、$n\approx\sqrt{\varepsilon_r}$ 和折射定律(10-87)。

将式(10-95)～式(10-97)代入式(10-98)得到

$$\cos\theta_1\{A_{1p}\exp[\mathrm{i}(\boldsymbol{k}_1\cdot\boldsymbol{r}-\omega t)] - A'_{1p}\exp[\mathrm{i}(\boldsymbol{k}'_1\cdot\boldsymbol{r}-\omega t)]\}$$
$$=\cos\theta_2 A_{2p}\exp[\mathrm{i}(\boldsymbol{k}_2\cdot\boldsymbol{r}-\omega t)] \tag{10-101}$$

由于这个式子在界面上任何一点 $\boldsymbol{r}$ 和任何时刻 t 都成立，所以其时间相位因子和空间相位因子必须各自分别相等。消去相等的相位因子，式(10-101)可简化为

$$\cos\theta_1(A_{1p} - A'_{1p}) = \cos\theta_2 A_{2p} \tag{10-102}$$

同理，式(10-100)可进一步化简为

$$\sin\theta_2(A_{1p} + A'_{1p}) = \sin\theta_1 A_{2p} \tag{10-103}$$

定义 p 分量的振幅反射系数 $r_p=\dfrac{A'_{1p}}{A_{1p}}$，振幅透射系数 $t_p=\dfrac{A_{2p}}{A_{1p}}$，联立求解方程式(10-102)和式(10-103)可得

$$r_p=\frac{A'_{1p}}{A_{1p}}=\frac{\tan(\theta_1-\theta_2)}{\tan(\theta_1+\theta_2)}=\frac{n_2\cos\theta_1-n_1\cos\theta_2}{n_2\cos\theta_1+n_1\cos\theta_2} \tag{10-104}$$

$$t_p=\frac{A_{2p}}{A_{1p}}=\frac{2\sin\theta_2\cos\theta_1}{\sin(\theta_1+\theta_2)\cos(\theta_1-\theta_2)}=\frac{2n_1\cos\theta_1}{n_2\cos\theta_1+n_1\cos\theta_2} \tag{10-105}$$

这就是 p 分量的菲涅耳公式。

3. s 波的菲涅尔公式

用同样的方法可求得关于 s 分量的菲涅耳公式为

$$r_s=\frac{A'_{1s}}{A_{1s}}=-\frac{\sin(\theta_1-\theta_2)}{\sin(\theta_1+\theta_2)}=\frac{n_1\cos\theta_1-n_2\cos\theta_2}{n_1\cos\theta_1+n_2\cos\theta_2} \tag{10-106}$$

$$t_s=\frac{A_{2s}}{A_{1s}}=\frac{2\sin\theta_2\cos\theta_1}{\sin(\theta_1+\theta_2)}=\frac{2n_1\cos\theta_1}{n_1\cos\theta_1+n_2\cos\theta_2} \tag{10-107}$$

式中，r_s 和 t_s 分别为 s 波的振幅反射系数和振幅透射系数。式(10-104)～式(10-107)这四个公式统称为菲涅耳公式。根据这四个公式，只要知道了介质的折射率 n_1、n_2 以及入

射角 θ_1，就可以由入射场的振幅求得反射场和折射场的振幅，即解决能量的分配问题。

上述形式的菲涅尔公式适用于弱场条件下的具线性各向同性特质的绝缘介质。首先，对于强场或非线性介质，因为其极化有非线性项的存在，从而 $D=\varepsilon\varepsilon_0 E$ 的线性关系不再成立，导致菲涅尔公式以之为前提条件的边界条件不再成立；其次，对于各向异性介质，其介电常数 ε 将使用张量代替，从而将导致更为复杂的菲涅尔公式；再次，对于导电介质，如金属，因导体内大量自由电子的存在，导致导体表面具有很高的反射率和强吸收，因而情况也将会大有不同；最后，菲涅尔公式应使用于光频段，此时磁化机制几乎冻结；若计及磁导率，则将得到包含磁化率的菲涅尔公式。

对于垂直入射，即 $\theta_1=0$ 的情况，若定义相对折射率 $n=n_2/n_1$，有

$$r_p=\frac{A'_{1p}}{A_{1p}}=\frac{n-1}{n+1},\quad t_p=\frac{A_{2p}}{A_{1p}}=\frac{2}{n+1} \tag{10-108}$$

及

$$r_s=\frac{A'_{1s}}{A_{1s}}=\frac{1-n}{n+1},\quad t_s=\frac{A_{2s}}{A_{1s}}=\frac{2}{n+1} \tag{10-109}$$

10.4.4　菲涅耳公式的讨论

本小节只讨论光从光疏介质入射到光密介质的情况，此时 $n_1<n_2$。对于光从光密介质入射到光疏介质的情况，将在 10.4.5 小节讨论。图 10-12所示为 $n_1=1$、$n_2=1.5$ 时根据菲涅耳公式算得的 p 波和 s 波的振幅透射系数和振幅反射系数的曲线。

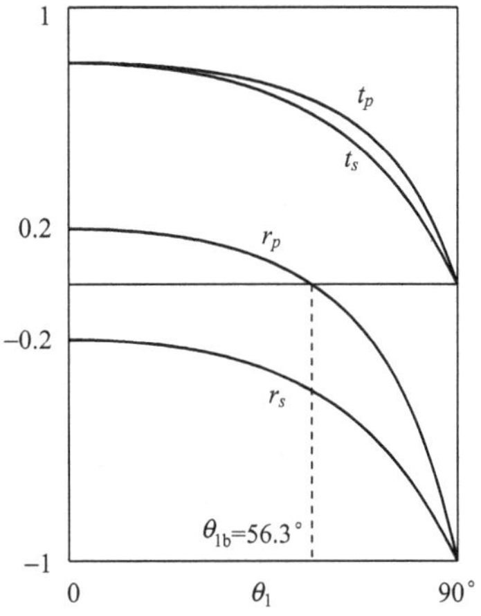

图 10-12　光从光疏介质入射到光密介质时的振幅系数曲线

1. 振幅透射系数 t_p 和 t_s

由图 10-12 可知，t_p 和 t_s 在正入射($\theta=0$)时有最大值，之后随着入射角的增大而单调减小，在掠入射($\theta=90°$)时减小到零。并且不论入射角取何值，t_p 和 t_s 均为正值，表示折射波和入射波的相位总是相同的。结果的正负号与规定的 *p-s-k* 坐标体系的假定正方向有关，正值表明振动方向与假定的正方向一致(两个场同相位)，负值表示振动方向与假定的正方向相反(两个场反相位)。

2. 振幅反射系数 r_p 和 r_s

由曲线得知 r_s 总为负值，这说明无论以怎样的角 θ_1 入射，反射场中的 s 分量总与假定的正方向相反，表明反射时 s 波在界面上发生了 π 的相位变化。还可以看到，$|r_s|$ 在正入射($\theta=0$)时有最小值，之后随着入射角的增大而增大，在掠入射($\theta=90°$)时增大到 1。

r_p 的情况较为复杂。当入射角 θ_1 满足 $\theta_1+\theta_2=\pi/2$ 时，$r_p=0$，意味着 p 分量没有反射，发生全偏振现象。这时相应的入射角记为 $\theta_{1b}=\arctan(n_2/n_1)$，称为布儒斯特角。在 θ_1 从 0 到 θ_{1b} 的范围内，p 分量为正值，表示反射光在界面反射的瞬间，其振动方向与假定的正方向一致，没有发生相位变化；在 θ_1 从 θ_{1b} 到 90°的范围内，p 分量为负值，表示

反射光的振动方向在界面反射的瞬间突变为与假定的正方向相反，反射光发生了 π 的相位变化。

由界面反射存在布儒斯特角的事实，我们可以知道，任意偏振态的光，若以 θ_{1b} 入射，反射光皆为线偏振光，且光的偏振方向垂直于入射面。例如，当光束从空气（折射率 $n_1=1$）中入射到玻璃（折射率 $n_2\approx1.5$）时，可得到布儒斯特角 $\theta_{1b}\approx56°$。又如，如果一束非偏振光束以 53°的角度照射池塘（水的折射率 $n\approx1.33$），则反射的光束将完全偏振，且其偏振方向垂直于入射面（或者也可以说平行于水面）。布儒斯特角的存在提供了一种便利的产生偏振光的方法。

3. 正入射和掠入射时的半波损失

由菲涅耳公式可知，在正入射（$\theta_1=0$）时 p 波和 s 波的振幅反射系数大小相同但符号相反。现在假设一束线偏振光垂直入射到两种介质的界面上，其偏振方向与界面的夹角为 α，图 10-13 表示了俯视界面的情况。由图可见，反射光的合成光振动方向在界面反射瞬间正好与入射光的振动方向相反（关于此时反射光中的特征光的偏振方向，详细说明如下：此时，p 波的反射系数为正值，因而它与此时假定的正方向（向左）相一致，因而方向向左，但这正与入射光中的 p 分量方向刚好相反。对于 s 波，此时反射系数为负，因而它与此时假定的正方向（向下）相反，因而方向向上，这与入射光中的 s 分量的方向相反，结合 p 波与 s 波，两者在正入射时都与原方向相反，因而总的反射光振动方向与入射光振动方向相反。这里值得注意的是，正入射时，反升光中的 p 波的假定正方向入射光中 p 波的假定正方向相反；而对于 s 波，两者的假定正方向却是相同的）。由于反射光的传播方向与入射光的传播方向在同一直线上，而振动方向在界面反射的瞬间发生了 180°的变化，因此，称光从光疏介质正入射到光密介质时，反射波有了半波损失。对于掠入射（$\theta=90°$）的情况，反射波也会有半波损失。

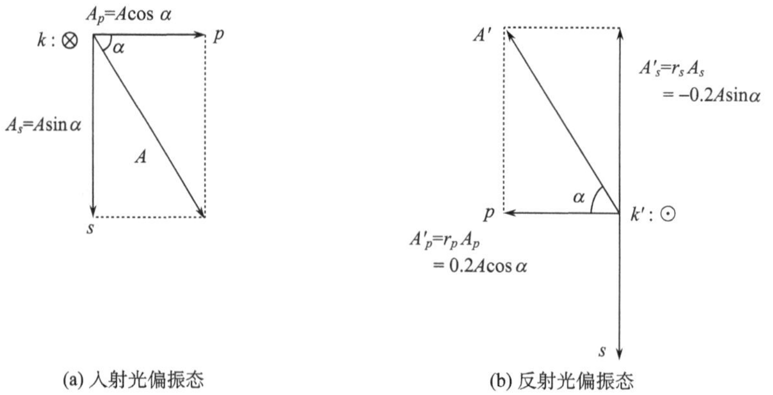

图 10-13　正入射时的半波损失

4. 反射率和透射率

在前面的讨论中知道，在同一介质中光强正比于振幅的平方，而在不同介质中则要考虑介质折射率的影响。根据菲涅耳公式和光强的定义，若以 R_s 和 T_s 分别表示 s 波的光强反射率和透射率，以 R_p 和 T_p 分别表示 p 波的光强反射率和透射率，则可得

$$\left.\begin{aligned} R_s &= |r_s|^2 \\ R_p &= |r_p|^2 \end{aligned}\right\} \tag{10-110}$$

$$\left.\begin{aligned} T_s &= \frac{n_2}{n_1}|t_s|^2 \\ T_p &= \frac{n_2}{n_1}|t_p|^2 \end{aligned}\right\} \tag{10-111}$$

需要注意的是，反射率和透射率反映的是光强的比值，而光强反映的是平均能流密度，即单位截面积内的光能量，而不是光能量或能流，因此光强反射率和透射率并不守恒，即 R_s+T_s 或 R_p+T_p 并不等于 1。光能流不仅与光强有关，还与光束的横截面积有关。尽管之前经常用光线来描述光波，不考虑它的截面积，但实际中任何光束都有一定截面积，而不会是理想的一条线。

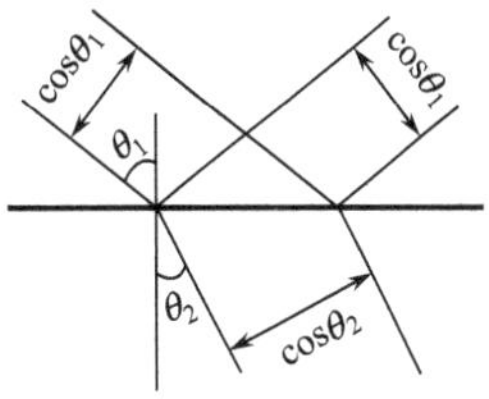

图 10-14　能量截面图

如图 10-14 所示，设光束在界面上的截面积为单位 1，则入射光束、反射光束和折射光束的截面积分别为 $\cos\theta_1$、$\cos\theta_1$ 和 $\cos\theta_2$，入射光每秒入射到分界面单位面积上的能量 W_1、反射光和折射光每秒从分界面单位面积上带走的能量 W_1' 和 W_2 分别为：

$$W_1 = I_1\cos\theta_1$$

$$W_1' = I_1'\cos\theta_1$$

$$W_2 = I_2\cos\theta_2$$

若以 R_w 和 T_w 分别表示光能流的反射率和透射率，则有

$$\begin{cases} R_{ws} = \dfrac{W_{1s}'}{W_{1s}} = \dfrac{I_{1s}'\cos\theta_1}{I_{1s}\cos\theta_1} = \dfrac{I_{1s}'}{I_{1s}} = R_s \\[2ex] R_{wp} = \dfrac{W_{1p}'}{W_{1p}} = \dfrac{I_{1p}'\cos\theta_1}{I_{1p}\cos\theta_1} = \dfrac{I_{1p}'}{I_{1p}} = R_p \end{cases} \tag{10-112}$$

$$\begin{cases} T_{ws} = \dfrac{W_{2s}}{W_{1s}} = \dfrac{I_{2s}\cos\theta_2}{I_{1s}\cos\theta_1} = \dfrac{\cos\theta_2}{\cos\theta_1}\cdot\dfrac{I_{2s}}{I_{1s}} = \dfrac{\cos\theta_2}{\cos\theta_1}T_s = \dfrac{n_2\cos\theta_2}{n_1\cos\theta_1}|t_s|^2 \\[2ex] T_{wp} = \dfrac{W_{2p}}{W_{1p}} = \dfrac{I_{2p}\cos\theta_2}{I_{1p}\cos\theta_1} = \dfrac{\cos\theta_2}{\cos\theta_1}\cdot\dfrac{I_{2p}}{I_{1p}} = \dfrac{\cos\theta_2}{\cos\theta_1}T_p = \dfrac{n_2\cos\theta_2}{n_1\cos\theta_1}|t_p|^2 \end{cases} \tag{10-113}$$

将菲涅耳公式代入式(10-112)和式(10-113)，可得到 p 分量的能流反射率和透射率分别为

$$\left.\begin{aligned} R_{wp} &= \left(\frac{A_{1p}'}{A_{1p}}\right)^2 = \frac{\tan^2(\theta_1-\theta_2)}{\tan^2(\theta_1+\theta_2)} \\ T_{wp} &= \frac{n_2\cos\theta_2}{n_1\cos\theta_1}\left(\frac{A_{2p}}{A_{1p}}\right)^2 = \frac{n_2\cos\theta_2}{n_1\cos\theta_1}\,\frac{4\sin^2\theta_2\cos^2\theta_1}{\sin^2(\theta_1+\theta_2)\cos^2(\theta_1-\theta_2)} \end{aligned}\right\} \tag{10-114}$$

s 分量的能流反射率和透射率分别为

$$
\left.\begin{aligned}
R_{ws} &= \left(\frac{A'_{1s}}{A_{1s}}\right)^2 = \frac{\sin^2(\theta_1-\theta_2)}{\sin^2(\theta_1+\theta_2)} \\
T_{ws} &= \frac{n_2\cos\theta_2}{n_1\cos\theta_1}\left(\frac{A_{2s}}{A_{1s}}\right)^2 = \frac{n_2\cos\theta_2}{n_1\cos\theta_1}\frac{4\sin^2\theta_2\cos^2\theta_1}{\sin^2(\theta_1+\theta_2)}
\end{aligned}\right\} \tag{10-115}
$$

可以证明,它们各自都满足能量守恒定律,即

$$
R_{ws}+T_{ws}=1,\quad R_{wp}+T_{wp}=1 \tag{10-116}
$$

当入射光为自然光时,可以把自然光分解为 p 分量和 s 分量,这两个分量的能量相等,各占自然光总能量的一半,因此自然光的能流反射率 R_n 为

$$
R_n=\frac{1}{2}(R_s+R_p) \tag{10-117}
$$

代入 R_p 和 R_s 的表达式,得

$$
R_n=\frac{1}{2}\left[\frac{\tan^2(\theta_1-\theta_2)}{\tan^2(\theta_1+\theta_2)}+\frac{\sin^2(\theta_1-\theta_2)}{\sin^2(\theta_1+\theta_2)}\right] \tag{10-118}
$$

正入射($\theta_1=0$)时

$$
R_n=\left(\frac{n-1}{n+1}\right)^2 \tag{10-119}
$$

对于空气和玻璃界面(如 $n_1=1,n_2=1.5$),计算得 $R_n=0.04$。也即约有 4%的能量从界面反射,如果光学系统中有多个反射表面,如变焦物镜就包含 10 多个透镜,那么即使是正入射,透过这些复杂的光学元件后光的能量还是会大大减少。以包含 5 个透镜的光学系统为例,该系统透射的光能量约为$(1-0.04)^{10}=0.66$,即只剩下 66%的能量,而实际的光学系统往往更为复杂,光学元件多至上千个。因而,减少反射光造成的能量损失显得尤为重要。在现代光学技术中,通常采取在光学元件表面镀增透膜的方法来弥补这一点。

10.4.5 全反射与倏逝波

1. 全反射

本小节讨论光从光密介质入射到光疏介质的情况,此时 $n_1>n_2$。在几何光学中已经知道,此时存在着一个全反射临界角 θ_{1c}。根据折射定律 $n_1\sin\theta_1=n_2\sin\theta_2$,令 $\theta_2=90°$,全反射临界角满足

$$
\theta_{1c}=\arcsin\left(\frac{n_1}{n_2}\right) \tag{10-120}
$$

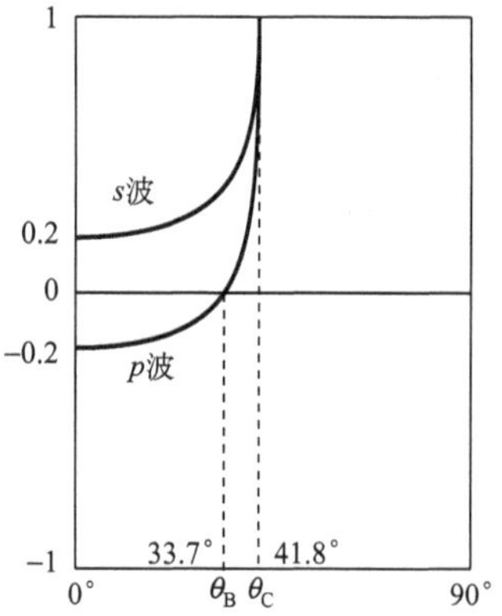

图 10-15 光从光密介质入射到光疏介质时的振幅反射系数曲线

当光束以大于全反射临界角 θ_{1c}的角度入射时,会产生全反射现象,即没有折射光束,入射光全部返回原来介质。图 10-15 所示为当 $n_1=1.5,n_2=1$ 时,根据菲涅耳公式求得的 p 波和 s 波振幅反射系数曲线。从图中可以明显看到全反射临界角的存在,此时 p 波和 s 波振幅反射系数均为 1。在 $\theta_1<\theta_{1c}$的情况下,菲涅耳公式的讨论方法与光从光疏介质入射到光密介质的讨论一样,只是这时正入射时的反射光没有半波损失。当 $\theta_1>\theta_{1c}$时,即发

生全反射时，出现了比几何光学的结论更为复杂的倏逝波现象。

2. 倏逝波

根据电磁场的连续条件，电场和磁场不会在两种介质的分界面上突然中断，即使在全反射的条件下，第二种介质中也应该有透射波的存在。实验也证明，全反射时光波并不是绝对地在界面上被全部反射回第一介质，而是透入第二介质约波长量级的深度，并沿着界面经过波长量级的距离后再重新返回第一介质，沿着反射光的方向射出，如图 10-16 所示。这个沿第二介质表面流动的电磁波称为倏逝波。

在前面的讨论中知道，为满足边界条件，在界面上（$z=0$）时空相位因子必须分别相等，空间相位因子相等的表达式为

$$\exp(\mathrm{i}k_{1x}x)=\exp(\mathrm{i}k'_{1x}x)=\exp(\mathrm{i}k_{2x}x) \tag{10-121}$$

显然

$$k_{1x}=k_{2x}$$

即

$$k_1\sin\theta_1=k_2\sin\theta_2 \tag{10-122}$$

所以折射场中折射光的波矢量在分界面 z 上的分量为

$$k_{2z}=\sqrt{k_2^2-k_{2x}^2}=\sqrt{\left(\frac{n_2}{n_1}\right)^2k_1^2-k_{1x}^2}=k_1\sqrt{\left(\frac{n_2}{n_1}\right)^2-\sin^2\theta_1} \tag{10-123}$$

全反射时 $\sin\theta_1>n_2/n_1$，因此

$$k_{2z}=\mathrm{i}k_1\sqrt{\sin^2\theta_1-\left(\frac{n_2}{n_1}\right)^2}=\mathrm{i}\alpha \tag{10-124}$$

由式(10-124)可以看到，当光由光密介质入射到光疏介质时，而且在入射角 $\theta_1>\theta_{1c}$ 的情况下，折射光的波矢量在 z 方向上的分量为一个虚数。这时，介质 2 中光波的表达式可写为

$$\begin{aligned}\boldsymbol{E}_2&=\boldsymbol{A}_2\exp[\mathrm{i}(\boldsymbol{k}_2\cdot\boldsymbol{r}-\omega t)]=\boldsymbol{A}_2\exp[\mathrm{i}(k_{2x}x+k_{2z}z-\omega t)]\\&=\boldsymbol{A}_2\exp(-\alpha z)\exp[\mathrm{i}(k_1x\sin\theta_1-\omega t)]\end{aligned} \tag{10-125}$$

式(10-125)中的最后一个因子（相位因子）表示了一个沿 x 轴正方向传播的行波，但是该行波的振幅因子 $\boldsymbol{A}_2\exp(-\alpha z)$ 沿 z 轴方向按指数衰减。

通常定义当振幅衰减到其最大值的 1/e 时所对应的距离 z_d 为其衰减深度（也称为穿透深度）。于是，由 $\alpha z_d=1$ 得到

$$z_\mathrm{d}=\frac{1}{\alpha}=\left[k_1\sqrt{\sin^2\theta_1-\left(\frac{n_2}{n_1}\right)^2}\right]^{-1} \tag{10-126}$$

由此可见，z_d 为波长量级。由于倏逝波在衰减的同时还沿 x 方向行进，所以全反射波对入射波在 x 轴方向有了位移，如图 10-16 中的 Δx，这种现象称为古斯-汉森（Goos-Hänchen）效应，在光波导和精密测量中有着重要的应用。

总之，当入射角超过临界角时，在介质 1 中是全反射，在介质 2 中存在着倏逝波，该波在 x 方向为行波，在 z 方向无传播特性，且穿透深度仅为波长量级，或说其振幅在 z 方向上在经过波长量级的距离后迅速衰减。对于 x 方向的行波，由式(10-125)，可知倏逝波的波长为

$$\lambda_e = \frac{2\pi}{k_{2x}} = \frac{\lambda_1}{\sin\theta_1}$$

该波长与入射角相关。

需要指出的是，虽然介质 2 中存在倏逝波，但是它并不会向介质 2 的内部传输能量，也即，倏逝波在 z 方向的平均能流为 0，从图 10-16 可以看到，能量流入介质 2，还会返回介质 1，并且返回的能量等于进入的能量。尽管我们通常画反射光是从分界面画表面反射的光线，但是，一般来说，光的反射并不精确地发生在界面上，这个过程与球从表面反弹的过程不同。从图 10-16 中还可以看到，在全反射情况下，入射光束表现为进入密度较小的介质，从界面处穿过深度 z_d 处设置的虚拟平面反射。

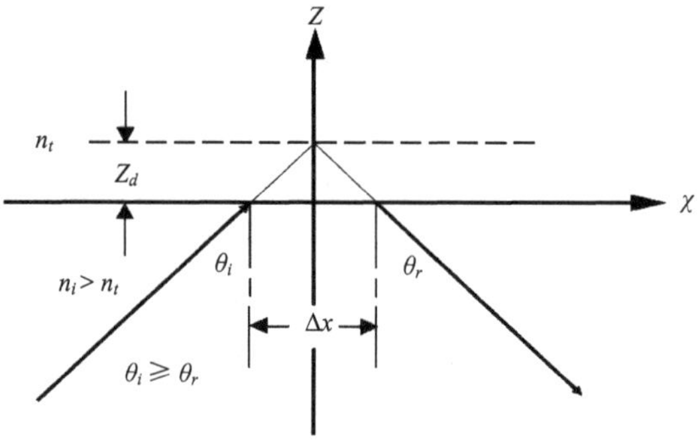

图 10-16 全反射

3. 全反射的相位变化

上面全反射时反射波出现古斯-汉森位移的现象，必然伴随着波的相位变化。上面的讨论说明，虚波矢的产生源于 $\theta_1 > \theta_{1c}$，在式(10-123)中以 $k_2\cos\theta_2$ 代替 k_{2z}，利用式(10-122)和折射定律，并令 $n = n_1/n_2$，可得折射角为

$$\cos\theta_2 = \mathrm{i}\sqrt{\frac{\sin^2\theta_1}{n^2} - 1} \tag{10-127}$$

这是和虚波矢等价的虚角概念。将式(10-127)代入菲涅耳振幅反射系数公式可以得到

$$r_p = \frac{A'_{1p}}{A_{1p}} = \frac{n^2\cos\theta_1 - \mathrm{i}\sqrt{\sin^2\theta_1 - n^2}}{n^2\cos\theta_1 + \mathrm{i}\sqrt{\sin^2\theta_1 - n^2}} = |r_p|\,\mathrm{e}^{\mathrm{i}\delta_p} \tag{10-128}$$

$$r_s = \frac{A'_{1s}}{A_{1s}} = \frac{\cos\theta_1 - \mathrm{i}\sqrt{\sin^2\theta_1 - n^2}}{\cos\theta_1 + \mathrm{i}\sqrt{\sin^2\theta_1 - n^2}} = |r_s|\,\mathrm{e}^{\mathrm{i}\delta_s} \tag{10-129}$$

这是两个模值为 1，幅角大小分别为

$$\delta_p = 2\arctan\left(-\frac{\sqrt{\sin^2\theta_1 - n^2}}{n^2\cos\theta_1}\right) \tag{10-130}$$

和

$$\delta_s = 2\arctan\left(-\frac{\sqrt{\sin^2\theta_1 - n^2}}{\cos\theta_1}\right) \tag{10-131}$$

的复数，反射光振幅与入射光振幅的比值为该复数的模，而反射光与入射光的相位变化为

该复数的幅角。由于$|r_p|=|r_s|=1$,因此全反射时振幅大小没有变化,但相位则随介质和入射角的不同而有变化,s 波和 p 波相位变化的差$\delta=\delta_s-\delta_p$ 满足

$$\tan\left(\frac{\delta}{2}\right)=\frac{\cos\theta_1\sqrt{\sin^2\theta_1-n^2}}{\sin^2\theta_1} \tag{10-132}$$

在前面关于偏振态的讨论中知道,振幅比和相位差决定了 p-s 分量叠加后的偏振态。在非全反射时,对于入射线偏振光,由于反射系数和折射系数均为实数,得到的反射光和折射光仍为线偏振光,但线偏振光的方位角有了变化。在全反射时,p 波和 s 波两个分量的相位差δ一般说来是非 0、非 π(非实数菲涅耳系数造成的),这时,对于入射线偏振光,反射光一般为椭圆偏振光。

习　题

10-1　一个平面电磁波可以表示为 $E_x=0$, $E_y=2\cos[\pi(3\times10^6z-9\times10^{14}t)+\pi/2]$,$E_z=0$,求:

(1)该电磁波的波长、频率、振幅和原点的初相位;

(2)波的传播方向和电矢量的振动方向;

(3)相应的磁感应强度 B 的表达式。

10-2　平面简谐电磁波在真空中沿 x 方向传播,其电矢量的振动方向在 xy 平面。电磁波的频率为 10MHz,振幅 $A=0.08$V/m。

(1)求该电磁波的周期和波长。

(2)写出 E 和 B 的表达式。

10-3　一列线偏振光波在玻璃介质中传播时可以表示为

$$E_z=(10^2\,\mathrm{V/m})\cos\left[\pi\times10^{15}\,\mathrm{s}^{-1}\left(t-\frac{x}{0.65c}\right)\right]$$

求:

(1)光的振幅、频率和波长;

(2)波的传播和电矢量的振动取哪个方向;

(3)玻璃的折射率。

10-4　已知平面波 $E=100\exp\{i[(2x+3y+10z)-16\times10^8t]\}$,写出其传播方向上的单位矢量 k_0 的表达式。

10-5　证明 $E(x,y,z;t)=A\cos(kx\cos\alpha+ky\cos\beta+kz\cos\gamma-\omega t+\varphi)$是波动方程的解。

10-6　电矢量垂直于入射面的一束线偏振光从空气以 45°入射到折射率为 1.5 的玻璃中,试求振幅反射系数和透射系数。

10-7　一种玻璃的折射率为 1.56,试求光由空气到玻璃和由玻璃到空气的布儒斯特角。

10-8　试证明在给定的两种介质分界面上,外反射和内反射的布儒斯特角之和为 90°。

10-9　电矢量方向与入射面成 45°的一束线偏振光入射到两介质的界面上,两介质的折射率分别为 $n_1=1$,$n_2=1.5$,问:

(1)入射角 $\theta_1=50°$时,反射光电矢量的方位角(与入射面所成的角)为多少?

(2)若 $\theta_1=60°$，则反射光的方位角又为多少？

10-10 一束自然光从空气入射到折射率为 1.5 的玻璃中，试求垂直入射和以 70°入射时的透射率。

10-11 线偏振光在玻璃-空气界面上全反射，线偏振光电矢量的振动方向与入射面成 45°。设玻璃折射率 $n_1=1.5$，问线偏振光应以多大的角度入射才能使反射光的 s 波和 p 波的相位差等于 45°。

10-12 偏振光在折射率分别为 n_1 和 n_2 的介质的界面上发生全发射，线偏振光电矢量的振动方向与入射面成 45°。证明当 $\cos\theta=\sqrt{\dfrac{n_1^2-n_2^2}{n_1^2+n_2^2}}$ 时（θ 是线偏振光的入射角），反射光 s 波和 p 波的相位差有最大值。

10-13 右旋圆偏振光以 50°角入射到空气-玻璃界面（玻璃折射率为 1.5），试求反射波和透射波的偏振状态。

10-14 入射到两种不同介质界面上的线偏振光的电矢量与入射面成 α 角。若电矢量垂直于入射面的分量的反射率分别为 R_s 和 R_p，试写出总反射率 R 的表达式。

10-15 一方形玻璃（$n_1=1.5$）缸中盛有 $n_2=1.3$ 的水，问自然光以 45°入射至玻璃壁时，能透入水中的光强为入射光强的百分之几？

10-16 两束振动方向相同的单色光波可分别表示为 $E_1=a_1\cos(\alpha_1-\omega t)$ 和 $E_2=a_2\cos(\alpha_2-\omega t)$，若 $\omega=2\pi\times10^{15}\,\text{Hz}$，$a_1=6\,\text{V/m}$，$a_2=8\,\text{V/m}$，$\alpha_1=0$，$\alpha_2=\pi/2$，求和振动的表达式。

10-17 真空中沿 z 方向传播的两个单色光波分别为 $E_1=a\cos2\pi\left(\dfrac{z}{\lambda}-\nu t\right)$ 和 $E_2=a\cos2\pi\left[\dfrac{z}{\lambda+\Delta\lambda}-(\nu-\Delta\nu)t\right]$，若 $a=100\,\text{V/m}$，$\nu=6\times10^{14}\,\text{Hz}$，$\Delta\nu=10^8\,\text{Hz}$，试求合成波在 $z=0$、1m、1.5m 处的强度随时间的变化关系。若两波的频差 $\Delta\nu=3\times10^8\,\text{Hz}$，试求合成波振幅变化和强度变化的空间周期。

第11章 光的干涉

光的干涉现象是光的波动性的一个重要特征，也是许多光学仪器和测量技术的基础。18世纪光的微粒说占据主要地位。1801年，托马斯·杨(Thomas Young)的双缝干涉实验证明了光可以发生干涉，从而使他相信光是一种波。之后，菲涅耳(A. Fresnel)等用波动理论很好地解释了光的干涉现象的各种细节，这使得光的波动理论得到了普遍认可。此外，光的干涉和光的衍射也是有联系的，因此，本章的分析方法和思想在下一章"光的衍射"中仍然会有体现。

本章主要讨论产生干涉的基本条件、光源的相干性，典型的干涉装置，双光束、多光束干涉特性和常用的干涉仪。

11.1 光波干涉条件和杨氏干涉实验

11.1.1 光波干涉条件

当两个或多个光波在空间某个区域相遇时，在此区域中的某些点的振动始终加强，而另一些点的振动始终减弱，从而使该区域内的光强形成稳定的强弱分布，这一现象称为光的干涉现象。当两个或多个光波在空间某点相遇时，场矢量服从波的叠加原理，但这并不意味着任意两个光波相遇时都可以发生干涉现象。这是因为光波的频率很高，观察到的光强实际上是振幅平方的时间平均值，所以要使光强形成稳定的强弱分布，相遇的两个或多个光波还必须满足某些条件，这些条件被称为光波的干涉条件。

设两个平面光波的电场矢量分别为

$$\boldsymbol{E}_1=\boldsymbol{A}_1\cos(\boldsymbol{k}_1\cdot\boldsymbol{r}-\omega_1 t+\delta_1),\quad \boldsymbol{E}_2=\boldsymbol{A}_2\cos(\boldsymbol{k}_2\cdot\boldsymbol{r}-\omega_2 t+\delta_2) \tag{11-1}$$

利用关系式 $I=\langle\boldsymbol{E}\cdot\boldsymbol{E}\rangle$，即某点的光强是该点光振幅平方的时间平均值，可得上述两个平面光波在空间某点 P 相遇时的光强为

$$\begin{aligned}I&=\langle(\boldsymbol{E}_1+\boldsymbol{E}_2)\cdot(\boldsymbol{E}_1+\boldsymbol{E}_2)\rangle=\langle\boldsymbol{E}_1\cdot\boldsymbol{E}_1\rangle+\langle\boldsymbol{E}_2\cdot\boldsymbol{E}_2\rangle+2\langle\boldsymbol{E}_1\cdot\boldsymbol{E}_2\rangle\\&=I_1+I_2+2I_{12}=I_1+I_2+2\boldsymbol{A}_1\cdot\boldsymbol{A}_2\cos\delta\end{aligned} \tag{11-2}$$

式中，δ 为相位差

$$\delta=(\boldsymbol{k}_1-\boldsymbol{k}_2)\cdot\boldsymbol{r}-(\omega_1-\omega_2)t+(\delta_1-\delta_2) \tag{11-3}$$

由式(11-2)可知，两个光波在空间某点相遇时，该点的光强不是简单地等于原来两个光波在该点产生的光强的代数和，而是多了一项 I_{12}，这一项称为干涉项。正是由于干涉项的存在，才会使光波产生干涉现象。干涉项 I_{12} 与两光波的振动方向($\boldsymbol{A}_1$，$\boldsymbol{A}_2$)以及两光波在 P 点的相位差 δ 有关。分析这两项，可以得到两光波产生干涉的条件如下。

(1) 存在相互平行的振动分量：干涉项 I_{12} 与两光波的振动方向($\boldsymbol{A}_1$，$\boldsymbol{A}_2$)有关。当两光波相互垂直时，$\boldsymbol{A}_1\cdot\boldsymbol{A}_2=0$，$I_{12}=0$，合成光波为两光波的简单相加，两光波不产生干涉现象。当两光波的振动方向有一夹角 α 时，干涉项 $I_{12}=A_1A_2\cos\alpha\cos\delta$，相当于两个振动

的平行分量产生干涉，而其垂直分量不产生干涉，并会在观察面上形成背景光，从而对干涉条纹的清晰度产生影响。若 α 值较小时，这种影响可以忽略。当 α 值为 0，即两光波的振动方向相同时，干涉项 $I_{12}=A_1A_2\cos\delta$，此时两光波产生的干涉条纹最清晰。

(2) 频率相同：若两光波的频率不相同，由于光波频率很高，由式(11-3)可知，两光波的频率差将会导致相位差 δ 随时间作迅速的变化，所以 $\cos\delta$ 的时间平均值为零，从而使干涉项 I_{12}为零，两光波不能产生干涉现象。因此，只有频率相同的光波才有可能产生干涉。

(3) 初相位差恒定：对空间某一确定的点，两光波的初相位差($\delta_1-\delta_2$)应保持恒定，此时 δ 的变化只随光程变化；否则，δ 将随机变化，则 $\cos\delta$ 的时间平均值为零，两光波不发生干涉。

由上面的讨论可知，存在相互平行的振动分量、频率相同、初相位差恒定是两个光波产生干涉的必要条件。当这些条件均得到满足时，对于空间不同的点，对应不同的相位差，因而有不同的光强，从而在空间中形成稳定的光强分布。一般称满足干涉条件的光波为相干光波，称相应的光源为相干光源。实际上，这些条件的核心是保证在空间某点上的相位差恒定，从而使得该点光强不随时间变化，这称为光的稳态干涉；反之，相位差不保持恒定的干涉称为瞬态干涉。本书主要讨论稳态干涉。

存在相互平行的振动分量、频率相同这两个条件比较容易满足。但对于光波来说，必须设计特殊的装置才能满足初相位差恒定这个条件。普通光源的发光过程以自发辐射为主，这是一个随机过程，每个原子或分子随机地发出或长或短的一个个波列，每个波列的振动方向和初相位都是随机的，因此不仅不同原子或分子发出的光波不满足初相位差恒定这个条件，即使是相同的原子或分子在不同时刻发出的不同波列也不满足初相位差恒定这个条件，只有同一原子或分子发出的同一波列在空间相遇才满足初相位差恒定这个条件。因此，不仅从两个普通光源发出的光不会产生干涉，就是从同一个普通光源的不同部分发出的光也是不相干的，因而普通光源是一种非相干光源。

由以上讨论可知，获得相干光从而产生清晰的干涉条纹的唯一方法是把同一个波列的光设法分成一束或几束，再使它们相遇产生稳定的干涉条纹。这有两类方法：分波面法和分振幅法。分波面法是将一个波列的波面分成两部分或几部分，由这每一部分发出的波再相遇时，必然满足相干条件，杨氏干涉就属于这种方法；分振幅法是设法将一束光的振幅(光强)分成若干部分，当这些不同部分的光波相遇时就会产生干涉，这是一种比较常见的获得相干光产生干涉的方法，平行平板产生的干涉就属于这种方法。

11.1.2 杨氏干涉实验

由前面的讨论可知，利用普通光源来实现光的干涉是不容易的，关键是要得到两个初相位差恒定的相干光波是比较困难的，而杨氏干涉实验以极简单的装置和巧妙的构思做到了这一点。它是用分波面法产生干涉的最著名的实验，是物理学史上的一个经典实验。

杨氏干涉实验的装置如图 11-1 所示。在一个普通单色光源(如钠光灯)前面放一个开有小孔 S 的屏，作为一个单色点光源。S 的前面再放一个开有两个相对 S 对称的小孔 S_1 和 S_2 的屏，由点光源 S 发出的光波照射到小孔 S_1 和 S_2 上，由 S_1 和 S_2 发出的光波

均来源于同一光源 S,具有相同的频率、相同的振动方向和相同的初相位,因而满足相干条件。

现在来求解杨氏干涉的光场分布。选取如图 11-2 所示的坐标,由于 S_1 和 S_2 相对于 S 对称放置,因此可以认为 S_1 和 S_2 发出的光波具有相同的初相位。由于 $k=\omega/c$, $\omega_1=\omega_2=\omega$,意味着 $|\boldsymbol{k}_1|=|\boldsymbol{k}_2|=k=2\pi/\lambda$,所以从 S_1 和 S_2 发出的光波到达观察屏上某点 P 时的相位差为

$$\delta=k_2r_2-k_1r_1=\frac{2\pi}{\lambda}(r_2-r_1) \tag{11-4}$$

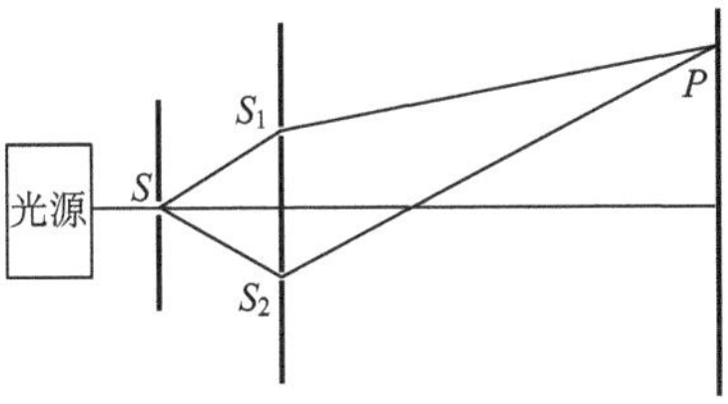

图 11-1 杨氏干涉装置

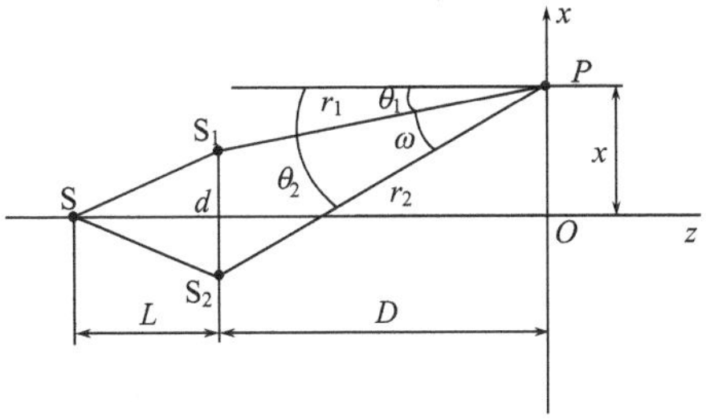

图 11-2 杨氏干涉实验的计算

一般可以认为从 S_1 和 S_2 发出的光波在 P 点的光强度相等,即 $I_1=I_2=I_0$,于是 P 点的光强为

$$I=I_1+I_2+2\sqrt{I_1I_2}\cos\delta=4I_0\cos^2\frac{\delta}{2}=4I_0\cos^2\left[\frac{\pi(r_2-r_1)}{\lambda}\right] \tag{11-5}$$

由图 11-2 可知

$$r_1^2=\left(x-\frac{d}{2}\right)^2+D^2,\quad r_2^2=\left(x+\frac{d}{2}\right)^2+D^2 \tag{11-6}$$

其中,x 为 P 点的坐标,d 和 D 分别为两小孔的间距和小孔与观察屏的距离。

因此有

$$r_2^2-r_1^2=2xd,\quad r_2-r_1=\frac{2xd}{r_2+r_1} \tag{11-7}$$

在杨氏干涉装置中,在傍轴近似条件下,可以认为 $d\ll D$ 和 $x\ll D$,此时有

$$r_1+r_2\approx 2D \tag{11-8}$$

于是 P 点的光强为

$$I=4I_0\cos^2\left(\frac{\pi xd}{\lambda D}\right) \tag{11-9}$$

可见

$$x=\frac{m\lambda D}{d}\quad(m=0,\pm1,\pm2,\cdots) \tag{11-10}$$

时,屏上有最大光强 $I=4I_0$,此时为亮纹。m 称为干涉级次,对杨氏干涉,中间的亮纹干涉级次最低,为零级,向两侧依次递增。

当

$$x=\left(m+\frac{1}{2}\right)\frac{\lambda D}{d}\quad(m=0,\pm 1,\pm 2,\cdots)\tag{11-11}$$

时，屏上有最小光强 $I=0$，此时为暗纹。

上述结果表明，对于杨氏干涉实验，观察屏上干涉条纹的强度分布呈余弦变化，干涉图样由一系列平行等间距的明暗直条纹构成，条纹的走向垂直于 S_1 和 S_2 的连线。

一般称到达观察屏上某点的两条相干光线之间的夹角为相干光线的会聚角，由图 11-2可知，杨氏干涉实验的会聚角 $w=\theta_2-\theta_1$。在傍轴近似条件下有 $w=d/D$。注意，在傍轴条件下可以认为 w 与 x 无关，即屏上任意位置的点都具有相同的相干光会聚角。

两个相邻亮条纹或暗条纹之间的间距称为条纹间距，常用 e 表示，即

$$e=\frac{D\lambda}{d}=\frac{\lambda}{w}\tag{11-12}$$

由式(11-12)可知，条纹的周期只取决于光源波长 λ 和会聚角 $w=d/D$。对不同波长的光波，干涉条纹的间距是不一样的，并且波长越长，干涉条纹的间距也越大。如果干涉光源是白光，由于白光是由不同波长(颜色)的光构成的，在干涉条纹的中央光程差为零，所有颜色的光在中央的位置的光强都是极大值，因而合成后仍为白光；偏离中央后，波长最短的紫光条纹间距最小，因此最先出现，而波长最长的红光最后出现，这时就会出现彩色条纹。

如果光源采用波长 $\lambda=633\text{nm}$ 的氦氖激光，双缝间距 $d=1\text{mm}$，观察屏距双孔的距离 $D=2000\text{mm}$，可以求得条纹周期 $e=1.27\text{mm}$。这个例子启发我们，波长这一物理量是反映光波的空间周期性的，而干涉条纹的间距则反映了干涉场中光强分布的空间周期性，这两种周期性在本质上是互为表里的。由于光的波长很小，且光的传播速度又很快，因此很难观察其空间周期性。但是通过干涉的手段，可以将不能直接观察的光的波长加以转换放大，并使之稳定，变为可观测的干涉条纹。在这个意义上，杨氏干涉装置和其他干涉仪可以看成光波放大器或光学示波器，它可以实现将光波长量级的量转化为毫米量级的量来进行测量，这是光学干涉计量的基本原理。

为获得更大的干涉条纹强度，杨氏双孔干涉实验经常用缝来代替小孔。

11.2 干涉条纹的可见度

光波的干涉现象表现为亮暗相间的条纹，因此条纹的清晰度是表征干涉条纹图样的一个重要特征因素。通常用干涉条纹的可见度 K 来定量表征干涉光场中某处干涉条纹的清晰程度，其定义为

$$K=\frac{I_{\mathrm{M}}-I_{\mathrm{m}}}{I_{\mathrm{M}}+I_{\mathrm{m}}}\tag{11-13}$$

式中，I_{M} 和 I_{m} 分别表示所观察位置附近的最大光强和最小光强。

由上述定义式可知，干涉条纹的可见度范围为 0～1。当 $K=1$ 时，干涉条纹的清晰度最大；当 $K=0$ 时，干涉条纹的清晰度最低，此时实际上已经观察不到干涉条纹，可以认为叠加的光波不相干。

11.2.1　双光束干涉时干涉条纹的可见度

在杨氏干涉实验中，干涉条纹的强度分布可表示为

$$I(x)=2I_0[1+\cos(k\Delta)]=2I_0\left[1+\cos\left(2\pi\frac{d}{\lambda D}x\right)\right]\tag{11-14}$$

其强度分布如图 11-3(a)所示。显然，当光程差 Δ 为 λ 的整数倍(或 x 为$\frac{D}{d}\lambda$ 的整数倍)时，干涉条纹有极大值 $4I_0$；而当光程差 Δ 为$\frac{\lambda}{2}$的奇数倍(或 x 为$\frac{D}{2d}\lambda$ 的奇数倍)时，干涉条纹有极小值 0，在这些情况下，此时干涉条纹的可见度有极大值 1，我们称之为完全相干。

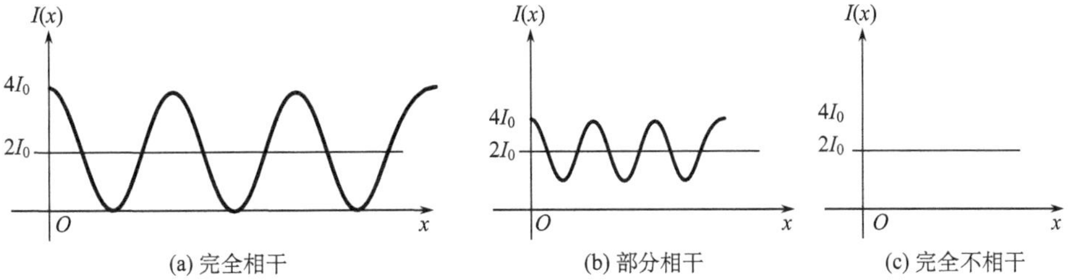

图 11-3　杨氏干涉条纹

对于两束振动方向不完全相同的光的干涉，即使两束光的强度相等，其光强分布为

$$I=2I_0(1+\cos\alpha\cos\delta)\tag{11-15}$$

当 $0<\alpha<90°$时，强度分布如图 11-3(b)所示，干涉条纹没有 0 值点，此时干涉条纹的可见度 $0<K<1$，这种情况称为部分相干；当 $\alpha=90°$时，这是两个正交振动的合成结果，叠加区域的合成光强如图 11-3(c)所示，此时条纹可见度 $K=0$，这种情况称为完全不相干。对于部分相干的情况可以这样理解：$\boldsymbol{E}_1$ 振动可以分解为与 $\boldsymbol{E}_2$ 振动方向平行和与 $\boldsymbol{E}_2$ 振动方向垂直的两个分量，其中与 $\boldsymbol{E}_2$ 振动方向平行的分量与 $\boldsymbol{E}_2$ 相干，与其垂直的分量不与 $\boldsymbol{E}_2$ 相干，这部分能量构成了干涉场中的一部分背景光强，因而对干涉条纹的可见度产生了影响。

对于两束振动方向完全相同的光波，也不一定构成完全相干的干涉。当两束光的光强不同时，干涉条纹的光强分布可以表示为

$$I=(I_1+I_2)\left(1+\frac{2\sqrt{I_1I_2}}{I_1+I_2}\cos\delta\right)\tag{11-16}$$

显然，只要 $I_1\neq I_2$，干涉条纹的可见度 K 也恒小于 1，表明它也是部分相干的。为得到最清晰的干涉条纹，在设计干涉实验或干涉系统时通常使两个干涉光束的光强相等。

根据干涉条纹可见度的定义，可以求得双光束干涉时干涉条纹的可见度为

$$K=(I_M-I_m)/(I_M+I_m)=2\sqrt{I_1I_2}/(I_1+I_2)\tag{11-17}$$

因此，双光束干涉时的光强分布也可以表示为

$$I=(I_1+I_2)(1+K\cos\delta) \tag{11-18}$$

由式(11-18)可知，如果可以求得干涉条纹的余弦形式光强分布表达式，只要将其常数项(直流分量)归一化，那么余弦函数的振幅就是干涉条纹的可见度。

在前面的讨论中都假设光源是一个理想的单色点光源，而实际的光源既不可能发出绝对的单色光也不可能是一个理想的点，这些都会对干涉条纹的可见度产生影响。下面分别进行讨论。

11.2.2 光源的非单色性对干涉条纹可见度的影响

图 11-4 所示为一个理想单色点光源发出的理想光波的光谱结构。这是一种单谱线结构，表示光源只发出单一频率(或单一波长)的光波，这种光波在时空上是无限延伸的。实际光源发出的光不可能是单一频率(或单一波长)的，它在光谱上总是表现为一个沿中心频率 ν_0(或中心波长 λ_0 或中心波数 k_0)展宽为 $\Delta\nu$(或 $\Delta\lambda$ 或 Δk)的结构。图 11-5 所示为一种准单色光源发出的光的光谱图。所谓准单色光源，指的是 $\Delta\nu\ll\nu_0$($\Delta\lambda\ll\lambda_0$ 或 $\Delta k\ll k_0$)。

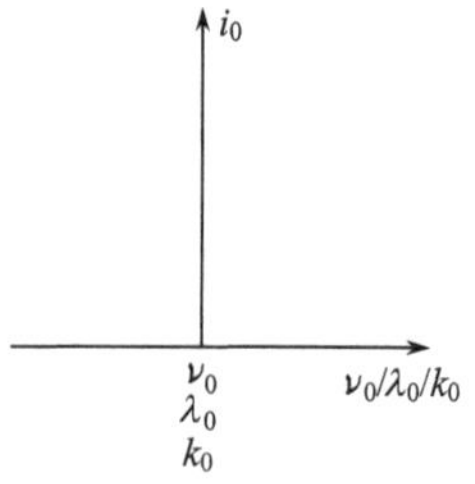

图 11-4 理想单色光源光谱

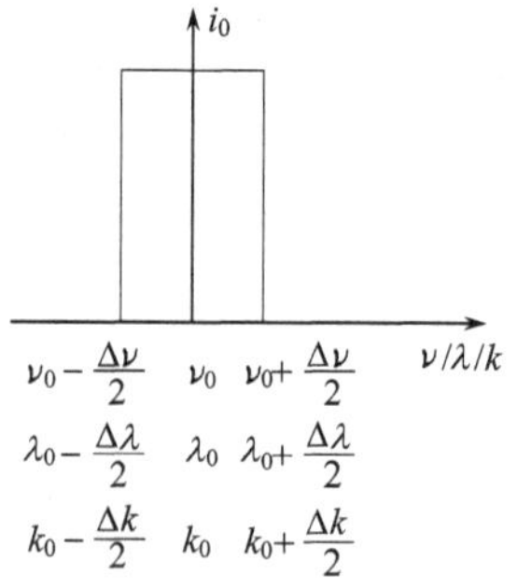

图 11-5 准单色光源光谱

下面针对图 11-5 所示的准单色光源发出的带宽为 Δk 的矩形分布光谱，求解干涉条纹的可见度与光谱带宽的关系。为讨论方便，这里频率和带宽都用波数 k 表示。

假设位于波数 k 处的微元光谱 $\mathrm{d}k$ 的强度为 $i_0\mathrm{d}k$，i_0 称为谱密度函数，在这里为常数。微元光谱 $\mathrm{d}k$ 通过杨氏装置后分成的两个波是相干的，在干涉场中产生的元光强 $\mathrm{d}I$ 由式(11-14)可求，即

$$\mathrm{d}I=2i_0\mathrm{d}k[1+\cos(k\Delta)] \tag{11-19}$$

观察屏上总的光强分布是所有这些元光强的线性叠加，即对式(11-19)进行积分，表示为

$$I=\int_{k_0-\frac{\Delta k}{2}}^{k_0+\frac{\Delta k}{2}}2i_0[1+\cos(k\Delta)]\mathrm{d}k=2i_0\Delta k\left[1+\frac{\sin\left(\Delta k\cdot\frac{\Delta}{2}\right)}{\Delta k\cdot\frac{\Delta}{2}}\cos(k_0\Delta)\right] \tag{11-20}$$

按照可见度的定义，上述干涉条纹的可见度为

$$K(\Delta)=\left|\frac{\sin\left(\Delta k\cdot\frac{\Delta}{2}\right)}{\Delta k\cdot\frac{\Delta}{2}}\right|=\left|\frac{\sin\left(\pi\frac{\Delta\lambda}{\lambda^2}\Delta\right)}{\pi\frac{\Delta\lambda}{\Delta k\lambda^2}\Delta}\right|=\left|\operatorname{sinc}\left(\frac{\Delta\lambda}{\lambda^2}\Delta\right)\right| \tag{11-21}$$

这是一个随光程差变化的 sinc 函数，如图 11-6 所示。当 $(\Delta k)\cdot\Delta/2=\pi$，或 $\pi(\Delta\lambda/\lambda^2)\Delta=\pi$ 时，即

$$\frac{\Delta\lambda}{\lambda^2}\Delta=1 \tag{11-22}$$

时，干涉条纹的对比度有第一个零值，$K=0$，即此时光波将不再相干。此时对应的光程差 Δ_m 是两列波产生干涉所允许的最大光程差，也称为相干长度。由式(11-22)显然有

$$\Delta_m=\frac{\lambda^2}{\Delta\lambda} \tag{11-23}$$

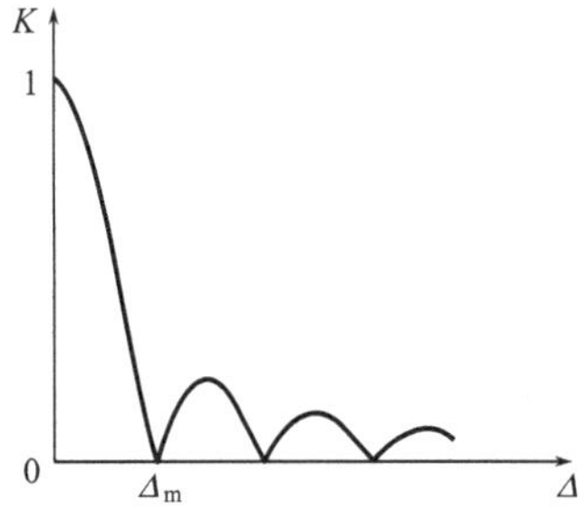

图 11-6　非单色光源干涉条纹的可见度

相干长度的存在意味着在杨氏干涉实验中，当光程差超过相干长度 Δ_m 时，对应的 x 处的两个波不是由光源的同一个波列分割出来的，因而是不相干的，干涉条纹的可见度为零。实际光源发出的光都是一个个的波列，不同的波列之间其振动方向和初相位都是随机的，因此同一光源的不同波列在空间相遇时不满足干涉条件，因而是不相干的。假设发光振子的持续时间是 Δt，显然波列长度 $L=c\Delta t$，其中 c 为光速。利用 $L=\Delta_m=\dfrac{\lambda^2}{\Delta\lambda}$，$\lambda\nu=c$ 或 $\left|\dfrac{\Delta\lambda}{\lambda}\right|=\left|\dfrac{\Delta\nu}{\nu}\right|$ 等关系可以得到

$$\Delta t\cdot\Delta\nu=1 \tag{11-24}$$

由以上各式可以看到，波长展宽 $\Delta\lambda$ 越小，则最大光程差或相干长度 Δ_m 越大，也就是说，波列长度越大，或发光振子持续时间(也称为相干时间)越长。由于光源的这种相干性在本质上是由发光振子的寿命(相干时间)所决定的，所以又称为时间相干性。光源的单色性好，或其光谱带宽小，或其相干长度长，都意味着光源的时间相干性好。

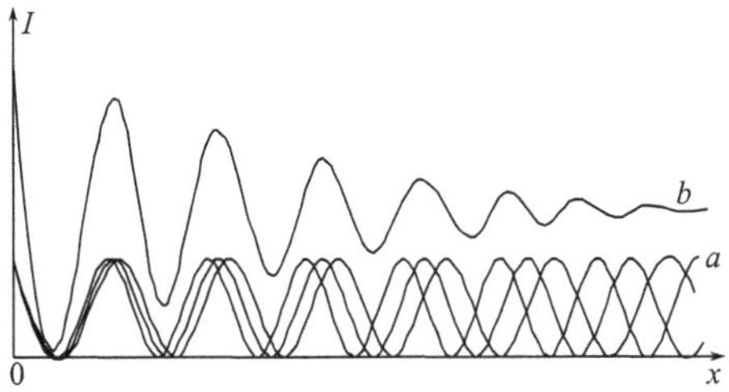

图 11-7　准单色光干涉场的强度

还可以用图 11-7 所示的准单色光干涉场的光强分布来解释随着光程差的增大，干涉条纹消失的现象。不同波长的光波通过干涉装置后，各自在观察屏上产生一套干涉条纹，根据条纹间距公式 $e=\lambda/w$ 可知，条纹间距与波长 λ 成正比，所以不同波长的光产生的干涉条纹间距不同。这些不同间距的干涉条纹的强度叠加，导致随着光程差的增大，干涉条纹的可见度下降直至为零。

11.2.3　光源大小对干涉条纹可见度的影响

实际光源不可能是真正几何意义上的点，它总有一定的大小。为与点光源相区别，这类光源通常称为扩展光源。扩展光源可以看作许多不相干点源的集合，而其中的每一点在通过干涉系统后都会形成各自的一套余弦分布的干涉条纹，所有这些干涉条纹的强度叠加就构成了观察屏上总的光场分布。

如图 11-8 所示，将杨氏干涉装置中的点光源对称地沿垂直于系统的轴线方向扩展为一个线光源。设想将沿垂轴方向扩展的线光源分成许多强度相等、宽度为 dx' 的元光源，

每个元光源的强度为 $i_0\mathrm{d}x'$，其中 i_0 为单位线度上的光强，这里设为常量。对于线光源上任一位置 x'处的元光源 $\mathrm{d}x'$，它在观察屏 x 处产生的干涉条纹强度 $\mathrm{d}I$ 可表示为

$$\mathrm{d}I = 2i_0\mathrm{d}x'\{1+\cos[k(\Delta'+\Delta)]\} = 2i_0\mathrm{d}x'\left\{1+\cos\left[\frac{2\pi}{\lambda}(\Delta'+\Delta)\right]\right\} \quad (11\text{-}25)$$

式中，Δ 仍然为从小孔 S_1 和 S_2 到观察屏 P 点的光程差；Δ'则是在 S'点的元光源到小孔 S_1 和 S_2 的光程差，这是由于处于 S'点的元光源偏离光源中心而增加的光程差。类似于 $\Delta=\frac{d}{D}x$ 的求法，可以很容易地求得 $\Delta'=\frac{d}{l}x'$。定义相干光束的干涉孔径角 β 为

$$\beta=\frac{d}{l} \quad (11\text{-}26)$$

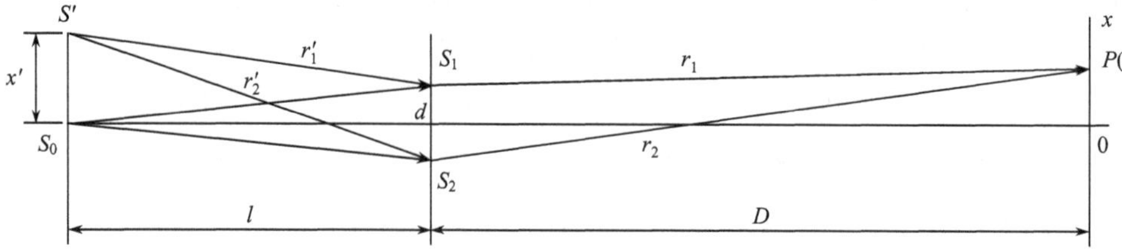

图 11-8 扩展光源的分析

由图 11-8 可以看到，干涉孔径角实际就是到达干涉场某点的两条相干光束从扩展光源发出时的夹角，在傍轴近似条件下这个值与元光源的位置 x'无关，即在扩展光源上任一点都有相同的干涉孔径角。假设线光源的宽度为 b，于是整个光源在观察屏上产生的光强分布为每个元光源在观察屏上产生的干涉条纹的强度叠加，即

$$I(x)=\int_{-\frac{b}{2}}^{\frac{b}{2}}2i_0\mathrm{d}x'\left\{1+\cos\left[\frac{2\pi}{\lambda}\left(\frac{d}{l}x'+\frac{d}{D}x\right)\right]\right\} \quad (11\text{-}27)$$

求解这个积分式，得

$$I(x)=2i_0b\left[1+\frac{\sin\left(\pi\frac{b\beta}{\lambda}\right)}{\pi\frac{b\beta}{\lambda}}\cos\left(\frac{2\pi}{\lambda}\frac{d}{D}x\right)\right] \quad (11\text{-}28)$$

根据干涉条纹可见度的定义，由式(11-28)可得干涉条纹的可见度为

$$K(b)=\left|\frac{\sin\left(\pi\frac{b\beta}{\lambda}\right)}{\pi\frac{b\beta}{\lambda}}\right|=\left|\operatorname{sinc}\left(\frac{b\beta}{\lambda}\right)\right| \quad (11\text{-}29)$$

显然，当 $b\beta/\lambda=1$ 时干涉条纹出现第一个 $K=0$，此时对应的扩展光源宽度为

$$b=\frac{\lambda}{\beta} \quad (11\text{-}30)$$

此时的光源宽度称为光源的临界宽度，一般用 b_c 表示，$b_c=\lambda/\beta$。但在实际工作中，为了

取得较好的干涉条纹可见度，通常限制光源宽度 b 为临界宽度的 1/4。这时由式(11-29)可求得条纹可见度为 $K=0.9$，在干涉场中可观察到清晰的干涉条纹，这也被称为 $1/4\lambda$ 判据。通常称临界宽度的 1/4 为光源的允许宽度，用 b_p 表示，如图 11-9 所示。

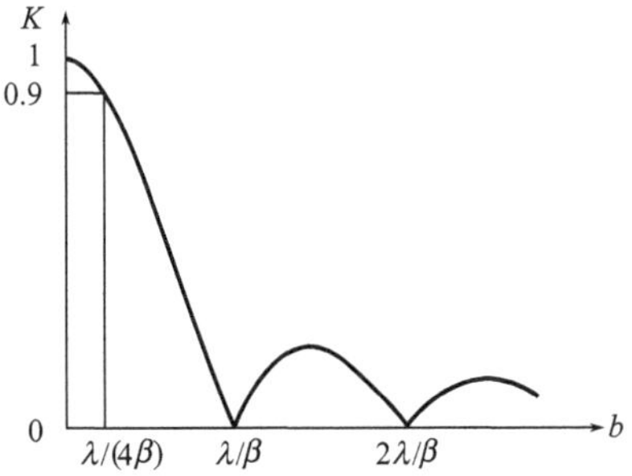

图 11-9　扩展光源干涉条纹的可见度

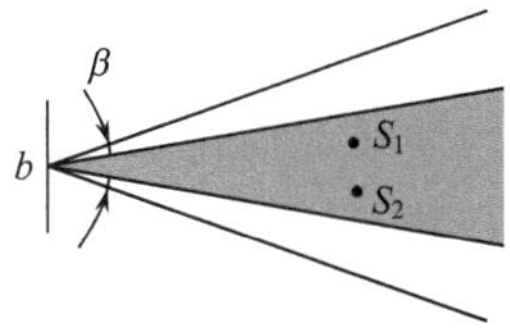

图 11-10　空间相干性

由 $b_c=\lambda/\beta$ 可知，光源大小与干涉孔径角成反比。干涉孔径角表示了两条相干光束从扩展光源发出时的夹角，如图 11-10 所示，因此干涉孔径角实际上限制了一个相干空间，只有在此空间范围内，任意取两点 S_1 和 S_2，它们作为被扩展光源照明的两个次级点光源，发出的光波一定是相干的；而如果两个次级点光源在干涉孔径角限制的空间之外，则由这两个次级点光源发出的光是不相干的。由以上讨论可知，光源大小与相干空间(干涉孔径角)成反比，光源尺寸越小，相干空间就越大。给定了光源的尺寸，就限制了一个相干空间，这就是空间相干性问题。由干涉条纹的间距表达式及光源临界宽度表达式可得

$$b_c\beta=ew=\lambda \tag{11-31}$$

如果已知扩展光源宽度 b 和光源的波长 λ，则在由 $\beta=\dfrac{\lambda}{4b}$ 限定的空间范围内，可以产生清晰的干涉条纹。在 $\dfrac{\lambda}{4b}<\beta<\dfrac{\lambda}{b}$ 范围内产生的干涉条纹的可见度在 0.9 到 0 之间。

11.3　平板的双光束干涉

前面讨论的杨氏干涉实验是分波面干涉的典型代表，由于光源空间相干性的限制，对这类干涉只能使用有限大小的光源(激光光源除外)，否则会降低干涉条纹的可见度，而对光源大小的限制又会限制干涉条纹的亮度，因此实际应用较少。本节将讨论的平板干涉属于另一种干涉——分振幅干涉，它利用平板的两个表面对入射光的反射和透射，将入射光的振幅分为两部分，这两部分光波相遇产生干涉，干涉条纹的可见度与光源的大小无关，因此可以使用扩展光源而不降低干涉条纹的可见度，解决了分波面干涉中干涉条纹的亮度与可见度的矛盾。

11.3.1　干涉条纹的分类

在具体讨论平板干涉之前，先介绍一下干涉条纹的分类。干涉条纹首先可以分为实

条纹和虚条纹。实条纹是指不用另加聚焦系统就可以在观察屏上看到的条纹，形成这些条纹的光线本身会聚在观察点上；而虚条纹若不用聚焦系统就不能投影到一个观察屏上，它的光线不是会聚的。干涉条纹还可以分为定域条纹和非定域条纹。非定域条纹是实条纹，并且只要满足时间相干性条件，在一个扩展的三维空间内处处都存在，而不是局限在一些小的区域内，所以称为非定域的。11.1.2 节所讲的杨氏干涉实验，在光源相干长度范围内，在次级光源后面的任意位置均可观察到实条纹，因此属于非定域条纹，这类条纹通常是由点光源或线光源产生的。反之，对于扩展光源，由于光源上不同点源发出的两束相干光到观察屏上的同一点光程差不同，引入了一个光程差变化 $\delta\Delta$，所以只有在 $\delta\Delta \leqslant \lambda/4$ 的区域内才能观察到清晰的干涉条纹，在 $\delta\Delta > \lambda/4$ 的区域内干涉条纹的可见度下降。这种只能在特定的区域内才能观察到的干涉条纹称为定域条纹。

当从光源发出的一束光入射到两种透明介质的分界面上时，它携带的能量一部分反射回来，一部分透射过去，因为能流正比于振幅的平方，所以光束的这种分割方式称为分振幅的方式。起分振幅作用的平板可以初步理解为被两个平面限制的透明介质，它既可以是两个平面互相平行的平行平板，也可以是两平面有一个楔角的楔形平板。

图 11-11 所示为玻璃平板干涉孔径角 $\beta=0$ 的干涉。在图 11-11(a)中被平行平板的上、下两个表面反射和折射后分成的两支光束在透镜后焦面上相遇而产生干涉；在图 11-11(b)中，被楔形平板的上、下两个表面反射和折射后分成的两支光束在特定位置上相遇而产生干涉。

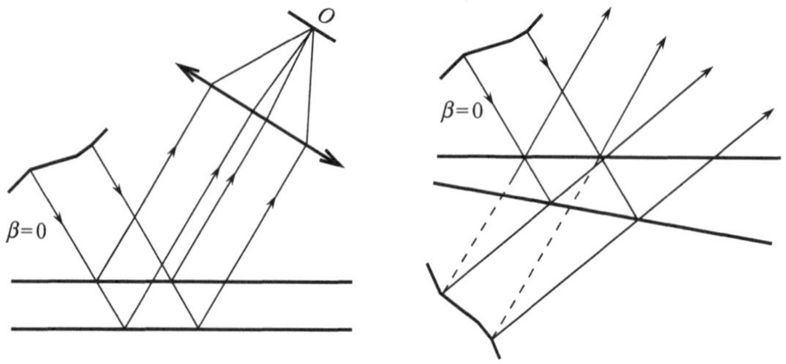

(a) 平行平板的定域干涉　　(b) 楔形平板的定域干涉

图 11-11　平板的分振幅的定域干涉

对于上述两种形式的干涉，因为两束干涉光都是从同一入射光中分割而来的，干涉孔径角 $\beta=0$，所以这种干涉对光源宽度没有要求，可以采用扩展光源而不影响干涉条纹的可见度，从而解决了干涉条纹的可见度和亮度这一对矛盾，但为此付出的代价却是只能在空间某一特定区域才能观察到干涉条纹。当然，平板也可以实现非定域干涉，如图 11-12 所示，光源上的同一点发出的两束光经平板的上、下两表面反射后在空间任一点 P 相遇产生干涉，但是这时从该点发出的两束光一般具有不为零的干涉孔径角 β，从而对光源的宽度有一定要求，采用扩展光源将导致干涉条纹可见度下降。

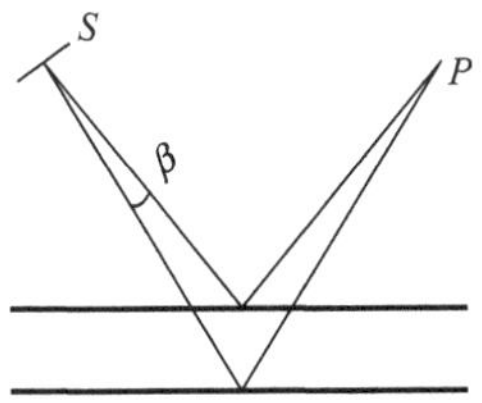

图 11-12　平行平板的非定域干涉

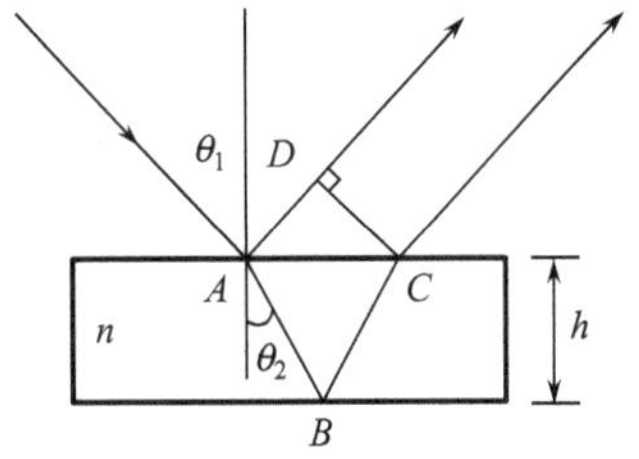

图 11-13　平行平板光程差的计算

11.3.2　等倾干涉

首先讨论由平行平板产生的分振幅干涉。如图 11-13 所示，一束入射光经平行平板的上、下表面反射和折射后产生两束相干光束，这两束相干光束在无穷远处会聚后产生干涉条纹，干涉条纹的强度分布可表示为

$$I(P)=2I_0[1+\cos(k\Delta)] \tag{11-32}$$

式中，Δ 为两相干光束的光程差，I_0 为两相干光束的光强。由于平行平板的干涉条纹基本上都是在入射光束接近正入射的条件下获得的，根据菲涅耳公式，在接近正入射时上表面反射光的能量约为入射光的 4%，经下表面反射后再由上表面折射出来的光的能量约为入射光的 3.7%，故可以认为这两束光的光强近似相等。

由图 11-13 所示的几何关系，可求出两相干光束的几何光程差 Δ' 为

$$\Delta'=n\left(\overline{AB}+\overline{BC}\right)-\overline{AD}=2nh\cos\theta_2 \tag{11-33}$$

在平行平板的介质折射率为 n 时，在平行平板上表面，光由光疏介质入射到光密介质，反射光会有半波损失，因此总光程差为

$$\Delta=2nh\cos\theta_2+\frac{1}{2}\lambda \tag{11-34}$$

因此，在观察屏上当光程差 $\Delta=2nh\cos\theta_2+\frac{1}{2}\lambda=m\lambda$ 时为亮条纹，而当光程差 $\Delta=2nh\cos\theta_2=m\lambda$ 时为暗条纹。从光程差的计算可以看出，在平行平板干涉中，等光程差的条件是具有相等的折射角 θ_2，也就是具有相等的入射角 θ_1，这意味着倾角相同的入射光构成同一干涉条纹，故称平行平板的干涉为等倾干涉。在等倾干涉中，扩展光源上不同点发出的光线，只要其倾角相同，则其光程差相同，在观察屏上就会形成相同的干涉条纹，即不同点发出的光线在观察屏上形成的干涉条纹相互之间没有位移，这就不会降低干涉条纹的可见度，并且由于使用了扩展光源而可以大大增加干涉条纹的亮度。还需要注意的是，在等倾干涉中，两相干光束是在无穷远处会聚的，因此这种干涉条纹只能在无穷远处或者在透镜的后焦面上才能看到，也就是说，干涉条纹的定域是无穷远处或者透镜的后焦面。

图 11-14 所示为平行平板等倾干涉装置的原理图。图中，S 为一个扩展光源，M 为一与水平面成 45°角放置的半反半透分光镜，G 为水平放置于空气中的玻璃平板，L 为一透镜，F 为放置于透镜后焦面上的观察屏。扩展光源发出的光从左面入射到半反半透分光

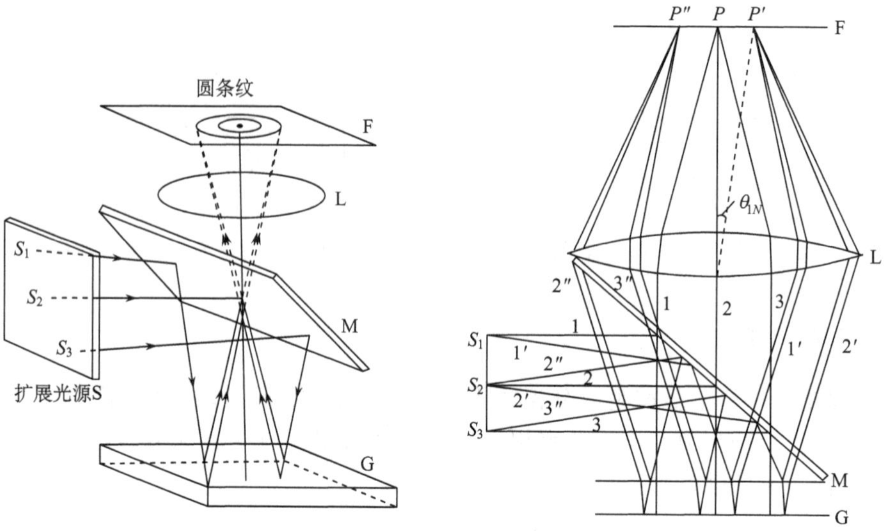

(a) 装置示意图　　(b) 装置截面示意图

图 11-14　平行平板等倾干涉装置原理图

镜 M，由分光镜反射的光束经平板上、下表面的反射后沿相反方向行进，穿过分光镜 M 后，经透镜 L 会聚到置于透镜后焦面的观察屏 F 上形成干涉条纹。以扩展光源上三个有代表性的点 S_1、S_2 和 S_3 为例，说明从这些点发出的光束形成的干涉条纹。首先看 1、2、3 这三条光束，它们垂直入射到平板上，经平板上、下表面反射后会聚在观察屏上的同一点 P；同样的道理，斜入射到平板上的另两组光线 $1'$、$2'$和 $2''$、$3''$由于具有相同的入射角，所以从平板上、下表面反射的两束相干光具有相同的光程差，它们分别会聚到观察屏上的同一点 P'和 P''。综上所述，从扩展光源上不同点发出的光束，只要其入射角相同，它们就会会聚到观察屏上的同一点，即每个点光源在观察屏上产生的亮条纹是相互重叠而没有错移的，两条纹的相互重叠会使其强度大大增加而不会导致干涉条纹可见度下降。这样，就达到了采用扩展光源大大增加干涉条纹的亮度而又保持好的可见度的目的。不难想象，在三维空间中具有相同半锥角 θ_1（从而相同的 θ_2）的入射光经平板的上、下表面反射后具有相同的光程差，而干涉条纹是光程差的等值线，因此上述等倾干涉装置在观察屏上形成圆环形条纹。

下面来讨论等倾圆条纹的一些性质。

(1) 干涉条纹的级次。光程差越大，干涉条纹的级次越高。根据等倾干涉的光程差公式(11-34)，观察屏中心处 $\theta_2=0$ 对应了最大光程差，因此中心处干涉条纹对应的级次最高，从中心向外随 θ_1（从而 θ_2）的增大，光程差逐渐减小；光程差每改变一个波长，干涉条纹降低一个级次。

(2) 干涉条纹的角半径。不失一般性，假设 $2nh=m_0\lambda$（m_0为整数），则中心处 $\Delta=\left(m_0+\frac{1}{2}\right)\lambda$ 对应了一个暗斑。显然，从中心向外数，第 N 个暗环的级次 m 为

$$m=m_0-N \tag{11-35}$$

对于暗环，光程差的计算公式为

$$\Delta = 2nh\cos\theta_2 = m\lambda = (m_0 - N)\lambda \tag{11-36}$$

通常情况下，θ_2 很小，此时 $\cos\theta_2 \approx 1-\frac{\theta_2^2}{2}$，而 $2nh=m_0\lambda$，再利用折射公式 $\sin\theta_1 = n\sin\theta_2$ 的小角度近似表达式 $\theta_1 \approx n\theta_2$，代入式(11-36)得到

$$N\lambda = nh\theta_{2N}^2 = \frac{h\theta_{1N}^2}{n} \tag{11-37}$$

所以，观察屏上第 N 个暗环的角半径 θ_{1N}（该暗环的半径对透镜中心的张角）为

$$\theta_{1N} = \sqrt{\frac{N\lambda n}{h}} \tag{11-38}$$

由式(11-38)可以看到，等倾干涉条纹的角半径与波长$\sqrt{\lambda}$成正比，即波长较长的光产生的干涉条纹较疏，这与杨氏干涉相似；角半径与折射率$\sqrt{n}$也成正比，这意味着玻璃平板比空气平板在同样厚度和同一级次时角半径大，因此玻璃平板比空气平板的干涉条纹更疏；角半径还与平板厚度$\sqrt{h}$成反比，h 越大，同一干涉级次的条纹角半径越小，因此厚板比薄板条纹更为密集。

(3) 相邻条纹间距。对光程差公式 $\Delta = 2nh\cos\theta_2 + \frac{1}{2}\lambda = m\lambda$ 两边取微分，可得

$$-2nh\sin\theta_2\,\mathrm{d}\theta_2 = \lambda\,\mathrm{d}m \tag{11-39}$$

对相邻条纹，有 $\mathrm{d}m = \Delta m = 1$，因此有

$$|\mathrm{d}\theta_2| = \left|\frac{\lambda}{2nh\sin\theta_2}\right| \tag{11-40}$$

利用折射定律和小角度近似条件，将折射角 θ_2 换成入射角 θ_1，可以得到

$$|\mathrm{d}\theta_1| = \left|\frac{n\lambda}{2h\sin\theta_1}\right| \tag{11-41}$$

入射光经平行平板上、下两个表面反射后经过一个透镜聚焦形成干涉条纹，由于入射角和反射角相等，所以式(11-41)实际上也表示了形成两个相邻条纹的平行光线在经过透镜前的微小角度差，如图 11-15 所示。由几何光学的知识可知，这两组平行光线经过透镜会聚后在透镜焦平面上的间距为

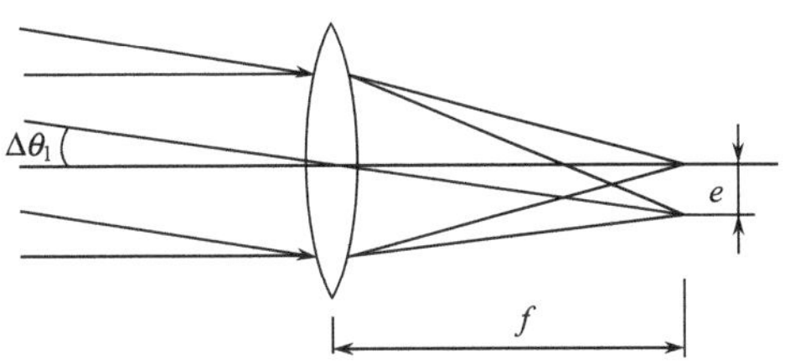

图 11-15 相邻条纹间距计算示意图

$$e = f\,\mathrm{d}\theta_1 = \frac{n\lambda}{2h\sin\theta_1}\cdot f \tag{11-42}$$

由式(11-42)可知，相邻干涉条纹的间距与入射角的正弦成反比，中央条纹的入射角最小，条纹间距最大，越往边缘入射角越大，条纹间距越小。因此，平行平板的等倾干涉条纹分布呈现内疏外密的特点，中央条纹较疏，越向外条纹越密。

(4) 透射光产生的等倾干涉条纹。平行平板的透射光束由于没有从光疏介质到光密介质的反射，因此没有附加的半波损失，光程差为

$$\Delta = 2nh\cos\theta_2 \tag{11-43}$$

它们在透镜的焦平面上同样可以产生干涉条纹。由于对相同入射角的光束，经过平行平板后产生的两束反射光和透射光的光程差恰好相差$\lambda/2$，相位差相差π，因此，反射光和透射光的等倾干涉条纹是互补的，即反射光干涉条纹中的亮条纹对应于透射光干涉条纹中的暗条纹。

需要注意的是，平行平板的表面反射率很低时，两支透射光的强度相差很大，所以干涉条纹的可见度很低，但反射光的等倾干涉条纹可见度却大得多。因此，在表面反射率很低时，通常采用反射光的等倾干涉。

11.3.3 等厚干涉

1.楔形平板干涉

如果平板的两个表面不平行而是有一楔角，它形成的分振幅干涉称为楔形平板的干涉。较之平行平板，楔形平板的干涉要复杂得多。这一方面是由于楔形平板在一般情况下光程差的计算非常复杂，另一方面还由于采用扩展光源照明时，干涉条纹的定域面并不像等倾条纹那样可以唯一确定，它与光源和平板的相对位置密切相关。图 11-11(b)所示为一种定域面在楔形平板下方的情况，而图 11-16 给出了与图 11-11(b)不同的另两种情况，其中，图 11-16(a)是正入射的情况，定域面在楔形平板内，而图 11-16(b)的定域面则在楔形平板的上方。在实际工作中，光束斜入射时定域面在楔形平板之外，不太容易确定定域面，因此常常采用正入射的方式，此时定域面在楔形平板内，比较容易寻找。

在通常情况下，楔形平板的厚度很小，而且楔角也很小，这时楔形平板的光程差计算公式可近似用平行平板的光程差公式来代替，即

$$\Delta = 2nh\cos\theta_2 + \frac{\lambda}{2} \tag{11-44}$$

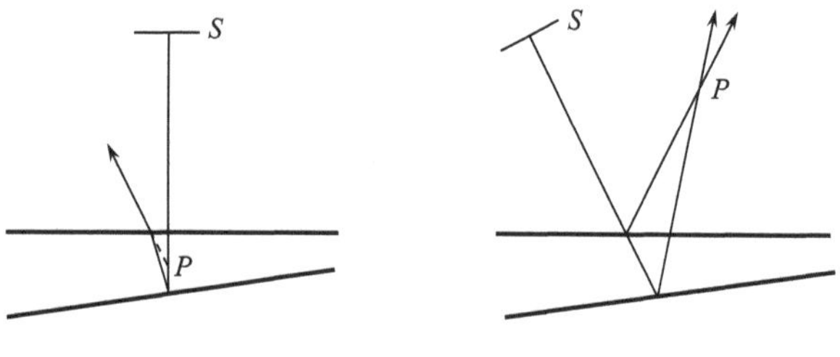

(a) 正入射时的定域面 (b) 斜入射时的定域面

图 11-16 楔形平板的定域面

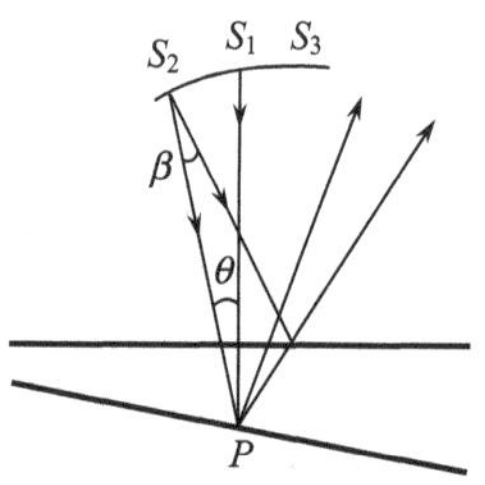

图 11-17 楔形平板对扩展光源照明的限制

由式(11-44)可以看到，对于均匀材料的平板，折射率n可以视为常数，此时影响光程差的参量有两个，即平板厚度h和折射角θ_2，而等倾干涉时影响光程差的参量只有折射角θ_2，因此楔形平板的干涉要较平行平板复杂。楔形平板除了会有$\beta=0$的定域干涉外，也会有$\beta\neq0$的非定域干涉，这两种干涉条纹的叠加会影响干涉场的条纹可见度。如图 11-17 所示，对于一个扩展光源，由S_1点发出的垂直光线形成$\beta=0$的干涉，其条纹定域面在P点；而由扩展光源上另外一点S_2发出的相干孔径角为β的两支光线也在P处

相干，这是非定域干涉。由于 S_2 和 S_1 两个不同的点各自发出的相干光在 P 点的光程差是不相等的，即 $\delta\Delta\neq0$，这就使得 P 点干涉条纹的可见度下降。而在平行平板的等倾干涉中，也会有 $\beta\neq0$ 的非定域干涉，但由于 $\beta=0$ 的定域干涉的定域面在无穷远处，所以这两种干涉的条纹不会相互叠加。

由以上的讨论可以知道，在楔形平板干涉中，由于平板厚度 h 和折射角 θ_2（也就是入射角 θ_1）同时影响干涉条纹的可见度和形状，这使得楔形平板的干涉变得复杂。一种极端情况是保持平板的厚度 h 为常数，此时光程差仅由入射角 θ_1 决定，这就是在 11.3.2 小节所讨论的平行平板的等倾干涉条纹。而另一种极端情况则是以确定入射角的光照明楔形平板，比如说用一个单色平行光照明平板，此时入射角 θ_1（从而折射角 θ_2）为常数，光程差仅由平板的厚度 h 决定，厚度相同则光程差相同，即干涉条纹与楔形平板上等厚度的轨迹相对应，这种干涉条纹称为等厚条纹，此时的干涉为等厚干涉。在这两种极端情况之间的状态，即采用非确定 θ_2 的有限扩展光源在非平行平板上形成的干涉条纹，称为混合型条纹。在等厚干涉中，一种特殊情况是一束平行光垂直入射到楔形平板的表面，如图 11-18 所示。此时 $\theta_2=\theta_1=0$，光程差表达式为

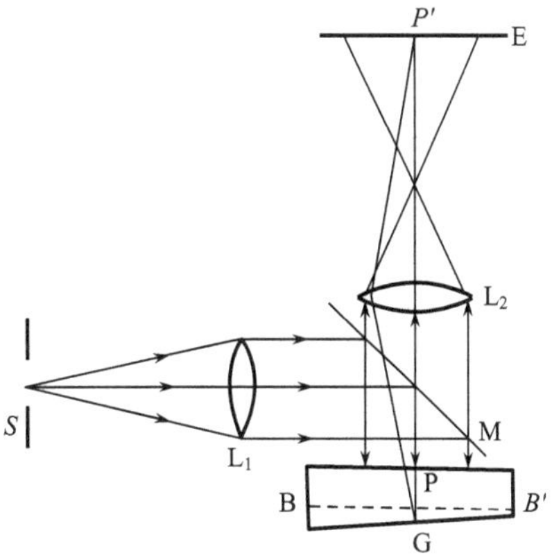

图 11-18 楔形平板等厚干涉装置

$$\Delta=2nh+\frac{\lambda}{2} \tag{11-45}$$

显然有

$$\Delta=2nh+\frac{\lambda}{2}=m\lambda\begin{cases}m\text{ 为整数对应亮纹}\\m\text{ 为半整数对应暗纹}\end{cases} \tag{11-46}$$

由式(11-46)可以看到，相邻两个条纹对应的光程差为 λ，此时所对应的平板厚度变为 $\Delta h=\lambda/(2n)$。也就是说，它将平板厚度变化与光源波长联系在一起，因此利用等厚干涉可以精确测量样品厚度，这在光学计量中有重要应用。同时，也容易导出楔形平板的楔角为

$$\sin\alpha=\lambda/(2ne) \tag{11-47}$$

式中，e 为条纹间距。

如果平板为空气板（如迈克耳孙干涉仪），则光程差为

$$\Delta=2h \tag{11-48}$$

需要注意的是，在图 11-18 中，为了得到一束平行光，位于透镜 L_1 的前焦点上的光源应是一个点光源，即将光源后的光阑开得非常小。由于照明光源是点光源，这时的干涉事实上是非定域干涉，因此在由楔形平板上、下表面反射的光束相遇处的任何位置上，都可以用观察屏接收到干涉条纹。用人眼直接观察时，人眼对平板表面调焦，而在平板表面上看到条纹。这时条纹可见度很好，但由于照明光源为点光源，因此条纹亮度较差。如果逐渐调大光源后面的光阑，此时照明光源为一扩展光源，干涉条纹逐步变为定域条纹，因此

干涉条纹的亮度将逐渐增加,但可见度却逐渐降低。干涉条纹从非定域到定域是一个渐变的过程,这说明通常情况下干涉条纹不仅局限在定域面,在定域面附近的某个区域内都会看到干涉条纹,这个区域深度称为条纹定域深度,它直接与光源的扩展程度有关。在一般情况下,光源的扩展程度越大,干涉条纹的定域深度就越小;反之,光源的扩展程度越小,干涉条纹的定域深度就越大。

以上讨论表明,楔形平板不能实现任意扩展光源的干涉,因为随着光源扩展程度的增大,干涉条纹的可见度会逐渐下降。但在楔形平板的厚度非常小(通常称为薄膜)的情况下,仍然可以采用相当程度的扩展光源照明,从而获得好的干涉条纹可见度和高的条纹亮度,这是一种使用扩展光源获得等厚干涉的方法。下面仍以图 11-17 为例加以说明,为简单起见,假设平板为空气板(折射率为 1)。

由 S_1 点发出的光经平板上、下表面反射后在 P 点产生的光程差为 $2h$,由 S_2 点发出的夹角为 β 的两束相干光在 P 点产生的光程差近似为 $2h\cos\theta$,这两个光程差的差值为

$$\delta\Delta = 2h - 2h\cos\theta = 2h(1-\cos\theta) \tag{11-49}$$

在 θ 不太大时利用近似表达式 $\cos\theta \approx 1-\dfrac{\theta^2}{2}$,可得

$$\delta\Delta \approx h\theta^2 \tag{11-50}$$

根据 $\lambda/4$ 判据,即扩展光源两极端点的光程差改变量不超过 $\lambda/4$ 时干涉条纹的可见度优于 0.9,这就要求 S_2 点与中心 S_1 的光程差改变量限制为 $\delta\Delta = \dfrac{1}{2}\times\dfrac{1}{4}\lambda$。于是,得到扩展光源的半孔径角为

$$\theta = \sqrt{\frac{\lambda}{8h}} \tag{11-51}$$

由式(11-51)可以知道,要得到可见度较好的等厚干涉条纹,照明光源的大小与楔形平板厚度的平方根成反比关系,即平板厚度越小,扩展光源就可以越大。对于自然光,取波长 λ 为 550nm,当平板厚度 h 为 100mm、1mm 和 0.001mm 时,允许的扩展光源半孔径角 θ 值分别为 3′、28.5′、20.26°。可见,对于很薄的平板还是允许用相当大的扩展光源照明的。在日常生活中经常看到的肥皂泡上的色彩、雨过天晴后柏油马路上油膜的干涉图样等都是薄膜干涉的例子。

用扩展光源照明薄膜时,等厚条纹的定域面在薄膜表面上,为方便观察和处理,仪器中常用一个物镜将干涉图样成像在该物镜的共轭像面上,如图 11-19 所示。如果扩展光源的尺寸超过膜层厚度所允许的扩展光源尺寸极限,即扩展光源两极端点的光程差差值 $\delta\Delta=\lambda$,那么此时干涉条纹的可见度为零,看不到干涉条纹。但是如果缩小物镜口径,就是说在成像物镜之前加一个可变光阑来调整物镜通光口径的大小,就可以得到清晰的干涉条纹,因此可变光阑的作用就是平衡干涉条纹可见度和亮度这一对矛盾的。如果用人眼瞳孔代替物镜把 P 点的干涉图样成像在视网膜上,那么尽管光源很大,但由于人眼瞳孔的通光口径较小,进入人眼瞳孔的有效的光源较小,而且人眼能自动调焦,所以可以比较容易地看到清晰的干涉条纹。因此,用人眼观察等厚干涉条纹比用仪器更加方便。

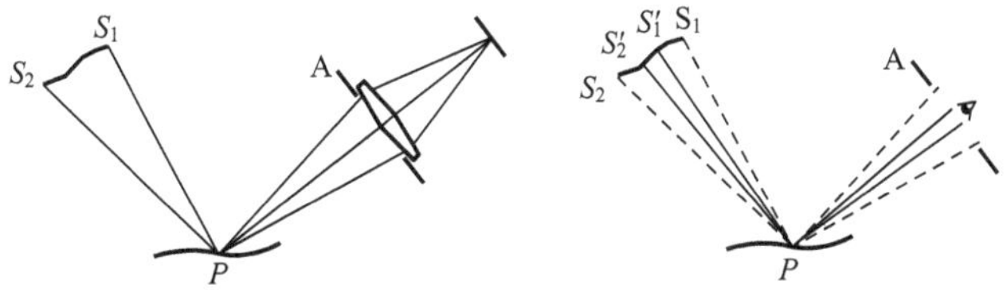

(a) 扩展光源照明　　(b) 扩展光源的有效尺寸

图 11-19　薄膜干涉

2.牛顿环

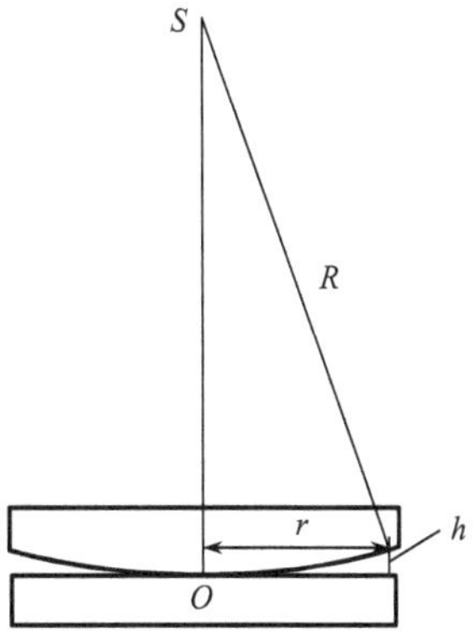

图 11-20　牛顿环装置

在一块平面玻璃上放置一曲率半径 R 很大的平凸透镜，如图 11-20 所示，这样在透镜凸表面和玻璃平面之间形成一厚度由零逐渐增大的空气薄层。如果以单色光垂直照射，在空气层上会形成一组以接触点 O 为圆心的里疏外密的圆环形条纹，这组条纹称为牛顿环。虽然牛顿环的形状与等倾圆条纹相同，但它属于等厚干涉条纹，这是因为牛顿环是由相同厚度点形成的干涉条纹，其干涉图样之所以是圆环是因为形成牛顿环的装置的上表面是球面透镜。在牛顿环的中心，也就是透镜的凸表面与玻璃平面的接触点上，因 $h=0$，所以中心光程差最小，因此干涉级次中央最小，外圈的干涉级次逐渐增大，这与等倾圆条纹的情况恰好相反。

若观测反射光形成的干涉条纹，牛顿环的中心为暗斑，这是因为半波损失的存在(若观察透射光形成的牛顿环，条纹的亮暗情况正好相反，即透射光牛顿环的中心是一个亮点)。设由中心向外数第 N 个暗环的半径为 r，根据图 11-20 可得

$$r=R^2-(R-h)^2=2Rh-h^2 \tag{11-52}$$

由于透镜凸表面的曲率半径 R 远大于空气层厚度 h，因此由式(11-52)可得空气层厚度 h 为

$$h=\frac{r^2}{2R} \tag{11-53}$$

对第 N 个暗环，根据光程差条件可得

$$2h+\lambda/2=(N+1/2)\lambda \tag{11-54}$$

利用式(11-53)和式(11-54)可求得

$$R=\frac{r^2}{N\lambda} \tag{11-55}$$

由式(11-55)可见，若能测出牛顿环第 N 个暗环的半径 r，并且知道照明的单色光波长 λ，就可以算出透镜的曲率半径 R。

11.4 平板干涉的应用

11.4.1 迈克耳孙干涉仪

迈克耳孙干涉仪的工作原理就是平板干涉的原理，其结构如图 11-21 所示。图中 C、D 为从同一块平板玻璃中切割而成的两块相同的平行平板，具有相同的厚度和折射率。D 的分光面涂有半反半透膜，作为分光板；而 C 的表面不镀膜，用作补偿板，保证两束光的光程差不会太大。M_1 和 M_2 分别为两个反射镜，其中 M_1 安装在可精密移动的导轨上，并且其位移可以精密测量，称为动镜；M_2 固定在仪器底座的支架上，但其空间方位可以作微量调整，称为定镜。由扩展光源 S 上一点发出的光进入仪器后首先到达分光板 D，由分光板分成两束光，一束被分光板反射后转向 M_1 镜，再被 M_1 镜反射后穿过分光板 D 进入观察系统(也可以用人眼来代替这个观察系统)；另一束透过分光板 D 后到达 M_2 镜，被 M_2 镜反射后回到分光板，再由分光板 D 反射进入观察系统。由于这两束光线是由光源上同一点发出的，因此是相干光束，它们进入观察系统后将形成干涉条纹。

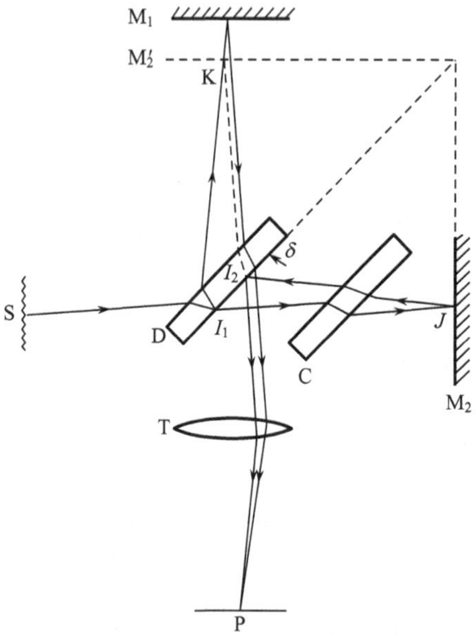

图 11-21 迈克耳孙干涉仪结构示意图

根据几何光学的理论可以知道，迈克耳孙干涉仪可以看作由 M_2' 和 M_1 构成的空气平板的干涉，其中 M_2' 为反射镜 M_2 经分光板 D 所成的虚像。因此，前面讨论过的平板干涉现象在这个系统中都可以观察到。通过调整 M_2 的方位，使 $M_1//M'_2$，可以实现平行平板的等倾干涉；而当 M_1 与 M_2 不平行时，如果楔角不大且空气层厚度较小时可以得到等厚干涉条纹。需要指出的是补偿板 C 的作用，它是为了补偿经分光板分光后反射光束和透射光束通过分光板的次数不同而引起的光程差。如果用单色光照明，这个光程差也可以通过调整空气板的厚度来补偿。但用白光照明时，由于玻璃的色散，不同波长的光通过分光板时的光程不同，因此无法用空气板的厚度进行补偿，而补偿板 C 则可以同时补偿各色光的光程差，从而获得零级白光干涉条纹。这对迈克耳孙干涉仪非常有用，因为这样可以准确确定零光程差的位置，从而精确地测量长度。

当迈克耳孙干涉仪中的 M_1 与 M_2' 不平行时，就形成了楔形空气板。由于采用扩展光源照明，因此这时观察到的是弯曲的混合型条纹，其光程差由 h 和 $\cos\theta_2$ 的共同作用决定。因为干涉条纹是由相同光程差的轨迹构成的，由光程差公式 $\Delta=2nh\cos\theta_2$ 可知，对于倾角较小的入射光，$\cos\theta_2$ 值较大，为保持光程差恒定，必然要求平板厚度 h 值较小，这时条纹是弯曲的，而且弯向楔顶的一方。对于混合型条纹，只有当厚度 h 很小时，才可以近似看成等厚条纹。

如果用单色光照明迈克耳孙干涉仪并观察它的等倾干涉条纹，移动 M_1 镜相当于改变空气板的厚度，可以观察到干涉条纹的缩进或冒出。显然，每缩进或冒出一个条纹，中心干涉级次就增大或减小 1，光程差应该变化 λ，而 M_1 镜的移动距离应该为 $\lambda/2$。如果视场中心缩进或冒出了 N 个条纹，则 M_1 镜移动的距离 Δh 为

$$\Delta h = N\lambda/2 \tag{11-56}$$

式(11-56)将 M_1 镜的移动量与单色光的波长联系在一起。如果知道了 M_1 镜的移动量及其对应的条纹变化数目，就可以计算未知光源的波长；反之，对于已知波长 λ 的光源，根据条纹变化数目则可以以波长量级的精度测量位移。

前面的讨论涉及的都是光源的空间相干性问题。利用平行平板的等倾干涉，可以用任意的扩展光源来照明平行平板，从而获得高可见度、高亮度的干涉条纹。这也意味着在平行平板的等倾干涉中，移动光源的位置不会影响干涉条纹的间距、位置及可见度等性质。下面要讨论光源单色性（时间相干性）对迈克耳孙干涉仪干涉条纹的影响。

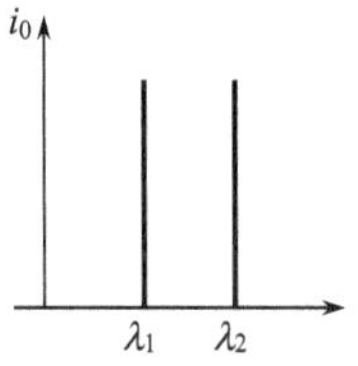

图 11-22　钠光灯双谱线结构示意图

钠光灯是一种气体光源，含有两根波长非常接近的谱线 $\lambda_1 = 589.0\text{nm}$ 和 $\lambda_2 = 589.6\text{nm}$，而且这两根谱线的强度也非常接近，可以认为是相等的，其光谱结构如图 11-22 所示。如果用钠光灯作为迈克耳孙干涉仪的照明光源，显然钠光灯的两条谱线分别通过干涉仪后会产生两套干涉条纹，这两套干涉条纹强度的再叠加构成了总的光场强度，即

$$I = I(\lambda_1) + I(\lambda_2) = 2I_0[1 + \cos(k_1\Delta)] + 2I_0[1 + \cos(k_2\Delta)] \tag{11-57}$$

式中，$k_i = 2\pi/\lambda_i$。令 $k_1 - k_2 = \Delta k$，$(k_1 + k_2)/2 = k$，代入式(11-57)，得

$$I = I(\Delta) = 4I_0\left[1 + \cos\left(\frac{\Delta k}{2}\Delta\right)\cos(k\Delta)\right] \tag{11-58}$$

这是一个以 k 为空间频率、以 Δ 为变量的余弦函数，且该余弦函数被因子 $\cos\left(\frac{\Delta k}{2}\Delta\right)$ 调制。根据干涉条纹可见度的定义，显然式(11-58)所表示的干涉条纹的可见度为

$$V(\Delta) = \left|\cos\left(\frac{\Delta k}{2}\Delta\right)\right| \tag{11-59}$$

式(11-59)表明干涉条纹的可见度随光程差 Δ 作余弦变化，变化周期为 $2\pi/\Delta k$。令 $\bar{\lambda} = (\lambda_1 + \lambda_2)/2$，可求得 Δ 的周期为

$$\Delta = \frac{\lambda_1\lambda_2}{\Delta\lambda} = \frac{\bar{\lambda}^2}{\Delta\lambda} \tag{11-60}$$

图 11-23 所示为光强 $I = I(\lambda_1) + I(\lambda_2)$ 以及条纹可见度 V 随 Δ 的分布情况。

以上讨论说明，如果用钠光灯照明迈克耳孙干涉仪，随着 M_1 镜的移动，除了前面已讨论过的条纹疏密及级次的变化外，干涉条纹的可见度还作周期性的变化。每当光程差改变 $\Delta = \frac{\bar{\lambda}^2}{\Delta\lambda}$，即空气板间距改变 $h = \frac{\bar{\lambda}^2}{2\Delta\lambda}$ 时，干涉条纹就要经历一次可见度从 1 到 0 的变化。如图 11-23 所示，当动镜移动到相当于图 11-23(b)中 $V=0$ 的位置时，两条谱线所形成的两组干涉条纹相互错开了半个条纹，强度叠加的效果使得该处附近的干涉场光强均

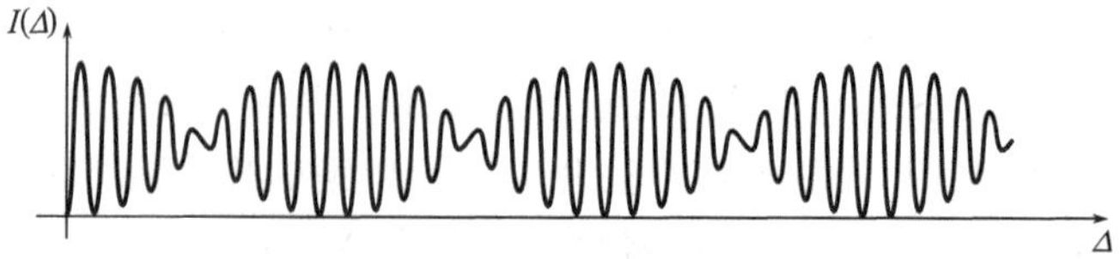

(a) 光强曲线

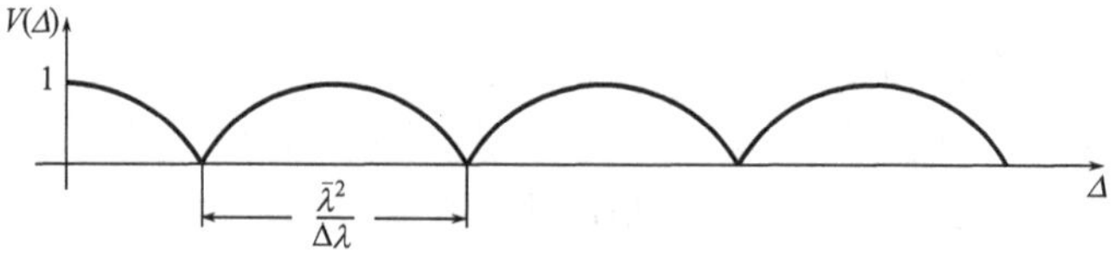

(b) 可见度曲线

图 11-23 光谱双线结构对条纹可见度的影响

匀分布，条纹可见度最低。而当动镜移动到 $V=1$ 的位置时，两组干涉条纹的峰值和谷值分别相互重叠，合成的条纹最清晰，条纹可见度最高。

对于上述干涉条纹可见度随光程差变化的现象，也可以用条纹越级重叠的概念加以理解。在图 11-23(a)中，如果谱线 λ_2 的第 m 级亮条纹与谱线 λ_1 的同级暗条纹相互重叠，则此时干涉条纹的可见度最低；反之，如果谱线 λ_2 的第 m 级亮条纹与谱线 λ_1 的第 $m+1$ 级亮条纹($\lambda_2>\lambda_1$)相互重叠，则此时干涉条纹的可见度最高，该处的光程差为

$$\Delta=(m+1)\lambda_1=m\lambda_2=m(\lambda_1+\Delta\lambda) \tag{11-61}$$

由此求得

$$m=\frac{\lambda_1}{\Delta\lambda},\quad \Delta=\frac{\lambda_1\lambda_2}{\Delta\lambda}\approx\frac{\bar{\lambda}^2}{\Delta\lambda} \tag{11-62}$$

式中，Δ 是 λ_2 的第 m 级条纹与 λ_1 的第 $m+1$ 级条纹相互重叠时对应的光程差。类似地，λ_2 的第 m 级条纹与 λ_1 的第 $m+2$ 级条纹、第 $m+3$ 级条纹重叠时对应的光程差分别是 $\Delta=2\,\dfrac{\bar{\lambda}^2}{\Delta\lambda}$，$\Delta=3\,\dfrac{\bar{\lambda}^2}{\Delta\lambda}$等。

上述讨论表明，当用一个具有特定光谱结构的光源照明迈克耳孙干涉仪时，干涉条纹光强的分布是随光程差改变的。反过来，如果知道了干涉条纹的光强是如何随光程差分布的，就可以推断出照明光源的光谱结构，这就是傅里叶变换光谱仪的基本原理。傅里叶变换光谱仪通过一个干涉仪记录下作为光程差函数的光强值，然后通过计算机对得到的光强函数作傅里叶变换就可以求得入射光的谱密度函数。它的光能利用率较高，而且可以同时记录所有光谱信息，在物质结构分析方面具有广泛的应用。

当迈克耳孙干涉仪中的 M_1 与 M_2' 不平行时，就形成了楔形空气板。由于采用扩展光源照明，因此这时观察到的是弯曲的混合型条纹，其光程差由 h 和 $\cos\theta_2$ 的共同作用决定。因为干涉条纹是由相同光程差的轨迹构成的，所以由光程差公式 $\Delta=2nh\cos\theta_2$ 可知，对于倾角较小的入射光，$\cos\theta_2$ 值较大，为保持光程差恒定，必然要求平板厚度 h 值较小，这时条纹是弯曲的，而且弯向楔顶的一方。对于混合型条纹，只有当厚度 h 很小时，才可以近似看成等厚条纹。

11.4.2 泰曼-格林干涉仪和波面干涉技术

图11-24所示为泰曼-格林(Twyman-Green)干涉仪的结构原理图。它实际上是迈克耳孙干涉仪的改型,将迈克耳孙干涉仪中的扩展光源照明系统改为单色点源照明,经透镜准直后变成平行光入射到干涉仪系统,取消了补偿板,透射过分光板G的光束经过被检棱镜Q后被平面镜M_2反射,按原路回到分光板。由于$\theta_1=\theta_2=0$,显然这种干涉条纹是等厚条纹,通过移动反射镜M_1可以得到最清晰的干涉条纹。

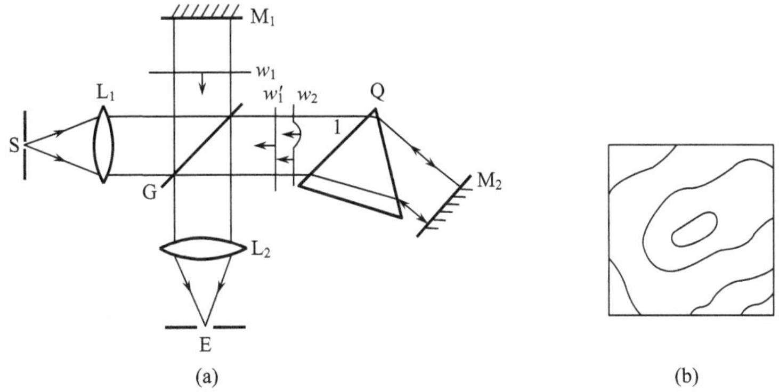

图11-24 泰曼-格林干涉仪结构原理图

也可以从另一个角度来分析产生等厚干涉条纹的原理。如果M_1和M_2的平面性都很好,而且被检测的棱镜也完全没有缺陷,那么此时入射平行光被分成的两束相干光仍是平行光,也就是说两个相干光束都是平面波,即这两个相干光束的波面都是平面。当楔角不太大时,这两个平面波的干涉强度由厚度h确定,不同的楔角产生不同间距的等厚条纹。现在假设被检测的棱镜存在某些缺陷,这样平面波穿过棱镜后将不再是平面波,也就是说原本是平面的波前在穿过有缺陷的棱镜后其波面不再是平面,而是带有棱镜缺陷的波面w_2(图11-24)。在观察系统中所看到的干涉条纹等价于图11-24中w_1'和w_2这两个波面的干涉,其中w_1'是w_1关于分光板G的虚像。标准平面波面和不规则波面干涉,由于两波面上相应点的间距正是该处的光程差,所以干涉条纹实际上反映了平面波通过被检棱镜后的波面形状,从而反映了棱镜的缺陷。对于等厚干涉,同一干涉条纹所对应的厚度相同,即两波面上间距相同的点位于同一干涉条纹上。这类似于以一个标准平面为基准,来画非平面面形上相对于这个标准平面的等高线轮廓图。从这个角度来理解干涉,干涉条纹成为待测波面相对于一个标准波面的面形轮廓图,这个标准面可以是平面,也可以是其他事先做好的标准曲面。

各种光学零件,如透镜、棱镜、平面镜等,所起的作用就是波面变换,即实现平面波和球面波的相互转换,而零件加工误差会使转换成的波面带有缺陷,这种缺陷即可由泰曼-格林干涉仪来测量,所以泰曼-格林干涉仪又称为棱镜-透镜干涉仪。由于采用了干涉技术,因此被检零件与标准面的偏差是波长量级的,也就是说泰曼-格林干涉仪可以非常精确地检测零件的误差。

11.4.3 马赫-曾德尔干涉仪

图 11-25 所示为马赫-曾德尔(Mach-Zehnder)干涉仪的结构原理图，其中的 G_1 和 G_2 为两块半反半透的平行玻璃板，M_1 和 M_2 为两块平面反射镜，通常这四块平面玻璃板是平行放置的。照明光源仍然采用平行光，即将光源 S 置于透镜 L_1 的焦点，光束经准直后进入干涉仪。进入干涉仪的平行光首先经分光板 G_1 分为两束，其中一束被平面反射镜 M_1 反射后再被分光板 G_2 反射进入观察系统，另一束被平面反射镜 M_2 反射后再透过分光板 G_2 进入观察系统。这两束光的干涉图样被透镜 L_2 聚焦在其焦面附近。如果在 L_2 的焦面附近用高速摄像机进行拍摄，就可以得到干涉条纹的瞬间图像。如果在一条干涉光束的光路中放入一个标准相位物体 w_2，另一条干涉光路中放入待检测相位物体 w_1，那么就可以观察到这两个相位物体形成的不同波前之间的等厚干涉条纹，因此这种干涉仪可用于测量相位物体引起的相位变化。

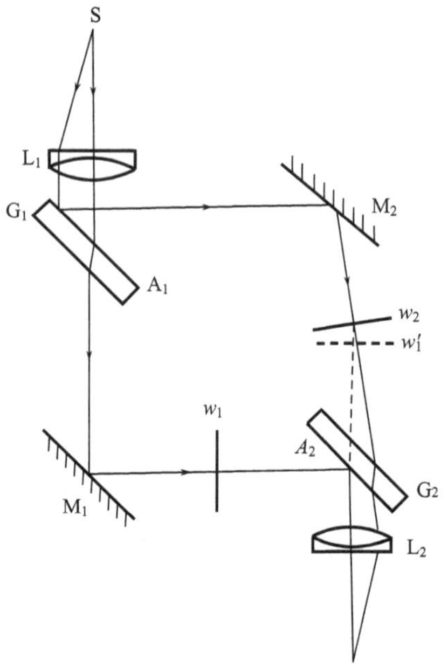

图 11-25 马赫-曾德尔干涉仪结构原理图

马赫-曾德尔干涉仪的两束相干光束分得很开，因此其制作和调节都比较困难，但这也使得它可以测量体积较大的相位物体，因此它的用途很广。特别是在空气动力学中可以用它来研究空气气流的折射率变化，从而分析气流的密度变化。此外，它在光全息、光纤与集成光学研究中也有重要用途。

马赫-曾德尔干涉仪的另一特点是光能利用率较高。在迈克耳孙干涉仪中，有一半左右的光能量将返回光源方向，而马赫-曾德尔干涉仪则没有回到光源方向的光能量，因此相对于迈克耳孙干涉仪，马赫-曾德尔干涉仪的光能利用率高约一倍。

11.5 平行平板的多光束干涉及其应用

前面首先从最经典的杨氏干涉实验出发，得出了关于干涉的一般规律。但是在杨氏干涉实验中为了获得较高的干涉条纹可见度，照明光源应采用点光源，而点光源由于本身亮度较低，使得干涉场上条纹的亮度很弱。如果采用扩展光源照明，尽管增加了光源的亮度，但受光源空间相干性的影响，干涉条纹的可见度下降。利用平行平板的分振幅干涉，可以实现干涉孔径角 $\beta=0$ 的干涉，这就允许使用扩展光源照明而不会使干涉条纹的可见度下降，从而解决了干涉条纹的对比度和条纹亮度这一对矛盾。但是，无论杨氏干涉还是平行平板的双光束干涉，得到的干涉条纹强度分布都是余弦函数，即亮暗条纹各占条纹周期的一半。而在很多情况下，特别是在干涉测量中，希望亮条纹的宽度很小，或者说亮条纹很细锐，这样就可以精确确定亮条纹的位置，从而提高测量精度。当干涉条纹的最小光强为零时，亮条纹的宽度通常用半峰值宽度来衡量，它定义为在强度等于最大光

强 I_M 一半时对应的亮纹宽度。条纹的细锐程度称为条纹的精细度，定义为条纹间距与条纹半峰值宽度的比值，记为 s。对于余弦型条纹，显然有 $s=2$。下面将要讨论的平行平板的多光束干涉可以提高干涉条纹的精细度。

11.5.1　平行平板多光束干涉的原理

在平板的双光束干涉中，仅考虑了前两束反射光的干涉。事实上，光在平板的上、下表面会经历多次的反射和折射，如图 11-26 所示。按照菲涅耳公式计算光在接近正入射条件下前 10 支反射光和透射光的强度，如表 11-1 左栏所示；同时还计算了光通过镀有高反射率 $R=0.8$ 的银层的平板后前 10 支反射光和透射光的强度，如表 11-1 右栏所示。

表 11-1　未镀银平板和镀银平板上反射光与透射光的强度

光线号	未镀银的平板 $R=0.04, s=0.96$		镀银的平板 $R=0.80, s=0.20$	
	反射光	透射光	反射光	透射光
1	4.0	92.2	80.0	4.0
2	3.7	0.1	3.2	2.6
3	—	—	2.1	1.7
4	—	—	1.3	1.0
5	—	—	0.8	0.7
6	—	—	0.11	0.4
7	—	—	0.3	0.3
8	—	—	0.2	0.2
9	—	—	0.1	0.1
10	—	—	0.1	0.1
透反射率百分比	7.7	92.3	88.6	11.1
	100.0		99.7	

在前面关于干涉条纹可见度的讨论中，只有强度接近的相干光束才能得到较高的条纹可见度；如果相干光束的强度相差很大，干涉条纹的可见度就很低。从表 11-1 可知，对于未镀高反膜的玻璃平板，从第 3 支反射光和透射光开始，其值均小于 0.1，可以忽略。而两支透射光束的强度相差太大，只有两束反射光的强度接近，可以形成高可见度的干涉条纹，这正是在平板的双光束干涉中所讨论的情况。对于镀了高反膜的玻璃平板，前 10 支透射光和反射光的强度均大于 0.1，但第 1 支反射光相对于其他各束反射光具有太大的强度，所以在反射场就得不到高可见度的干涉条纹。但是透射场的前 10 支光束却有相近的强度，它们形成的干涉条纹具有较高的可见度。因此，在下面有关平板多光束干涉的讨论中，将主要讨论透射光的干涉。

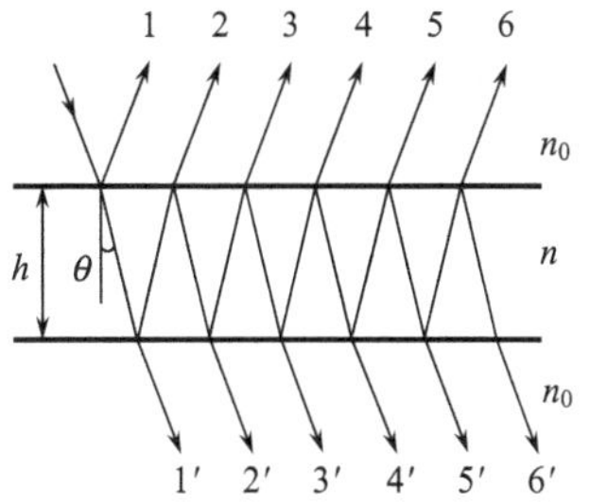

图 11-26　平行平板的多光束干涉

1. 干涉场的强度分布

在图 11-26 中,设入射光复振幅为 $\widetilde{A}^{(i)}$,光束在平板上表面的振幅反射系数与振幅透射系数分别为 r 与 t,在平板下表面的振幅反射系数与振幅透射系数分别为 r' 与 t'。相邻两束光的相位差为

$$\delta = k\Delta = \frac{4\pi}{\lambda} nh\cos\theta_2 \tag{11-63}$$

式中,n 为平板玻璃的折射率。不考虑吸收,可以得到透射光的复振幅 $\widetilde{A}_j$ 依次为

$$tt'\widetilde{A}^{(i)},\ tt'r'^2 e^{i\delta}\widetilde{A}^{(i)},\ tt'r'^4 e^{i2\delta}\widetilde{A}^{(i)},\ \cdots,\ tt'r'^{2(j-1)} e^{i(j-1)\delta}\widetilde{A}^{(i)}$$

显然,总光场的复振幅就是所有透射光的复振幅之和 $\sum\widetilde{A}_j$ 。在例 10-4 中已经对此作过计算,总光场的复振幅可表示为

$$\widetilde{A}^{(t)} = \frac{tt'}{1-r'^2 e^{i\delta}}\widetilde{A}^{(i)} \tag{11-64}$$

利用菲涅耳公式可以证明,振幅透射系数 tt' 和振幅反射系数 rr' 之间的关系满足

$$r = -r', \quad tt' = 1 - r^2 \tag{11-65}$$

在分界面上光能量的反射率 $R = r^2$,透射率为 T,不考虑材料的吸收时,显然有能量守恒关系 $R + T = 1$,因此有

$$tt' = 1 - r^2 = 1 - R = T \tag{11-66}$$

最后得到透射场上光强分布为

$$I^{(t)} = |\widetilde{A}^{(t)}|^2 = \frac{(1-R)^2}{(1-R)^2 + 4R\sin^2\left(\dfrac{\delta}{2}\right)} I_0 \quad (I_0 = |\widetilde{A}^{(i)}|^2 \text{ 为入射光强}) \tag{11-67}$$

令

$$F = \frac{4R}{(1-R)^2} \tag{11-68}$$

则透射场光强还可以表示为

$$\frac{I^{(t)}}{I_0} = \frac{1}{1 + F\sin^2\left(\dfrac{\delta}{2}\right)} \tag{11-69}$$

在下面讨论中将看到,F 与条纹的精细程度直接相关,称为精细度系数。

类似地,反射场光强为

$$\frac{I^{(r)}}{I_0} = \frac{F\sin^2\left(\dfrac{\delta}{2}\right)}{1 + F\sin^2\left(\dfrac{\delta}{2}\right)} \tag{11-70}$$

显然有

$$\frac{I^{(t)}}{I_0} + \frac{I^{(i)}}{I_0} = 1 \tag{11-71}$$

这意味着反射光和透射光是互补的,也就是说,反射光的干涉条纹为亮纹时,相应透射光

的干涉条纹就为暗纹，反之亦然。

2. 干涉条纹的特征

由式(11-69)和式(11-70)可知，平行平板多光束干涉的光强分布由相邻光束的光程差 δ 和精细度系数 F(平板表面的反射率 R)决定。当平板表面反射率 R 一定(精细度系数 F 一定)时，光强分布仅由光程差 δ 决定。由光程差表达式(11-63)可知，光程差由折射角 θ_2 决定，这与平行平板等倾干涉类似，因此多光束干涉的干涉条纹仍为等倾圆环。对于透射光，形成亮条纹和暗条纹的条件分别为

$$\delta = 2m\pi, \quad \delta = (2m+1)\pi \quad (m = 0, \pm 1, \pm 2, \cdots) \tag{11-72}$$

相应的亮条纹和暗条纹的强度分别为

$$I_{\mathrm{M}}^{(\mathrm{t})} = I^{(\mathrm{i})}, \quad I_{\mathrm{m}}^{(\mathrm{t})} = \frac{1}{1+F} I^{(\mathrm{i})} \tag{11-73}$$

下面讨论精细度系数 F 对多光束干涉强度分布的影响。图 11-27 所示为 F 取不同值时计算得到的透射光强 $I^{(\mathrm{t})}/I_0$ 随光程差 δ 变化的曲线。由图可知，随着反射率 R(或精细度系数 F)的增加，条纹的可见度逐渐增高，同时亮条纹逐渐由粗变细。当 $R \to 1$ 时，可以得到非常细锐的亮条纹，这是多光束干涉最重要的特点。

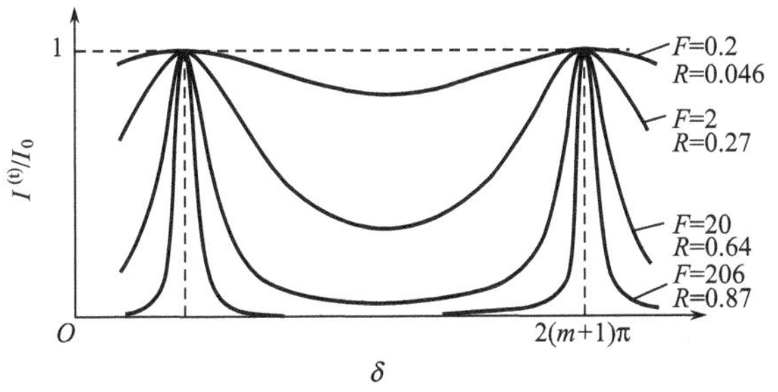

图 11-27　不同反射率下多光束干涉强度的曲线

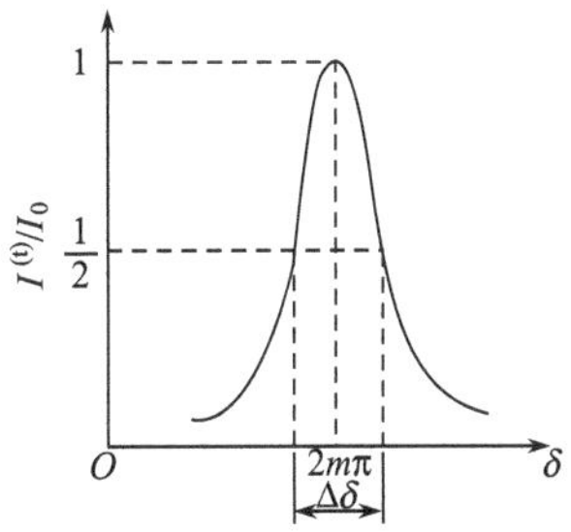

图 11-28　条纹半宽度示意图

根据前面条纹精细度 s 的定义，为计算方便起见，用相位角宽度的概念代替条纹宽度的概念，条纹精细度还可以表示为

$$s = 2\pi / \Delta\delta \tag{11-74}$$

式中，2π 表示相邻条纹的相位间距；$\Delta\delta$ 表示亮条纹强度下降到峰值一半时所对应的相位角宽度。由上述定义，参考图 11-28，对于 m 级条纹，亮条纹强度下降一半时有

$$I^{(\mathrm{t})}(\delta = 2m\pi + \Delta\delta/2) = \frac{1}{2} I_0 \quad \text{或} \quad \frac{1}{1 + F\sin^2(\Delta\delta/4)} = \frac{1}{2} \tag{11-75}$$

当 $\Delta\delta$ 很小时，有 $\sin(\delta/4) \approx \delta/4$，于是

$$\Delta\delta = \frac{4}{\sqrt{F}} = \frac{2(1-R)}{\sqrt{R}} \tag{11-76}$$

将式(11-76)代入式(11-74)，得到条纹精细度为

$$s = \frac{\pi\sqrt{F}}{2} = \frac{\pi\sqrt{R}}{1-R} \tag{11-77}$$

式(11-77)表明,平板的反射率 R 越大,或精细度系数 F 越大,则条纹的精细度 s 就越高,所以精细度系数 F 与条纹精细度密切相关。

11.5.2 法布里-珀罗干涉仪

利用多光束干涉原理制作的干涉仪称为法布里-珀罗干涉仪(或简称为 F-P 干涉仪),其结构如图 11-29 所示。它由两块玻璃或石英平板构成,中间的夹层为空气。两平板的工作面(内表面)镀有反射率达 90%以上的高反射膜,并严格保持平行,以满足多光束等倾干涉条件。通常两块平板有意做成角度非常小($1'\sim10'$)的楔板,这样平板外表面的反射光与工作面的反射光不平行,从而消除平板外表面反射光的干扰。这种干涉仪的条纹精细度很高,适用于高分辨率测量的场合。

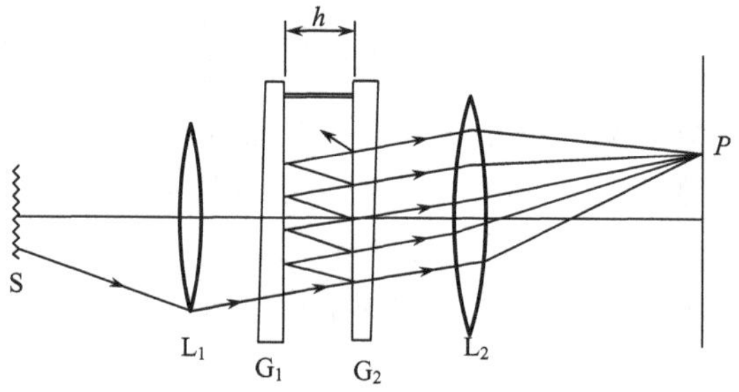

图 11-29 F-P 干涉仪结构示意图

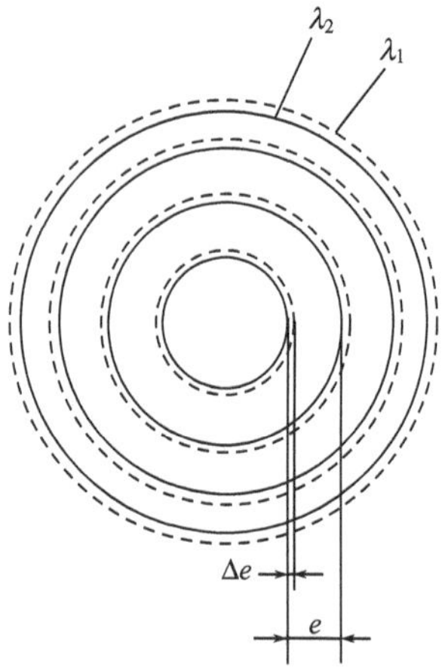

图 11-30 双谱线结构形成的多光束等倾干涉圆环

F-P 干涉仪有两种类型:一种是在两块平行平板之间加上一个由膨胀系数很小的材料制作的平行隔圈以确保两平行平板严格平行,但这样两板之间的距离就无法改变,这种类型的仪器通常称为F-P 标准具;另一种类型是一块平板固定,另一块平板可以沿工作面的法线方向做直线平移,但在平移过程中要保持两块平板的工作面平行是非常困难的,这种类型的仪器称为 F-P 干涉仪。同为平行平板的等倾干涉,法布里-珀罗干涉仪与迈克耳孙干涉仪有许多相似点。例如,圆环中心的干涉级次最高,随着 h 的改变中心圆环的级次会发生变化,在用具有双谱线结构的钠灯照明时会出现两组圆环,而且这两组干涉条纹会随着光程差的改变产生越级重叠现象。但是,利用多光束干涉原理制作的 F-P 干涉仪又有其自身的特点,它产生的亮条纹非常细锐,所以在不同波长的条纹越级过程中,不会像双光束干涉那样由于两组条纹的峰-谷重叠而使干涉场成为均匀一片,而是总干涉场圆环的密度增加一倍(图 11-30),并且可以非常精确地确定某级亮条纹的位置。因此,利用 F-P 干涉仪或标准具可以进行光谱的超精细结构分析,在光谱学中有重要的作用。

1. 测量原理与测量范围

假设有两个波长非常接近(分别为 λ_1、λ_2,且 $\lambda_2>\lambda_1$,$\lambda_2-\lambda_1=\Delta\lambda$)的单色光源照明一

个 F-P 标准具，显然这两个不同波长的光将产生两组等倾圆环条纹，如图 11-30 所示。其中，实线为长波长 λ_2 的光波产生的干涉图样，虚线为短波长 λ_1 的光波产生的干涉图样。在前面讨论越级重叠问题时已经知道，当光程差满足 $\Delta=\lambda_1\lambda_2/\Delta\lambda\approx\bar{\lambda}^2/\Delta\lambda$ 时，干涉场的两组圆环形条纹正好越 1 级重叠。对于确定 h 值的 F-P 标准具，条纹中心处对应的光程差 $\Delta=2h$，因此越一级重叠时波长差应满足

$$\Delta\lambda=\bar{\lambda}^2/(2h) \tag{11-78}$$

也就是说，当波长差满足式(11-78)时，两组条纹的位移恰好等于同一组条纹的间距 e。而如果知道两组干涉条纹的位移为 Δe，就可以按线性插值法求出实际波长差，即

$$\Delta\lambda'=\frac{\Delta\lambda\,\Delta e}{e}=\frac{\Delta e}{e}\cdot\frac{\bar{\lambda}^2}{2h} \tag{11-79}$$

实际上，等倾条纹圆环的分布是中密外疏的，间距并不相等，因此线性插值必然带来测量误差，精确的计算及讨论要根据 F-P 光谱仪的色散公式求解。

当两条谱线的波长差 $\Delta\lambda=\lambda_2-\lambda_1$ 满足式(11-78)时，由这两条谱线产生的干涉条纹刚好出现越一级重叠，通常把这两条谱线的波长差 $\Delta\lambda$ 称为 F-P 标准具的自由光谱区。如果 $\Delta\lambda<\bar{\lambda}^2/(2h)$，那么两条谱线分别产生的等倾圆环不越级(同一级次)并且相互错开，这样通过测量两组圆环错开的大小 Δe 就可以根据式(11-79)求出两条谱线的波长差 $\Delta\lambda$。如果 $\Delta\lambda>\bar{\lambda}^2/(2h)$，那么尽管两条谱线产生的等倾圆环也会相互错开，但它发生了越级，即相邻的圆环并不属于同一级次。但是仅根据图 11-30 所示的干涉图样是无法判断干涉条纹是否发生越级的，从而不能够正确测量 Δe，也就无法计算 $\Delta\lambda$。因此，F-P 标准具的可确定测量范围就是它的自由光谱区。标准具的自由光谱区通常非常小。

2. 测量精度

下面讨论 F-P 标准具能够分辨的最小波长差，即它的分辨极限，也就是仪器的测量精度。尽管多光束干涉形成的条纹精细度非常高，但还是有一定的宽度，也就是说亮条纹的半峰值(角)宽度不可能为零。而仪器所能测量的最小波长差(分辨能力)正是受半峰值角宽度限制的。随着波长差逐渐减小，两条条纹逐渐靠近。计算表明，当两相邻条纹角距离正好为半峰值角宽度 $\Delta\delta$ 时，两组条纹叠加的情况如图 11-31 所示，此时光强最小值和最大值的比值为 0.81，人眼刚好可以分辨出这两条条纹，称为瑞利判据。而 $\Delta\delta$ 所对应的 $\Delta\lambda$ 就是仪器可以测量的最小波长差。

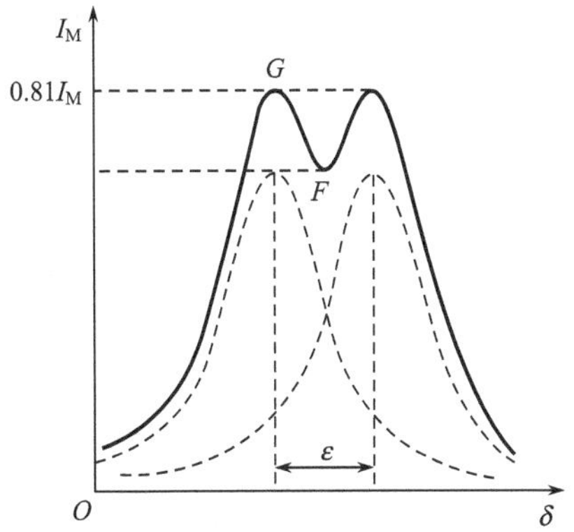

图 11-31　瑞利判据示意图

当两个不同波长的光产生的干涉条纹非常接近时，合成光强可表示为

$$I=\frac{I^{(i)}}{1+F\sin^2\left(\frac{\delta_1}{2}\right)}+\frac{I^{(i)}}{1+F\sin^2\left(\frac{\delta_2}{2}\right)} \tag{11-80}$$

式中，δ_1 和 δ_2 分别为同一点上不同波长的光产生的相位差。令 $\delta_1-\delta_2=\varepsilon$，在合成光强

最大处 G 点，$\delta_1=2m\pi$，$\delta_2=2m\pi-\varepsilon$；在合成光强最小处 F 点，$\delta_1=2m\pi+\varepsilon/2$，$\delta_2=2m\pi-\varepsilon/2$，利用式(11-80)分别算出 G 点和 F 点的光强 I_G 和 I_F，再利用 $I_F=0.81I_G$ 这个条件，可得

$$\varepsilon=\frac{4.15}{\sqrt{F}}=\frac{2.07\pi}{s} \tag{11-81}$$

将相位差表达式(11-63)微分，其中折射率 $n=1$，接近正入射时 $\cos\theta=1$，得

$$|\Delta\delta|=\frac{4\pi h}{\lambda^2}\Delta\lambda=2m\pi\frac{\Delta\lambda}{\lambda} \tag{11-82}$$

当两波长的条纹刚好分开时，$\Delta\delta=\varepsilon=2.07\pi/s$。光谱仪的分辨本领 A 定义为工作波长与所能分辨的最小波长差 $\Delta\lambda$ 之比，所以有

$$A=\frac{\lambda}{\Delta\lambda}=2m\pi\frac{s}{2.07\pi}=0.97ms \tag{11-83}$$

因此，F-P 标准具的分辨本领 A 正比于干涉级次 m 和条纹精细度 s。通常，F-P 标准具的干涉级次 $m=2h/\lambda$ 很大，镀有高反膜时精细度 s 也较高，所以它有很高的分辨本领。

11.5.3 干涉滤光片

类似于间隔很小的 F-P 标准具，当白光正入射时，则只有波长 λ_c 满足 $\lambda_c=2nh/m$ 的光具有最大透射比，因此才能透过滤光片。其中，nh 为滤光片隔层的光学厚度，m 为干涉级次。由于这种滤光片是利用多光束干涉的原理从入射白光中滤出特定波长的光，所以称为干涉滤光片。显然，当 nh 较大时，对不同的干涉级次 m，会出现多个中心波长，这时可以先用其他宽带滤波器件滤去其余中心波长，然后再用干涉滤光片得到带宽较窄的单色光。当然通过干涉滤光片的光不可能是严格意义上的单色光，而是有一定带宽的。根据前面的讨论，其波长半宽度 $\Delta\lambda$ 可表示为

$$\Delta\lambda=\frac{\lambda^2}{2\pi nh}\frac{1-R}{\sqrt{R}} \tag{11-84}$$

式中，R 为工作面的反射率。透光的强度因干涉滤光片的材料而异。

11.6 光学薄膜

光学薄膜是指用物理或化学方法在玻璃或金属的光滑表面上涂镀的透明介质膜层，这些介质膜层利用光波在其中的反射、折射及干涉现象来达到增反、增透、分光、滤光、改变光束偏振态等作用。光学薄膜在近代科学技术中有广泛应用，对它的研究已形成了现代光学的一个新分支——薄膜光学。下面简单介绍一下多光束干涉理论在薄膜光学中的应用。

11.6.1 单层膜

图 11-32 所示为单层膜的结构示意图，表示在折射率为 n_G 的玻璃基底上涂覆了一层折射率为 n 的薄膜，n_0 为周围介质折射率。薄膜层可以看作平行平板，光束将在薄膜内

产生多次反射，薄膜上、下表面会有一系列平行光出射，唯一的区别是薄膜两边的介质不同。仿照多光束干涉时的推导过程，不难推导出这个薄膜(nh)层的透射系数和反射系数分别为

$$t=\frac{\widetilde{A}^{(t)}}{\widetilde{A}^{(i)}}=\frac{t_1t_2}{1+r_1r_2e^{i\delta}},\quad r=\frac{\widetilde{A}^{(r)}}{\widetilde{A}^{(i)}}=\frac{r_1+r_2e^{i\delta}}{1+r_1r_2e^{i\delta}} \tag{11-85}$$

式中，r_1、r_2 分别为光束在薄膜上、下表面的反射系数；t_1、t_2 分别为光束在薄膜上、下表面的透射系数。因此，单层膜可以等效为一个新的界面，其反射系数为 r，透射系数为 t。不考虑吸收时的反射率 R 可表示为

$$R=|r|^2=\frac{r_1^2+r_2^2+2r_1r_2\cos\delta}{1+r_1^2r_2^2+2r_1r_2\cos\delta} \tag{11-86}$$

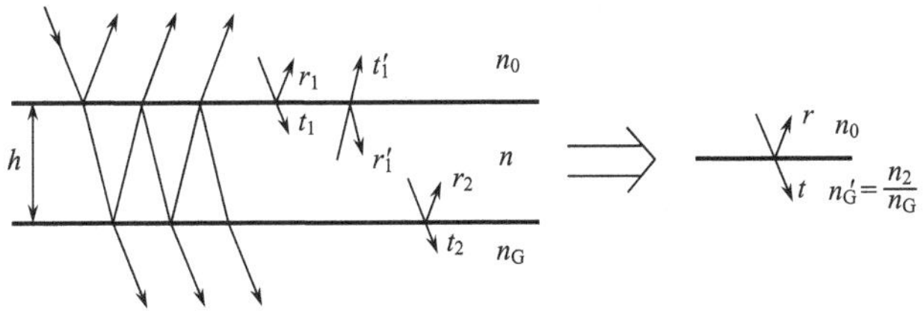

图 11-32　单层膜等效界面

在正入射时，利用菲涅耳公式可得到薄膜上、下两表面的反射系数分别为

$$r_1=\frac{n_0-n}{n_0+n},\quad r_2=\frac{n_0-n_G}{n_0+n_G} \tag{11-87}$$

将式(11-87)代入式(11-86)，得到正入射时薄膜反射率为

$$R_{正}=\frac{(n_0-n_G)^2\cos^2\left(\frac{\delta}{2}\right)+\left(\frac{n_0n_G}{n}-n\right)^2\sin^2\left(\frac{\delta}{2}\right)}{(n_0+n_G)^2\cos^2\left(\frac{\delta}{2}\right)+\left(\frac{n_0n_G}{n}+n\right)^2\sin^2\left(\frac{\delta}{2}\right)} \tag{11-88}$$

图 11-33 所示曲线为根据式(11-88)绘出的正入射时反射率 R 随薄膜的光学厚度nh(相位差 δ)的变化曲线，其中 $\theta_0=0$，$n_0=1$，$n_G=1.5$。由图 11-33 可知，当

$$\delta=\frac{4\pi}{\lambda}nh=(2m+1)\frac{\lambda}{4} \tag{11-89}$$

时，$R_{正}$有极大或极小值，此时 $R_{正}$为

$$R_{正\lambda}=\frac{\left(\frac{n_0n_G}{n}-n\right)^2}{\left(\frac{n_0n_G}{n}+n\right)^2}=\left(\frac{n_0-\frac{n^2}{n_G}}{n_0+\frac{n^2}{n_G}}\right)^2 \tag{11-90}$$

当膜层光学厚度 nh 为某个波长 λ 的$(2m+1)/4$ 倍数的时候，此膜称为 1/4 膜。将 1/4 膜的反射率与正入射时无介质膜的反射率公式

$$R_{正}=\left(\frac{n_0-n_G}{n_0+n_G}\right)^2 \tag{11-91}$$

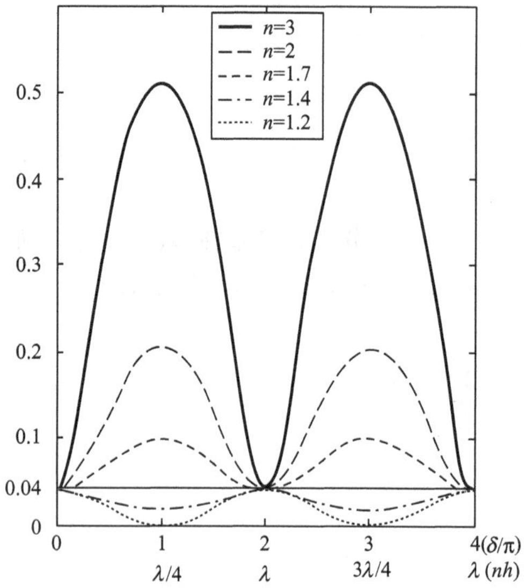

图 11-33 $R_{正}(n, nh)$曲线

相比较，可以看到 1/4 膜等效界面的等效折射率为$\frac{n^2}{n_G}$。因此，镀 1/4 膜的作用相当于改变基底折射率 n_G，而且通过选择不同膜层介质的折射率 n 可以控制 n_G 的改变量，从而达到增透或增反的效果。

1. 单层增透膜

由图 11-33 可知，只要膜层的折射率小于基底折射率，则镀膜后的反射比总比不镀膜时小，从而起到减反增透的作用。而由式(11-90)可知，当膜层折射率满足 $n=\sqrt{n_0 n_G}$时，正入射时反射率为 0，起到全增透的作用。对于典型的 $n_0=1$，$n_G=1.5$ 的情况，n 为 1.22 得到对光的全增透。但目前很难找到 $n=1.22$ 的材料，通常使用折射率接近的 MgF_2(氟化镁)材料，其折射率为 1.38，此时反射率约为 1.3%。

2. 单层增反膜

由图 11-33 还可知道，只要膜层的折射率大于基底折射率，则镀膜后的反射率总比不镀膜时大，从而起到增反的作用。当膜层折射率 $n\to\infty$时，反射率 $R\to 1$，得到全增反的效果，当然这在实际中是做不到的。通常使用较高折射率的材料 ZnS(硫化锌)制作增反膜，其折射率 $n=2.38$，这时 $R_{正\lambda}=33\%$。

以上分析说明，单层膜可以起到增透或增反的效果，但受材料限制，增透或增反效果有限。为达到更好的增透或增反效果，可以采用多层膜的方法。

11.6.2 多层膜

将 1/4 膜等效界面等效折射率 $n_e=n^2/n_G$ 代入式(11-90)，可得

$$R_{正\lambda}=\left(\frac{n_0-n_e}{n_0+n_e}\right)^2 \tag{11-92}$$

式(11-92)表明，当 $n_e=n_0$ 时得到全增透效果，当$n_e\to\infty$时得到全增反效果。可以把 n_e 看成一个新的基底折射率，如果继续涂镀 1/4 膜，相当于不断调整基底的等效折射率，最终达到使膜层折射率和基底折射率匹配的目的，实现更好的增反或增透效果。

1. 双层增透膜

对于如图 11-34 所示的 n_0-n_1-n_2-n_G 双层 1/4 膜系，n_1-n_2-n_G 作为等效界面时的等效折射率为

$$n_{e2}=n_2^2/n_G \tag{11-93}$$

n_0-n_1-n_{e2}作为等效界面的等效折射率为

$$n_{e1}=n_1^2/n_{e2} \tag{11-94}$$

将式(11-93)代入式(11-94)得

$$n_{e1}=n_1^2 n_G/n_2^2=n_0 \tag{11-95}$$

因此,该双层膜系等效于 n_0-n_{e1} 的分界面,反射率为

$$R_{正\lambda}=\left(\frac{n_0-n_{e1}}{n_0+n_{e1}}\right)^2=\left(\frac{n_0-\frac{n_1^2}{n_2^2}n_G}{n_0+\frac{n_1^2}{n_2^2}n_G}\right)^2 \tag{11-96}$$

全增透条件为

$$n_2=\sqrt{\frac{n_G}{n_0}}n_1 \tag{11-97}$$

与单层膜的全增透条件 $n=\sqrt{n_0 n_G}$ 相比,双层膜有两个折射率可供选择,因此更易实现折射率匹配。

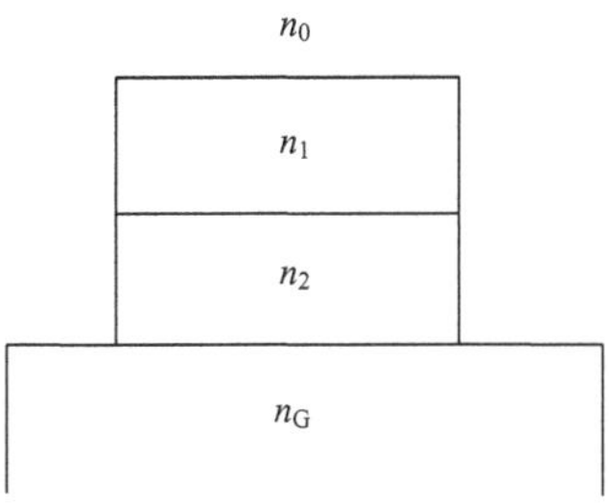

图 11-34 双层 1/4 膜系

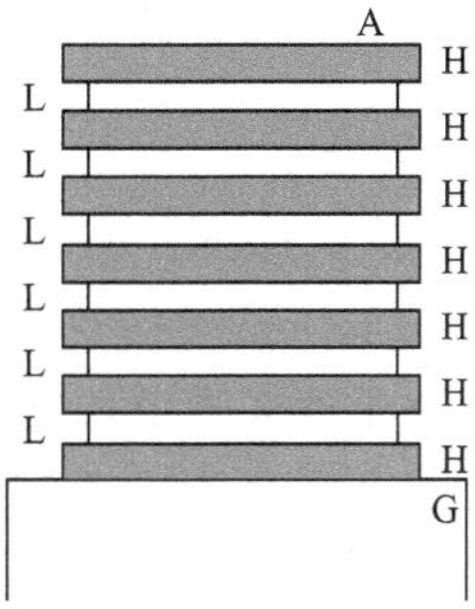

图 11-35 多层高反膜

2. 多层高反膜

多层高反膜通常是由一系列的高折射率(ZnS)1/4 膜层和低折射率(MgF_2)1/4 膜层交替涂覆而成,如图 11-35 所示。整个膜系置于空气 A 中,可表示为

$$\text{GHLHL}\cdots\text{LHA}=\text{G(HL)}^p\text{HA} \tag{11-98}$$

式中,G 表示玻璃基底,A 表示空气,$2p+1$ 为膜层数。

按照前述膜系等效界面递推法,可求得反射率为

$$R_{正\lambda}=\left[\frac{n_0-\left(\frac{n_H}{n_L}\right)^{2p}\frac{n_H^2}{n_G}}{n_0+\left(\frac{n_H}{n_L}\right)^{2p}\frac{n_H^2}{n_G}}\right]^2 \tag{11-99}$$

层数 $2p+1$ 越大,正入射时的反射率 R 就越大。氦氖激光器 F-P 腔上的反射镜,膜层数可达 15～19 层,反射率 R 高达 99.6%。

前面所有的讨论都是在 1/4 膜和正入射的条件下进行的。在斜入射时,根据菲涅耳

公式，s 分量和 p 分量的反射系数不同，必须分别加以讨论。对 s 分量和 p 分量分别处理后，取其平均值，即为入射自然光的反射系数。还要注意的是，1/4 膜只是对某一波长而言的，对其他波长的光波而言这个膜则不再是 1/4 膜。因此，某个膜系对某一波长的光增透或增反，但对另外波长的光就不一定有增透或增反效果。

习　题

11-1　在杨氏平涉实验中，双缝间距为 1mm，离观察屏 1m，用钠光灯做光源，它发出两种波长的单色光，$\lambda_1=589.0$nm 和 $\lambda_2=589.6$nm，问两种单色光的第 10 级亮条纹间的间距为多少？

11-2　在杨氏干涉实验中，将一个长为 25mm 的充满空气的玻璃容器置于一小孔前，在观察屏上得到稳定的干涉条纹。之后将容器中的空气抽出，注入某种实验气体，发现条纹系统移动了 21 根条纹。已知照明光波长为 656.2816nm，空气折射率 $n_0=1.000276$，求实验气体的折射率。

11-3　在杨氏干涉实验中，准单色光的波长宽度为 0.05nm，平均波长为 500nm。问在小孔 S_1 处贴上多厚的玻璃片可使 P_0 点附近的条纹消失？（设玻璃的折射率 $n=1.5$。）

11-4　在杨氏干涉实验中，用氦氖激光器发出的激光束（$\lambda=632.8$nm）垂直照射两小孔。两小孔的距离为 1mm。问：

(1) 在离小孔 100cm 远的观察屏上得到的干涉条纹间距是多少？

(2) 若将整个干涉装置浸在水中（水的折射率 $n=1.33$），条纹间距又是多少？

(3) 条纹间距是光波长的多少倍？

11-5　在杨氏干涉实验中，照明两小孔的光源是一直径为 2mm 的圆形光源。光源发光的波长 $\lambda=500$nm，它到小孔的距离为 1.5m。问两小孔能够发生干涉的最大距离是多少？

11-6　在杨氏干涉实验中，两小孔的间距为 0.45mm，小孔与观察屏的距离为 1.2m，测得 10 个亮纹之间的间距为 1.5cm，求照明光源的波长。

11-7　试求白光（频率从 3.84×10^{14} Hz 到 7.69×10^{14} Hz）的相干长度和相干时间，并求中心波长为 632.8nm、波长宽度 $\Delta\lambda=2\times10^{-8}$nm 的氦氖激光的相干长度。

11-8　直径为 1mm 的一段钨丝用做杨氏干涉实验的光源，为使横向相干宽度大于 1mm，双孔必须与灯相距多远？

11-9　用氦氖激光照明迈克耳孙干涉仪，通过望远镜看到视场内有 20 个暗环，且中心是暗斑。然后移动反射镜 M_1，看到环条纹收缩，并且一一在中心消失了 20 环，此时视场内只有 10 个暗环，试求：

(1) M_1 移动前中心暗斑的干涉级次（设干涉仪分光板 G_1 不镀膜）；

(2) M_1 移动后第 5 个暗环的角半径。

11-10　迈克耳孙干涉仪可用来精确测量单色光波长。调整仪器，能观察到单色光照明下产生的等倾圆条纹。如果把反射镜 M 平移 0.03164mm，观察到圆条纹向中心收缩并消失 100 个，试计算单色光波长。

11-11 在迈克耳孙干涉仪的一臂中垂直插入一折射率为1.434的玻璃片，在589nm光照射下发现有35个条纹发生移动，试求玻璃片的厚度。

11-12 为什么法布里-珀罗干涉仪是高分辨本领、小量程的分光仪器？其分辨谱线的精度由什么因素决定？其自由光谱范围受什么因素制约？

11-13 将一个波长稍小于600nm的光波与一个波长为600nm的光波在F-P干涉仪上比较，当F-P干涉仪两镜面间距改变1.5nm时，两光波的条纹就重合一次，试求未知光波的波长。

11-14 法布里-珀罗干涉仪常用来测量波长相差很小的两条谱线的波长差。设干涉仪两板的间距为0.25mm，它产生的λ_1谱线的干涉环系中第2环和第5环的半径分别为2mm和3.8mm，λ_2谱线的干涉环系中的第2环和第5环的半径分别为2.1mm和3.85mm。两谱线的平均波长为500nm。试决定两谱线的波长差。

11-15 激光器的谐振腔可以看作一个法布里-珀罗标准具。

(1) 导出激光器输出激光的频率间隔表达式；

(2) 导出输出谱线宽度的表达式；

(3) 如果氦氖激光器腔长$h=0.5$m，两反射镜的反射率$R=0.99$，输出激光的频率间隔和谱线宽度是什么？（设气体折射率$n=1$，输出谱线的中心波长$\lambda=632.8$nm。）

11-16 在玻璃基片($n=1.6$)上镀两层光学厚度为$1/4\lambda$的薄膜，设第1层的折射率为1.35，为达到在正入射条件下对该波长全增透的目的，求第2层膜的折射率。

第12章 光的衍射

除干涉现象外,光的衍射现象是光的波动性的另外一个重要标志,也是光波在传播过程中的重要属性之一,在现代光学技术中已经获得广泛的应用。本章将在光波的标量衍射理论基础上,介绍两种最基本的衍射现象,即菲涅耳衍射和夫琅禾费衍射,并介绍基于衍射现象的重要光学器件——衍射光栅。

12.1 光波的标量衍射理论

12.1.1 衍射的基本概念

光在均匀介质中传播遇到障碍时会产生偏离直线行进的现象,并且还会出现光强的不均匀分布——明暗相间的条纹,这种现象称为光的衍射,不均匀的光强分布称为衍射图样。光的衍射在数学处理上是比较复杂的,但是局限于标量衍射理论的范围内,一些典型的衍射还是容易用标量叠加的方法作很好的近似处理,因为考虑的还是同振动方向的相同频率的光波的叠加,在这一点上干涉和衍射是有共性的。实际上,干涉和衍射并不存在实质性的物理差别,但习惯上(虽然并不总是恰当)当考虑的只是几个波的叠加时说是干涉,而考虑大量波的叠加时则说是衍射。

在均匀介质中传播的光波遇到障碍物时,波振面上一个区域内的振幅或相位受到障碍物的限制而发生改变,从而使障碍物后光场的复振幅重新分布,导致衍射现象的产生。导致衍射现象产生的障碍物称为衍射屏。

假设光波在衍射屏前的复振幅分布为 $\widetilde{E}_0(x_1,y_1)$,刚刚透过衍射屏时的复振幅分布为 $\widetilde{E}(x_1,y_1)$,并且有

$$\widetilde{E}(x_1,y_1)=\widetilde{E}_0(x_1,y_1)t(x_1,y_1) \tag{12-1}$$

式中,$t(x_1,y_1)$反映了衍射屏对照射在屏面上光波的复振幅分布 $\widetilde{E}_0(x_1,y_1)$的分割、调制作用,称为衍射屏的复振幅透射系数。通常情况下它是一个复值函数,可以表示为

$$t(x_1,y_1)=A(x_1,y_1)\exp[\mathrm{i}\varphi(x_1,y_1)] \tag{12-2}$$

式中,$A(x_1,y_1)$表示振幅,$\varphi(x_1,y_1)$表示相位。

式(12-1)表明被衍射屏调制的光场 $\widetilde{E}(x_1,y_1)$在传播中将发生衍射,在接收屏上得到完全不同于 $\widetilde{E}(x_1,y_1)$的新的复振幅分布 $\widetilde{E}(x,y)$。

实际中经常要处理的衍射问题可以分为三类:第一类是已知照明光场的分布和衍射屏的特性,求接收屏幕上衍射光场的分布;第二类是已知衍射屏的特性和衍射光场的分布,去了解照明光场的某些特性;第三类也是最常遇到的一类,是已知照明光场的分布和接收屏上所需要的衍射光场的分布,设计、计算衍射屏的结构并制造出所需的衍射光学元件。

12.1.2　惠更斯原理

惠更斯原理认为，波阵面上的每一个点都可以看成是一个发出次级球面子波的波源，而后一时刻这些子波的包络面就是新的波振面。波振面的法线方向就是光波的传播方向。利用惠更斯原理可以定性解释衍射发生时光偏离直线传播的现象，说明衍射现象的存在，但不能定量分析光波通过衍射屏后沿不同方向传播的振幅大小，因此无法确定衍射光斑的光强分布，故而还不能完整解释光波衍射现象。

12.1.3　惠更斯原理-菲涅耳原理

菲涅耳汲取了惠更斯的子波概念，并且考虑到这些子波是来自于同一光源的，因此它们之间应该是相干的，波振面外任一点的光振动应该是波振面上所有子波相干叠加的结果。用"子波相干叠加"的思想补充的惠更斯原理称为惠更斯-菲涅耳原理，具体表述如下：在给定时刻，波振面上的每一点都起着次级球面子波（频率与初波相同）波源的作用，在空间某一点 P 的振动是所有这些次波在该点相干叠加的结果。

下面根据惠更斯-菲涅耳原理考察单色点光源 S 对空间任意一点 P 的作用。如图 12-1 所示，选取 S 和 P 之间的一个波面 Σ，点光源 S 在波面 Σ 上任一点 Q 产生的复振幅为

$$\widetilde{E}_Q = \frac{A}{R}\exp(\mathrm{i}kR) \tag{12-3}$$

式中，A 是离点光源单位距离处的振幅，R 是波面 Σ 的半径。

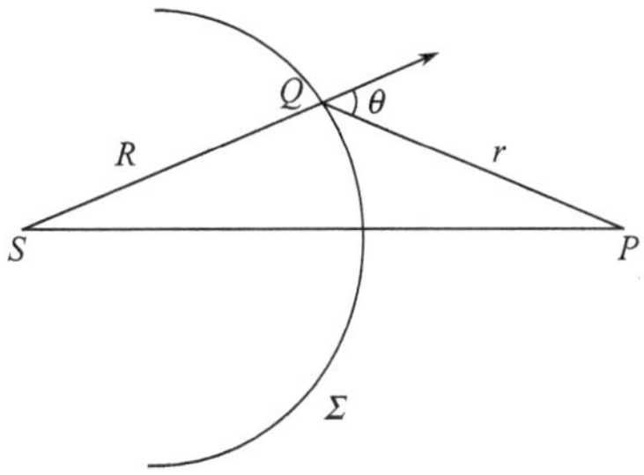

图 12-1　惠更斯-菲涅耳原理示意图

假设波面 Σ 上的面元 $\mathrm{d}\sigma$ 发出的次波在 P 点产生的复振幅为 $\mathrm{d}\widetilde{E}(P)$，则根据惠更斯-菲涅耳原理，$P$ 点的总扰动为

$$\widetilde{E}(P) = \iint_{\Sigma} \mathrm{d}\widetilde{E}(P) \tag{12-4}$$

为了利用式(12-4)计算具体的衍射过程，菲涅耳进一步假设：面元 $\mathrm{d}\sigma$ 发出的次波在 P 点产生的复振幅与入射光波在面元上的复振幅 $\widetilde{E}_Q$、面元的大小和倾斜因子 $K(\theta)$ 成正比。倾斜因子 $K(\theta)$ 表示次波在 P 点产生的复振幅随面元法线方向与 QP 的夹角 θ 的变化而变化，它表明由面元发出的次波不是各向同性的。菲涅耳还进一步假设，当 $\theta=0$ 时倾斜因子有最大值，随着 θ 的增大，倾斜因子逐渐减小，当 $\theta \geqslant \pi/2$ 时，倾斜因子为 0，表示不存在向后退的次波。

根据以上假设，菲涅耳衍射积分公式可表示为

$$\widetilde{E}(P) = \frac{CA\exp(\mathrm{i}kR)}{R}\iint_{\Sigma} \frac{\exp(\mathrm{i}kr)}{r}K(\theta)\,\mathrm{d}\sigma \tag{12-5}$$

式中，C 为一常数。

菲涅耳作以上假设时只是凭朴素的直觉，因此其理论本身并不十分严格，而且他也未能给出倾斜因子 $K(\theta)$ 和常数 C 的具体表达式。60 余年后，基尔霍夫建立了一个严格的数学理论，证明菲涅耳的假设基本是正确的，并且弥补了菲涅耳理论的不足，给出了倾斜

因子 $K(\theta)$ 和常数 C 的具体表达式。如图 12-2(a)所示,倾斜因子和比例常数分别为

$$K(\theta)=\frac{\cos(\boldsymbol{n},\boldsymbol{r})-\cos(\boldsymbol{n},\boldsymbol{l})}{2},\quad C=\frac{1}{\mathrm{i}\lambda} \tag{12-6}$$

式中,$(\boldsymbol{n},\boldsymbol{r})$ 和 $(\boldsymbol{n},\boldsymbol{l})$ 分别为孔径面 Σ 的法线与 l 和 r 方向的夹角。比例常数 C 中因子 $\frac{1}{\mathrm{i}}=\exp\left(-\mathrm{i}\frac{\pi}{2}\right)$ 表示次波的振动相位超前于入射波 90°。有了倾斜因子和比例常数的表达式,则菲涅耳-基尔霍夫衍射公式可写为

$$\widetilde{E}(p)=\frac{A}{\mathrm{i}\lambda}\iint_{\Sigma}\frac{\exp(\mathrm{i}kl)}{l}\frac{\exp(\mathrm{i}kr)}{r}\left[\frac{\cos(\boldsymbol{n},\boldsymbol{r})-\cos(\boldsymbol{n},\boldsymbol{l})}{2}\right]\mathrm{d}\sigma \tag{12-7}$$

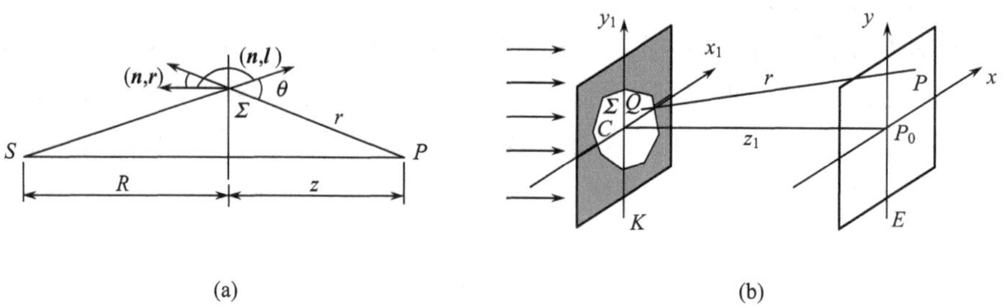

(a) (b)

图 12-2 平面衍射屏的衍射

原则上,利用式(12-7)可以计算任意形状的孔径或屏障的衍射。显然,只有在孔径范围内的波面 Σ 才会对 P 点起作用,这部分波面上所有面元发出的子波在 P 点的干涉决定了 P 点的复振幅。由此可见,衍射问题实际上还是一个干涉问题,只不过它所处理的是波面上无数个子波元发出的子波的干涉,要采用积分的办法。

当利用菲涅耳-基尔霍夫衍射公式(12-7)来计算衍射问题时,由于被积函数比较复杂,很难以解析形式求出积分,通常要根据具体情况作某些近似处理。一般情况下,衍射屏的孔径都很小,如果点光源距衍射屏足够远,则入射光可以看作单色平面光波(图 12-2(b))。此时,$l\approx R$,$\frac{\exp(\mathrm{i}kl)}{l}$ 可视为一常数,$\cos(\boldsymbol{n},\boldsymbol{l})=-1$;同时在傍轴近似的条件下,有 $\cos(\boldsymbol{n},\boldsymbol{r})=1$,因此倾斜因子 $K(\theta)=1$,可以把它作为常数处理。在傍轴近似的条件下,$\frac{\exp(\mathrm{i}kr)}{r}$ 项中的分母 $r\approx z_1$(z_1 是衍射屏与观察屏之间的距离),因为它表示了振幅的变化;但指数项中的 r 不能作近似处理,因为它表示相位的变化。在上述近似条件下,采用如图 12-2(b)所示的坐标系,菲涅耳-基尔霍夫衍射公式可简化为

$$\widetilde{E}(P)=\frac{A}{\mathrm{i}\lambda z_1}\iint_{\Sigma}\widetilde{E}(x_1,y_1)\exp\left(\mathrm{i}k\sqrt{(x-x_1)^2+(y-y_1)^2+z_1^2}\right)\mathrm{d}\sigma \tag{12-8}$$

式中,$\widetilde{E}(x_1,y_1)$ 为 Σ 面上开孔函数。

12.1.4 两种典型的衍射

现在对式(12-8)进行具体分析,即使加了那么多的限定条件,式(12-8)的积分还是难以求解,为此需要作进一步近似。

首先利用二项式定理展开

$$r=\sqrt{z^2+(x-x_1)^2+(y-y_1)^2}$$

$$=z\left\{1+\frac{(x-x_1)^2+(y-y_1)^2}{2z^2}-\frac{[(x-x_1)^2+(y-y_1)^2]^2}{8z^4}+\cdots\right\} \quad (12\text{-}9)$$

若取

$$r=z\left[1+\frac{(x-x_1)^2+(y-y_1)^2}{2z^2}\right] \quad (12\text{-}10)$$

作相位项的计算,即舍去 $z\frac{[(x-x_1)^2+(y-y_1)^2]^2}{8z^4}$ 及以后项,则式(12-8)表示为

$$\widetilde{E}(P)=\frac{A\exp(\mathrm{i}kz)}{\mathrm{i}\lambda z}\iint_{\Sigma}\widetilde{E}(x_1,y_1)\exp\left\{\mathrm{i}\frac{k}{2z}[(x-x_1)^2+(y-y_1)^2]\right\}\mathrm{d}x_1\mathrm{d}y_1$$

(12-11)

这种近似称为近场近似,相应的衍射称为菲涅耳衍射。按舍去项的条件,指数上该项折合相位后应满足 $kz\frac{[(x-x_1)^2+(y-y_1)^2]^2}{8z^4}\ll\pi$,即 $z^3\gg\frac{[(x-x_1)^2+(y-y_1)^2]^2}{4\lambda}$。当$\lambda=600\text{nm}$,$[(x-x_1)^2+(y-y_1)^2]=12\text{mm}^2$ 时,z 只需满足 $z\gg25\text{mm}$。这个距离在实验室是容易实现的,因此可以很方便地在实验室中直接观察到菲涅耳衍射现象。

进一步把$(x-x_1)^2+(y-y_1)^2$ 项展开为 $x^2+y^2+x_1^2+y_1^2-2xx_1-2yy_1$,假定相应相位$\frac{k(x_1^2+y_1^2)}{2z}\ll\pi$,则该项也可以忽略,式(12-8)进一步简化为

$$\widetilde{E}(P)=\widetilde{E}(x,y)=\frac{A\exp(\mathrm{i}kz)}{\mathrm{i}\lambda z}\exp\left[\frac{\mathrm{i}k(x^2+y^2)}{2}\right]$$
$$\times\int_{-\infty}^{\infty}\int_{-\infty}^{\infty}\widetilde{E}(x_1,y_1)\exp\left[-\mathrm{i}2\pi\left(x_1\frac{x}{\lambda z}+y_1\frac{y}{\lambda z}\right)\right]\mathrm{d}x_1\mathrm{d}y_1$$

(12-12)

这个条件称为远场条件,相应的衍射称为夫琅禾费衍射。类似于对菲涅耳衍射的分析,按舍去条件,仍设 $\lambda=600\text{nm}$,并设定 $x_1^2+y_1^2=12\text{mm}^2$,求得 $z\gg10\text{m}$,这在实验室中难以实现。但是可以在衍射屏后加一个会聚透镜,把远场的衍射聚焦在透镜的焦面上,这样就可以在实验室中观察到夫琅禾费衍射。这时,夫琅禾费衍射公式(12-12)中远场处的 z 值由透镜的焦距 f 代替,即

$$\widetilde{E}(P)=\widetilde{E}(x,y)=\frac{A\exp(\mathrm{i}kz)}{\mathrm{i}\lambda z}\exp\left[\frac{\mathrm{i}k(x^2+y^2)}{2}\right]$$
$$\times\int_{-\infty}^{\infty}\int_{-\infty}^{\infty}\widetilde{E}(x_1,y_1)\exp\left[-\mathrm{i}2\pi\left(x_1\frac{x}{\lambda f}+y_1\frac{y}{\lambda f}\right)\right]\mathrm{d}x_1\mathrm{d}y_1$$

(12-13)

由以上讨论可知,衍射屏距接收屏较近的衍射称为菲涅耳衍射,而衍射屏距接收屏无穷远的衍射称为夫琅禾费衍射,两者之间的区分是从理论计算上考虑的。菲涅耳衍射是

普遍的，它包含了夫琅禾费衍射，而夫琅禾费衍射是菲涅耳衍射的一个特例，凡适用于菲涅耳衍射的公式均适用于夫琅禾费衍射。

12.2 菲涅耳衍射

对于菲涅耳衍射，可以用菲涅耳衍射公式(12-11)来计算衍射图样，但通常这个积分是很难求解的，而采用一些定性或半定量的方法，可以较方便地得出衍射图样的某些定性特征，其中菲涅耳半波带法就是常用的一种方法。

12.2.1 菲涅耳半波带法

菲涅耳半波带法是处理次波相干叠加的一种简化方法。菲涅耳衍射公式本身要求对波面作无限分割然后积分，而半波带法则用较粗糙的分割来代替，将菲涅耳衍射公式中的积分转化为有限项求和，从而大大简化了求解过程。

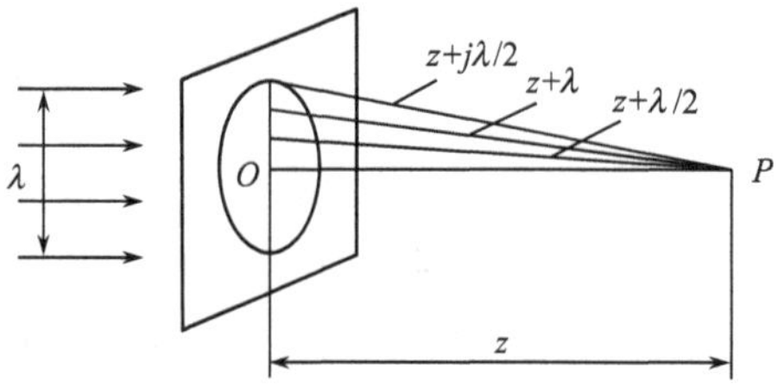

图 12-3 圆孔菲涅耳衍射

图 12-3 所示为圆形开孔菲涅耳衍射装置，波长为 λ 的单色平面波垂直照明半径为 a 的圆孔，考虑在轴线上不同位置的菲涅耳衍射。设 P 点位于轴上与开孔屏距离为 z 处，以 P 点为中心，以 $z+\frac{1}{2}\lambda, z+\frac{2}{2}\lambda, \cdots, z+\frac{j}{2}\lambda$ 为半径分别做一系列球面，这些球面将圆孔划分为一系列的环带，这些环带的相应边缘到 P 点的光程差逐个相差半个波长，故称为菲涅耳半波带(通常也称为波带)。显然，P 点复振幅就是各个波带发出的子波在 P 点产生的复振幅的叠加。如果知道各波带到 P 点的振幅和相位，就可以求出 P 点的光场。

先考虑各波带在 P 点产生的振幅大小。由于使用均匀单色平面波照明开孔，所以各波带在 P 点产生的振幅大小与其面积成正比。如果第 j 带圆的半径为 a_j，显然

$$a_j^2 + z^2 = \left(z + \frac{1}{2}j\lambda\right)^2 \tag{12-14}$$

即

$$a_j^2 = j\lambda z + \frac{j^2\lambda^2}{4} \tag{12-15}$$

由于第 j 个圆包含的面积为 πa_j^2，它与第 $j-1$ 个圆的面积差就是第 j 个波带的面积，即

$$\Delta A_j = A_j - A_{j-1} = \pi a_j^2 - \pi a_{j-1}^2 = \pi\left[\lambda z + \frac{\lambda^2(2j-1)}{4}\right] \tag{12-16}$$

由式(12-16)可见，波带面积随序号的增大而减小。但当 $z \gg \lambda$ 时，$\frac{\lambda^2(2j-1)}{4} \ll \lambda z$，因此波带面积随序号 j 的增大减小得非常慢，可以近似认为相邻波带在 P 点的振幅相等。另外，还要考虑各波带发出的子波在 P 点的相位关系。由于波带面积很小，每个波带上的各点到 P 点的距离可近似视为相等，相邻波带的光程差为 $\lambda/2$，对应的相位差为 π。因此，相邻波带在 P 点产生的复振幅分别为一正一负，所有波带在 P 点产生的复振幅总

和为

$$\widetilde{E}=\widetilde{E}_1-\widetilde{E}_2+\cdots+(-1)^{n+1}\widetilde{E}_n \tag{12-17}$$

并且有

$$|\widetilde{E}_2|=\frac{1}{2}(|\widetilde{E}_1|+|\widetilde{E}_3|),\quad |\widetilde{E}_3|=\frac{1}{2}(|\widetilde{E}_2|+|\widetilde{E}_4|)\cdots$$

于是

$$\widetilde{E}=\frac{1}{2}[\widetilde{E}_1+(-1)^{n+1}\widetilde{E}_n] \tag{12-18}$$

由式(12-18)可见，P 点的振幅与圆孔所包含的波带数 n 有关：如果 n 为偶数，有限相邻波带的振幅贡献至 P 处几近抵消，决定了 P 为暗点；如果 n 为奇数，则多余了一个波带的贡献，P 为亮点。因此，如果逐渐放大或缩小圆孔，相当于波带数逐渐增大或减小，P 点将呈现明暗交替的变化。同时，对于一定大小的圆孔和光波波长，波带数 n 还取决于 P 点到衍射屏的距离 z，因此当把观察屏前后移动时中心强度也会出现明暗交替的变化。

当圆孔逐渐变大时，随着波带数 n 的增加，第 n 个波带的复振幅 $|\widetilde{E}_n|$ 将趋近于 0，此时根据式(12-18)可知，P 点的复振幅为第一波带产生的复振幅的一半，而光强则为第一波带产生的强度的 1/4。这也意味着当圆孔很大时，圆孔的大小不再影响 P 点的光强，此时光线将遵循直线传播定律而看不到衍射现象。

以上讨论针对的都是观察屏轴上点的光强，对于轴外点的光强也可以用菲涅耳波带法讨论。可以预料，随着考察点逐渐离开小孔的轴向外移动，以该点为中心切割形成的波带将有时为偶数，有时为奇数，因此其光强将呈现时大时小的变化。由于整个装置是轴对称的，所以可以得出结论：圆孔的菲涅耳衍射图样应该是一组亮暗相间的同心圆环，其中心点可能是亮点，也可能是暗点。

如果将圆孔换成一个圆屏，那么此时中心不透光，屏外全部透光，仍然采用菲涅耳波带法对它进行分析。不过此时第一波带是从圆屏边缘开始的，而波带数 n 为无穷大，观察屏轴上点的复振幅为第一波带产生的复振幅的一半，而光强则为第一波带产生的强度的 1/4，所以圆屏衍射中心点总是亮点。轴外点随着离开轴上点距离的逐渐增大，光强也会呈现时大时小的变化，因此圆屏的菲涅耳衍射图样也是一组亮暗相间的同心圆环，但其中心点总是亮点。需要指出的是，当圆屏较大时，第一波带在轴上点产生的复振幅很小，此时光强很弱，甚至看不到。

12.2.2 菲涅耳波带片

设想一个特殊的光阑，它由许多同心的半波带圆环组成，相邻的半波带依次为透光和挡光。也就是说，将奇数带(或偶数带)全部挡掉，而只让偶数带(或奇数带)透光。那么从干涉的角度看，所有这些透光波带在 P 处的相位差均为 2π 的整数倍，从而在 P 点得到相长干涉，使 P 点光强大为增加。这种将奇数波带或偶数波带挡住的特殊光阑称为菲涅耳波带片，它的作用类似于一个将平行光聚焦的透镜，所以也称为菲涅耳透镜。假如一个菲涅耳透镜一共包含 10 个波带，让其中的 5 个奇数波带通光，而另 5 个偶数波带不通光，此时轴上 P 点的复振幅约为第一波带产生的复振幅的 5 倍，光强约为第一波带产生的强度的 25 倍。而在前面的讨论中知道，如果没有放置菲涅耳透镜(相当于无穷大小孔的衍射)，则 P 点的光强应为第一波带产生的强度的 1/4，因此放置菲涅耳透镜后光强增大了约 100 倍。

菲涅耳透镜的制作除了可以采用将奇数或偶数波带涂黑这种方法之外，还可以利用相位补偿的方法。相位补偿法就是人为地将奇数波带的厚度增加或减小 $\lambda/2$，而不是将它涂黑，这样光通过奇数波带时相对于偶数波带产生了 π 的相位变化，无论通过奇数波带的光还是通过偶数波带的光，在 P 点都产生相长干涉，从而使光能的利用率大为提高。利用相位补偿法制作的菲涅耳透镜也称为相位型菲涅耳透镜。

由上面的讨论可以知道，用一束平行光垂直照明菲涅耳透镜时，透镜会将平行光会聚到 P 点，与普通透镜的定义类似，这一点称为菲涅耳透镜的焦点，而此点距透镜的距离就是菲涅耳透镜的焦距 f。如果已知菲涅耳透镜的第 j 个波带外圆半径为 a_j，由式(12-15)，忽略二阶小量 $j^2\lambda^2/4$，可以得到菲涅耳透镜的焦距为

$$f = z = \frac{a_j^2}{j\lambda} \tag{12-19}$$

如果用一个点光源 S 照明菲涅耳透镜，如图 12-4 所示，那么此时焦点 P 处不会是亮点，亮点应在 S'处。按菲涅耳半波带片的思想，此处应满足条件 $SQ+QS'-(l+l')=j\frac{\lambda}{2}$，即

$$\sqrt{a_j^2+l^2} + \sqrt{a_j^2+l'^2} - l - l' = j\frac{\lambda}{2} \tag{12-20}$$

在傍轴近似条件下，$\sqrt{a_j^2+l^2} \approx l\left(1+\frac{a_j^2}{2l^2}\right)$，$\sqrt{a_j^2+l'^2} \approx l'\left(1+\frac{a_j^2}{2l'^2}\right)$，得

$$a_j^2\left(\frac{1}{l}+\frac{1}{l'}\right) = j\lambda \tag{12-21}$$

将式(12-19)代入式(12-21)，得

$$\frac{1}{l}+\frac{1}{l'} = \frac{1}{f} \tag{12-22}$$

式(12-22)表明菲涅耳透镜的成像关系与普通透镜完全类似。

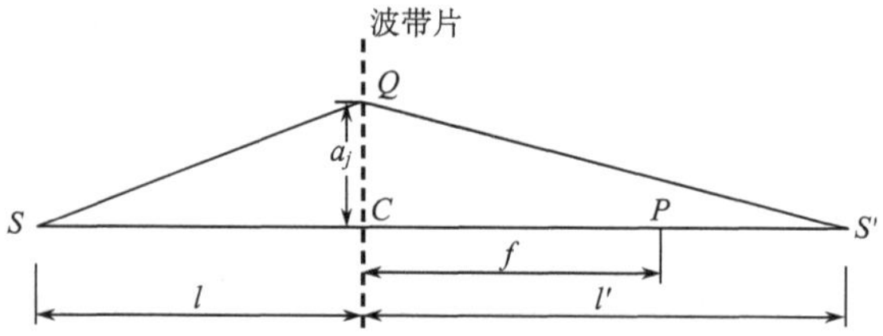

图 12-4 点光源照明菲涅耳波带片

菲涅耳透镜与普通透镜的主要差别在于菲涅耳透镜有不止一个焦点。由式 $a_j^2 = j\lambda f$ 可知，在 1/3 焦距处原来一个波带对应了三个相应的小波带，其中两个相邻的小波带在 1/3 焦距的地方振幅贡献相互抵消，所以在 1/3 焦距处光强为主焦点光强的 1/9，此处称为次焦点。同样，在焦距的 1/5、1/7 等处也有次焦点，但光强一个比一个弱。

12.3 夫琅禾费衍射

由于计算的复杂性，在12.2节没有对菲涅耳衍射的光强分布作定量计算。而夫琅禾费衍射的计算要简单得多，本节将对矩孔、单缝、圆孔等夫琅禾费衍射场的光强分布进行较全面的计算。

夫琅禾费衍射是远场衍射，在实验中通常借助于两个透镜来实现。第一个透镜将点光源发出的光转化为一束平行光，照在衍射屏上，第二个透镜将衍射光线会聚到后焦面上供观察。利用夫琅禾费衍射积分公式(12-13)来计算衍射图样的分布时，积分号前的复数对衍射强度的分布不起作用，可以用一个常数 c 来表示，于是式(12-13)变成

$$\widetilde{E}(P)=\widetilde{E}(x,y)=c\int_{-\infty}^{\infty}\int_{-\infty}^{\infty}\widetilde{E}(x_1,y_1)\exp\left[-\mathrm{i}2\pi\left(x_1\frac{x}{\lambda f}+y_1\frac{y}{\lambda f}\right)\right]\mathrm{d}x_1\mathrm{d}y_1 \tag{12-23}$$

12.3.1 矩孔衍射

实验装置如图12-5所示，此时夫琅禾费衍射公式(12-23)可表示为

$$\widetilde{E}(P)=\widetilde{E}(x,y)=\iint\widetilde{E}(x_1,y_1)\exp[-\mathrm{i}2\pi(f_x x_1/\lambda+f_y y_1/\lambda)]\mathrm{d}x_1\mathrm{d}y_1 \tag{12-24}$$

式中已经省去因子 c，并且有

$$f_x=\frac{\sin\theta_x}{f},\quad f_y=\frac{\sin\theta_y}{f} \tag{12-25}$$

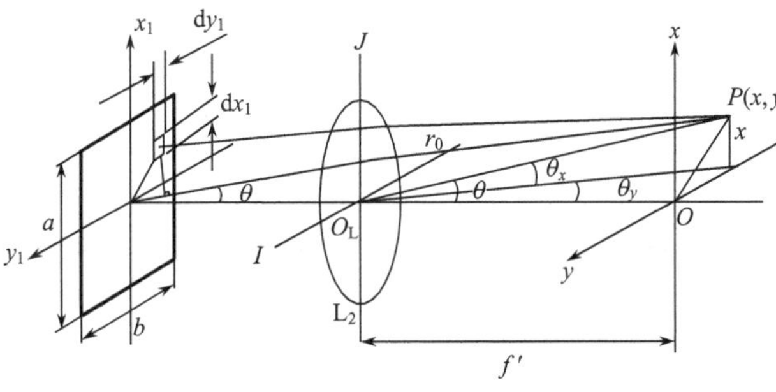

图12-5 矩孔的夫琅禾费衍射

矩孔的复振幅透射函数可表示为

$$\widetilde{E}(x_1,y_1)=\begin{cases}1 & \left(\text{当}\,|x_1|\leqslant\dfrac{a}{2},|y_1|\leqslant\dfrac{b}{2}\,\text{时}\right)\\ 0 & (x_1\text{、}y_1\,\text{取其他值})\end{cases} \tag{12-26}$$

这时式(12-24)变为

$$\widetilde{E}(x,y)=\int_{-a/2}^{a/2}\exp\left(-\mathrm{i}2\pi\frac{\sin\theta_x}{\lambda}x_1\right)\mathrm{d}x_1\int_{-b/2}^{b/2}\exp\left(-\mathrm{i}2\pi\frac{\sin\theta_y}{\lambda}y_1\right)\mathrm{d}y_1 \tag{12-27}$$

上述积分的结果为

$$\widetilde{E}(x,y)=ab\frac{\sin\alpha}{\alpha}\frac{\sin\beta}{\beta} \tag{12-28}$$

式中，α 和 β 分别为

$$\alpha=\frac{\pi}{\lambda}a\sin\theta_x,\quad \beta=\frac{\pi}{\lambda}b\sin\theta_y \tag{12-29}$$

于是 P 点的光强为

$$I=I_0\left(\frac{\sin\alpha}{\alpha}\right)^2\left(\frac{\sin\beta}{\beta}\right)^2 \tag{12-30}$$

式中，I_0 是 P_0 点的光强。

12.3.2 单缝衍射

如果矩孔在一个方向上的宽度比另一个方向上的宽度大得多，那么矩孔就变成了狭缝。对于单缝夫琅禾费衍射，仿照12.3.1节的方法，但只在一个 x 方向上积分，y 方向上的衍射效应可以忽略，那么就得到单缝衍射在 x 轴上的衍射强度分布公式为

$$I=I_0\left(\frac{\sin\alpha}{\alpha}\right)^2 \tag{12-31}$$

式中

$$\alpha=\frac{\pi}{\lambda}a\sin\theta \tag{12-32}$$

其中，θ 是衍射角。而式(12-31)中的因子 $\left(\frac{\sin\alpha}{\alpha}\right)^2$ 通常称为单缝衍射因子。

在单缝实验中，通常用一个取向与单缝平行的线光源来代替点光源，此时在观察平面上将得到一些与单缝平行的直线衍射条纹，它们是线光源上各个不相干点光源产生的衍射图样的总和，这样可以提高衍射条纹的亮度。

12.3.3 单缝衍射因子的特点

在上面的分析中可以看到，单缝和矩孔的衍射强度分布都与单缝衍射因子有关：单缝的衍射完全取决于单缝衍射因子，而矩孔的衍射则是两个单缝衍射因子的乘积。下面专门讨论单缝衍射因子的特点。

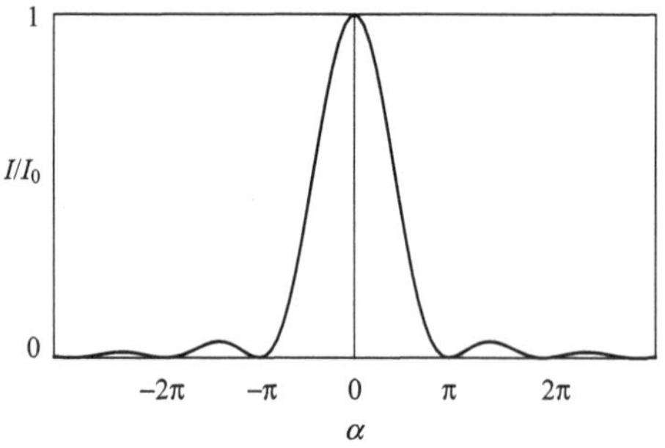

图 12-6 单缝衍射因子的强度分布曲线

图12-6所示为单缝衍射因子的强度分布曲线。从图中可以看出，在 $\alpha=0$ 处，即衍射角 $\theta=0$ 的地方有一个主极大值，此时 $I/I_0=1$。在主极大值的两侧有一系列的次极大值和极小值。

1. 主极大值——零级衍射斑

主极大值出现在 $\alpha=0$ 处，说明此处各衍射光线之间无光程差，即该点的衍射光具有相同的相位，所示这个衍射斑的中心就是几

何光学的像点。

2. 次极大值——高级衍射斑

次极大值的位置由下式决定：

$$\frac{\mathrm{d}}{\mathrm{d}\alpha}\left(\frac{\sin\alpha}{\alpha}\right)^2=0 \tag{12-33}$$

它们是超越方程 $\alpha=\tan\alpha$ 的根。表 12-1 列出了前几个极大值的位置和强度。由表中可以看出，各级次极大值的强度比零级衍射斑小得多，因此经衍射后，绝大部分的光能量集中在零级衍射斑内。

表 12-1 单缝衍射因子前几个极大值的位置和强度

极大值序号	α	$I/I_0=(\sin\alpha/\alpha)^2$
0	0	1
1	1.430π	0.04718
2	2.459π	0.011294
3	3.470π	0.00834
4	4.479π	0.00503

3. 暗斑位置

由单缝衍射因子的函数表达式可以看出，在 $\alpha\neq0$ 而 $\sin\alpha=0$ 的地方，光强 I 有极小值 0，因此暗斑的位置应满足条件

$$a\sin\theta=n\lambda \quad (n=\pm1,\pm2,\cdots) \tag{12-34}$$

4. 亮斑的角宽度

定义相邻两个暗斑之间的角距离为其间亮斑的角宽度，在傍轴近似条件下，由式(12-34)可以得到第 n 级暗斑的位置为

$$\theta\approx\sin\theta=\pm n\lambda/a \quad (n=1,2,\cdots) \tag{12-35}$$

因此，亮斑的角宽度为

$$\Delta\theta=\frac{\lambda}{a} \tag{12-36}$$

零级亮斑在 $\theta=\pm\lambda/a$ 之间，因此它的角半宽度为 λ/a，即零级亮斑的角宽度是其他亮斑的一倍。由于零级亮斑集中了绝大部分光能，它的角半宽度大小可以作为衍射效应强弱的标志。对于给定的波长，零级亮斑的角半宽度 $\Delta\theta$ 与缝宽 a 成反比，表示狭缝越窄衍射斑越宽；反之，当狭缝很大时，$\Delta\theta\to0$，表明此时光线基本沿直线传播，衍射斑收缩为几何像点。在保持缝宽不变的情况下，零级亮斑的角半宽度 $\Delta\theta$ 与波长 λ 成正比，表明波长越长，衍射效应越显著；波长越短，衍射效应可忽略，因此可以说几何光学是波动光学当波长 $\lambda\to0$ 时的极限。

12.3.4 多缝衍射

上面讨论的单缝衍射其衍射屏上只有一个缝宽为 a 的狭缝，如果将衍射屏上开有多个缝宽为 a、缝距为 d 的狭缝，那么这个衍射屏能对入射光的振幅进行空间周期性调制，是一种振幅型光栅，d 称为光栅常数，此时发生的夫琅禾费衍射就是多缝夫琅禾费衍射。

对于图 12-7 所示的多缝夫琅禾费衍射，多缝按其光栅常数 d 将入射光波前分割成 N 个部分，每个部分成为一个单独的单缝夫琅禾费衍射，而且这些单缝衍射场之间是相干的。因此，多缝夫琅禾费衍射的复振幅分布是所有单缝夫琅禾费衍射复振幅分布的相干叠加。

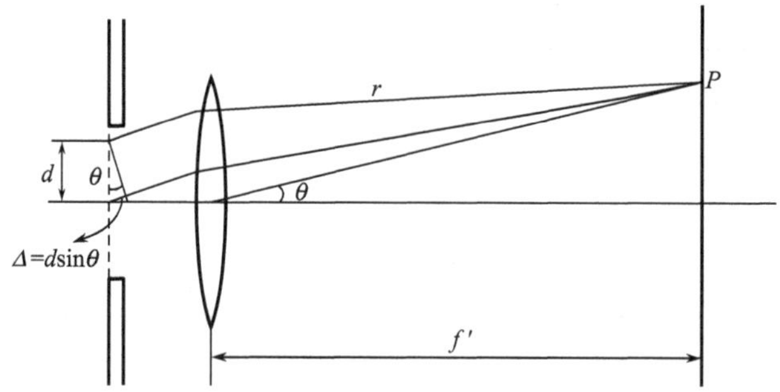

图 12-7 多缝夫琅禾费衍射

对于透镜后焦面上任一观察点 P，假设最边缘一个单缝夫琅禾费衍射在 P 点产生的复振幅为

$$\widetilde{E}(P)=A\left(\frac{\sin\alpha}{\alpha}\right) \tag{12-37}$$

相邻单缝在 P 点产生的相位差为

$$\delta=\frac{2\pi}{\lambda}d\sin\theta \tag{12-38}$$

多缝在 P 点产生的复振幅是 N 个振幅相同、相邻光束相位差相等的多光束干涉的结果，有

$$\begin{aligned}\widetilde{E}(P)&=A\left(\frac{\sin\alpha}{\alpha}\right)\{1+\exp(\mathrm{i}\delta)+\exp(\mathrm{i}2\delta)+\cdots+\exp[\mathrm{i}(N-1)\delta]\}\\&=A\left(\frac{\sin\alpha}{\alpha}\right)\left(\frac{\sin\left(\frac{N}{2}\delta\right)}{\sin\left(\frac{\delta}{2}\right)}\right)\exp\left[\mathrm{i}(N-1)\frac{\delta}{2}\right]\end{aligned}$$

所以 P 点的光强为

$$I(P)=I_0\left(\frac{\sin\alpha}{\alpha}\right)^2\left(\frac{\sin\left(\frac{N}{2}\delta\right)}{\sin\left(\frac{\delta}{2}\right)}\right)^2 \tag{12-39}$$

式中，I_0 为单缝衍射因子的最大光强。式(12-39)既含有单缝衍射因子 $\left(\frac{\sin\alpha}{\alpha}\right)^2$，又含有多光束干涉因子 $\left[\sin\left(\frac{N}{2}\delta\right)\Big/\sin\left(\frac{\delta}{2}\right)\right]^2$，说明多缝衍射是衍射和干涉两种效应共同作用的结果。单缝衍射因子取决于单缝本身的性质，而多光束干涉因子则来源于狭缝的周期性排列性质，与单缝本身无关。

图 12-8 所示为 4 缝衍射时的光强分布曲线。由多光束干涉因子可知，当

$$\delta=\frac{2\pi}{\lambda}d\sin\theta=2m\pi\quad(m=0,\pm1,\pm2,\cdots)$$

或

$$d\sin\theta=m\lambda \tag{12-40}$$

时，光强有极大值，这些极大值称为主极大，m 为主极大的级次。式(12-40)称为光栅方程，方程表明主极大的位置与缝数无关。同时，当 $N\delta/2$ 为 π 的整数倍但 $\delta/2$ 不是 π 的整数倍时，光强有极小值 0，因此相邻两个主极大之间有 $N-1$ 个零值。相邻两个零值之间的角间距为

$$\Delta\theta=\frac{\lambda}{Nd\cos\theta} \tag{12-41}$$

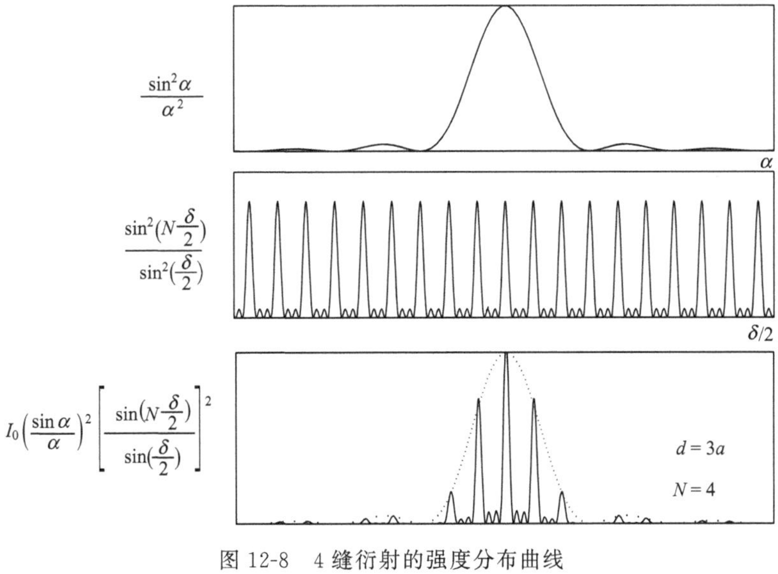

图 12-8　4 缝衍射的强度分布曲线

可以证明，主极大与其相邻的一个零值之间的角距离也是式(12-41)的形式，因此 $\Delta\theta$ 称为主极大的半角宽度。式(12-41)说明缝数 N 越大，主极大的宽度越小，即主极大亮纹越亮、越细。

值得注意的是，当衍射因子的零值点与干涉的极大值点重合时，这些主极大值被调制为零，对应级次的主极大就消失了，这种现象在光栅衍射中称为缺级现象。由干涉极大条件 $d\sin\theta=m\lambda$ 和衍射零值条件 $\frac{a}{\lambda}\sin\theta=n$（$m$ 和 n 皆为整数），可以得到它们共同决定的缺级条件为

$$m=n\left(\frac{d}{a}\right) \tag{12-42}$$

对于多缝夫琅禾费衍射，多光束干涉因子取决于缝间距 d（光栅常数）和缝数 N，d 决定了各级主极大的位置，而随着 N 的增大，亮条纹将变得更亮、更细。缝宽（单缝因子）仅影响光强在各主极大之间的分配。

12.3.5 圆孔衍射

一般光学系统中的光阑和透镜都是圆孔，因此讨论圆孔的夫琅禾费衍射具有很重要的实用价值。光学系统中光阑夫琅禾费衍射斑的大小决定了一个成像系统的衍射分辨极限。圆孔的夫琅禾费衍射装置如图 12-9 所示。在直角坐标中对圆孔的积分求解通常是比较复杂的，而采用极坐标来表示则要简单得多，因此需要引入直角坐标与极坐标的参数变换。在圆孔平面和观察屏平面上分别引入坐标变换

$$\left.\begin{aligned}x_1&=\rho_1\cos\alpha_1\\ y_1&=\rho_1\sin\alpha_1\end{aligned}\right\},\quad \mathrm{d}x_1\mathrm{d}y_1=\rho_1\mathrm{d}\rho_1\mathrm{d}\alpha_1,\quad \left.\begin{aligned}x&=\rho\cos\alpha\\ y&=\rho\sin\alpha\end{aligned}\right\} \tag{12-43}$$

以及

$$\frac{x}{f}=\frac{\rho\cos\alpha}{f}\approx\theta\cos\alpha,\quad \frac{y}{f}=\frac{\rho\sin\alpha}{f}\approx\theta\sin\alpha \tag{12-44}$$

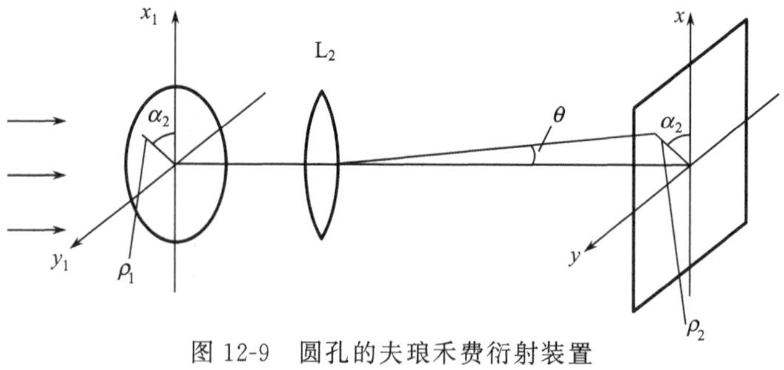

图 12-9 圆孔的夫琅禾费衍射装置

利用上述关系，夫琅禾费衍射积分式可表示为

$$\widetilde{E}(\rho,\alpha)=c\int_0^a\int_0^{2\pi}\exp[-\mathrm{i}k\rho_1\theta\cos(\alpha_1-\alpha)]\rho_1\mathrm{d}\rho_1\mathrm{d}\alpha_1 \tag{12-45}$$

在圆对称情况下，积分结果一定与方位角 α 无关，因此可令 $\alpha=0$，式(12-45)变为

$$\widetilde{E}(\rho,\alpha)=c\int_0^a\int_0^{2\pi}\exp(-\mathrm{i}k\rho_1\theta\cos\alpha_1)\rho_1\mathrm{d}\rho_1\mathrm{d}\alpha_1 \tag{12-46}$$

利用贝塞尔函数的积分式和递推性质

$$I_0(x)=\frac{1}{2\pi}\int_0^{2\pi}\exp(-\mathrm{i}x\cos\varphi)\mathrm{d}\varphi \tag{12-47}$$

$$\frac{\mathrm{d}[x\mathrm{J}_1(x)]}{\mathrm{d}x}=x\mathrm{J}_0(x) \tag{12-48}$$

式(12-46)可以简化为

$$\widetilde{E}(\rho,\alpha)=c\int_0^a\rho_1\mathrm{J}_0(k\rho_1\theta)\mathrm{d}\rho_1=\pi ca^2\,\frac{2\mathrm{J}_1(ka\theta)}{ka\theta} \tag{12-49}$$

相应的光强分布为

$$I = I_0\left[\frac{2J_1(ka\theta)}{ka\theta}\right]^2 = I_0\left[\frac{2J_1(z)}{z}\right]^2 \tag{12-50}$$

式中，$I_0 = |\pi c a^2|^2$，是观察屏中心的光强。

在上述推导和结果中，$J_0(x)$与$J_1(x)$是特殊函数，分别称为零阶贝塞尔函数和1阶贝塞尔函数。在此不对函数具体介绍，只用曲线表示，如图12-10所示。

下面根据圆孔衍射的强度分布公式来分析圆孔衍射图样。P点的强度取决于它的衍射角θ，而$\theta = r/f$，因此r相等处的光强相等，衍射图样是圆环条纹(图12-11)。

由图12-10中的贝塞尔函数可知，在$z=0$处(对应于P点)光强有极大值(中央极大)，$I=I_0$。当z满足$J_1(z)=0$时，光强有极小值0，这些z值决定了衍射暗环的位置。此外，在相邻两极小值之间还有一个次极大值。

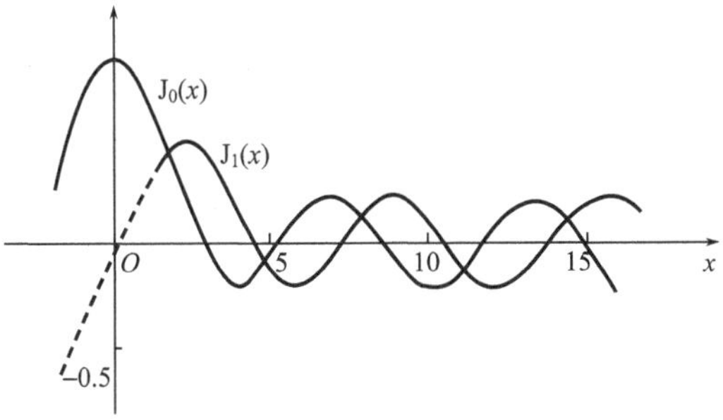

图12-10　贝塞尔函数$J_0(z)$和$J_1(z)$

图12-11　圆孔夫琅禾费衍射图样

表12-2列出了圆孔衍射强度分布的前几个极大值和极小值。

表12-2　圆孔衍射强度分布的前几个极大值和极小值

极大值和极小值	z	I/I_0
中央极大	0	1
极小	1.220π	0
次极大	1.635π	0.0175
极小	2.233π	0
次极大	2.679π	0.0042
极小	3.238π	0
次极大	3.699π	0.00112

由表12-2可以看出，圆孔夫琅禾费衍射相邻暗环之间的间距并不相等，次极大的强度比中央主极大要小得多。因此，圆孔衍射的光能量也是绝大部分集中在中央亮斑内，这个亮斑通常称为艾里(Airy)斑，它的半径由对应于第一个强度为0的z值(1.22π)决定，其半径为

$$r_0 = 1.22 f\frac{\lambda}{2a} \tag{12-51}$$

以角半径表示为

$$\theta_0=\frac{r_0}{f}=\frac{0.61\pi}{a} \tag{12-52}$$

式(12-52)表明，艾里斑的大小与圆孔半径成反比，与光波波长成正比，这与前面讨论的矩孔和单缝的夫琅禾费衍射完全类似。

12.4 光学成像系统的衍射和分辨本领

12.4.1 成像系统的衍射现象

理想光学成像系统可使点物成点像。由于任何光学系统均有一定的通光口径 D，当以平行光入射时(相当于点光源在无穷远处)，在透镜的焦平面上观察到的实际是夫琅禾费衍射，也就是说，成像系统对无穷远处的物点在焦平面上所成的像是夫琅禾费衍射像，艾里斑的半径由式(12-51)决定。可以证明，成像系统对近处物点成像时(图 12-12)，在像面上所成的像仍然是夫琅禾费衍射像，相应的艾里斑半径为

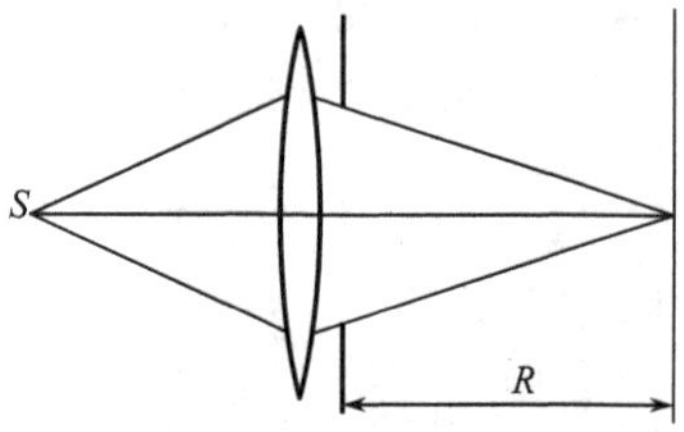

图 12-12 成像系统对近处物点成像

$$r_0=1.22\frac{R\lambda}{D} \tag{12-53}$$

式中，D 为通光口径，R 为光阑到像面的距离。

12.4.2 成像系统的分辨本领

光学成像系统的分辨率是指它能分辨开两个靠近的物点的能力。由上面的讨论已经知道，光学系统对物点所成的像是夫琅禾费衍射图样，是具有一定大小的衍射斑。因此，对两个非常靠近的物点，如果这两个衍射斑彼此重叠，那么光学系统就无法分辨这两个物点。对于高放大率的精密光学仪器，衍射效应是提高分辨本领的一个严重障碍。

当一个点物衍射图样的中央极大与近旁另一个点物衍射图样的第一极小重合时，认为此时成像系统恰好可以分辨开这两个点物，达到了该成像系统的分辨极限，称此分辨标准为瑞利判据。如图 12-13 所示，(a)表示两衍射图样相距较远，可明显区分出是两点物所成像；(b)为一个衍射图样的中央极大和另一衍射图样的第一极小重合，此时尚能区分是两点物所成的像(瑞利判据所给出的现象)；(c)表示像面上两个衍射图样几乎重叠在一起，无法分辨其为两个点物的像，因而无法分辨点物。

对于不同类型的光学成像系统，通过不同的表示方法表征其分辨本领，如：望远镜的分辨本领为最小分辨角，为两个恰能分辨的点物对物镜的张角；照相物镜的分辨本领以像面上每毫米能分辨的直线数来表示；而显微物镜的分辨本领则以恰能分辨的两点物的距离表示。下面我们根据瑞利判据对一些典型的光学系统进行讨论。

12.4.3 望远镜的分辨率

望远镜用于对远处物体成像，若其圆形通光口径的直径为 D，则对远处物点所成像的艾里斑角半径 $\theta_0=1.22\lambda/D$。根据瑞利判据，刚好能被望远镜所分辨的两物点对望远

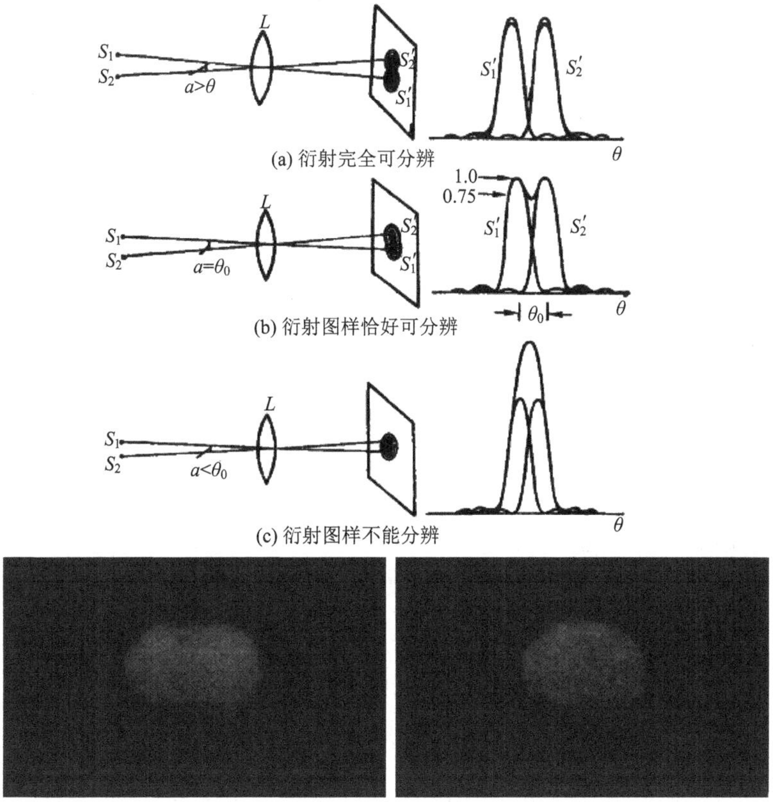

(a) 衍射完全可分辨

(b) 衍射图样恰好可分辨

(c) 衍射图样不能分辨

(d) 衍射图样恰好可分辨时的光斑图

(e) 衍射图样不能分辨时的光斑图

图 12-13　两个点物的衍射像的分辨

镜物镜的张角为

$$\alpha = \theta_0 = 1.22\frac{\lambda}{D} \tag{12-54}$$

这就是望远镜的分辨率公式。式(12-54)表明，提高望远镜物镜直径 D 可以提高望远镜的分辨本领。

12.4.4　照相物镜的分辨率

照相物镜一般也用于对较远物体成像，感光底片大致位于物镜的焦面上。若物镜的直径为 D，则它能分辨的最靠近的两直线在感光底片上的距离为

$$\varepsilon = f\theta_0 = 1.22f\frac{\lambda}{D} \tag{12-55}$$

式中，f 为物镜的焦距。照相物镜的分辨率通常用像面上每毫米能分辨的直线数 N 来表示，即

$$N = \frac{1}{\varepsilon} = \frac{1}{1.22\lambda}\frac{D}{f} \tag{12-56}$$

式中，D/f 称为物镜的相对孔径。可见，照相物镜的相对孔径越大，其分辨率越高。

12.4.5 显微镜的分辨率

显微镜用于对近处物体成像，其艾里斑的半径为

$$r_0 = 1.22\frac{l\lambda}{D} \tag{12-57}$$

式中，D 为物镜直径，l 为像距（而不是前面的物镜焦距 f）。按照瑞利判据，若两个衍射图样的中心间距 $\varepsilon' = r_0$，则此时这两个物点之间的距离 ε 即为物镜的最小分辨率。显微物镜的成像满足阿贝正弦条件，即

$$n\varepsilon \sin u = n'\varepsilon' \sin u' \tag{12-58}$$

式中，n 和 n' 分别为物方和像方折射率，u 和 u' 分别为物方和像方孔径角。对显微镜 $n' = 1$，且

$$\sin u' \approx u' = \frac{D}{2l} \tag{12-59}$$

最后得到显微镜的分辨率为

$$\varepsilon = \frac{0.61\lambda}{n\sin u} \tag{12-60}$$

式中，$n\sin u$ 称为物镜的数值孔径，通常用 NA 表示。由式(12-60)可见，提高显微镜分辨率的方法一是增大物镜的数值孔径，二是减小光波波长。增大数值孔径的方法有两种，一是通过减小物镜的焦距来增大孔径角 u，二是采用油浸物镜增大物方折射率 n。不过采取以上措施也只能使数值孔径增大到 1.5 左右，相应的分辨率 $\varepsilon = \frac{0.61\lambda}{1.5} \approx 0.4\lambda$，即约为半个波长量级。因此，光学显微镜的放大倍数不必做得非常高，过高的放大倍数除了增加造价之外，由于衍射效应的限制，并不能使我们看到比半个波长更小的物体细节。要得到有效放大率很高的显微镜，唯一的途径是缩小波长。由于电子束的波长比光波小得多，所以电子显微镜的分辨率比光学显微镜要高得多，最小分辨距离可达几埃（$1\text{Å} = 10^{-10}\text{m}$）。

12.5 衍射光栅

广义上说，具有周期性的空间结构或光学性能（如透射率、折射率等）的衍射屏均可以称为光栅，它的作用是对入射光波的振幅或相位进行空间周期性调制。衍射光栅的夫琅禾费衍射图样称为光栅光谱。由于多光束干涉的作用，光栅光谱在焦面上是一条条又亮又窄的条纹，而且对不同波长这些条纹的位置也不同，借此可以区分出照明光波的光谱组成，这就是衍射光栅的分光作用。

12.5.1 衍射光栅概述

1. 衍射光栅的种类和光栅方程

衍射光栅的种类很多，分类方式也不尽相同。根据对入射光波的调制方式，衍射光栅可分为振幅型和相位型；根据对入射光波调制的空间，可分为二维平面光栅、三维体光栅；根据光栅工作表面的形状，可分为平面光栅和凹面光栅；根据光栅的制作方式，可分为机刻光栅、

复制光栅和全息光栅等;根据光栅的工作方式,可分为透射光栅和反射光栅(图12-14)。

2. 光栅的分光性能

前面讨论的多缝衍射即可以看作透射光栅,它的分光特性由光栅方程决定(入射光垂直入射到栅面),表示为

$$d\sin\theta = m\lambda \quad (m\ \text{取整数}) \tag{12-61}$$

由式(12-61)可知,对于光栅常数确定的光栅(d为常数),复色光照明时,对于同一级亮条纹而言,不同波长的光,具有不同的衍射角(零级除外),在空间上被分开,即发生色散,此为光栅的分光性能。

作为分光元件,光栅在光谱仪中得到广泛应用。反射型光栅的入射光和衍射光在光栅的同一侧,这样可以使仪器结构紧凑。反射型光栅在正入射时,其光栅方程仍由式(12-61)来决定;而在斜入射时,干涉相长条件决定了条纹的极大位置,因此决定干涉极大位置的光栅方程可表示为

$$d(\sin\theta \pm \sin i) = m\lambda \quad (m = 0, \pm 1, \pm 2, \cdots) \tag{12-62}$$

式中,i 和 θ 分别为入射角和衍射角。式(12-62)中正负号的选择取决于衍射光束的光程差与入射光束的光程差是相加还是相抵消。如果两者光程差是相加(图12-15(a))则取"+"号,如果两者光程差是相互抵消(图12-15(b))则取"−"号。这一原则同样适用于斜入射光照明透射光栅的情况。

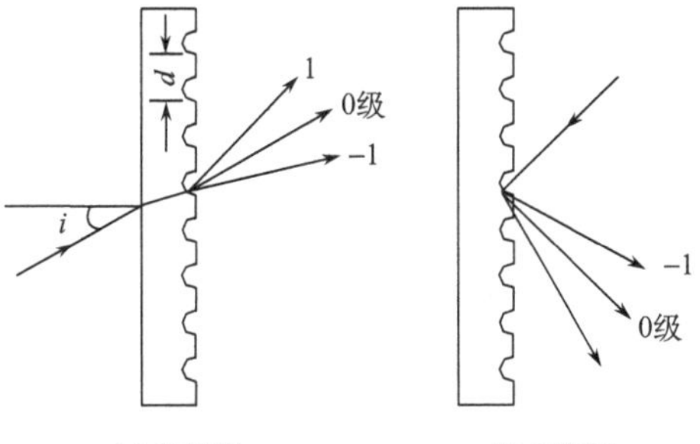

(a) 透射型　　(b) 反射型

图12-14　衍射光栅

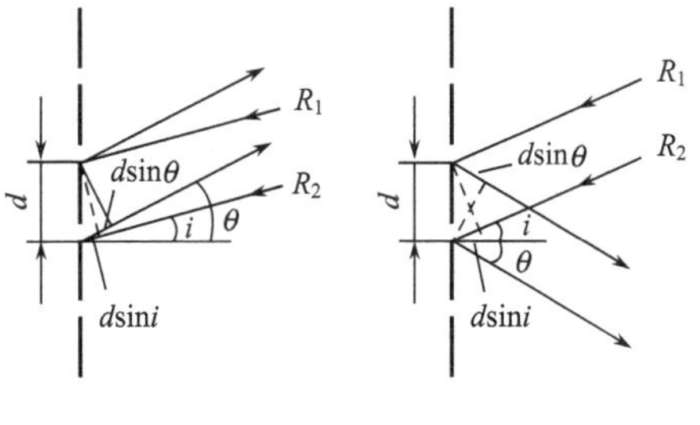

(a) 衍射光和入射光位于法线同侧　　(b) 衍射光和入射光位于法线异侧

图12-15　光栅方程

3. 光栅的色散

由光栅方程式(12-62)可知,对同一衍射级次 m 和相同入射角 i,不同波长的光其衍射角是不同的,光栅的这种特性称为光栅的色散。通常光栅的色散本领可以用角色散来表示,定义为波长相差0.1nm的两条谱线分开的角距离。将式(12-62)微分可得

$$\frac{\mathrm{d}\theta}{\mathrm{d}\lambda} = \frac{m}{d\cos\theta} \tag{12-63}$$

式(12-63)表明,光栅的角色散与光栅常数成反比,而与衍射级次 m 成正比。通常衍射光栅的栅距(光栅常数)d 做得很小,所以光栅有很大的色散能力。

光栅的线色散同样是光栅色散本领的表征，指聚焦在物镜焦面上波长相差 0.1nm 的两条谱线分开的距离，根据角距离公式(12-63)，其为

$$\frac{\mathrm{d}l}{\mathrm{d}\lambda}=\frac{f\,\mathrm{d}\theta}{\mathrm{d}\lambda}=\frac{fm}{d\cos\theta} \tag{12-64}$$

其中，f 是物镜焦距。

4. 光栅的色分辨本领

色分辨本领是光谱仪的一个重要指标，其指光谱仪可以分辨波长相差很小的两条谱线的能力。光谱仪常用的分光元件有棱镜、光栅等。

下面以波长为 λ 和 $\lambda+\Delta\lambda$ 的两条谱线为例，分析光栅的色分辨本领。根据瑞利判据，当波长为 λ 和 $\lambda+\Delta\lambda$ 的光照射在光栅上，其被光栅色散后，他们的谱线所分开的距离正好使得一条谱线的强度极大值和另一条谱线极大值边上的极小值重合时，则认为这两条谱线恰好可以分辨，此时的波长差 $\Delta\lambda$ 为光栅所能分辨的最小波长差。定义光栅的色分辨本领为 $A=\lambda/\Delta\lambda$。根据式(12-41)，主极大与其相邻的一个零值之间的角距离为

$$\Delta\theta=\frac{\lambda}{Nd\cos\theta}$$

由式(12-63)可知，与上述角距离对应的波长差 $\Delta\lambda$ 为 $(\mathrm{d}\lambda/\mathrm{d}\theta)\Delta\theta=\lambda/mN$。

由以上可知，光栅的色分辨本领

$$A=\lambda/\Delta\lambda=mN \tag{12-65}$$

式(12-65)表明，光栅的色分辨本领与光谱级次及光栅线数成正比，而与光栅常数 d 无关。

使用光栅时，通常会选择的光谱级次较低(1 或 2 级)，但由于光栅线数 N 是很大的数目，因此，光栅在较低级次仍具有很高的分辨本领，这是棱镜难以实现的。

在讨论 F-P 标准具时，我们曾得到结论，其分辨本领取决于条纹(谱线)的精细度与相干级次的乘积。对于光栅，尽管使用级次 m 有限，但光栅元件的 N 可以做得很大，因此它也具有很高的分辨本领。下面我们以具体的例子将光栅和 F-P 标准具的分辨本领和测量范围比较一下。

【例 12-1】 工作波长同样为 $\lambda=500\text{nm}$，比较光栅和 F-P 标准具的分辨本领与波长测量范围，具体参数如下。

光栅：使用级次 $m=2$，栅距 $d=1.25\mu\text{m}$，光栅宽度为 125mm。

F-P 标准具：平板间距 $h=5\text{mm}$，反射率 $R=90\%$。

解 对于光栅：

$$N=125\text{mm}/1.25\mu\text{m}=10^5$$

分辨率 $$\delta\lambda=\frac{\lambda}{mN}=\frac{500}{2\times10^5}=2.5\times10^{-3}(\text{nm})$$

测量范围 $$\Delta\lambda=\frac{\lambda}{m}=\frac{500}{2}=250(\text{nm})$$

对于 F-P 标准具：

精细度 $$s=\frac{\pi\sqrt{R}}{1-R}\approx30$$

分辨率　　$\delta\lambda=\frac{\lambda}{ms}=\frac{\lambda^2}{2hs}\approx 8\times 10^{-4}(\text{nm})$

测量范围　　$\Delta\lambda=\frac{\lambda^2}{2h}=2.5\times 10^{-2}(\text{nm})$

可以看到，F-P标准具的特点是测量精度高但测量范围却很小，而光栅尽管测量精度稍低于F-P标准具，但测量范围却大得多。

5. 光栅的自由光谱区

图12-16所示为光栅光谱仪的一种结构。平行复色光经光栅衍射后，再经透镜L的聚焦，这样在透镜的后焦面上就可以得到入射复色光的光谱。

由图12-16可见，在利用光栅区分复色光时，和F-P标准具类似，它也有一个越级重叠的问题，如图中第2级的红光与第3级的紫光相互重叠。与F-P标准具的分析方法类似，光栅的自由光谱区也是指光谱的不重叠区域，它也相当于光栅的可测量波长范围。根据上述定义，光栅的自由光谱区由下式决定：

$$m(\lambda+\Delta\lambda)=(m+1)\lambda \qquad (12\text{-}66)$$

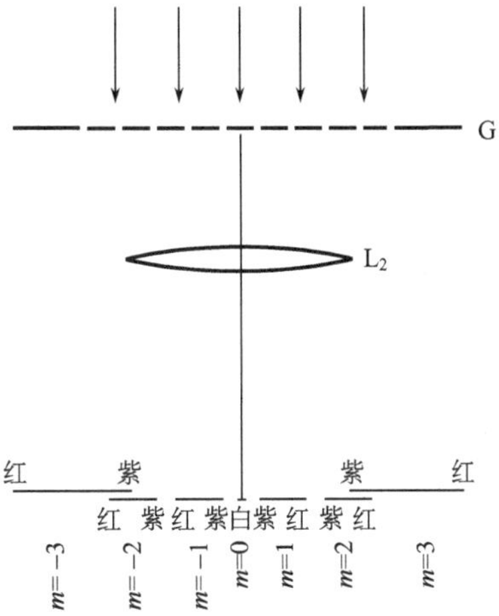

图12-16　光栅光谱

因此，其自由光谱区为

$$\Delta\lambda=\frac{\lambda}{m} \qquad (12\text{-}67)$$

受光栅方程 $\sin\theta\leqslant 1$ 的限制，通常光栅的使用级次 m 很小，因此它的自由光谱区 $\Delta\lambda$ 较F-P标准具大许多。也就是说，它可以测量的波长范围比F-P标准具大许多。

12.5.2　几种典型衍射光栅

1. 闪耀光栅

从光栅色分辨本领公式可知，光谱的级次越高，其色分辨本领越大。但是，由光栅衍射强度公式可知，其衍射光的强度分布相反，级次越高，光强越低，零级占了总能量的很大一部分。普通的光栅作为色散元件，其零级衍射的极大和零级干涉的极大重合，这样没有色散作用的零级干涉占据了总能量的很大一部分，这就导致衍射效率(有用衍射光能量与入射光能量之比)很低，如图12-17所示。

解决方法是让光栅的刻槽面与光栅面之间不再平行，而是存在一个夹角 γ，这种光栅称之为闪耀光栅，夹角 γ 称之为闪耀角，如图12-18所示。由于闪耀角的存在，衍射光栅单个刻槽面衍射的中央主极大与各个槽面间干涉的零级主极大分开，将最大能量(衍射中央主极大)转移到某一干涉级次(某一级光谱)上，达到提高衍射效率的目的，如图12-19所示。

如图12-18所示，a 为衍射面的缝宽，d 为栅距，当入射光垂直于光栅刻槽面(衍射

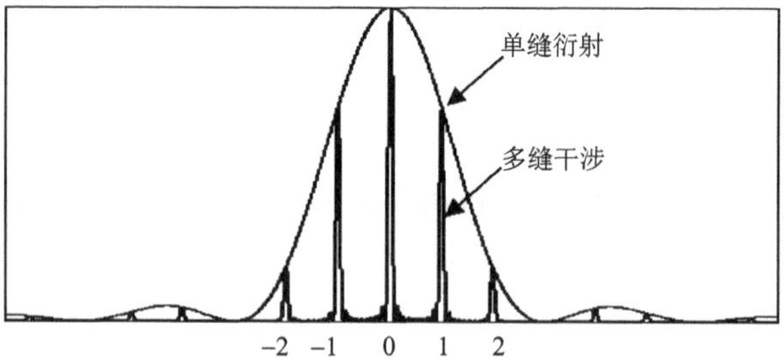

图 12-17 一般光栅的衍射光强分布

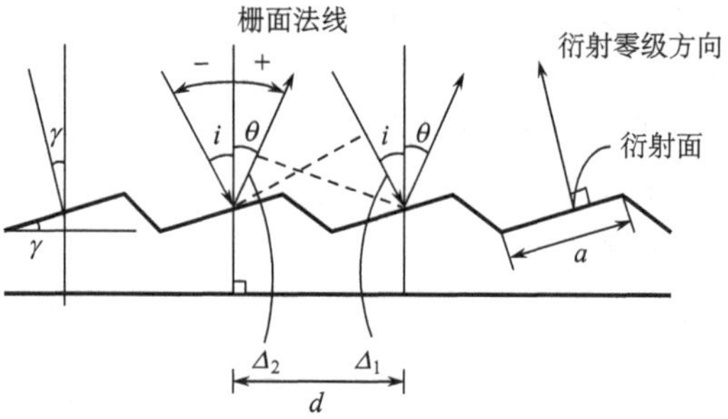

图 12-18 闪耀光栅结构示意图

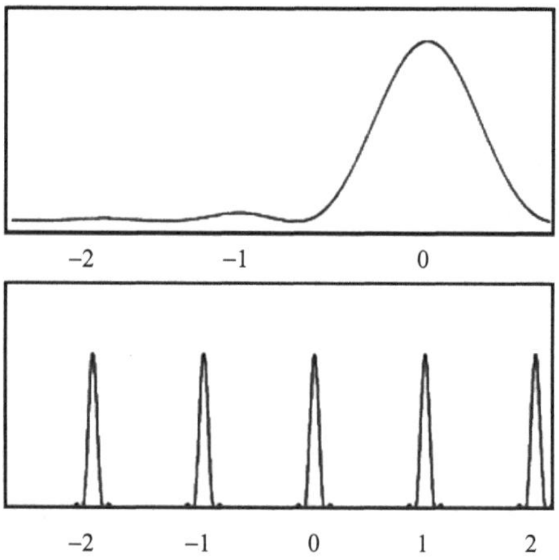

图 12-19 闪耀光栅的基本原理示意图

面)，这时衍射光的中央极大方向对应于入射光的反方向，即刻槽面的几何光学反射方向。对于相邻衍射面之间的干涉来说，入射角为图 12-18 所示 i，反射角为图 12-18 所示 θ，则相邻两个槽面(衍射面)之间的光程差为

$$d(\sin i \pm \sin\theta) = m\lambda$$

入射光与反射光在栅面法线同侧时，取"+"；入射光与反射光在栅面法线异侧时，取"−"。

当入射光垂直于刻槽面入射时，相对于衍射面，其入射角为零度，此时单个槽面衍射的主极大对应于入射光的反方向；相对于栅面法线来说，入射角 $i=\gamma$，如需使相邻衍射面之间的干涉级次与衍射光中央主极大重合，则需相对于栅面的反射光同样沿入射光的反方向，此时相邻衍射面之间的光程差为 $2d\sin i=2d\sin\gamma$，根据光栅方程，有

$$2d\sin\gamma=m\lambda \tag{12-68}$$

此时单个刻槽面衍射的中央主极大与各个刻槽面之间干涉的 m 级极大（m 级谱线）重合。当 $m=1$ 时对应的波长 λ_B 称为1级闪耀波长，依次类推。

2. 光纤光栅

光纤光栅是利用紫外光照射某些具有光敏性的光纤纤芯，使纤芯产生永久性的折射率变化而形成的相位光栅。目前光纤光栅最主要的制作方法是相位掩模法，即用一束紫外光照射预先做好的相位掩模板，紫外光通过相位掩模板后产生干涉效应，形成明暗相间的干涉条纹，光纤纤芯在这一区域内曝光，亮条纹区域受紫外光照射折射率增大，暗条纹区域折射率不变，从而产生折射率的周期性分布。

对于折射率呈均匀正弦分布的光纤光栅，其光栅方程为

$$\lambda_B=2n_{\text{eff}}\Lambda \tag{12-69}$$

式中，λ_B 为光栅的布拉格中心波长，n_{eff} 为纤芯有效折射率，Λ 为光栅周期。光通过光纤光栅的反射率为

$$R=\tanh^2\left(\frac{\pi\Delta n}{\lambda_B}L\right) \tag{12-70}$$

式中，Δn 是纤芯折射率的最大变化量，L 是光栅长度。

3. 凹面光栅

凹面光栅指在凹球面反射镜上刻划一系列等宽等间距的光栅刻线。与平面光栅不同的是，凹面光栅除了衍射作用外，还兼备聚焦及光束准直作用，其优点是无需在光栅后附加透镜等光学元器件即可产生光栅光谱。

习　题

12-1　波长 $\lambda=500\text{nm}$ 的单色光垂直入射到直径为 5mm 的圆孔，在光轴附近离孔 z 处观察衍射，试问当 z 为 1m 和 20m 时各属于何种衍射，为什么？

12-2　如图题 12-2 所示，平行光以 i 角斜射在宽度为 a 的单缝上，试证明：

(1) 夫琅禾费衍射的强度公式基本不变（忽略倾斜因子），即

$$I_\theta=I_0\left(\frac{\sin\alpha}{\alpha}\right)^2$$

式中，I_0 为零级中心强度，但 α 的定义与正入射不同，表示为

$$\alpha=\frac{\pi a}{\lambda}(\sin\theta-\sin i)$$

其中，I 为入射角，θ 为衍射角。

(2) 零级斑半角宽度为

$$\Delta\theta=\frac{\lambda}{\alpha\cos i}$$

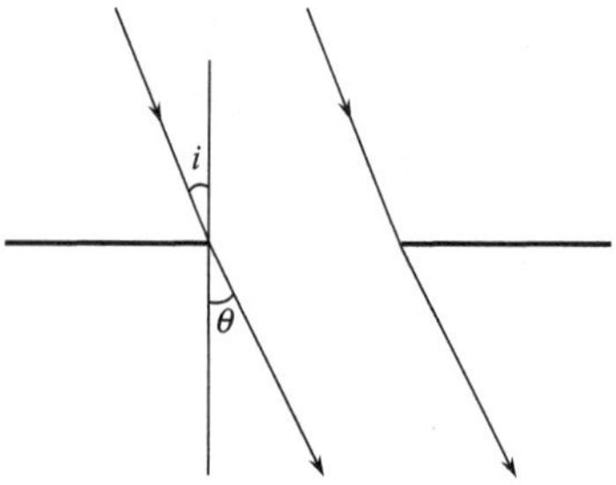

图题 12-2

12-3 波长为 500nm 的平行光垂直照射在宽度为 0.025mm 的单缝上，以焦距为 50cm 的会聚透镜将衍射光聚焦于焦面上进行观察，求：

(1) 衍射图样中央亮纹的半宽度；

(2) 第一亮纹和第二亮纹到中央亮纹的距离；

(3) 第一亮纹和第二亮纹相对于中央亮纹的强度。

12-4 用波长为 0.63μm 的一束平行光照射一单缝，用焦距为 50cm 透镜将衍射图样会聚后测得零级衍射斑的宽度为 1cm，求单缝宽度。

12-5 用物镜直径为 4cm 的望远镜来观察 10km 远的两个相距 0.5m 的光源。在望远镜前置一可变宽度的狭缝，缝宽方向与两光源连线平行，让狭缝宽度逐渐减小，发现当狭缝宽度减小到某一宽度时，两光源前产生的衍射像不能分辨，问这时狭缝宽度是多少？(设光波波长 $\lambda=550$nm)

12-6 用望远镜来观察远处两个等强度的发光点 S_1 和 S_2。假定 S_1 的像(衍射图样)的中央和 S_2 的像的第一个强度零点重合，问这时两像之间中点的强度与像中央强度之比是多少。

12-7 观察一不透明细丝形成的夫琅禾费衍射图样，测得暗条纹的间距为 3mm，透镜焦距为 30mm，照明光源为波长 632.8nm 的氦氖激光，试求细丝直径。

12-8 一台显微镜的数值孔径为 0.85，问：

(1) 它用于波长 $\lambda=400$nm 时的最小分辨距离是多少？

(2) 若利用油浸物镜使数值孔径增大到 1.45，分辨率提高了多少倍？

12-9 电子显微镜利用电子束成像。假设电子束的波长 $\lambda=10^{-10}$m，电子显微镜的孔径角 $2\mu=8°$，试求它的最小分辨距离和放大率。

12-10 黄光包含 589.6nm 和 589nm 两种波长，问要在光栅的一级光谱中分辨开这两种波长的谱线，光栅至少应有多少条缝？

12-11 设计一块光栅，要求：

(1) 使波长 $\lambda=600$nm 的第 2 级谱线的衍射角 $\theta\leqslant 30°$；

(2) 色散尽可能大；

(3) 第 3 级谱线缺级；

(4) 在波长 $\lambda=600$nm 的第 2 级谱线处能分辨 0.02nm 的波长差。在选定光栅的参数后，问在透镜的焦面上只可能看到波长 600nm 的几条谱线。

12-12 一台望远镜工作波长为 550nm，如果要用它分辨角距离为 3×10^{-7}rad 的两颗星，其物镜直径最小为多少？为充分利用望远镜的分辨率，放大率应设计为多少？(设人眼的最小分辨率为 $1'$)

12-13 为在一块每毫米 600 条光栅的 2 级光谱中分辨波长为 632.8nm 的一束氦氖激光的模结构(两个模之间的频率差为 450MHz)，光栅需要有多宽？

12-14　用波长为 632.8nm 的氦氖激光照射一双狭缝，通过焦距为 50cm 的透镜观察夫琅禾费衍射图样，发现相邻亮纹之间的间距为 1.5mm，并且第 4 级亮纹缺级。试求：

(1) 双缝的间距和缝宽；

(2) 第 1、2、3 级亮纹的相对强度。

12-15　波长 $\lambda=563.3\text{nm}$ 的平行光射向直径 $D=2.6\text{nm}$ 的圆孔，与孔相距 $r_0=1\text{m}$ 处放一屏幕，问：

(1) 屏幕上正对圆孔中心的 P 点是亮点还是暗点？

(2) 要使 P 点变成与(1)相反的情况，至少要把屏幕向前(同时求出向后)移动多少距离？

12-16　以波长为 650nm 的光照射双缝，将衍射图样经一焦距为 80cm 的透镜会聚后测得两亮纹的中心间距为 1.04mm，且第 5 个最大值缺级，试求缝宽度和两缝间距。

第13章 光的偏振

平面光波是横电磁波，其电场强度矢量的方向(又称为光振动方向)与光波传播方向垂直。需要注意的是，光波传播方向通常是指光的能流密度方向(平时人眼看见的光传播方向)，而不是波矢方向(等位相面的法线方向)。在各向同性介质中，能流密度方向与波矢方向相同；而在各向异性介质中，能流密度方向与波矢方向不同。在垂直传播方向的平面内，光振动方向相对于光传播方向是不对称的，这种不对称性导致了光波性质随光振动方向的不同而发生变化。例如，它不仅会影响成像系统中的像场分布(线偏振光使像场呈椭圆分布)，还会影响光在各向异性介质中的传播方向和相位变化。这种光振动方向相对于光传播方向不对称的性质称为光波的偏振特性。各种基于偏振特性的偏振光学元件在许多领域中有着十分重要的应用。

13.1 偏振光的描述

13.1.1 光波的偏振态

不失一般性，本章将以各向同性介质中的平面波为例来介绍光波的各种偏振态，包括椭圆偏振、线偏振和圆偏振。

由于平面波的光振动方向与光波传播方向垂直，因此当时间相位因子为 $\exp(-i\omega t)$ 的光沿 $+z$ 方向传播时，电场只有 x 和 y 方向的分量，其电场矢量表示为

$$\boldsymbol{E}(z,t)=\boldsymbol{x}E_x+\boldsymbol{y}E_y \tag{13-1}$$

其中

$$\left.\begin{aligned}E_x&=a\cos(kz-\omega t+\varphi_x)\\E_y&=b\cos(kz-\omega t+\varphi_y)\end{aligned}\right\} \tag{13-2}$$

其中，$\boldsymbol{x}$ 和 $\boldsymbol{y}$ 分别是 x 轴和 y 轴方向的单位矢量。式(13-1)本质上是“两个相同频率而振动方向互相垂直的单色平面波的合成”的数学描述。将式(13-2)中的时间变量 t 消去，可以得到

$$\frac{E_x^2}{a^2}+\frac{E_y^2}{b^2}-2\frac{E_xE_y}{ab}\cos\delta=\sin^2\delta \tag{13-3}$$

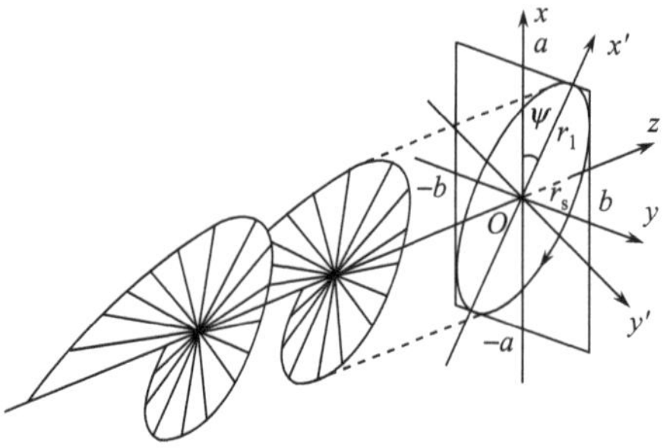

图 13-1 椭圆偏振光

式中，$\delta=\varphi_y-\varphi_x$ 表示电场矢量 $\boldsymbol{E}$ 末端点 E_y 和 E_x 的初始相位差。式(13-3)是一个关于电场矢量末端点 E_x、E_y 的椭圆方程。这说明在垂直于光波传播方向的平面内，任一点的合成矢量末端随时间变化的运动轨迹在图 13-1 所示的 xy 平面的投影为一椭圆，且该椭圆与以 $E_x=\pm a$ 和 $E_y=\pm b$ 为界的矩形内切。确切地说，由于光传播的原因，电场矢量末端随时

间变化的运动轨迹实际上呈螺旋状，只是在垂直于光传播方向的平面上的投影构成一个椭圆，如图 13-1 所示。这种矢量末端运动轨迹为椭圆的光称为椭圆偏振光。

式(13-3)也表明该椭圆旋转方向及长、短轴的方位与两叠加光波的相位差 δ 有关。

当 $\delta=m\pi$ 且 m 为整数时，椭圆的矢量末端运动轨迹退化为一条直线，即

$$\frac{E_y}{E_x}=(-1)^m\frac{b}{a} \tag{13-4}$$

此时，光波称为线偏振光。

当 $\delta=m\pi/2$，m 为奇整数，且电场分量 E_x 和 E_y 的振幅相等($a=b$)时，椭圆的矢量末端运动轨迹退化为一个圆，即

$$E_x^2+E_y^2=a^2 \tag{13-5}$$

此时，光波称为圆偏振光。

椭圆偏振光和圆偏振光有左旋和右旋之分，通常规定逆着光传播方向看，光振动矢量随着时间 t 的变化而顺时针旋转时为右旋偏振光，反之为左旋偏振光。它们完全决定于初始相位差 δ。根据 δ 的取值，由式(13-2)容易推导出电场的分量 E_x 和 E_y 随时间 t 的变化情况：当 $2n\pi<\delta<(2n+1)\pi$ 时，为左旋偏振光；当 $(2n-1)\pi<\delta<2n\pi$ 时，为右旋偏振光，其中 n 为整数。这一条件的等价条件是 $\sin\delta>0$ 对应左旋偏振光，$\sin\delta<0$ 对应右旋偏振光。光振动状态如图 13-2 所示。

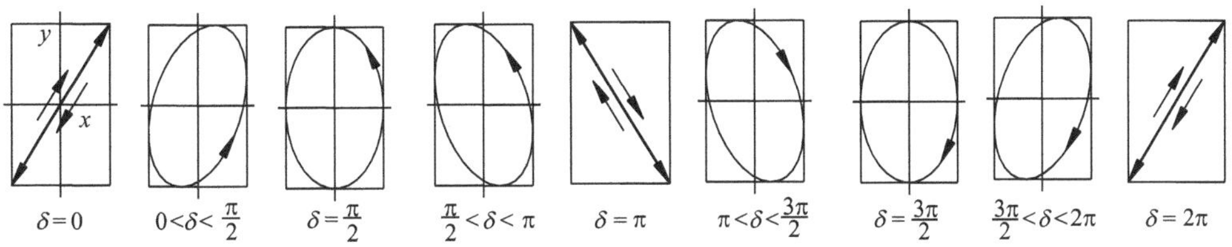

图 13-2 相位差 δ 取不同值时对应的椭圆偏振状态

广义地说，线偏振和圆偏振可以看作椭圆偏振光的一个特例。它们共同描述了在垂直于光波传播方向的平面内，任一点的合成矢量末端随时间变化的运动轨迹，是一种均匀偏振光。均匀偏振是指在垂直于光波传播方向的平面内，任意点的电场振动方向在任意时刻均相同。换句话说，即使对于椭圆偏振光，在某一个时刻瞬间，在垂直于光波传播方向的平面内，任意点的电场振动方向均沿着相同的直线方向，此时类似于线偏振，只是椭圆偏振的电场矢量末端随时间旋转变化。然而，由于光波频率非常高，普通探测器和人眼感觉不到电场振动方向在随时间变化，以至于椭圆偏振给人的假象似乎是该点的电场振动方向朝各个方向。

13.1.2 偏振度

前面根据平面波的电场矢量末端随时间变化的运动轨迹定义了椭圆偏振光、线偏振光和圆偏振光。至于光波到底属于哪种偏振光，这完全决定于该光波电场矢量 $\boldsymbol{E}$ 的两个正交分量 E_x 和 E_y 的初始相位差 δ。实际上，普通光源发出的光波都不是单一的平面波，而是由大量发光原子激发的沿各个不同方向振动、初始相位完全无关的大量光波组成的。

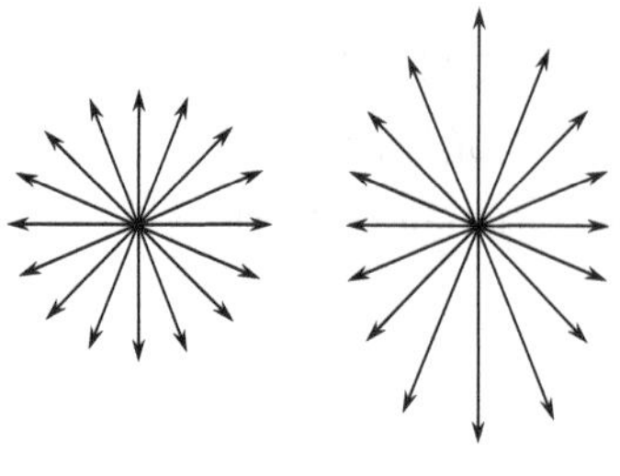

图 13-3 两种非完全偏振光

并且这些大量光波在各个振动方向上振动的幅度在观察时间内的平均值相等，如图 13-3(a)所示。这种光称为完全非偏振光，也叫作自然光。如果自然光在传播过程中受外界干扰，在各个方向上的振动幅度不再相等，出现了如图 13-3(b)所示的情况，则这种光称为部分偏振光。如果光波的振动方向是确定不变或者规则变化，则称为完全偏振光，如椭圆偏振光、线偏振光和圆偏振光。部分偏振光可以等效地看成是线偏振光和自然光的组合。

在实际应用中，完全偏振光是非常难以产生的，光波通常是部分偏振光。为了表征光波的偏振特性，需要引入偏振度 P。偏振度有两种定义。第一种定义为在部分偏振光的总强度中，完全偏振光所占的比例，即

$$P=\frac{I_{\mathrm{p}}}{I_{总}} \tag{13-6}$$

式中，I_{p} 是完全偏振光的强度，$I_{总}$ 是部分偏振光的总强度。

偏振度的第二种定义是

$$P=\frac{I_{\max}-I_{\min}}{I_{\max}+I_{\min}} \tag{13-7}$$

式中，$I_{\max}$ 表示部分偏振光中振动方向最强的光强，$I_{\min}$ 表示与最强振动方向正交的方向的光强，此时该方向必然是部分偏振光中振动最弱的振动方向。

显然，对于自然光，$P=0$；对于完全偏振光，$P=1$；对于部分偏振光，$0<P<1$。偏振度越接近于 1，光的偏振程度越高。

13.1.3 偏振态的表示法

在光波的偏振态分析和测量中，采用合适的偏振态表示法是至关重要的。下面介绍几种常用的偏振态表示法。

1. 琼斯矢量法

1941 年，琼斯(R. C. Jones)在垂直于传播方向的平面(xy 平面)上利用一个列矩阵来表示电场的 x、y 分量，即

$$\begin{bmatrix} E_x \\ E_y \end{bmatrix}=\begin{bmatrix} a\exp(\mathrm{i}\varphi_x) \\ b\exp(\mathrm{i}\varphi_y) \end{bmatrix} \tag{13-8}$$

这个矩阵通常称为琼斯矢量，它表示一般的椭圆偏振光。琼斯矢量通常仅仅用于描述完全偏振光，此时不考虑电场一般表示形式(13-2)式中的时间因子，只考虑电场矢量末端随时间的变化。琼斯矢量为光波偏振态描述提供了一种简便的数学语言，在实际工程中经常被使用。

基于两正交电场的初始相位差 δ，琼斯矢量式(13-8)也可以改写成

$$\begin{bmatrix} E_x \\ E_y \end{bmatrix} = \begin{bmatrix} a \\ b\exp(\mathrm{i}\delta) \end{bmatrix} \exp(\mathrm{i}\varphi_x) \tag{13-9}$$

参考 13.1.1 小节中光波偏振态的定义，存在如下情况。

当 $\delta = m\pi$ 且 m 为整数时，琼斯矢量为

$$\begin{bmatrix} E_x \\ E_y \end{bmatrix} = \begin{bmatrix} a \\ (-1)^m b \end{bmatrix} \exp(\mathrm{i}\varphi_x) \tag{13-10}$$

表示线偏振光。若 m 为偶数，表示位于Ⅰ、Ⅲ象限中的线偏振光；若 m 为奇数，则表示位于Ⅱ、Ⅳ象限中的线偏振光；若电场 y 分量的振幅 $b=0$，则表示 x 方向振动的线偏振光；若电场 x 分量的振幅 $a=0$，则表示 y 方向振动的线偏振光。在工程应用中，x 和 y 方向振动的线偏振光也分别称为 0°和 90°线偏振光。

当 $\delta = m\pi/2$，m 为奇数，且两分量的振幅相等 $a=b$ 时，琼斯矢量

$$\begin{bmatrix} E_x \\ E_y \end{bmatrix} = \begin{bmatrix} 1 \\ \pm i \end{bmatrix} a\exp(i\varphi_x) \tag{13-11}$$

表示圆偏振光。对于时间相位因子为 $\exp(-i\omega t)$ 的光波，上式中虚数符号前取"+"，为左旋圆偏振光；虚数符号前取"-"，为右旋圆偏振光。

如果不考虑光场强度的绝对值，而仅仅考虑光场的偏振状态，可以将琼斯矢量的每一个分量对光强 $I(I=\sqrt{E_x^2+E_y^2})$ 进行归一化，并且省略比例常数，此时琼斯矢量称为标准的归一化琼斯矢量。几种典型的偏振状态，如 0°、45°、90°、135°线偏振光、左旋和右旋圆偏振光的归一化琼斯矢量为

$$\begin{bmatrix} 1 \\ 0 \end{bmatrix},\ \frac{\sqrt{2}}{2}\begin{bmatrix} 1 \\ 1 \end{bmatrix},\ \begin{bmatrix} 0 \\ 1 \end{bmatrix},\ \frac{\sqrt{2}}{2}\begin{bmatrix} 1 \\ -1 \end{bmatrix},\ \frac{\sqrt{2}}{2}\begin{bmatrix} 1 \\ i \end{bmatrix},\ \frac{\sqrt{2}}{2}\begin{bmatrix} 1 \\ -i \end{bmatrix}$$

需要强调的是，琼斯矢量的共同复数因子不会改变光波偏振状态。因此，在只关心偏振态时，琼斯矢量可以采用最合适、最简单的形式，而不用理会共同复数因子的大小。

如果一个偏振光的琼斯矢量与另一个偏振光的共轭琼斯矢量点乘等于零，即

$$E_1 \cdot E_2^* = [E_{1x} \quad E_{1y}] \begin{bmatrix} E_{2x}^* \\ E_{2y}^* \end{bmatrix} = 0$$

则称这两个偏振光是正交偏振态。例如，0°线偏振光与 90°线偏振光、左旋圆偏振光与右旋圆偏振光均互为正交的偏振光。

利用琼斯矢量可以很方便地计算两个传播方向相同的偏振光的叠加，即

$$\begin{bmatrix} E_x \\ E_y \end{bmatrix} = \begin{bmatrix} E_{1x} \\ E_{1y} \end{bmatrix} + \begin{bmatrix} E_{2x} \\ E_{2y} \end{bmatrix} = \begin{bmatrix} E_{1x}+E_{2x} \\ E_{1y}+E_{2y} \end{bmatrix}$$

2. 斯托克斯参量表示法

1852 年，斯托克斯(Stokes)提出用四个参量(斯托克斯参量)来描述光波的强度和偏振态。不像琼斯矢量通常仅仅用于描述完全偏振光，斯托克斯参量表示法描述的光波可以是完全偏振光、部分偏振光和完全非偏振光，也可以是单色光和非单色光。这 4 个斯托

克斯参量都是光强的时间平均值(时间间隔长到可以进行测量),因此可以通过简单的实验进行测定,这对偏振状态和偏振度的确定更加方便。

根据 13.1.1 小节中定义的单色平面波电场矢量的两个正交分量 E_x 和 E_y 及其初始相位差 δ,斯托克斯参量表示为

$$\left.\begin{aligned} s_0 &= E_x^2 + E_y^2 \\ s_1 &= E_x^2 - E_y^2 \\ s_2 &= 2E_xE_y\cos\delta \\ s_3 &= 2E_xE_y\sin\delta \end{aligned}\right\} \tag{13-12}$$

参量 s_0 正比于光波的强度。

在完全偏振光中,斯托克斯参量满足恒等关系式

$$s_0^2 = s_1^2 + s_2^2 + s_3^2 \tag{13-13}$$

式(13-13)表明此时四个参量不是完全独立的。对于部分偏振光,则有如下关系:

$$s_0^2 > s_1^2 + s_2^2 + s_3^2 \tag{13-14}$$

利用斯托克斯参量,偏振度 P 可以表示为

$$P = \frac{\sqrt{s_1^2 + s_2^2 + s_3^2}}{s_0} \tag{13-15}$$

3. 邦加球表示法

邦加球是表示任一完全偏振光的偏振态的图示法,是 1892 年由邦加(J. H. Poincaré)提出来的。由于完全偏振光有关系式 $s_0^2 = s_1^2 + s_2^2 + s_3^2$,且任一椭圆偏振光只需两个方位角就可完全决定其偏振态,所以可以利用一个半径为 s_0 的球面上的经度和纬度来表示这两个方位角,此时该球面上的每一个点就可表示一种偏振态,如图 13-4 所示。

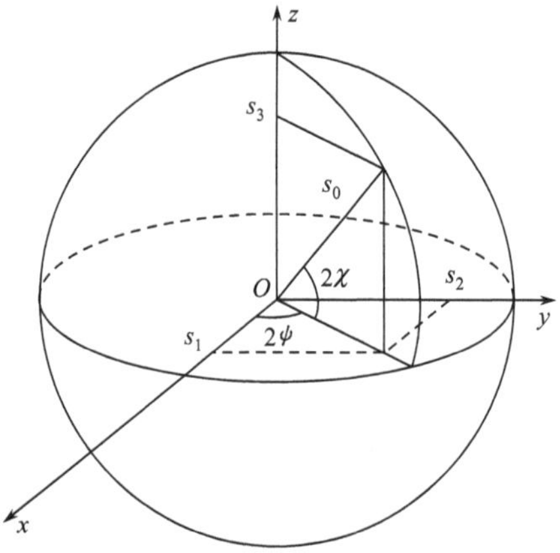

图 13-4 邦加球

图 13-4 中,ψ 是椭圆偏振光的椭圆长轴与 x 轴的夹角,$\tan\chi = \pm r_s/r_l$,$2r_l$ 和 $2r_s$ 分别为椭圆的长轴和短轴,如图 13-1 所示。可以证明,赤道上($\chi=0$)任一点代表不同振动方向的线偏振光。其中,$\psi=0$,即 x 轴正向的点表示 0°线偏振;$\psi=\pi/2$,即 x 轴负向的点表示 90°线偏振。邦加球赤道上半部分的点代表右旋椭圆偏振光,下半部分的点代表左旋椭圆偏振光,南、北极两点则分别代表左、右旋圆偏振光。在偏振综合分析仪中,常用邦加球来直观地显示光波的各种偏振态。

13.2 各向异性介质中的光波传播特性

在微观上介质是由大量的原子、分子、离子或其集团在空间中排列组合而成的，其构成方式的差异在本质上决定了介质的光学特性。然而在宏观上非磁性介质的光学特性主要决定于其复折射率(虚部代表了介质的吸收)。因此，基于介质的复折射率，介质可以分成各向同性介质和各向异性介质。如果介质的折射率与光波的传播方向无关，则称为各向同性介质，反之则称为各向异性介质。光学各向异性介质的典型代表是晶体，如方解石、石英晶体、红宝石等。晶体的一个重要特点是当光波传播时，会在分界面处发生双折射和双反射，在晶体内部产生偏振效应。本节以晶体为例，介绍光波在各向异性介质中的传播特性。

13.2.1 晶体的光学各向异性

不论在各向同性介质还是各向异性介质中，电磁场均满足麦克斯韦方程和物质方程。在各向同性介质中，电场强度矢量 $\boldsymbol{E}$ 和电位移矢量 $\boldsymbol{D}$ 满足的物质方程为

$$\boldsymbol{D}=\varepsilon_0\varepsilon_r\boldsymbol{E} \tag{13-16}$$

式中，ε_0 是真空中的介电常量，为标量；ε_r 是介质的相对介电常数，为标量。此时电位移矢量 $\boldsymbol{D}$ 与电场强度矢量 $\boldsymbol{E}$ 的方向一致。而在各向异性介质中，$\boldsymbol{D}$ 与 $\boldsymbol{E}$ 满足的物质方程为

$$\boldsymbol{D}=\varepsilon_0\boldsymbol{\varepsilon}_r\boldsymbol{E} \tag{13-17}$$

式中，$\boldsymbol{\varepsilon}_r$ 是介质的相对介电张量，并且是一个二阶张量，在形式上是一个 3×3 的矩阵。此时 $\boldsymbol{D}$ 与 $\boldsymbol{E}$ 也是一个 3×1 的列矩阵，三个元素分别代表电位移矢量 $\boldsymbol{D}$ 与电场强度矢量 $\boldsymbol{E}$ 在直角坐标系 x、y、z 三个轴上的分量。式(13-17)表明，在各向异性介质中，一般情况下 $\boldsymbol{D}$ 与 $\boldsymbol{E}$ 的方向不再相同。

根据光的电磁理论和能量守恒原理，可以证明晶体的介电张量 $\boldsymbol{\varepsilon}_r$ 是一个对称张量，因此它有六个独立分量。此时经过主轴变换后，晶体的介电张量可以表示为一个只有三个非零元素的对角张量，即

$$\boldsymbol{\varepsilon}_r=\begin{bmatrix}\varepsilon_x & 0 & 0\\ 0 & \varepsilon_y & 0\\ 0 & 0 & \varepsilon_z\end{bmatrix} \tag{13-18}$$

式中，ε_x、ε_y、ε_z 称为介质的主介电常数。前述经过主轴变换后得到的直角坐标系称为主轴坐标系，相应的 x、y、z 轴称为介质的介电主轴。

根据折射率与相对介电常数的关系 $n=\sqrt{\varepsilon_r}$，可以相应定义三个主折射率 n_x、n_y、n_z，即 $n_x^2=\varepsilon_x$，$n_y^2=\varepsilon_y$，$n_z^2=\varepsilon_z$。

对于晶体而言，其介电主轴以及相应的主介电常数(或主折射率)在生长过程中就已经确定了，是不变的，是晶体的固有特性，与描述光波传播特性的折射率并不相同。在晶体中，描述光波传播特性的折射率与光波传播方向有关，可能与某个主折射率相等，也可能与三个主折射率都不相等。这一点在下面的讨论中需要格外注意。

由于不同晶体的结构具有不同的空间对称性，所以三个主介电常数可能不一定是相互独立的。若主介电常数 $\varepsilon_x=\varepsilon_y=\varepsilon_z$，则晶体称为各向同性晶体，如立方晶系的各种晶体，此时该晶体也可称为各向同性介质；若 $\varepsilon_x\neq\varepsilon_y\neq\varepsilon_z$，则晶体称为双轴晶体，如正交、三斜、单斜晶系的各种晶体；若 $\varepsilon_x=\varepsilon_y\neq\varepsilon_z$，则晶体称为单轴晶体，如三方、四方、六方晶系的各种晶体。对于单轴晶体，相应的主折射率经常采用如下形式，即 $n_x=n_y=n_o$，$n_z=n_e$，且 $n_o\neq n_e$，其中 n_o 和 n_e 分别称为各向异性介质中寻常光和异常光的主折射率。

13.2.2 平面波在晶体中的传播

由光学的傅里叶变换可知，任意一个具有复杂振幅分布的单色光波(例如高斯光束、聚焦光场)都可以看作是由许多沿不同方向传播的单色平面波的线性叠加，其叠加的权重因子为该复杂光波的频谱。而且光波的传播特性可以通过麦克斯韦方程和物质方程求解。为了简单起见，下面从麦克斯韦方程和物质方程出发，以单色平面波为例，介绍光波在晶体中的一些传播特性。

1. 菲涅耳方程

设晶体中传播的单色平面波为

$$\boldsymbol{E}、\boldsymbol{D}、\boldsymbol{H}=(\boldsymbol{E}_0、\boldsymbol{D}_0、\boldsymbol{H}_0)\exp\left[-\mathrm{i}\omega\left(t-\frac{n}{c}\boldsymbol{k}_0\cdot\boldsymbol{r}\right)\right] \tag{13-19}$$

式中，$\boldsymbol{E}_0$、$\boldsymbol{D}_0$、$\boldsymbol{H}_0$ 分别表示场量 $\boldsymbol{E}$、$\boldsymbol{D}$、$\boldsymbol{H}$ 的振幅矢量；$\boldsymbol{k}_0$ 是波矢方向 $\boldsymbol{k}$ 的单位波矢量；$\boldsymbol{r}$ 是空间位置矢量；c 是真空中的光速；n 是描述光波传播特性的折射率，即与波矢量 $\boldsymbol{k}$ 相对应的折射率。

对于非磁性晶体，相对磁导率 $\mu_r=1$。将式(13-19)代入麦克斯韦方程组中的式(10-18)、式(10-19)，并且利用物质方程式(10-15)，可以得到

$$\boldsymbol{H}\times\boldsymbol{k}_0=\frac{c}{n}\boldsymbol{D} \tag{13-20}$$

$$\boldsymbol{E}\times\boldsymbol{k}_0=-\frac{\mu_0 c}{n}\boldsymbol{H} \tag{13-21}$$

式(13-20)和式(13-21)表明，$\boldsymbol{D}$ 垂直于 $\boldsymbol{H}$ 和 $\boldsymbol{k}_0$，$\boldsymbol{H}$ 垂直于 $\boldsymbol{E}$ 和 $\boldsymbol{k}_0$。不过，各向异性介质中，$\boldsymbol{D}$ 和 $\boldsymbol{E}$ 的方向通常并不平行，因此电场强度矢量 $\boldsymbol{E}$ 通常就不垂直于波矢 $\boldsymbol{k}_0$，这一点不同于各向同性介质($\boldsymbol{D}$ 和 $\boldsymbol{E}$ 的方向平行，$\boldsymbol{E}$ 和 $\boldsymbol{k}_0$ 的方向垂直)。

消去式(13-20)和式(13-21)中的 $\boldsymbol{H}$，并且利用矢量恒等式 $\boldsymbol{A}\times(\boldsymbol{B}\times\boldsymbol{C})=\boldsymbol{B}(\boldsymbol{A}\cdot\boldsymbol{C})-\boldsymbol{C}(\boldsymbol{A}\cdot\boldsymbol{B})$，可以得到

$$\boldsymbol{D}=\varepsilon_0 n^2[\boldsymbol{E}-\boldsymbol{k}_0(\boldsymbol{k}_0\cdot\boldsymbol{E})] \tag{13-22}$$

在主轴坐标系下，利用物质方程式(10-14)(此时相对介电常数 $\boldsymbol{\varepsilon}_r$ 需用介电张量 $\boldsymbol{\varepsilon}_r$ 代替)，由式(13-22)可以得到电位移矢量 $\boldsymbol{D}$ 沿介电主轴方向的分量，即

$$D_i=\frac{\varepsilon_0 k_{0i}(\boldsymbol{k}_0\cdot\boldsymbol{E})}{\dfrac{1}{n_i^2}-\dfrac{1}{n^2}}\quad(i=x,y,z) \tag{13-23}$$

式中，k_{0i} 表示单位波矢 $\boldsymbol{k}_0$ 在直角坐标系三个轴上的分量，它们满足关系 $k_{0x}^2+k_{0y}^2+k_{0z}^2=1$。

由于 $\boldsymbol{D}$ 垂直于 $\boldsymbol{k}_0$，即

$$\boldsymbol{D}\cdot\boldsymbol{k}_0=D_xk_{0x}+D_yk_{0y}+D_zk_{0z}=0 \tag{13-24}$$

将式(13-23)代入式(13-24)，可以得到

$$\frac{k_{0x}^2}{\dfrac{1}{n^2}-\dfrac{1}{n_x^2}}+\frac{k_{0y}^2}{\dfrac{1}{n^2}-\dfrac{1}{n_y^2}}+\frac{k_{0z}^2}{\dfrac{1}{n^2}-\dfrac{1}{n_z^2}}=0 \tag{13-25}$$

式(13-25)称为波法线菲涅耳方程，它描述了单色平面波在晶体中传播时，光波波阵面法线方向 $\boldsymbol{k}$ 与相应折射率 n 和晶体主折射率之间的关系。

2. 单轴晶体中的寻常光与异常光

单轴晶体的主折射率 $n_x=n_y=n_o, n_z=n_e$，且 $n_o\neq n_e$。当 $n_o<n_e$ 时，称为正单轴晶体；当 $n_o>n_e$ 时，称为负单轴晶体。对于单轴晶体，将主折射率代入波法线菲涅耳方程式(13-25)，并且进行通分、化简，可以得到

$$(n^2-n_o^2)\{n^2[n_o^2(k_{0x}^2+k_{0y}^2)+n_e^2k_{0z}^2]-n_o^2n_e^2\}=0 \tag{13-26}$$

显然，该方程有两个解

$$n'=n_o \tag{13-27}$$

$$n''=\frac{n_on_e}{\sqrt{n_o^2(k_{0x}^2+k_{0y}^2)+n_e^2k_{0z}^2}} \tag{13-28}$$

式(13-27)和式(13-28)表明，在单轴晶体中，对于沿波矢 $\boldsymbol{k}$ 方向传播的单色平面波，存在着两种不同的折射率。由于 n' 与光的传播方向无关，恒等于主折射率 n_o，此时该晶体相当于各向同性介质，故按 n' 折射的光波称为单轴晶体中的寻常光，简称为 o 光，相应的折射率 n_o 称为寻常光折射率。n'' 与传播方向有关，其大小随传播方向的变化而变化，故按 n'' 折射的光波称为单轴晶体中的异常光，简称为 e 光。正是由于单轴晶体中传播的光波存在两种折射率，所以一列光波入射到单轴晶体中时会同时产生 o 光和 e 光，这种现象称为双折射。

当平面波沿着主轴坐标系的 z 轴方向传播时，有 $k_{0x}^2+k_{0y}^2=0, k_{0z}^2=1$，则从式(13-28)可以得到 $n''=n'=n_o$。这表明当平面波沿着主轴坐标系的 z 轴方向传播时，o 光和 e 光折射率相等，此时就不存在 o 光和 e 光之分，就不会发生双折射。因此，把主轴坐标系的 z 轴方向称为单轴晶体的光轴。

在单轴晶体中，存在着这样一些重要结论：对于给定的波矢方向 $\boldsymbol{k}$，存在着 o 光和 e 光两种不同传播特性的光。其中，o 光的 $\boldsymbol{E}$ 矢量始终垂直于波矢 $\boldsymbol{k}$ 与光轴构成的平面，而 e 光的 $\boldsymbol{E}$ 矢量始终平行于波矢 $\boldsymbol{k}$ 与光轴构成的平面。并且 o 光的光线方向(能流密度方向)与波矢方向重合，e 光的光线方向与波矢方向存在一定夹角(称为离散角)，但是仍然位于波矢与光轴构成的平面内。这些结论严格、准确的推导过程可以参考相关文献，在这里限于篇幅不再赘述。

3. 折射率曲面和光线曲面

在讨论晶体中光波传播方向时，除了严格的解析方法外，还可以用一些几何图形来说

明。这些几何图形能帮助我们直观地看出晶体中光波各个矢量间的方向关系，以及与各传播方向相应的光速或折射率的空间取值分布。这种直观性是解析法所欠缺的。不过对晶体中一些复杂问题的分析，还是得借助于解析法。

目前，常用的几何图形有折射率椭球、折射率曲面、波矢曲面、菲涅耳椭球、光线曲面、相速卵形面 6 种三维曲面。这里重点介绍折射率曲面，然后提及一下光线曲面。

折射率曲面是描述晶体空间中与每个波矢方向 $\boldsymbol{k}$ 相应的全部折射率取值分布的几何图形。折射率曲面上的矢径 $\boldsymbol{r}=n\boldsymbol{k}_0$，其方向平行于给定的波矢方向 $\boldsymbol{k}$，长度等于相应的两种光波的折射率。注意，$\boldsymbol{k}_0$ 是波矢方向 $\boldsymbol{k}$ 的单位矢量。

由于 $\boldsymbol{r}=n\boldsymbol{k}_0$，故

$$|\boldsymbol{r}|^2=x^2+y^2+z^2=n^2$$

$$x=nk_{0x},\quad y=nk_{0y},\quad z=nk_{0z}$$

将上式代入波法线菲涅耳方程式(13-25)，通分展开后可以得到

$$\begin{aligned}&(n_x^2x^2+n_y^2y^2+n_z^2z^2)(x^2+y^2+z^2)-[n_x^2(n_y^2+n_z^2)x^2\\&+n_y^2(n_x^2+n_z^2)y^2+n_z^2(n_x^2+n_y^2)z^2]+n_x^2n_y^2n_z^2=0\end{aligned}\tag{13-29}$$

这就是主轴坐标系中折射率曲面的表达式，它是一个四次曲面方程。对于折射率曲面，如果将其矢径长度乘以$\dfrac{\omega}{c}$，则矢径 $\boldsymbol{r}=\left(\dfrac{\omega}{c}\right)n\boldsymbol{k}_0$ 就是波矢 $\boldsymbol{k}$，此时折射率曲面又称为波矢曲面。波矢曲面上的矢径长度等于光波在晶体中的波数，矢径方向平行于给定的波矢方向 $\boldsymbol{k}$。波矢曲面与折射率曲面在形状上完全相同，只是曲面上的矢径长度及代表的物理量有差别。

对于立方晶系，$n_x=n_y=n_z=n_o$，将其代入式(13-29)可以得到

$$x^2+y^2+z^2=n_o^2\tag{13-30}$$

这是一个半径为 n_o 的球面，在所有的方向 $\boldsymbol{k}_0$ 上，折射率都等于 n_o。立方晶系相当于各向同性介质。

对于单轴晶体，$n_x=n_y=n_o$，$n_z=n_e$，且 $n_o\neq n_e$，将其代入式(13-29)可以得到

$$\left.\begin{aligned}&x^2+y^2+z^2=n_o^2\\&\frac{x^2+y^2}{n_e^2}+\frac{z^2}{n_o^2}=1\end{aligned}\right\}\tag{13-31}$$

上述第一式表示一个半径为 n_o 的球面，第二式表示一个以 z 轴(光轴)为旋转轴的旋转椭球面。这说明单轴晶体的折射率曲面是一个双层曲面，在各截面上的截线如图 13-5 所示。球面对应为 o 光的折射率曲面，在该曲面上折射率与波矢方向无关；椭球面对应为 e 光的折射率曲面，在该曲面上折射率与波矢方向有关，其大小决定于波矢方向同光轴的夹角 θ。根据式(13-31)，与波矢方向 $\boldsymbol{k}$ 相对应的 e 光的折射率为

$$n''=\frac{n_on_e}{\sqrt{n_o^2\sin^2\theta+n_e^2\cos^2\theta}}\tag{13-32}$$

注意，式(13-32)与式(13-28)是等价的。

对于正单轴晶体，$n_o<n_e$，球面内切于椭球面；对于负单轴晶体，$n_o>n_e$，球面外切于椭球面。两种情况下的切点都在光轴上。

上述重点介绍的折射率曲面是相对于波矢方向 $\boldsymbol{k}$ 而言的。在各向异性的晶体中，波

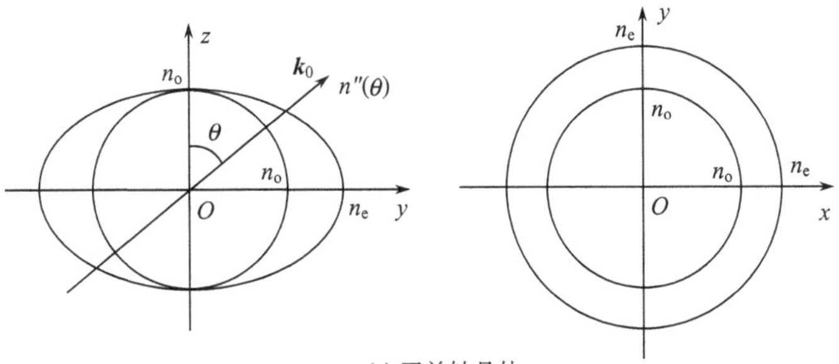

(a) 正单轴晶体

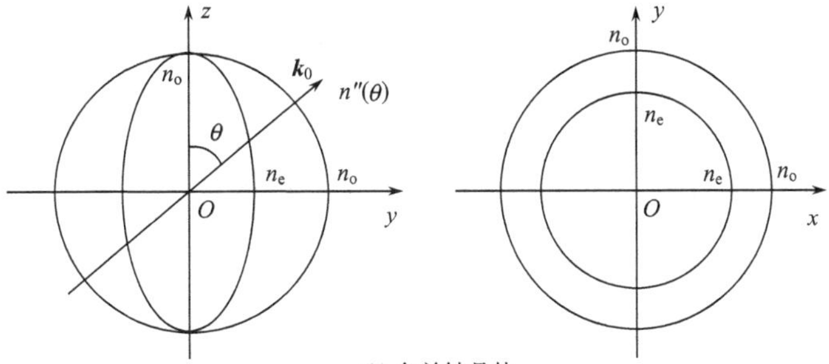

(b) 负单轴晶体

图 13-5　单轴晶体的折射率曲面

矢方向 $\boldsymbol{k}$ 与光线方向 s 可能分离，而在有些应用中给定的是光线方向 s，此时利用光线曲面讨论光的传播规律就比较方便。

光线曲面描述晶体空间中与每个光线方向 s 相对应的两个光线速度分布的几何图形。光线曲面上的矢径方向平行于给定的光线方向 s，其矢径末端处的光线曲面法线方向就是与该光线方向 s 相对应的波矢方向 $\boldsymbol{k}$，长度等于相对应的两个光线速度。光线曲面与折射率曲面形状相似，也是一个双壳层曲面。只是由于光线速度与折射率成反比，光线曲面两壳层的里外顺序与折射率曲面正好颠倒，此时正、负晶体的表示图形也正好颠倒，如图 13-6 所示。对于这种区别，初学者要特别注意不要混淆。图 13-6 中，$v_o = c/n_o$ 和 $v_e = c/n_e$ 表示寻常光和异常光的主光线速度，其中 c 是光在真空中的速度。

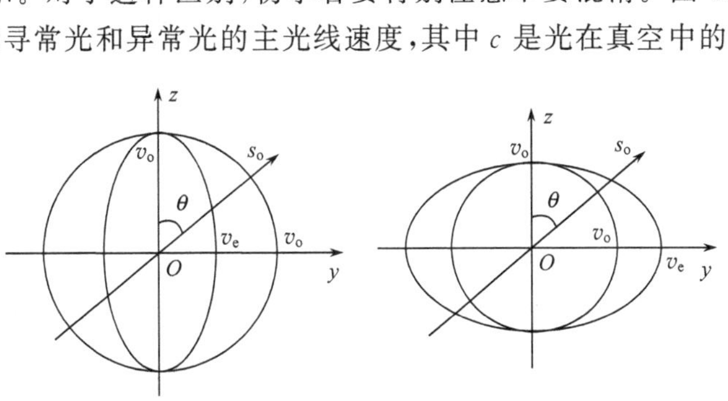

(a) 正单轴晶体　　　　(b) 负单轴晶体

图 13-6　单轴晶体的光线曲面

13.2.3 平面波在晶体界面上的双反射和双折射

前面讨论了光在晶体内部的传播方向及其相应的折射率。实际上，在使用晶体制作的光学元件时，都会涉及光在晶体表面上的反射和折射问题。描述光在晶体表面上的反射和折射方向可以采用惠更斯（Huygens）作图法和斯内尔（Snell）作图法。惠更斯作图法是利用光线曲面确定反射光和折射光方向的几何作图法，而斯内尔作图法是利用波矢曲面确定反射光和折射光方向的几何作图法。由于探测器通常只能探测光线方向（能流密度的方向），而不能探测波矢方向，因此在实际应用中，可以基于探测器探测或人眼观察确定光线的方向，然后再利用惠更斯作图法确定波矢方向。然而，惠更斯作图法比较烦琐，对于简单晶体元件的分析尚可，不太适合于严格地分析较复杂晶体元件中的光传播现象，而斯内尔作图法能够很容易地分析任意晶体元件中的光传播现象。因此，在本小节将讨论光从空气入射到晶体或者从晶体入射到空气时，在晶体界面上发生的反射和折射问题，然后重点介绍斯内尔作图法，惠更斯作图法可以参考相关文献（石顺祥，2000）。

1. 晶体界面处入射光、反射光、折射光之间的关系

假设一列单色平面波从空气入射到晶体，$\boldsymbol{k}_i$、$\boldsymbol{k}_r$、$\boldsymbol{k}_t$ 分别为入射光、反射光和折射光的波矢。根据光的电磁理论可知，电磁波的边界条件（电场强度矢量 $\boldsymbol{E}$ 和磁场强度矢量 $\boldsymbol{H}$ 在分界面上的切向分量连续）要求入射光、反射光和折射光的波矢满足

$$\boldsymbol{k}_r \times \hat{\boldsymbol{n}} = \boldsymbol{k}_i \times \hat{\boldsymbol{n}} \tag{13-33}$$

$$\boldsymbol{k}_t \times \hat{\boldsymbol{n}} = \boldsymbol{k}_i \times \hat{\boldsymbol{n}} \tag{13-34}$$

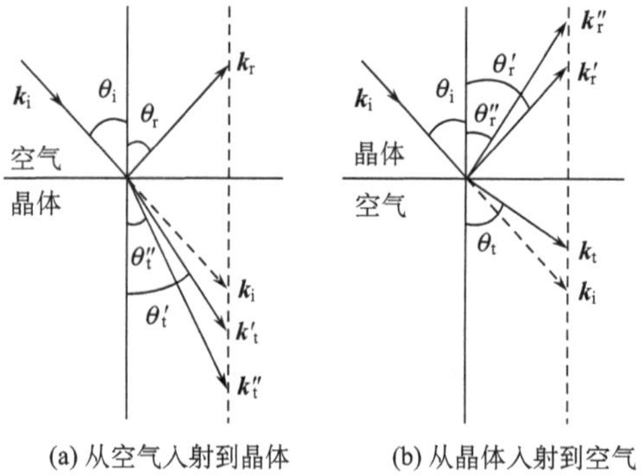

图 13-7 晶体界面处的双折射和双反射

式中，$\hat{\boldsymbol{n}}$ 是分界面的法线单位矢量。式(13-33)和式(13-34)是斯内尔定律的矢量形式，两式分别对应反射定律和折射定律。斯内尔定律说明电磁波的边界条件要求波矢 $\boldsymbol{k}_i$、$\boldsymbol{k}_r$ 和 $\boldsymbol{k}_t$ 的切向波矢连续，即波矢 $\boldsymbol{k}_i$、$\boldsymbol{k}_r$ 和 $\boldsymbol{k}_t$ 在分界面上的投影矢量相等，这也就意味着 $\boldsymbol{k}_i$、$\boldsymbol{k}_r$、$\boldsymbol{k}_t$ 和界面法线共面，都在入射面内，如图 13-7 所示。

由于在晶体中，沿某一方向传播的光波可能对应两种折射率（o 光折射率 n_o 和 e 光折射率 n''），所以，若光波从空气入射到晶体中，在界面处会产生一列反射光，以及两列电场振动方向相互垂直的透射光（o 光透射光波矢 $\boldsymbol{k}'_t$ 和 e 光透射光波矢 $\boldsymbol{k}''_t$），该现象称为双折射，如图 13-7(a)所示；若光波从晶体入射到空气中，在界面处会产生两列电场振动方向相互垂直的反射光（o 光反射光波矢 $\boldsymbol{k}'_r$ 和 e 光反射光波矢 $\boldsymbol{k}''_r$），以及一列透射光，该现象称为双反射如图 13-7(b)所示。

如图 13-7 所示，若设 θ_i、θ_r、θ_t 分别为入射角、反射角、折射角，其中上标单撇号和双撇号分别对应 o 光和 e 光，则有

$$\left.\begin{aligned} \boldsymbol{k}_i\sin\theta_i = \boldsymbol{k}_r\sin\theta_r = \boldsymbol{k}'_t\sin\theta'_t = \boldsymbol{k}''_t\sin\theta''_t \\ \boldsymbol{k}_i\sin\theta_i = \boldsymbol{k}'_r\sin\theta'_r = \boldsymbol{k}''_r\sin\theta''_r = \boldsymbol{k}_t\sin\theta_t \end{aligned}\right\} \tag{13-35}$$

或

$$\left.\begin{aligned} n_i\sin\theta_i = n_r\sin\theta_r = n_o\sin\theta'_t = n''\sin\theta''_t \\ n_i\sin\theta_i = n_o\sin\theta'_r = n''\sin\theta''_r = n_t\sin\theta_t \end{aligned}\right\} \tag{13-36}$$

式中，n_i、n_r、n_t 分别为与入射光、反射光和折射光波矢相对应的所在处的介质折射率。式(13-36)就是晶体界面上的反射定律和折射定律，形式上与各向同性介质的情况并无不同。

2. 斯内尔作图法

斯内尔作图法也称为基于波矢曲面的几何作图法，它能够非常方便地确定 o 光和 e 光的波矢方向。

图 13-8 所示为正单轴晶体，以光从空气入射到晶体的情况为例说明。以分界面 Σ 上任一点 A 为原点，在晶体一侧按同一比例分别画出入射光所在空气中的波矢面和晶体中的波矢面，再自 A 点引一条平行于入射波矢方向的直线，该直线与入射光所在空气的波矢曲面相交于点 N_i，直线 AN_i 就代表入射光的波矢 $\boldsymbol{k}_i$。过 N_i 点作分界面 Σ 的垂线交晶体中双层波矢曲面于 N'_t 和 N''_t 两点，直线 AN'_t 和 AN''_t 就是与入射光 $\boldsymbol{k}_i$ 相对应的 o 光折射光波矢 $\boldsymbol{k}'_t$ 和 e 光折射光波矢 $\boldsymbol{k}''_t$。

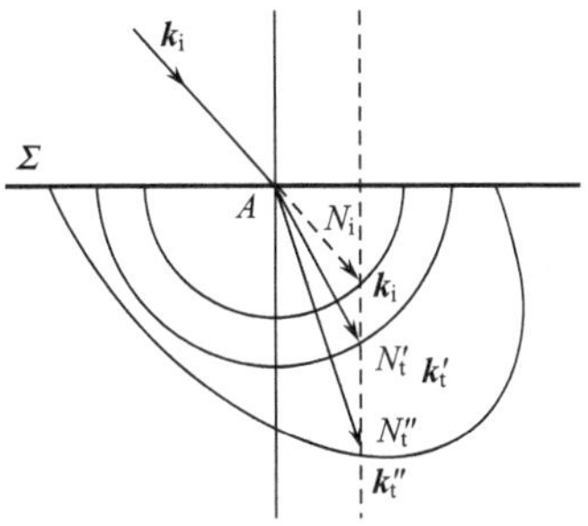

图 13-8　由波矢曲面确定折射光的波矢

基于波矢曲面的几何作图法，可以很容易得到图 13-9 所示的光波从空气垂直入射到晶体时，在晶体表面产生的双折射现象。对于正单轴晶体(图 13-9(a)、(b))，光轴平行于晶体表面，此时折射 o 光和 e 光的波矢方向相同。由于 o 光和 e 光的折射率不同，电场振动方向正交，两者间会附加一个相位延迟量，故从晶体下表面出射的光仍为一束，但是其偏振态可能发生改变。

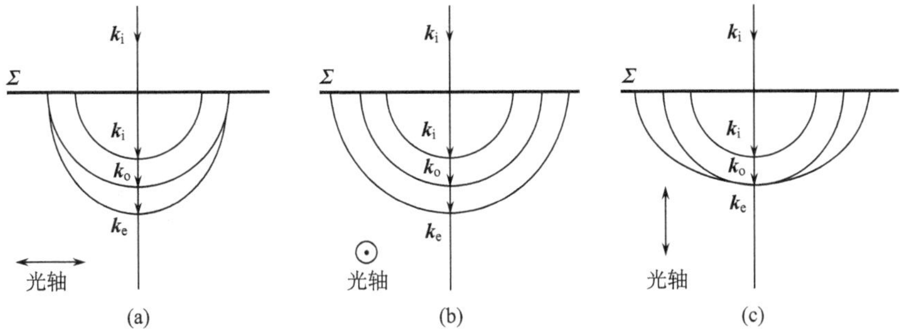

图 13-9　波矢曲面的几何作图法(垂直界面入射)

对于图 13-9(c)，光轴垂直于晶体表面，此时折射 o 光和 e 光的波矢方向与折射率均相同，故无 o 光和 e 光之分，折射光只有一列。通过晶体后，晶体下表面的出射光的传播方向、偏振态与入射光的传播方向和偏振态均相同，只是相位发生了变化。

这里简单介绍了光波从空气入射到晶体中或者从晶体入射到空气时在界面处发生双

折射或双反射的光波传播规律。这两种情况实际上对应了各向同性-各向异性界面、各向异性-各向同性界面两种情况。除了这两种情况外，还有各向异性-各向异性界面。另外，在应用中，除了需要知道各列光波的传播方向外，还需要知道其电磁场振动方向、菲涅耳系数等参数。由于篇幅所限，本书不作介绍，有需要的读者可以参考文献(Sluijter et al, 2008)，该文献对这些问题给出了严格的矢量分析。

13.3 偏振器件

能将偏振光从一种偏振态转换成另外一种偏振态的器件称为偏振器件。它主要可以分成偏振器和相位延迟器。偏振器是能够从入射光中检测产生线偏振光的器件，也称为线偏振器。相位延迟器是能够控制入射偏振光的两个正交振动分量相位差的器件，如波片和补偿器。众多偏振器件都是利用晶体的双折射特性制作的，它们是光学技术应用中的重要光学元件。

13.3.1 偏振器

偏振器的一般原理是利用光的反射、折射、吸收、散射等过程的“不对称性”，把入射的自然光分解为相互垂直的线偏振光，然后选出其中之一即为所需的线偏振光。目前，偏振器主要有两大类，即偏振棱镜和偏振片。

偏振棱镜是利用晶体的双折射特性来产生偏振光。相比于其他偏振器而言，它具有高消光比、高抗损伤能力、无选择吸收等优点。根据用途，偏振棱镜可以分成用于产生一列线偏振光的偏振器棱镜和用于分开两正交偏振光的偏振分束棱镜。

大部分偏振器棱镜是利用全反射角随折射率而变化的原理，将两束正交偏振光分开，如常用的格兰-汤普森(Glan-Thompson)棱镜。偏振分束棱镜是利用晶体中折射角与光振动方向有关的原理，把两束正交偏振光分开，如常用沃拉斯顿(Wollaston)棱镜。

表 13-1 中列出了几种常用的偏振棱镜。以格兰-汤普森棱镜为例进行分析，以提供一个理解这类棱镜工作原理的基础，实际工作中可查光学技术手册加以选用。

表 13-1 几种典型偏振棱镜

偏振器棱镜	格兰-汤普森 (Glan-Thompson)棱镜	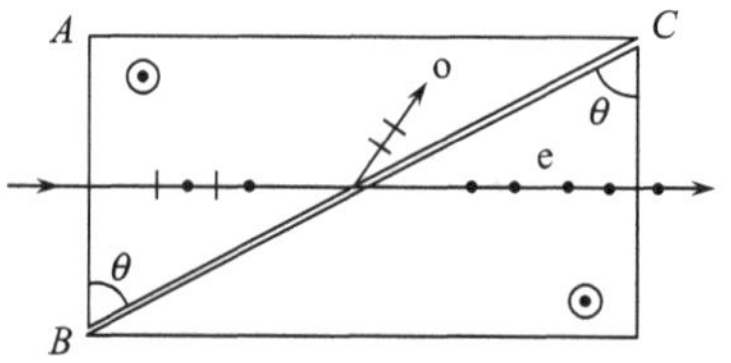
	格兰-傅科 (Glan-Foucault)棱镜	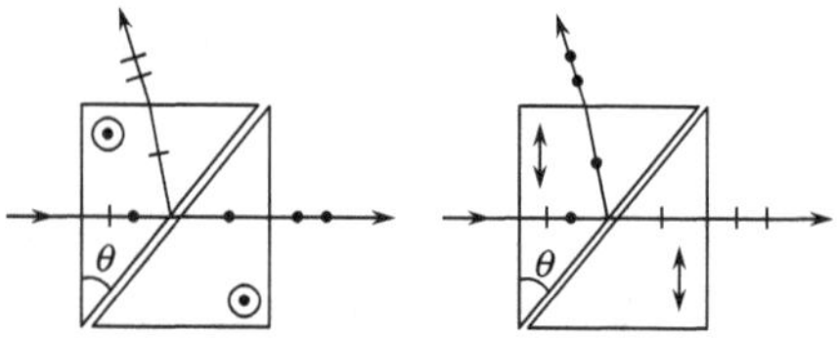

续表

偏振分束棱镜	沃拉斯顿(Wollaston)棱镜	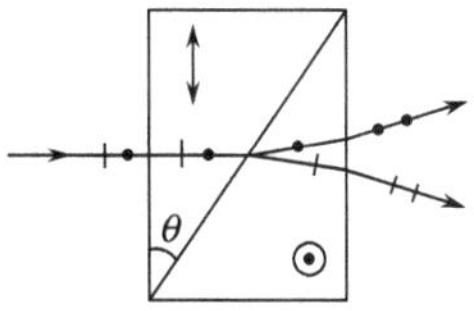
	洛匈(Rochon)棱镜	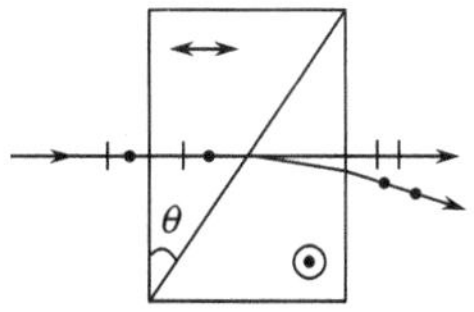

格兰-汤普森棱镜由两块方解石直角棱镜沿斜面相对胶合而成，两块晶体的光轴与通光的直角面平行，且都与 AB 棱平行(或都与之垂直)。当光垂直于棱镜表面入射时，o 光和 e 光都不偏折地以同一方向射向胶合面。在斜面上的入射角即为棱镜锐角 θ。对于方解石晶体 $n_o>n_e$，选择斜面胶层折射率 n_B 满足 $n_e<n_B<n_o$，且使入射角 θ 满足条件 $\theta>\theta_{1c}$($\theta_{1c}=\arcsin(n_B/n_o)$)。这样，o 光在界面上处于光密介质到光疏介质的全反射状态，并被涂在直角面 AC 上的镀层所吸收，只有 e 光通过胶层出射从而得到垂直于面振动的线偏振光。

偏振棱镜的主要特性参量是通光面积、孔径角、消光比、抗损伤能力。

(1) 通光面积：偏振棱镜所用材料(如方解石等)通常都是稀缺贵重材料，因此其通光面积一般都不大，直径为 5～20mm。

(2) 孔径角：利用全反射原理制成的偏振棱镜对于入射光束都有个锥角限制。只有在这个锥角范围内的入射光束才能够发生全反射。孔径角的大小与棱镜材料、结构、使用波段和胶合剂的折射率等因素有关。

(3) 消光比：是指通过偏振器后两个正交偏振光的强度比，一般偏振棱镜的消光比为 10000∶1～100000∶1。

(4) 抗损伤能力：由于强激光会损伤两棱镜之间的胶合面，所以偏振棱镜对入射光能密度有限制。一般情况下，对于连续激光，抗损伤能力约为 $10W/cm^2$；对于脉冲激光，约为 $10^4 W/cm^2$。为了提高偏振棱镜的抗损伤能力，可以把胶合层改成空气层。

偏振棱镜广泛应用于对偏振度要求高的场合。但是，由于偏振棱镜的通光面积不大，存在孔径角限制，造价高昂，所以在许多对偏振度要求不高的场合，都采用偏振片来产生偏振光。偏振片主要有散射型和二向色型。它在外形上是薄片式结构，通光面积可以做得很大，孔径角几乎是 90°。偏振片的消光比不高，大多低于 1000∶1。在实际应用中，偏振片通常会带有一个明显的标记来表示其光轴的方向，如使圆形偏振片的某一边缘变直。

13.3.2　波片

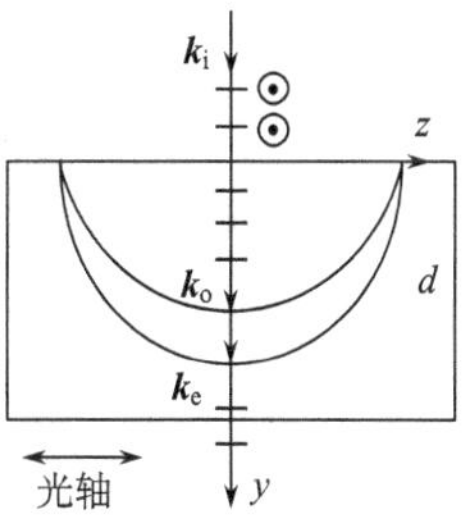

图 13-10　波片

波片通常是单轴晶体按一定方式切割的具有一定厚度的平行平面薄片，且晶体光轴平行于晶体表面，如图 13-10 所示。当一列光垂直于晶体表面入射时，在晶体中产生的 o 光和 e 光的传播方向相同，但是对应的折射率分别为 n_o 和 n_e。这样，当 o 光和

e 光通过厚度为 d 的波片后，两者之间会产生一定的相位差，即

$$\delta=\frac{2\pi}{\lambda}|n_o-n_e|d \tag{13-37}$$

式中，λ 是光在真空中的波长。这个相位差通常称为波片的相位延迟量，所以波片也称为相位延迟器(retarder)。显然，如果入射光是偏振光，那么它通过波片后，由于其两个正交分量附加了一个相位延迟量 δ，故通常会改变偏振状态。

除了相位延迟量外，表征波片特性的还有所谓波片的快轴和慢轴。快轴指的是波片中波速快的那个主轴方向，与之垂直的主轴称为慢轴。显然，快轴和慢轴因晶体材料的正负性而异。一般在波片上都标有快、慢轴的方向。习惯上，采用相位延迟量和快、慢轴方向表征波片的特征。

实际使用波片时需要注意，任何波片都是对特定波长而言，即每一个波片对应一个工作波长，只有对应该工作波长，它才起到相应的 1/4 波片或者半波片的作用。因此，使用波片之前，必须确定该波片的工作波长。

1. 1/4 波片

这种波片的相位延迟量为

$$\delta=\frac{2\pi}{\lambda}|n_o-n_e|d=(2m+1)\frac{\pi}{2}\quad (m\text{ 取整数}) \tag{13-38}$$

其厚度为

$$d=\frac{2m+1}{|n_o-n_e|}\frac{\lambda}{4}$$

容易分析，1/4 波片通常能使入射线偏振光变换成椭圆偏振光。特殊情况下得到圆偏振光或线偏振光。当入射线偏振光的振动方向与快(慢)轴夹角为 $\pm45°$ 时，得到圆偏振光，而且符号为“+”时为左旋，为“−”时为右旋。当入射线偏振光的振动方向与快轴或慢轴方向一致时，得到振动方向与入射光振动方向一致的线偏振光，只是相位延迟了 $\pi/2$，此时 1/4 波片相当于 $\pi/2$ 相位板。在其他情况下，得到椭圆偏振光。

2. 半波片

这种波片对应的相位延迟量为

$$\delta=(2m+1)\pi\quad (m\text{ 取整数}) \tag{13-39}$$

其厚度为

$$d=\frac{2m+1}{|n_o-n_e|}\frac{\lambda}{2}$$

假设入射线偏振光的电场振动方向与光轴的夹角为 θ。容易证明，半波片的出射光仍然为线偏振光，只是出射线偏振光的电场振动方向相对于入射偏振光的电场振动方向旋转了 2θ 角。显然，当 $\theta=45°$ 时，电场振动方向旋转 90°，即出射线偏振光的电场振动方向与入射线偏振光的电场振动方向垂直。当 $\theta=0°$ 时，出射光的偏振方向不变，与入射光的线偏振方向相同，只是相位延迟了 π，此时半波片相当于 π 相位板。

13.3.3 偏振器件的数学描述

在 13.1.3 小节已经介绍过，偏振光的偏振态可以用琼斯矢量来表示。而一列偏振光垂直穿过偏振器件时，偏振器件对光波偏振态的变换作用也可以用一个 2×2 的琼斯矩阵表示。设一个偏振态为 $\boldsymbol{E}_{\mathrm{i}}$ 的偏振光沿 $+z$ 方向传播，通过偏振器件后，透射光的偏振态为 $\boldsymbol{E}_{\mathrm{t}}$，则

$$\boldsymbol{E}_{\mathrm{t}}=\begin{bmatrix}E_{\mathrm{t}x}\\E_{\mathrm{ty}}\end{bmatrix}=\boldsymbol{J}\boldsymbol{E}_{\mathrm{i}}=\begin{bmatrix}J_{xx}&J_{xy}\\J_{yx}&J_{yy}\end{bmatrix}\begin{bmatrix}E_{\mathrm{i}x}\\E_{\mathrm{iy}}\end{bmatrix}\tag{13-40}$$

式中，矩阵 $\boldsymbol{J}=\begin{bmatrix}J_{xx}&J_{xy}\\J_{yx}&J_{yy}\end{bmatrix}$ 就是偏振器件的琼斯矩阵。

当偏振光连续通过一系列偏振器件时，若已知各个器件的琼斯矩阵，则最终透射光与入射光的琼斯矢量（偏振态）间满足

$$\boldsymbol{E}_{\mathrm{t}}=\boldsymbol{J}_N\boldsymbol{J}_{N-1}\cdots\boldsymbol{J}_1\boldsymbol{E}_{\mathrm{i}}=\boldsymbol{J}\boldsymbol{E}_{\mathrm{i}}\tag{13-41}$$

式中，矩阵 $\boldsymbol{J}=\boldsymbol{J}_N\boldsymbol{J}_{N-1}\cdots\boldsymbol{J}_1$ 就表示该系列偏振器件的总琼斯矩阵，它等于各个偏振器件琼斯矩阵的乘积。

偏振器件的琼斯矩阵可以从光学技术手册中查到。表 13-2 给出了几种常用偏振器件标准的归一化琼斯矩阵。

表 13-2　偏振器件的琼斯矩阵

偏振器件		琼斯矩阵
线偏振器	透光轴沿 x 轴	$\begin{bmatrix}1&0\\0&0\end{bmatrix}$
	透光轴沿 y 轴	$\begin{bmatrix}0&0\\0&1\end{bmatrix}$
	透光轴与 x 轴成±45°角	$\frac{1}{2}\begin{bmatrix}1&\pm1\\\pm1&1\end{bmatrix}$
	透光轴与 x 轴成 θ 角	$\begin{bmatrix}\cos^2\theta&\frac{1}{2}\sin(2\theta)\\\frac{1}{2}\cos(2\theta)&\sin^2\theta\end{bmatrix}$

续表

偏振器件		琼斯矩阵
$\frac{1}{4}$波片	快轴沿 x 轴	$\begin{bmatrix} 1 & 0 \\ 0 & \mathrm{i} \end{bmatrix}$
	快轴沿 y 轴	$\begin{bmatrix} 1 & 0 \\ 0 & -\mathrm{i} \end{bmatrix}$
	快轴与 x 轴成±45°角	$\frac{1}{\sqrt{2}}\begin{bmatrix} 1 & \mp\mathrm{i} \\ \mp\mathrm{i} & 1 \end{bmatrix}$
$\frac{1}{2}$波片	快轴沿 x 轴	$\begin{bmatrix} 1 & 0 \\ 0 & -1 \end{bmatrix}$
	快轴与 x 轴成±45°角	$\begin{bmatrix} 0 & 1 \\ 1 & 0 \end{bmatrix}$
δ 波片	快轴沿 x 轴	$\begin{bmatrix} 1 & 0 \\ 0 & \mathrm{e}^{\mathrm{i}\delta} \end{bmatrix}$
	快轴沿 y 轴	$\begin{bmatrix} 1 & 0 \\ 0 & \mathrm{e}^{-\mathrm{i}\delta} \end{bmatrix}$
	快轴与 x 轴成±45°角	$\cos\left(\frac{\delta}{2}\right)\begin{bmatrix} 1 & \mp\mathrm{i}\tan\left(\frac{\delta}{2}\right) \\ \mp\mathrm{i}\tan\left(\frac{\delta}{2}\right) & 1 \end{bmatrix}$
反射元件		$\begin{bmatrix} -r_{\mathrm{p}} & 0 \\ 0 & r_{\mathrm{p}} \end{bmatrix}$
圆偏振器（右旋）	$P+45°\wedge x-s$	$\frac{1}{2}\begin{bmatrix} 1 & 1 \\ -\mathrm{i} & -\mathrm{i} \end{bmatrix}$
	$P-45°\wedge x-f$	$\frac{1}{2}\begin{bmatrix} 1 & -1 \\ -\mathrm{i} & \mathrm{i} \end{bmatrix}$
圆偏振器（左旋）	$P+45°\wedge x-f$	$\frac{1}{2}\begin{bmatrix} 1 & 1 \\ \mathrm{i} & \mathrm{i} \end{bmatrix}$
	$P-45°\wedge x-s$	$\frac{1}{2}\begin{bmatrix} 1 & -1 \\ \mathrm{i} & -\mathrm{i} \end{bmatrix}$

【例 13-1】 为了求解一束部分偏振光的偏振度 P，让其垂直入射到偏振片，发现当偏振片绕入射光方向旋转到某一位置时，透射光强为极大，然后再将偏振片旋转 45°时，透射光强为极大值的 3/4。试求该入射部分偏振光的偏振度 P。

解　根据 13.1.2 小节的介绍可知，部分偏振光可以等效地看成线偏振光和自然光的组合，因此不妨令 I_L 和 I_n 分别表示部分偏振光中的线偏振光强和自然光强。根据题意，透射光强的极大值可以表示为 $I_L+I_n/2$，而偏振片旋转 45°后对应的透射光强为

$$I_L\cos^2 45°+I_n/2=\frac{3}{4}(I_L+I_n/2)$$

上式化简后可以得到

$$I_L=\frac{1}{2}I_n$$

所以该部分偏振光的最大光强和最小光强分别为

$$I_{max}=I_L+\frac{1}{2}I_n=I_n$$

$$I_{min}=\frac{1}{2}I_n$$

该部分偏振光的偏振度为

$$P=\frac{I_{max}-I_{min}}{I_{max}+I_{min}}=\frac{1}{3}$$

【例 13-2】 求波片的琼斯矩阵。

解　设波片的快轴 f 与 x 轴成 θ 角，产生的相位差为 δ，如图 13-11 所示。取入射偏振光为 $\begin{bmatrix}E_{ix}\\E_{iy}\end{bmatrix}$，则两分量在波片快轴 f 和慢轴 s 上的分量分别为

$$E_f=E_{ix}\cos\theta+E_{iy}\sin\theta \tag{13-42a}$$

$$E_s=-E_{ix}\sin\theta+E_{iy}\cos\theta \tag{13-42b}$$

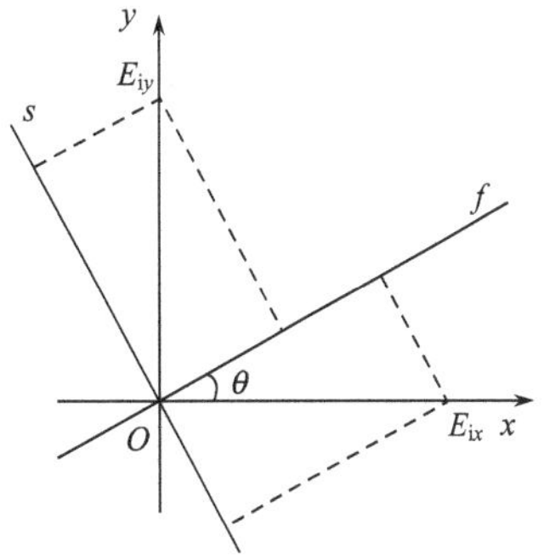

图 13-11　波片琼斯矩阵示意图

从波片出射时，由于快轴 f 和慢轴 s 上分量会产生相对相位延迟 δ，所以 E_f、E_s 分量通过波片后在 x、y 轴上的分量分别为

$$E_{tx}=E_f\cos\theta-E_s\exp(\mathrm{i}\delta)\sin\theta \tag{13-43a}$$

$$E_{ty}=E_f\sin\theta+E_s\exp(\mathrm{i}\delta)\cos\theta \tag{13-43b}$$

将式(13-42)代入式(13-43)，并整理后，可以得到波片出射时的偏振光分量与入射偏振光分量的关系为

$$\begin{bmatrix}E_{tx}\\E_{ty}\end{bmatrix}=\cos\left(\frac{\delta}{2}\right)\exp\left(\mathrm{i}\,\frac{\delta}{2}\right)\begin{bmatrix}1-\mathrm{i}\tan\left(\frac{\delta}{2}\right)\cos(2\theta) & -\mathrm{i}\tan\left(\frac{\delta}{2}\right)\sin(2\theta)\\-\mathrm{i}\tan\left(\frac{\delta}{2}\right)\sin(2\theta) & 1+\mathrm{i}\tan\left(\frac{\delta}{2}\right)\cos(2\theta)\end{bmatrix}\begin{bmatrix}E_{ix}\\E_{iy}\end{bmatrix}$$

所以去掉公共相位因子 $\exp\left(\mathrm{i}\,\frac{\delta}{2}\right)$后，波片的标准归一化琼斯矩阵为

$$G=\cos\left(\frac{\delta}{2}\right)\begin{bmatrix}1-\mathrm{i}\tan\left(\frac{\delta}{2}\right)\cos(2\theta) & -\mathrm{i}\tan\left(\frac{\delta}{2}\right)\sin(2\theta)\\ -\mathrm{i}\tan\left(\frac{\delta}{2}\right)\sin(2\theta) & 1+\mathrm{i}\tan\left(\frac{\delta}{2}\right)\cos(2\theta)\end{bmatrix} \tag{13-44}$$

【例 13-3】 一个相应于 $\lambda_1=0.4046\mu\mathrm{m}$ 的方解石 1/4 波片，其快轴与 x 轴成 45°角。当 x 方向线偏振的 λ_1 光正入射到该波片后，其出射光束的偏振态将如何变化？如果采用波长为 $\lambda_2=0.7065\mu\mathrm{m}$ 的 x 方向线偏振光正入射到该波片，出射光束的偏振态又将如何变化？（已知方解石对 λ_1 光的主折射率为 $n_o=1.6813$，$n_e=1.4969$；对 λ_2 光的主折射率为 $n_o'=1.6521$，$n_e'=1.4836$。）

解 由于 x 方向线偏振光 λ_1 的琼斯矢量为 $\begin{bmatrix}1\\0\end{bmatrix}$，快轴与 x 轴成 45°角的 1/4 波片的琼斯矩阵为 $\frac{1}{\sqrt{2}}\begin{bmatrix}1 & -\mathrm{i}\\ -\mathrm{i} & 1\end{bmatrix}$，所以出射光束的琼斯矢量为

$$\frac{1}{\sqrt{2}}\begin{bmatrix}1 & -\mathrm{i}\\ -\mathrm{i} & 1\end{bmatrix}\begin{bmatrix}1\\0\end{bmatrix}=\frac{1}{\sqrt{2}}\begin{bmatrix}1\\-\mathrm{i}\end{bmatrix}$$

这是右旋圆偏振光的琼斯矢量。这说明此时 λ_1 光的出射光为右旋圆偏振光。

由于给定波片对于 $\lambda_1=0.4046\mu\mathrm{m}$ 的光为 1/4 波片，所以 λ_1 和 λ_2 光通过该波片时，二正交偏振光分量的相位差分别为

$$\varphi_1=\frac{2\pi}{\lambda_1}(n_o-n_e)d=\frac{\pi}{2}$$

$$\varphi_2=\frac{2\pi}{\lambda_2}(n_o'-n_e')d$$

则由上述两式可以得到

$$\varphi_2=\frac{\lambda_1(n_o'-n_e')}{\lambda_2(n_o-n_e)}\varphi_1=\frac{\lambda_1(n_o'-n_e')}{\lambda_2(n_o-n_e)}\,\frac{\pi}{2}=0.26\pi\approx\frac{\pi}{4}$$

因此，对于 λ_2 光而言，该波片近似为 1/8 波片，其琼斯矩阵由式(13-44)可以得到，即

$$G=\cos\left(\frac{\pi}{8}\right)\begin{bmatrix}1 & -\mathrm{i}\tan\left(\frac{\pi}{8}\right)\\ -\mathrm{i}\tan\left(\frac{\pi}{8}\right) & 1\end{bmatrix}=\cos\left(\frac{\pi}{8}\right)\begin{bmatrix}1 & -\mathrm{i}0.4142\\ -\mathrm{i}0.4142 & 1\end{bmatrix}$$

那么，λ_2 光正入射到该波片后，其出射光束的琼斯矢量为

$$\cos\left(\frac{\pi}{8}\right)\begin{bmatrix}1 & -\mathrm{i}0.4142\\ -\mathrm{i}0.4142 & 1\end{bmatrix}\begin{bmatrix}1\\0\end{bmatrix}=\cos\left(\frac{\pi}{8}\right)\begin{bmatrix}1\\-\mathrm{i}0.4142\end{bmatrix}$$

这是右旋椭圆偏振光的琼斯矢量。这说明此时 λ_2 光的出射光为右旋椭圆偏振光。

13.4　偏振光的干涉

偏振光学的另一个重要内容是偏振光的干涉。在第 11 章已经知道两列同频率、同振动方向、有固定相位差的光波叠加时会产生干涉现象。这种干涉产生的方法是把同一光源发出的光波一分为二(分振幅法或分波面法)而获得两束相干光,从而实现干涉。偏振光干涉是利用晶体的双折射效应,将由起偏器产生的一列光分成振动方向相互垂直的两列光,然后再通过检偏器,使得两个互相垂直的振动光在检偏器光轴的投影形成同方向的振动而产生干涉,如图 13-12 所示。

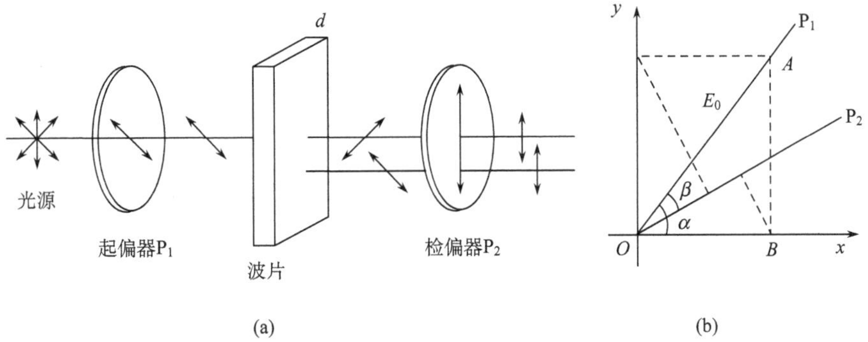

图 13-12　偏振光的干涉

在图 13-12(a)中,起偏器 P_1 与检偏器 P_2 的偏振轴夹角为 β,波片厚度为 d。一列单色平面波垂直入射到起偏器 P_1 后,变为振幅为 E_0 的线偏振光,然后垂直通过波片后产生两列正交的线偏振光。如图 13-12(b)所示,P_1 的偏振轴与其中一个振动方向的夹角为 α,则这两列正交线偏振光的振幅分别为

$$E' = E_0\cos\alpha,\quad E'' = E_0\sin\alpha \tag{13-45}$$

相位差为

$$\delta = \frac{2\pi}{\lambda}(n_o - n_e)d$$

这两列正交线偏振光通过检偏器 P_2 后,振幅分量分别为

$$E' = E_0\cos\alpha\cos(\alpha-\beta)$$
$$E'' = E_0\sin\alpha\sin(\alpha-\beta) \tag{13-46}$$

这时它们的频率相同、振动方向相同、相位差恒定,满足干涉条件。将式(13-46)代入式(11-2),可以得到干涉场的光强分布为

$$I = I_0\left\{\cos^2\beta - \sin(2\alpha)\sin[2(\alpha-\beta)]\sin^2\left(\frac{\delta}{2}\right)\right\} \tag{13-47}$$

式中,$I_0 \propto E_0^2$。如果在两个偏振器之间没有波片,则 $\delta=0$,此时

$$I = I_0\cos^2\beta \tag{13-48}$$

即出射光强与入射光强之比等于两偏振轴夹角余弦的平方,这一规律称为马吕斯

(Malus)定律。

在偏振光干涉中,P_1 和 P_2 互相正交($\beta=\pi/2$)且使 $\alpha=\pi/4$ 是使用最多的一种状态。此时输出光强为

$$I=I_0\sin^2\left(\frac{\delta}{2}\right)=I_0\sin^2\left[\frac{\pi}{\lambda}(n_o-n_e)d\right] \tag{13-49}$$

式(13-49)是讨论偏振光干涉的基础,也是一切依赖于偏振光干涉原理做成的仪器的基础。

式(13-47)表明输出光强随 δ 变化。当波片的厚度 d 均匀时,干涉场的光强也是均匀的。实际上,波片(广义地可看成不均匀介质)各处的 n_o-n_e 和厚度 d 不可能完全均匀,这就使各点的干涉强度不同,会出现与光学厚度线形一致的等厚干涉条纹。工程上经常根据这个原理来检查透明材料的光学均匀性。

13.5 柱矢量偏振光

在 13.1.1 节介绍了常用的线偏振、圆偏振、椭圆偏振,这三种偏振光都属于均匀偏振光,是完全偏振光。

近年来,出现了一种轴对称的柱矢量偏振光,如图 13-13 所示。柱矢量偏振光包括径向偏振光和方位角偏振光。光束横截面上任意一点的光波偏振方向在任意时刻始终沿着圆的径向(图 13-13(a))或者沿着圆的方位角方向(图 13-13(b)),它们分别称为柱矢量偏振光和方位角偏振光。柱矢量偏振光在其光束横截面上的光强分布类似于一个面包圈,在光束横截面的圆心处光强为零,圆心处存在偏振奇点(无任何意义的偏振方向)。由于柱矢量偏振光在光束横截面上任意一点的偏振方向均不相同,因此,柱矢量偏振光属于非均匀偏振光,是完全偏振光。

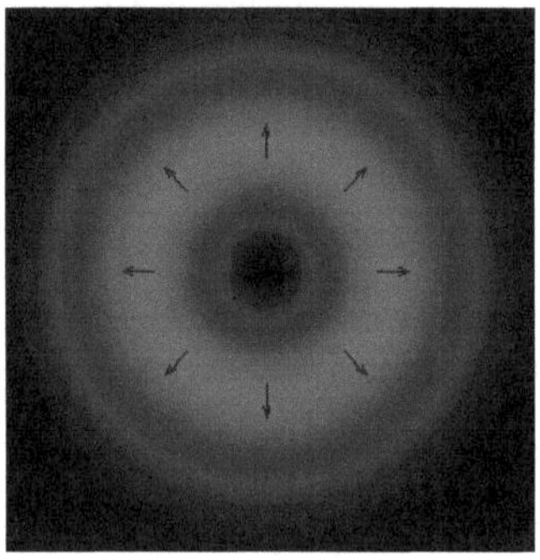

(a) 径向偏振

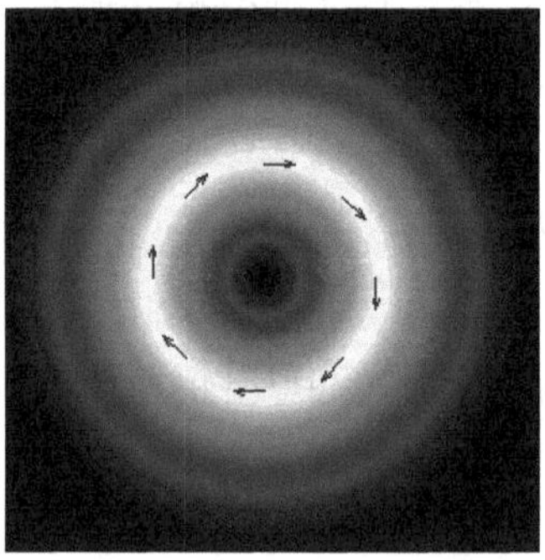

(b) 方位角偏振

图 13-13 柱矢量偏振光

初学者很容易混淆方位角偏振光与圆偏振光。圆偏振光是光束横截面上某一点的光波电场矢量末端随时间变化的运动轨迹在光束横截面上的投影为一个圆。对于圆偏振光,在某一个瞬时时刻,光束横截面上不同位置点的电场偏振方向均相同、均沿着同一个直线方向,只是该直线方向随着时间而旋转。对于方位角偏振光,光束横截面上任意一点

的光波偏振方向在任意时刻始终沿着圆的方位角方向、不会随着时间而变化。

线偏振、圆偏振、椭圆偏振在笛卡尔直角坐标系中研究比较方便。柱矢量偏振在柱坐标系中研究比较方便。除了线偏振、圆偏振、椭圆偏振、柱矢量偏振以外，还有广义轴对称偏振等复杂偏振，在这里限于篇幅不再赘述。

根据正交分解的原理，任意复杂偏振光都可以由两个正交偏振光相干叠加而成。0°线偏振光与 90°线偏振光、左旋圆偏振光与右旋圆偏振光均互为正交的偏振光。径向偏振光与方位角偏振光也互为正交偏振光。柱矢量偏振可以由两个正交线偏振光相干叠加而成，也可以由左旋圆偏振光与右旋圆偏振光相干叠加而成。在这里限于篇幅，只介绍一种利用两个正交线偏振高斯光束 TEM_{01} 模和 TEM_{10} 模相干叠加合成柱矢量偏振光的方法，如图 13-14 所示。

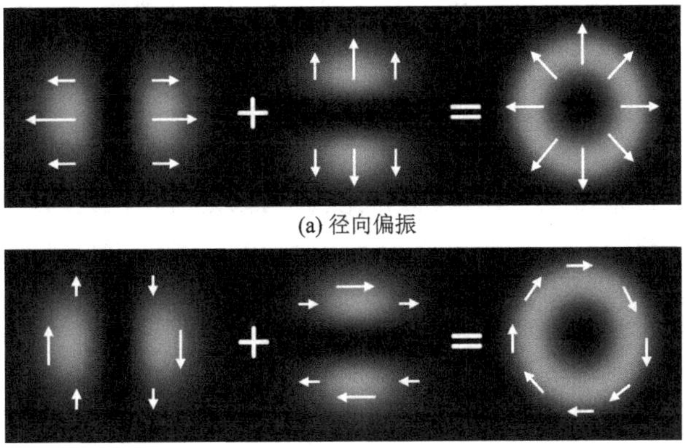

(a) 径向偏振

(b) 方位角偏振

图 13-14　柱矢量偏振光的产生原理

TEM_{10} 模高斯光束的电场为

$$E_{10}(x,y)=\frac{E_0}{2}\frac{x}{W}\exp[-(x^2+y^2)/W^2] \tag{13-50a}$$

TEM_{01} 模高斯光束的电场为

$$E_{01}(x,y)=\frac{E_0}{2}\frac{y}{W}\exp[-(x^2+y^2)/W^2] \tag{13-50b}$$

式(13-50a)和(13-50b)中 W 为高斯光束的束腰半径。

径向偏振光和方位角偏振光的叠加合成方式如下

$$\boldsymbol{E}_r(r,\varphi)=\boldsymbol{r}E_0(r)=\boldsymbol{x}E_{10}(x,y)+\boldsymbol{y}E_{01}(x,y) \tag{13-51a}$$

$$\boldsymbol{E}_\varphi(r,\varphi)=\boldsymbol{\varphi}E_0(r)=\boldsymbol{y}E_{10}(x,y)-\boldsymbol{x}E_{01}(x,y) \tag{13-51b}$$

式(13-51a)和式(13-51b)中 r 和 φ 分别是柱坐标系(r,φ)的极径和方位角，$E_0(r)$是光束横截面的电场分布。

柱矢量偏振光有许多独特的光学特性，得到了许多重要的应用。例如，径向偏振光经过透镜聚焦后，能够在焦点附近产生极大的轴向分量电场，能够有效地用于粒子俘获和加速、金属切割、空心光纤中光的传播、扫描显微镜等。方位角偏振光经过透镜聚焦后，能够在焦点处产生中空型焦斑(类似面包圈型),可以在受激发射损耗显微术(STED)中作为损耗光。德国科学家斯特凡·W·赫尔(Stefan W. Hell)因为发明STED显微术而获得2014年诺贝尔化学奖。

习　题

13-1 一束自然光在30°角下入射到玻璃-空气界面,玻璃的折射率$n=1.54$,试计算:
(1) 反射光的偏振度;
(2) 玻璃-空气界面的布儒斯特角;
(3) 以布儒斯特角入射时透射光的偏振度。

13-2 线偏振光垂直入射到一块光轴平行于界面的方解石晶体上,若光矢量的方向与晶体主截面成30°、45°、60°的夹角,求o光和e光从晶体透射出来后的强度比。

13-3 如果一个$\frac{1}{2}$波片或$\frac{1}{4}$波片的光轴与起偏器的偏振方向成30°角,试问从$\frac{1}{2}$波片还是从$\frac{1}{4}$波片透射出来的光将是:线偏振光、圆偏振光、椭圆偏振光,为什么?

13-4 将厚度为1mm且垂直于光轴切出的石英晶片,放在两平行的偏振片之间,对某一波长的光波,经过晶片后振动面旋转了20°。问石英晶片的厚度变为多少时,该波长的光将完全不能通过?

13-5 设计一个产生椭圆偏振光的装置,使椭圆的长轴方向在竖直方向,且长、短轴之比为2∶1。详细说明各元件的位置与方位。

13-6 通过检偏器观察一束椭圆偏振光,其强度随着检偏器的旋转而改变。当检偏器在某一位置时强度为极小,此时在检偏器前插入一块1/4波片,转动1/4波片使它的快轴平行于检偏器的透光轴,再把检偏器沿顺时针方向转过20°就完全消光。试问:
(1) 该椭圆偏振光是右旋还是左旋?
(2) 椭圆的长、短轴之比是多少?

13-7 一块1/8波片插入两个前、后放置的偏振器之间,波片的光轴与两偏振器透光轴的夹角分别为−30°和40°,求光强为I_0的自然光通过系统后的强度(不考虑系统的吸收与反射损失)。

13-8 导出长、短轴之比为2∶1且长轴沿x轴的左旋和右旋椭圆偏振光的琼斯矢量,并计算这两个偏振光叠加的结果。

13-9 在两个线偏振器之间放入相位延迟角为δ的波片,波片的光轴与起偏器、检偏器的透光轴分别成α、β角。利用偏振光干涉的强度表达式证明:当旋转检偏器时,从系统输出的光强最大值对应的β角为$\tan(2\beta)=\tan(2\alpha)\cos\delta$。

13-10 用一石英薄片产生一束椭圆偏振光,要使椭圆的长轴或短轴在光轴方向,长、短轴之比为2∶1,而且是左旋的。问石英片应多厚,如何放置?($\lambda=0.5893\mu m$,$n_o=1.5442$,$n_e=1.5533$)

简明习题答案

第 1 章

1-2 (1) 19.5°; (2) 41.7°; (3) 26.3°

1-3 (1) $I_m=48.75°$; (2) $I_m=41.14°$

1-4 $\mu_{1max}=56.18°$, $\mu_{2max}=49.58°$

1-5 50086

1-8 $n=1.5321$

第 2 章

2-1 129mm,−8.5mm,倒像,实像

2-2 (1) 87.47mm; (2) 90mm

2-3 −640mm

2-4 2

2-5 $R=5$mm,凸面镜

2-6 $5R/8$,$3R/8$

2-7 −42.857mm,凹面镜

2-8 0.1m,0.21m

2-9 距第二面 116.93688mm,实像

第 3 章

3-9 −216mm

3-10 高 0.2mm,宽 0.2mm,厚 0.04mm

3-12 $f'=300$mm, $l'_H=100$mm, $l_H=150$mm, $l'_F=400$mm, $l_F=-150$mm

3-13 −56.52mm

3-14 $l'=89.4049$mm,$y'=-2.55345$mm

3-15 $d=75$mm,300mm

3-16 将第一透镜与第二透镜重合,$\beta=-1$;将第一透镜置于第二透镜后 75mm,$\beta=-1/4$

3-17 $f'=1000$mm, $l'_F=400$mm

3-18 远离负透镜 1.672mm

3-19 凹面镜半径 71.428mm,凸面镜半径 33.333mm

3-20 焦距 500,焦点位于主反射镜后方 20mm 处。

3-22 $f'=134.83$mm, $l'_H=-4.494$mm, $l_H=2.247$mm, $l'_F=130.34$mm, $l_F=-132.58$mm

3-23 $d=81.13$mm

3-24 −25mm,−5mm

3-25 $d=\frac{n(r_1-r_2)}{n-1}$

3-26 $f'=109.09\text{mm}$， $l'_H=-15.8\text{mm}$， $l'_F=93.29\text{mm}$

3-28 $f'=123.76\text{mm}$

第4章

4-1 人高的一半

4-2 $f'=100\text{mm}$,透镜在物体右侧 300mm 处

4-3 0.0573°

4-6 像的位置沿轴向远离物镜移动 20mm,大小不变;14.478°

4-8 $D_2=12.87\text{mm}$,$d_1=191.42\text{mm}$

4-9 $D_3=16.07\text{mm}$,$d_3=39.29\text{mm}$

4-10 $\alpha=2.068°$

4-11 $\alpha=5.02°$

4-12 $\alpha=10.17°$

4-13 $\alpha=3.719°$

第5章

5-1 $D=17.86\text{mm}$,$2\omega=46.8°$

5-2 (1) 光孔为孔径光阑及出瞳,入瞳位置 25mm,直径 12.5mm;
(2) 物方相对孔径 1/8,像方相对孔径 1/10

5-3 当物体距离透镜 200mm 以内时,透镜为孔径光阑,当物体距透镜 200mm 以外时,圆孔为孔径光阑
$K=1$ 时,$2\omega=11.42°$;$K=0.5$ 时,$2\omega=43.6°$

5-4 入瞳位置 100mm,直径 40mm,出瞳即第 2 透镜本身

5-5 (1) 眼瞳为出瞳与孔径光阑,入瞳位于放大镜右侧 16.67mm,大小为 3.34mm;(2) 64mm

5-6 圆光孔为孔径光阑,入瞳在 L_1 右侧 102.86mm,直径为 21.43mm;出瞳在 L_2 左侧 2.143mm,直径为 10.714mm

5-7 (1) 眼瞳为出瞳与孔径光阑,入瞳位于放大镜右侧 40mm,直径为 8mm;
(2) 反射镜第一面为视场光阑,而且也是入窗;
(3) 物面离开反射镜第一面距离为 20mm;
(4) $2y=37.5\text{mm}$

5-8 $f'=760\text{mm}$,6840mm,684mm

5-9 $p=16.1638\text{mm}$,景深为 8.0819m,一直到无限远;$p_2=16.1638\text{mm}$,景深为 16.1638m,一直到无限远。综上所述,前者的景深范围大

第6章

6-1 $R_1=-20\text{mm}$， $R_2=-13.257\text{mm}$， $L'_2=-33.3586\text{mm}$

6-3 (1) 0; (2) −0.03mm; (3) 0.06mm; (4) −0.06mm; (5) 0; (6) 0.12mm;
(7) 0.07mm

6-4 $\varphi'_1=75.13\text{mm}$,$\varphi'_2=-175.13\text{mm}$

6-6 最大球差 2.691mm;最大视场子午彗差 0.0075mm

6-7 $f'_1=22.77\text{mm}$,$f'_2=-46.09\text{mm}$,$R_1=18.57\text{mm}$,$R_2=11.91\text{mm}$,$R_3=\infty$

第7章

7-1 907.8J

7-2 0.000628lm

7-3 11.94cd/m^2,37.5lx

7-4 (1) 9.6lx; (2) 2.65lx

7-5 46.5lx

7-6 $X=36.32$;$Z=26.26$

7-7 6.3NBS

第 8 章

8-1 2D

8-2 $3.5^{\times}$,28.57mm

8-3 16.67mm,36.73mm,−51.43mm,128.57mm,−37.5mm,−6.67mm

8-4 (1) $-30^{\times}$; (2) 1.67mm; (3) 30mm; (4) 0.00275mm; (5) 9mm; (6) 21.33mm

8-5 18.75mm;28.87mm

8-6 (2) 12mm; (3) ∞,28.47mm,1.67mm

8-7 (1) 24mm; (2) 7mm; (3) 12.17mm

8-8 (1) $-29^{\times}$; (2) 449.5mm,15.5mm; (3) 66.7mm; (4) 53.6°; (5) ±1.2mm

8-9 场镜焦距:72.677mm;出瞳距:加场镜前:62.5mm,加场镜后:28.1mm;大小不变

8-10 527 线对/毫米

8-11 2.8

8-12 0.12

8-13 物方 NA=0.1,像方 NA′=0.025

第 10 章

10-1 (1) $\lambda=666\text{nm}, f=4.5\times10^{14}\text{Hz}, A=2\text{V/m}, \theta_0=\pi/2$;

(2) 波的传播方向是 z 方向,电矢量振动方向是 y 方向;

(3) $B_x=2/c\times\cos[\pi(3\times10^6 z-9\times10^{14}t)+\pi/2], B_y=B_z=0$

10-2 (1) $T=10^{-7}\text{s}, \lambda=30\text{m}$;

(2) $E_y=0.08\times\cos[2\pi\times10^7(x/c-t)], E_x=E_z=0$

$B_z=0.08/c\times\cos[2\pi\times10^7(x/c-t)], B_x=B_y=0$

10-3 (1) $A=10^2\text{V/m}, f=5\times10^{14}\text{Hz}, \lambda=0.39\times10^{-6}\text{m}$;

(2) 波的传播方向是 x 方向,电矢量振动方向是 z 方向;

(3) $n=1.54$

10-4 $k_0=2/\sqrt{113}x_0+3/\sqrt{113}y_0+10/\sqrt{113}z_0$

10-6 $r=-0.3034, t=0.6966$

10-7 $\theta_{1B}=57.34°, \theta_{1B}=32.66°$

10-9 (1) $\alpha=-80°21'$; (2) $\alpha=-84°18'$

10-10 $T_1=96\%, T_2=83\%$

10-11 53°15′,50°13′

10-13 左旋椭圆偏振光,右旋椭圆偏振光

10-14 $R_s\sin^2\alpha+R_p\cos^2\alpha$

10-15 94.5%

10-16 $E=10\cos(53°15'-2\pi\times10^{15}t)$

10-17 $I_{z=0}=4\times10^4\cos^2(10^3\pi t)$

$\lambda_m=2m,\lambda_l=1m$

第 11 章

11-1 $6\times10^{-3}mm$

11-2 1.000827

11-3 10mm

11-4 0.6328mm,0.4758mm,1000

11-5 0.375mm

11-6 562.5nm

11-7 白光相干时间 $2.597\times10^{-15}s$,相干长度 119nm;氦氖激光相干长度 20km

11-8 $D=182mm$

11-9 (1) 40.5; (2) $\theta_5=0.707rad$

11-10 632.8nm

11-11 $23.75\times10^{-6}m$

11-13 $\lambda=599.88nm$

11-14 0.06nm

11-15 $\Delta\nu=\dfrac{c}{2nh},\Delta\nu_m=\dfrac{c}{\pi m\lambda}\dfrac{1-R}{\sqrt{R}},\Delta\nu=3\times10^8Hz,\Delta\nu_m=9.6\times10^5Hz$

11-16 $n_2=1.7$

第 12 章

12-1 $z=1m$ 为菲涅耳衍射,$z=20m$ 为夫琅禾费衍射

12-3 (1) 10mm;

(2) 14.3mm,24.6mm;

(3) $I/I_0=0.047$;$I/I_0=0.016$

12-4 $63\mu m$

12-5 1.1cm

12-6 0.748

12-7 0.0126mm

12-8 (1) 287mm; (2) 1.7 倍

12-9 0.87nm,7.7×10^7 倍

12-10 982

12-11 5 条谱线

12-12 $D_{min}=2.24m$; $M\geqslant900$

12-13 87.8cm

12-14 (1) 双缝的间距和缝宽:$d=0.21mm,b=0.05mm$;

(2) 相对强度分别为零级条纹的 0.81,0.4,0.09

12-15 (1) 亮点; (2) 向前移动 250mm 同时向后移动 500mm

12-16 缝宽度 0.1mm,间距 0.5mm

第 13 章

13-1 (1) 0.938; (2) 33°; (3) 0.09

13-2 (1) 0.33; (2) 1; (3) 3

13-3 从$\frac{1}{2}$波片透射出的光仍然是线偏振光，只是振动面相对于入射光的振动面转动 60°。从$\frac{1}{4}$波片透射出的光变成椭圆偏振光

13-4 $d=\frac{9}{2}(1+2n)\quad(n=0,1,2,\cdots)$

13-5 采用起偏器和$\frac{1}{4}$波片从自然光得到椭圆偏振光。起偏器与 x 轴的夹角为 arctan2，$\frac{1}{4}$波片的快轴沿 x 轴

13-6 (1) 左旋；(2) 2.7475

13-7 $\frac{I_0}{8}(1+2\cos^2 50°)$

13-8 左旋椭圆偏振光$\begin{bmatrix}2\\ \mathrm{i}\end{bmatrix}$，右旋椭圆偏振光$\begin{bmatrix}2\\ -\mathrm{i}\end{bmatrix}$，叠加结果是沿 x 轴方向的线偏振光

13-10 石英片厚度 13.27μm。石英片的快轴与沿 x 轴方向的线偏振方向成角度 arctan 2

参考文献

安连生，2000. 应用光学. 北京:北京理工大学出版社.

波恩 M,沃耳夫 E，1978. 光学原理(上册). 杨葭荪,等译. 北京:科学出版社.

伯恩斯，2002. 颜色技术原理. 李小梅,马如,陈立荣,等译. 北京:化学工业出版社.

曹俊卿，2003. 工程光学基础. 北京:中国计量出版社.

车念曾,间达远,1990. 辐射度学和光度学.北京:北京理工大学出版社.

程路，1990. 光学:原理及发展. 北京:科学出版社.

戴特力,季小玲，1996. 新光学教程. 重庆:重庆大学出版社.

冯克成,刘景生，1994. 红外光学系统. 北京:兵器工业出版社.

高凤武,李继祥，1986. 应用光学. 北京:解放军出版社.

顾培森，1985. 应用光学例题与习题集. 北京:机械工业出版社.

赫克特 E，1983. 光学(理论和习题). 曾贻伟,等译. 北京:北京师范大学出版社.

赫克特 E,赞斯 A，1979. 光学(上册). 秦克诚,詹达三,林福成,译. 北京:人民教育出版社.

胡加升，2005. 工程光学导论 . 2 版. 大连:大连理工大学出版社.

胡玉禧,安连生，1996. 应用光学. 合肥:中国科学技术大学出版社.

金伟其,胡威捷，2006. 辐射度 光度与色度及其测量. 北京:北京理工大学出版社.

荆其诚,焦书兰,喻柏林,等，1979. 色度学.北京:科学出版社.

李晓彤，1997. 几何光学和光学设计.杭州:浙江大学出版社.

李育林,傅晓理，1996. 空间光调制器及其应用. 北京:国防工业出版社.

李振国,魏青，1998. 光辐射测量原理与技术. 北京:中国建材工业出版社.

李志能，1994. 现代光学系统原理.北京:北京理工大学出版社.

梁铨廷，1980. 物理光学. 北京:机械工业出版社.

廖延彪，2003. 偏振光学. 北京:科学出版社.

刘真,蒋继旺,金杨，2007. 应用色彩学. 北京:化学工业出版社.

母国光,占元令，1979. 光学. 北京:人民教育出版社.

潘笃武,贾玉润,陈善华，1997. 光学(上、下册). 上海:复旦大学出版社.

石顺祥,张海兴,刘劲松，2000. 物理光学与应用光学. 西安:西安电子科技大学出版社.

汤顺青，1990. 色度学. 北京:北京理工大学出版社.

王筱生,包仁,朱涵如,1988. 光学. 上海:上海科学技术出版社.

王之江，1985. 光学设计理论基础. 2 版. 北京:科学出版社.

新谷隆一,范爱英,康昌鹤，1994. 偏振光. 北京:原子能出版社.

徐家骅，1981. 计量工程光学. 北京:机械工业出版社.

严瑛白，1990. 应用物理光学. 北京:机械工业出版社.

杨振寰,邱炎春，1995. 光学工程原理. 路明哲,杨翔鹏,战元龄,译. 天津:南开大学出版社.

姚启钧，2006. 光学教程. 3 版. 北京:高等教育出版社.

易明，1986. 现代几何光学. 南京:南京大学出版社.

郁道银,谈恒英，1999. 工程光学. 北京:机械工业出版社.

袁旭沧，1988. 应用光学. 北京:国防工业出版社.

张凤林,孙学珠，1988. 工程光学. 天津:天津大学出版社.

张阜权,孙荣山,唐伟国，1985. 光学. 北京:北京师范大学出版社.

张以谟，1982. 应用光学. 北京：机械工业出版社.

赵建林，2002. 高等光学. 北京：国防工业出版社.

赵凯华，钟锡华，1982. 光学. 北京：北京大学出版社.

赵秀丽，1986. 红外光学系统设计. 北京：机械工业出版社.

钟锡华，骆武刚，1984. 光学题解指导. 北京：电子工业出版社.

周世生，1997. 高等色彩学.北京：印刷工业出版社.

SIUIJTER M, DE BOER D K G, BRAAT J J M, 2008. General polarized ray-tracing method for inhomogeneous uniaxially anisotropic media. Journal of the Optical Society of America A, 25(6): 1260-1273.

SMITH W J, 2000. Modern Optical Engineering. 3rd ed. New York: McGraw-Hill Book Company.

YOUNGWORTH K, BROWN T, 2000. Focusing of high numerical aperture cylindrical-vector beams. Optics express, 7(2): 77-87.

ZHAN Q, 2009. Cylindrical vector beams: from mathematical concepts to applications. Advances in Optics and Photonics, 1(1): 1-57.

附　　录

矢量场的旋度

$$\nabla\times\boldsymbol{a}=\begin{vmatrix}\hat{\boldsymbol{x}}_o & \hat{\boldsymbol{y}}_o & \hat{\boldsymbol{z}}_o\\ \dfrac{\partial}{\partial x} & \dfrac{\partial}{\partial y} & \dfrac{\partial}{\partial z}\\ a_x & a_y & a_z\end{vmatrix}=\hat{\boldsymbol{x}}_o\left(\frac{\partial a_z}{\partial y}-\frac{\partial a_y}{\partial z}\right)+\hat{\boldsymbol{y}}_o\left(\frac{\partial a_x}{\partial z}-\frac{\partial a_z}{\partial x}\right)+\hat{\boldsymbol{z}}_o\left(\frac{\partial a_y}{\partial x}-\frac{\partial a_x}{\partial y}\right)=\mathrm{rot}\ \boldsymbol{a}$$

对于无旋场：　$\nabla\times\boldsymbol{a}=\mathrm{rot}\ \boldsymbol{a}=0$

矢量场的散度

$$\nabla\cdot\boldsymbol{a}=\frac{\partial a_x}{\partial x}+\frac{\partial a_y}{\partial y}+\frac{\partial a_z}{\partial z}=\mathrm{div}\ \boldsymbol{a}$$

对于无源场：　$\nabla\cdot\boldsymbol{a}=\mathrm{div}\ \boldsymbol{a}=0$

斯托克斯公式与高斯公式

斯托克斯公式：　$\oint_l \boldsymbol{a}\cdot \mathrm{d}\boldsymbol{l}=\iint_\Sigma(\nabla\times\boldsymbol{a})\cdot\mathrm{d}\boldsymbol{\sigma}$

高斯公式：　$\oiint_\Sigma \boldsymbol{a}\cdot\mathrm{d}\boldsymbol{\sigma}=\iiint_\Omega(\nabla\cdot\boldsymbol{a})\,\mathrm{d}v$

场量的基本关系

矢量的标积：　$\boldsymbol{a}\cdot\boldsymbol{b}=a_xb_x+a_yb_y+a_zb_z$

矢量的叉积：　$\boldsymbol{a}\times\boldsymbol{b}=(a_yb_z-a_zb_y)\hat{\boldsymbol{x}}_o+(a_zb_x-a_xb_z)\hat{\boldsymbol{y}}_o+(a_xb_y-a_yb_x)\hat{\boldsymbol{z}}_o$

矢量间的叉积：　$\boldsymbol{a}\times(\boldsymbol{b}\times\boldsymbol{c})=\boldsymbol{b}(\boldsymbol{a}\cdot\boldsymbol{c})-\boldsymbol{c}(\boldsymbol{a}\cdot\boldsymbol{b})$

梯度的散度：　$\nabla\cdot(\nabla u)=\nabla^2u$

梯度的旋度：　$\nabla\times(\nabla u)=0$

旋度的散度：　$\nabla\cdot(\nabla\times\boldsymbol{a})=0$

旋度的旋度：　$\nabla\times(\nabla\times\boldsymbol{a})=\nabla(\nabla\cdot a)-\nabla^2a$

矢量与标量乘积的散度：　$\nabla\cdot(u\boldsymbol{a})=u\nabla\cdot\boldsymbol{a}+\boldsymbol{a}\cdot\nabla u$

矢量与标量乘积的旋度：　$\nabla\times(u\boldsymbol{a})=u\nabla\times\boldsymbol{a}+\nabla u\times\boldsymbol{a}$

矢量叉积的散度：　$\nabla\cdot(\boldsymbol{a}\times\boldsymbol{b})=\boldsymbol{b}\cdot\nabla\times\boldsymbol{a}-\boldsymbol{a}\cdot\nabla\times\boldsymbol{b}$